書目題跋叢書

藏園群書經眼録

（三）

子部　傅增湘　撰

中華書局

藏園羣書經眼録卷七

子 部 一

總 類

新刊五子全書 存公孫龍子一卷,子華子三卷,鶡冠子三卷

明刊本,十行二十字,黑口左右雙闌,注文大字提行。字體似閩中慎獨齋本。(壬戌)

六子書六十二卷 明許宗魯編

老子四卷　列子八卷　莊子十卷　荀子二十卷　楊子十卷　文中子十卷

明嘉靖六年許宗魯、王鑑刊本,十行二十字,板心下方有"樊川別業"四字。　前嘉靖六年許宗魯序,同歲閩中王鑑後序。(丁巳)

六子書六十卷 明顧春編

明嘉靖十二年顧春世德堂刊本,八行十七字,注雙行,版心上方有"世德堂刊"四字。目列後:

老子道德經章句二卷題漢河上公撰

南華真經註十卷晉郭象註　唐陸德明音義

冲虛至德真經註八卷晉張湛註

荀子註二十卷唐楊倞註

新纂門目五臣音註揚子法言十卷晉李軌、唐柳宗元、宋宋咸、吳祕、司馬光撰
中説註十卷宋阮逸撰

後有嘉靖庚寅顧春序，蓋其廬墓銅井山所校者。卷尾版心有"陸奎刻"三字。

十□子□□卷 存十子,計十三卷　　　　　　　　　△一一三六五

明正嘉間刊本，十行十九字，白口，左右雙闌。宋諱玄、殷、敬、貞、徵、完、慎、敦皆闕末筆，爲覆宋本。目列後：

鶡子一卷華州鄭縣尉逢行珪撰　　鄧析子一卷　　子華子二卷　　鶡冠子二卷宋陸佃解　朱學勤、盛昱跋　　公孫龍子一卷　尹文子一卷　鬼谷子一卷　關尹子一卷　亢倉子一卷　小荀子一卷。（余藏。）

忠謨謹按：此書有跋，收入藏園羣書題記三集卷三。

先秦諸子合編十六種三十五卷 明馮夢禎編　　　　△二五二八

明萬曆三十年壬寅縣眇閣刊本，十行二十字，板心下方有"縣眇閣"三字，目列後：

儒家：晏子八卷　孔叢子三卷　子華子二卷

道家：鶡子一卷　關尹子一卷　文子二卷　亢倉子一卷　鶡冠子二卷素書一卷

法家：商子五卷　慎子一卷

名家：鄧析子一卷　尹文子一卷　公孫龍子一卷　鬼谷子一卷

墨家：墨子四卷

序録後：

首葉四行缺"……莊荀管韓呂覽最著。若晏嬰、孔叢、關尹、鶡冠、商鞅、墨翟、鬼谷之倫，其文詞不無少遜，故讀之者少，其書刻亦散出州郡，學者罕得遍讀。曩監刻子彙，文多節略，于是吳中合編出焉。書十六種，出漢志者十二，出隋唐宋志者四。歷歲千百，數經亂離，妄庸者各以意見增損，故瑤珉雜糅，未可致詰，合而存之是

也。嘗論之自七雄分争，天下奇衺之士竝以術顯諸侯，因自述以
見志，卽盡屬偏頗，純白未備，然不外名法道德爲藩籬，要之不盡
詭于大道，令得遊孔氏之堂，聆取材之訓，得明主而爲之輔，則諸
子者皆卿材也。百世之後夫誰以異端斥之，謂爲大道之蠹耶！則
余所重慨於諸子者也。況乎經殘教弛之日，政衰刑亂之餘，得士
如晏嬰商鞅者善任之，揣其機宜，時其張弛，則以懲奢滛而飭禮
教，振積衰而爲富强，不必遠慕殷周之盛，天下國家亦可均已。余
故謂諸子之言皆所以載道，惜乎後人弗能知也。諸子之術皆足以
致用，惜乎後人弗能用也。讀合編者尚其有經世之思哉！　萬曆
壬寅八月望後。"

序後録漢書藝文志及文心雕龍諸子一篇。

按：此卽世所傳縣眇閣子書也，余求之二十年不可得，卽殘篇散帙亦
未經目覩，蓋傳世之稀如此。己未六月游金閶，晤葉郎園同年，謂家
有數種，瀕行遂以晏子春秋一册相贈，余因是始得識是書面目。翌
日至上海，宿李紫東書樓中，檢取明刻書十數種，已捆載將行，因待
陶蘭泉湘不至，乃登陟几案，流觀架閣，搜得此書，驚喜過望，詢其値
須四十元，遂如値收之。紫東爲余收書十餘年，不知余之求此，僅視
爲尋常明刻叢書等，故不以告余，其評價亦出子彙、中都、吳琯、程榮
之下，豈知其罕秘乃如此哉！設非冥索窮搜，幾于當面錯過矣。書
爲黃壽收自江北，蟲傷頗重，文子，亢倉子、公孫龍缺蝕甚多，當訪友
人中有藏此本者補完之。　己未六月廿四日揚州旅次記　沅叔。

晏子、孔叢子、鶡子、關尹子、文子、商子、慎子、墨子有余有丁丁丑夏
日記及間有李茹更記，疑采自子彙跋語。亢倉子有潛庵丁丑夏日
記，是知潛庵卽有丁別號也。陸存齋心源爲潛庵事參考各書，豈知俯
拾卽是耶。

先秦諸子合編十六種三十五卷　明馮夢禎編

明萬曆三十年緜眇閣刊本。與余所藏同，惟多天啟元年施全昌序，
爲余本所無也。

批選子集 存前集

明寫本。　前有千秋堂主人祁承爜概論七則。　經朱筆批點。

存目列後，凡十一家：老子　列子文子　墨子　莊子　管子　晏子
　子華子　鄧析子　鬼谷子　孫武子。（癸丑）

小十三經四册

明嘉靖刊本，十行十八字，白口，左右雙闌，版心上方有"祗洹館"三
字。　書名列後：

忠經一卷 馬融撰 鄭玄注。前有融自序，顧玄緯後序，言今秘閣書目子
　雜載馬融忠經一册，楊文貞署其尾，謂蜀有版，得之德讓云云。又
　太原王安國後序。

女孝經一卷 前有唐朝散郎陳邈妻鄭氏上書表。書凡十八章。

佛説四十二章經題後漢迦葉摩騰竺法蘭同譯 郞郊風山蘭若嗣祖沙門守遂注。

通占大象曆星經二卷 卷上首題原文缺一章。

黄帝宅經二卷。

黄帝授三子玄女經一卷　後有伯子跋行書五行。

青烏先生葬經一卷題大金丞相兀欽仄注。後有羅浮外史跋五行。

墨經一卷題晁氏後有勾吴人顧玄緯跋十行。又有"辛亥九月付梓"一
　行。

風后握奇經一卷題漢平津侯丞相公孫弘解。後有説劍齋豪士題二行。

耒耜經一卷唐陸龜蒙撰。末有跋二行，亦顧氏筆。

丸經二卷　前有序，不署姓名，題"龍集壬午孟春上浣書于寧志齋之
　西軒"。後有顧起經跋，言爲元季人所述也。序後有"嘉靖壬戌日
　南至梨于幽石清漣山院"一行。

五木經一卷唐李翱譔　元革注。後有庚申夏至羅浮外史題。末有二行

木記如下式：

　　"嘉熙二年夏仲臨

　　安李氏書肆重雕"

胎息經一卷幻真先生註末有羅浮外史跋。

收藏鈐有"瑞軒"、"獨山莫氏銅井文房之印"、"莫棠楚生父印"朱文
三印。（庚午）

儒　家　類

孔子家語注十卷 題魏王肅撰

宋蜀大字本，九行十七字。蕭孚敬舊藏，後歸劉世珩氏，余曾見之。
今已影刻行世。戊午秋劉氏携之行篋，在浦口客邸被燬，世間此書
遂無宋本，深可痛惜。然恐是南宋翻蜀本耳。

孔子家語注十卷 題魏王肅撰

明嘉靖三十三年黃魯曾刊本，九行十六字。　前有王氏序。末有
"歲甲寅端陽望吳時用書，黃周賢、金賢刻"一行。（余藏。）

孔子家語注十卷 題魏王肅撰

明刊本，九行二十字。　序題"漢集家語"。（乙卯）

孔子家語注十卷 題魏王肅撰

仿宋刊本，九行十七字，注雙行二十四五六字不等，白口，左右雙闌，
中版式。貞、慎、讓、桓、樹、殷、玄皆缺末筆。

此書徐敬宜新收，余乍視之頗疑爲宋刊，及細玩之，則字體板滯，但
具結構而略無神氣，刀法亦乏峻峭之勢，必爲近數十年內依宋本重
翻，而用舊紙摹印，以故示狡獪，訛惑後人也。此書敬宜以二百金得之。
頃自上海書肆購得一本，與此正同，乃知爲光緒壬辰上海埽葉山房
照宋本縮印翻刻者，其直一金耳！　癸酉二月廿五日記。

新編孔子家語句解十卷　　　　　　△八一三七

元至正二十七年劉祥卿刊本，十行十九字，黑口，單闌，闌上加格注標題，次行題“并依王肅注義詳爲句解”。　卷五後有牌子，文曰：

“清泉劉祥卿家

丁未春新刊行”

鈐有：“孔子七十一世孔□□□□章”。（癸未）

孔子集語二卷 宋薛據輯

清乾隆二年丁巳七十世嗣孫衍聖公孔廣榮校刊本，九行十八字。題“宋迪功郎浙東提舉司稽山書院山長永嘉薛據叔容纂輯”，“皇清光禄大夫襲封衍聖公七十代孫闕里孔廣榮京立校刊”。前有乾隆二年丁巳廣榮序，言檢得宋本，爰加校讐，亟登黎棗云。（乙亥八月）

荀子二十卷　　　　　　　　　△二五三六

明黃之寀刊本。葉奕手校并手抄篇目及劉向校書上言。篇目首行題“荀卿新書十二卷”。

有葉奕識語及葉樹廉跋，録後：

“乙酉年取擧印宋刻本校畢。”卷二後

“荀子第三第四卷從孫氏北宋本勘過本文一次。甲申十七年五月八日　林宗”卷四後

“卷一、差落凡三十三字。”朱筆

“卷二、差落三十七字。”朱筆

“卷三、差落倒顛共八十六字。”

“卷四、此卷衍脱差改四十六字。”

“卷五、差落衍字計二十五枚，六月七日午刻。”

“卷六、此卷差落三十字。”

“卷七、差落五十二字，六月七日未刻勘閱。　林宗”

“卷八、差落共三十七字，六月八日辰刻。”

“卷九、衍落差訛二十一字。”

“卷十、脫誤十九字。”

“卷十一、差落九十三字。”朱筆

“卷十二、差落五十一字。卷十一、十二初十日修兒校過。十一日晨覆校又改正廿一字。”朱筆

“卷十四、十三卷禮論、十四卷樂論首二葉宋板缺,禮論中間更缺二葉,以故勘之未詳。”

“卷十五、十一日申刻勘畢。”朱筆

“卷十六、差落二十三字。”朱筆

“卷十七、差落二十一字。”朱筆

“卷十八、差落二十字。”朱筆

“卷十九、差落三十一字。”朱筆

“卷二十、差落四十五字。”朱筆

“共改正七百七十字。”墨筆

“十七年六月十六日午刻勘完首二卷原刻未刻故輟讀。”朱筆

“癸巳之秋,從東門歸,偶於書鋪得此書,用二百文。此書昔爲林宗兄校勘,正屬家運全盛,不知有今日之寥落,而此書又不知何人取去,轉落於坊中也,聚書之興從此不無增慨。取歸窗下泛讀,因記於後。　南陽石君”

“曾見宋刻本,大字端楷,刻畫精緻,此本從而校正。”

“寶硯老人藏本。”朱筆

鈐有“葉萬石君”、“樸學齋”、及瑛川吳氏收藏圖書各印。（余藏。）

荀子二十卷

明芸窗書院刊本,十行二十字,白文無注,版心上方有“芸窗書院刊”五字。（余藏。）

荀子二十卷

明嘉靖六年許宗魯王鋆樊川別業刊本,十行二十字,白文無注。（李

紫東自杭州寄來。）

荀子註二十卷 <small>唐楊倞撰</small>

宋刊本，半葉十行，行十八字。　有徐乾學、黃丕烈諸印。（海源閣書，丁卯十月廿九日見於天津，索四千五百元。）

纂圖互註荀子二十卷 <small>唐楊倞注</small>

宋刊本，十一行二十一字，黑口，左右雙闌，左闌外記篇名，注雙行二十五字。　鈐有季振宜、朱氏潛采堂、遂初堂、顧竹泉各印。（于右任藏，癸亥十月李紫東送閱。）

纂圖互注荀子 <small>唐楊倞撰　存卷一至七，十五至二十，二冊</small>

宋刊本，十一行二十一字，注雙行二十五字，黑口，左右雙闌，前有圖二葉。　鈐有晉府印及姜氏圖書印。（寶應劉翰臣藏書。庚申）

忠謨謹按：此書有跋，收入藏園羣書題記三集卷三。

纂圖分門類題注荀子二十卷 <small>唐楊倞註</small>

宋刊本，半葉十行，行十九字，注雙行二十三字，細黑口，左右雙闌，魚尾下記書名荀子幾、荀幾，左闌外記篇名。卷一標題後隔一行題"關中劉旦校正"，次行題"大理評事楊倞注"。首有楊、劉二氏序。此書張菊生前輩新得於滬上，馳書見告。己卯九月十六日記。

音點大字荀子句解二十卷 <small>宋龔士卨撰　存卷一至十　△八六八四</small>

宋刊本，半葉十行，行二十字，黑口單闌，版心上方有音釋，本字大，音字小。每句加注，句有坐點，字音於字旁加小圈，廟諱加圓圈以別之。

前有景定改元蒲節前三日石廬龔士卨序，草書甚精。序後有鐘式木記龔氏，又子質、石廬父方木記。　有季滄葦藏印。

按：是書刊工最精，紙墨均佳，乃初印本也。（壬子）

孔叢子注七卷 <small>宋宋咸撰</small>

明刊本，八行十四字。　卷首有嘉祐三年宋咸進書表及自序。

按：此書號稱宋本，盛昱遺書，鄧孝先邦述獲之景賢手。（癸丑）

孔叢子七卷釋文一卷 題漢孔鮒撰

明刊本，八行十七字，白口雙闌，大版心，似萬曆刊本。棉紙，藍綾封面，乃明時原裝。　前有宋咸進書表，又序。後附釋文，又淳熙戊申濡須王蘭序。（癸丑）

新語上下卷 漢陸賈撰

明刊巾箱本，高六寸二分，寬四寸□分，十行二十字，白口，左右雙闌。　次行題“漢太中大夫陸賈撰”。版式古雅，致可愛玩。（海虞瞿氏藏書。癸酉）

新語二卷 漢陸賈撰　存下卷

明弘治十五年李廷梧刊本，十行十七字，細黑口，左右雙闌。軟體字，精美異常，少見。是明天啟朱謀㙔刊本之祖本。（涵芬樓藏。丁巳）

新語二卷 漢陸賈撰

明天啟元年翻弘治十五年李廷梧刊本，題：“漢陸賈撰”，“明陸郇登編”，“明朱謀㙔閱”。十行十七字。目後有牌子，文曰：

　“南州補

　　堂藏板”

有天啟元年南州朱謀㙔序，又弘治壬戌翰林國史修撰華亭錢福序，言桐鄉令李廷梧所梓。弘治壬戌吳郡都穆後序。（莫楚生藏書。乙卯）

新書十卷 題漢長沙太傅賈誼撰

明刊本，八行十八字，黑口，四周雙闌。　有淳熙辛丑日南至門生從事郎充潭州州學教授南昌胡价後序，稱提學漕使給事程公暫攝潭事，取櫝中所藏新書刻之學宮云云。（涵芬樓藏書。己未）

新書十卷 漢賈誼撰

明正德陸相刊本，十行十八字，字大行疏，頗有古拙之致。　前有黃寶序。（獨山莫棠楚生藏書。）

賈誼新書十卷 漢賈誼撰

明正德嘉靖間刊本，十行二十字，白口，左右雙闌。

鈐有"知十印"、"馮氏藏本"、"容齋"各印。(己未見。)

賈誼新書三卷

明刊本，十行二十一字，黑口，四周雙闌，似正嘉間建本。凡五十五篇，內缺問孝退讓禮容語上三篇。(戊辰)

賈太傅新書訂註十卷　明何孟春註

明正德刊本，十行二十字。　前有正德十五年南園老人張志淳序。(余藏。)

鹽鐵論十卷　漢桓寬撰

明弘治十四年涂楨刊本，十行二十字，白口雙闌。收藏鈐有"王元章"、"張達善印"、"季振宜藏書"、"滄葦"各印，均朱文。(故宮藏書。)

鹽鐵論十卷　漢桓寬撰

明弘治十四年涂楨刊本，十行二十字，白口，左右雙闌。

鈐有"光四堂藏"、"鄭西冉閟"、"志雅齋"、"雲輪閣"各印。(余藏。)

忠謨謹按：此書有跋，收入雙鑑樓藏書續記卷上。

鹽鐵論十卷　漢桓寬撰　　　　　　　△二一四九

明刊本，十行二十字，白口，左右雙闌。首卷第三行題"明倪邦彥校"。　前有涂楨序，次有嘉靖三十年辛亥上海倪邦彥重校序，言涂江陰鋟者雕虎是執而亥豕多訛，邦彥翻校覆輯云云。

鹽鐵論十卷　漢桓寬撰

明嘉靖刊本，九行十八字。　前有弘治十四年都穆序。

按：此嘉靖刻本，葉奐彬德輝乃據前都穆序强指爲卽弘治涂楨本，且以之印入四部叢刊，余爭之不得，悵欺而已。其真涂本在江陰繆氏，與此決不同。(余藏。)

鹽鐵論十卷　漢桓寬撰　　　　　　　△一一三一八

明萬曆十四年張裒太玄書室刊本，九行二十字，白口，單闌，版心上魚尾上有"太玄書室"四字。首卷題"張裘校","黃金色訂正"二行。

前有萬曆十四年首冬望日,武林太玄逸史張裘序。封面題"張氏星聚堂梓"橫書,"微郡新陽黃先生同校于祠部官舍"左右二行,書籤題:"新刊校正官板鹽鐵論。"卷尾有涂禎新刊鹽鐵論叙,叙後有"萬曆十四年歲在丙戌十月望日星聚堂張氏重梓"一行。

余曾見黃蕘翁校本,盛稱太玄書室本之佳,然其刊本乃殊罕覯。前年與郭伺伯太史談及,適藏有是刻,乃假來一讀,因取明季沈埏本手勘一過,其文字往往有視涂本爲佳者,第郭藏本失去前後序跋,封面籤題卽張裘校一行亦失去,遂不能考年代及刻書人名,于是遂有儗爲正嘉間本者。今于蟠青書室獲觀此册,首尾完具,乃知爲武林張氏星聚堂太玄書室所刊,書目中所據以補入,積年疑慮一旦渙然冰解,殊足喜也。　　沅叔附記。壬申十月二十二日。

鹽鐵論十卷 漢桓寬撰

影寫錫山華氏活字本,九行每行分兩行十七字。顧千里廣圻手校,蓋卽爲張古餘敦仁刊刻考證之底本也。卷中太玄書室本以朱筆校,攖寧齋鈔本以墨筆校。(海虞瞿氏藏書。癸酉)

鹽鐵論註十二卷 明張之象註

明嘉靖三十二年張氏猗蘭堂刊本,九行十七字,註雙行。　　前有嘉靖癸丑張之象序。

鹽鐵論注十二卷 漢桓寬撰　明張之象注

清王謨刊漢魏叢書本。王昶手校。不言所據何本,有涂作某、大典作某、通典作某者,大抵雜考他書也。(李木齋先生遺書,辛巳十一月借校。)

忠謨謹按:此書有跋,收入藏園羣書題記三集卷三。

劉氏二書三十卷 劉向説苑二十卷　劉向新序十卷　漢劉向撰

明刊本,十一行十八字。　　有嘉靖己未山西監察御史楊美益序,山西布政左參議彭範後序,言檄汾守張朝憲、同知黃宸刊二書於汾,俾舉子誦習。又孔天胤序。

新序十卷　漢劉向撰　　　　　　　　　△八一三八

宋刊本,中版心,半葉十一行,行二十字,白口,左右雙闌,版心下記刊工姓名。字體方嚴,爲南宋初杭本正宗,與余藏樂府詩集極相類。有錢謙益跋,黃丕烈三跋,又金錫爵一跋,詳楹書隅錄中,不贅。鈐有明華亭朱氏及清錢、季、徐、黃諸家印記。(海源閣書,丁卯十月廿九日見於天津,索五千五百元。)

新序十卷　漢劉向撰　　　　　　　　　△五四三四

明刊本,十一行十八字,黑口,四周雙闌。

黃丕烈乙卯閏月借顧廣圻傳錄何焯校宋本臨寫一過,何氏用陽山顧大有家藏宋本也。嘉慶庚午又以顧氏宋本續校。　嘉慶己未孫星衍借校,有跋二行,不詳記。　黃氏卷前跋二則,卷尾跋三則,均見楹書隅錄,不復抄。　據黃氏跋,知先以家藏宋本校過,卽錢謙益所跋者,後以陽山顧氏所藏宋本覆校,是此書凡三校矣。宋本二十二行,行二十字,校筆先用藍色,三卷以後改墨色,覆校用朱色。卷三後有跋一則,爲楹書隅錄所遺,錄如後:

“乙卯四月十四日,書船友鄭輔義携宋本新序首冊來,留閱信宿,校此三卷,與何校本似有微異處,未知何所據之宋本云何也。開卷第二行曾鞏地與姓名一行何校未及增入,所正字尚有爲何校所軼及兩殊者,悉照宋本改定。惜其需直太昂,難以得之,不得窺厥全豹爲恨恨耳。第一卷末有東澗跋四行,與有學集所載合,“可也”“可”字乃爲“此”字之誤。跋後有牧翁澗方印,錢謙益印方印,筆墨古雅,圖章宛然,令人愛不忍釋。惜錢之癖與惜書之癖交戰於中而不能決,奈何奈何!　蕘圃望日燈下記。”

鈐有“濟美堂”、“嘉興李聘”、“黃錫蕃印”、“孫氏伯淵”、“公佐”、“芑荑”諸印,又楊氏宋存書室各印。

此書自海源閣被盜刧出，邢贊庭之襄先得首冊，不及百元，嗣下冊出，估客居奇，竟以四百元合之，可謂厚價矣。　　沅叔記。甲戌二月七日。

新序十卷 <small>漢劉向撰</small>　　　　　　　　　　　　△六八一六

明刊本。蔣杲臨何焯校本，有跋錄後：

"康熙庚寅借義門師校正本對勘。師本乃從憩橋巷李氏借得陽山顧大有舊藏宋槧本校定也。七月八日，杲記"

"康熙丁酉六月得傳是樓宋本，錄牧翁題識，復攷定十餘字　杲又記。"<small>(辛未二月)</small>

說苑二十卷 <small>漢劉向撰</small>

宋刊本，半葉十一行，行二十字，白口，左右雙闌。字體方嚴與新序相近。<small>(海源閣書，丁卯十月廿九日見于天津，索六千元。)</small>

說苑二十卷 <small>漢劉向撰　卷八至十三卷鈔配，凡鈔六卷</small>　　　△三八八五

宋刊本，九行十八字，黑口，左右雙闌。版心下注字數及人名，補版殆有半數。末卷有校官銜名三行：

"鄉貢進士直學胡達之㸌校　迪功郎改差充鎮江府府學教授徐沂
　咸淳乙丑九月迪功郎特差充鎮江府府學教授李士桄命工重刊。"

此書舊爲顧之逵所藏，後歸黃丕烈。有顧廣圻手跋八行，爲嘉慶丁巳。黃氏跋四則：一爲嘉慶二年五月，一爲道光紀元三月，又同年六月，一爲道光癸未。<small>(翁克齋藏書，辛未四月二十五日見。)</small>

說苑二十卷 <small>漢劉向撰　存卷十一至十九，又卷二十首葉，計九卷又一葉</small>

李□一○

宋元間刊本，半葉十一行，行二十字，白口，左右雙闌。

按：此書余甲寅歲代李木齋先生所收，蝶裝巨冊，微有損潰，望而知爲內閣大庫之書，紙背鈐有國子監崇文閣官書大印。其後頻年假校

而不可得，今歲先生遺書歸北京大學圖書館，乃從典掌者假歸，以程
榮漢魏叢書本校之。程本余前取宋咸淳本校之，所校正之字二本往
往相合，然此本有而咸淳本無者，亦所在多有。余別有跋詳之，此不
贅。余詳繹此本，雖字體方整，行款與海源閣藏宋本合，然氣息屝
薄，宋諱不避，疑爲宋末元初覆刻之本。至木齋先生定爲北宋刻，則
非末學所敢知矣。

忠謨謹按：此跋收入藏園羣書題記三集卷三。

說苑二十卷　漢劉向撰　存卷十六至二十，凡五卷

宋元間刊本，半葉十一行，行二十字，白口，左右雙闌，版心下記刊工
姓名。　鈐有晉府書畫之印。

按：此與前年代李木齋先生所購者同。（乙卯）

校正劉向說苑二十卷　漢劉向撰

元刊本，十一行二十字，白口，左右雙闌。

按：此本字迹結體方整，而筆意圓渾，似元翻宋刻，竢再考之。

檢取末册，有元人跋五行，録於左方，據此則元刊無疑矣。

　　“憲使牧菴先生暇日出示劉向說苑，有益後學，俾□之梓，以壽其
　　傳，誠盛事也。　大德癸卯冬十月朔，文學掾河南後學雲謙敬書”

　　　　（辛未二月）

說苑二十卷　漢劉向撰　存卷十一至二十　　　　　△八一四〇

明刊本，十行二十字，大黑口，四周雙闌，大版心。書名標題大字占
雙行。　卷末有壬午夏六月餘姚錢古訓誌十五行，考爲建文四年刊
本。

末葉附記“清漳刊工林香□　歐陽□。”下字不可辨。（癸未見，徐森玉藏。）

劉向說苑二十卷　漢劉向撰

明永樂十四年西園精舍刊本，十三行二十四字，黑口，四周雙闌，書
名大字占雙行。目録後有牌子，如下：

　　　"永樂丙申孟春

　　　西園精舍新刊"

　　按：余昔年爲李木齋先生收得洪武本，其行欸正與此同，必同出一源

　　也。（日本内藤虎博士藏書，己巳十月二十八日閱。）

劉向説苑二十卷 漢劉向撰

　　明初黑口本，十一行十八字，黑口，四周雙闌。　前曾鞏校書序，序

　　後接目，目後劉向校書序。（余藏。）

劉向説苑二十卷 漢劉向撰　存卷十一至二十

　　明刊本，九行十九字，黑口，四周雙闌。書名大字占雙行。二十卷尾

　　有"清漳刊匠林志□歐志□"兩行。（北京圖書館藏書，戊午見。）

劉向説苑二十卷 漢劉向撰

　　明刊本，似正德時刊，十行十九字，大黑口，四周雙闌。　前曾鞏序，序

　　後接總目，標題大字占雙行。

　　明時別有藩府本，書名亦占雙行，第版式視此濶大耳。

　　鈐有"鄭氏注韓居珍藏記"白、"鄭炎之印"白、"龍□陳氏珍藏"等印。

　　（徐梧生遺書。丙寅）

説苑二十卷 漢劉向撰　缺卷十四

　　明刊本，九行十八字，大黑口，左右雙闌。卷末有刻書人銜名三行：

　　　"鄉貢進士直學胡達之际役　迪功郎改差充鎮江府府學教授徐沂

　　　　咸淳乙丑九月迪功郎特差充鎮江府府學教授李士忱命書。"

　　有黄丕烈跋，不録。又仁和孫志祖跋。吳騫跋録後：

　　　"甲辰春，偕丁小疋學博過頤谷侍御齋，予以宋板説苑际侍御，旋

　　　爲余作跋，屈指今十載矣。癸丑夏復展閱此書，并録其跋於卷。"

　　　"此書爲吾鄉陳茂才以岡舊藏，予用善價購之。兒壽照甚愛之，丁

　　　未春計偕入都，携之行笈，舟車往返未嘗暫離。不意旋染目眚，廢

　　　書者四五年。展閱此書，慨焉瘄歎。"

鈴有黃丕烈、陳鱣藏印，又宋本乙一印。

按：此書孫伯恒壯持以相眎，號爲宋刻，後歸涵芬樓。余嘗見鄧孝先邦述藏本，宋刊爲細黑口，元明補版則大黑口。此本爲大黑口，與補刊者同，則非宋刊可知矣。（癸亥）

說苑二十卷　漢劉向撰

明嘉靖二十六年何良俊刊本，十行二十字。（余藏。）

說苑二十卷　漢劉向撰

明萬曆刻本。李方赤以宋咸淳本校，許印林以羣書治要校。　吳重憙藏書，題書衣云：

　　"宣統辛亥春以二十金購於廠肆。校於道光七年丁亥，八十五年矣。"（癸亥）

揚子法言注十三卷　晉李軌撰　音義一卷　　　△九六〇〇

宋刊本，半葉十行，行十八字，注雙行二十三字，白口，左右雙闌。版心上記字數，魚尾下記揚子法言幾，下記葉數，再下記刊工姓名。有王植、王椿、王壽、王用、王正、宋裕、李洪、李正、李度、李恂、李元、李信、李倚、李倍、金祖、沈定、朱玩、吳中、吳寶、何澄、章宇、章忠、張世榮、張謙、張用、孫日新、高俊、嚴忠、秦顯、莫珍、趙旦等人。　有嘉慶戊寅顧廣圻跋。

鈴印列後：

　　"汪喜孫印"朱、"喜孫讀過"朱、"宋本"朱、"秋浦"朱、"汪士鐘曾讀"朱、"憲奎"白、"汪憲奎印"白、"讀書襄古"白、"楊東樵讀過"朱。（海源閣書，歸邢贊亭。）

按：是書秦氏石研齋已覆刊行世，人多有之。然余嘗取校，其卷十三第三葉秦本注明宋本缺葉依何焯校本補者，宋刊此葉固赫然具在。秦本之行格起止及文字俱有差失，可以據改。又，是書前人據音義後列國子監校勘官銜名，定爲北宋治平監本。然詳檢卷中，宋諱桓、

慎均缺末筆。其刊工吳中、秦顯、章忠、李倍等見余藏宋刊南齊書，
王壽、章忠又見余藏宋本太玄經。然則此書爲南宋孝、光之際浙中
所刊，非治平監本明矣。　　沅叔。

忠謨謹按：此書有跋，收入藏園羣書題記初集卷三。

纂圖互註揚子法言十卷 晉李軌、唐柳宗元、宋吳咸、吳秘、司馬光撰

南宋刊本，半葉十一行，行二十一字，注雙行二十五字，黑口，左右雙
闌。　　前宋咸重廣註揚子法言序，次宋咸進書表，次司馬溫公註揚
子序，序後半葉著篇目。次渾儀圖，圖後有説，次五聲十二律圖，下
方有説。　　本書首行題“纂圖互註揚子法言卷第一”，次行低二格題
“晉李軌、唐柳宗元註”，三行低二格題“聖宋宋咸、吳秘、司馬光重添
註”，四行題“學行篇”。卷中廓字缺末筆。第九卷後四葉爲另一補
板，卷尾題“音點大字揚子法言句解卷之九”，大小字數亦不同。

鈐有：“天禄琳琅”、“乾隆御覽之寶”、“太上皇帝之寶”、“八微耄念之
寶”、“五福五代堂寶”、“天禄繼鑑”各璽。（丁巳十二月廿七日寶瑞臣見
示。）

纂圖互註揚子法言十卷 漢揚雄撰　晉李軌、唐柳宗元、宋宋咸、吳秘、司馬光
註

宋末刊本，半葉十一行，每行二十、二十一字不等，注雙行二十五字，
黑口，左右雙闌。左闌外記篇名、卷數、葉數。宋諱匡、徵、楨、貞、
桓、慎皆缺末筆，廓字不缺。　　前景祐三年二月日著作佐郎知尤溪
縣事宋咸序。次景祐四年十月十六日給事郎守秘書著作佐郎宋咸
進書表。次元豐四年十一月己丑涑水司馬光序。次篇目，次五聲十
二律圖。本書首行題“纂圖互註揚子法言卷第一”，次行低二格題
“晉李軌、唐柳宗元註”，三行低二格題“聖宋宋咸、吳秘、司馬光重添
註”，四行頂格題篇名。

第六卷第十一、十二葉，第八卷第九葉，第九卷第三、四、五、六葉，第
十卷第七葉均元時補板。

宋咸序後有木記六行，列後：

> "本宅今將　監本　四
>
> 子纂圖互註附入重言重
>
> 意精加校正竝無訛繆贗
>
> 作大字刊行務令學者得
>
> 以參考互相發明誠爲益
>
> 之大也建安　　謹咨"

收藏鈐有"蔣揚孫讀書記"、"鐵琴銅劍樓"、"歸氏起霄"、"居夷子"諸印。（余藏。）

忠謨謹按：此書有跋，收入藏園羣書題記初集卷三。

纂圖互註揚子法言十卷 晉李軌、唐柳宗元、宋宋咸、吳秘、司馬光撰

明初刊本，十一行二十一字，注雙行二十五字，黑口，左右雙闌。（余藏。）

新纂門目五臣音註揚子法言十卷 晉李軌、唐柳宗元、宋宋咸、吳秘、司馬光撰 △三四五六

明嘉靖十二年顧春世德堂刊本。何焯據宋本手校並加考訂評點。跋語録後：

> "絳雲樓舊藏李注揚子法言序篇在末卷，未涽本書次序。後轉入泰興季氏，又歸傅是樓。康熙己亥，心友弟偶獲見之，略校訛字，寄至京師，冬日呵凍因校此本。他日餘兒苟能讀之，乃不負二父殷勤訪求善本以詒後人之意也。老潛記。" "此本每條之首有朱筆一點及乙處，皆安溪先生取以入榕村講授本中，後又命其子世德與焯稍删其可緩者，亦增以未備者，凡二條焉。後人得之者尚珍視諸！己卯除夜，清苑行臺西箱記。　焯。"

鈐有："東閣學士"白、"曾在陳彥和處"白、"王世德珍藏記"朱諸印。

（邢贊亭之襄新收書，己卯四月二十三日借臨。）

忠謨謹按：此書有跋，收入藏園羣書題記三集卷三。

新纂門目五臣音註揚子法言十卷 晉李軌、唐柳宗元、宋宋咸、吳秘、司馬光撰

明嘉靖十二年顧春世德堂刊本，吳焯以宋刊十三卷本校過，有跋錄後：

"法言舊有侯芭宋衷注，久佚弗傳，唐以後行世者惟李軌一家而已。攷宋本有三：一治平監本，卽宋庠本；一宋初俗本，卽宋吳所據本；一建寧四注本。三本互有異同，唯監本爲最善，纂圖互注乃元時坊間本，非宋刊。此本乃明時所刊，當從建寧四注本出，亦善本也，而其題乃曰監本五臣音注，蓋世以監本爲貴，故假其名以欺世耳，監本安得有五臣注乎？虞山絳雲樓所藏是淳熙八年吳郡錢佃得元豐國子監本重刊者，向曾寓目，今於葉九來案頭假臨，乃當時文莊公以監本審定者，細錄一過，改正四百餘處，精采突出，眼目一新，後之讀是書者當共寶諸。　康熙五十有一年七月，尺鳧揮汗識。"（癸酉）

新纂門目五臣音註揚子法言十卷 晉李軌、唐柳宗元、宋宋咸、吳秘、司馬光撰

明嘉靖十二年顧春世德堂刊本，袁廷檮校宋本。

"何義門據宋槧校，沈寶硯臨本在蕘圃家。其宋槧乃溫公所云李祠部注本及音義最爲精詳者，借之改正李注，其音義略焉。因何校沈臨皆未詳其起訖無注別識故耳。聞錢景開云，宋槧爲桐鄉金德興進呈，未知卽其所據否也。顧廣圻記。"

"嘉慶乙丑十二月借顧本臨校，袁廷檮校畢記，時小除夕在五硯樓燈下。"

"明年又借蕘圃原本覆勘一過，并補校音義。音義亦出於宋槧，惜其未詳著也。上下方所載之語悉照錄，并錄原跋於後。　又愷。"

"先生己卯除夜清苑行臺西廂自記云：'此本每條之首有朱筆一點及乙處，皆安溪先生取以入榕村講授本中，後又命其子世得與焯

稍删其可緩者,亦增以未備者,凡二條焉。後人得之者當珍視
之。'　嚴謹録。"

"絳雲樓舊藏李注揚子法言序篇在末卷,未淆本書次序,後轉入泰
興季氏,又歸傳是樓。乙丑小除夕校畢,明年正月十四日覆刊訖。
廷燽。"(丙寅)

潛夫論十卷 漢王符撰　　　　　　　　　△一一三一九

明正嘉間刊本,十行十八字,白口,左右雙闌。

刻工不精而有古致,與前代吳佩伯慈培所購者不同,然版口乃分作一
二三四卷,殊非古也。(已購得。辛酉)

潛夫論十卷 漢王符撰

明刊本,十行十八字,版心甚小,刊刻不精。(盛昱遺書,余代吳君慈培收
之。)

申鑒注五卷 漢荀悦撰　明黃省曾注

明正德十四年黃氏文始堂自刊本,九行十七字,黑口,四周雙闌,版
心下方有"文始堂"三字,旁書"周潮寫"三小字。　前有正德己卯黃
省曾自序、王鏊序、嘉靖乙酉何孟春序。後有正德辛巳白巖山人喬
宇跋。(余藏。)

徐幹中論二卷 漢徐幹撰

明弘治刊本,十行十七字。　鈐有"章西莩印"、"檇李聽雨樓章氏珍
藏本"。(藏園收。癸亥)

中論二卷 漢徐幹撰

明弘治刊本,八行十六字。

馮武朱筆題識。黃丕烈手跋。

鈐有"大馮君"、"馮氏藏書"、"馮長武印"、"寶伯"、"馬玉堂"、"笏齋
珍藏之印"、"漢唐齋"、"顧廣圻印"、"蕘圃"、"揚庭"諸印。(余藏。)

中論二卷 漢徐幹撰

明正嘉間翻弘治本，八行十六字。與資深堂本不同。（余藏。）

徐幹中論二卷 漢徐幹撰　　　　　　　　　　△一四二

明嘉靖四十四年杜思刊於青州府資深堂，八行十六字，中版心，白
口，左右雙闌。每卷首行書名下有"四明薛晨子熙校正"一行。　前
嘉靖乙丑青州知府四明杜思序，次徐幹序，次曾鞏校書序。後有紹
興石邦哲記二行，至治陸友記八行，都穆弘治壬戌刻書跋，謂爲吳縣
生員黃華卿紋所刊。（余藏。）

傅子一卷 晉傅玄撰　補遺一卷 清孔廣根輯　稿本　　　△一四三

清武英殿聚珍本，後附孔廣根手輯補遺一卷。（余藏。）

中說注十卷 隋王通撰　宋阮逸注　　　　△一一三二○

北宋刊本，半葉十三行，每行二十六七八字不等，注雙行三十三四
字，白口，左右雙闌，版心記文中幾。避宋諱謹嚴，桓字不缺。

葉奕手跋曰：

"崇禎十年丁丑四月十四日，震澤葉林宗甫奕購是編於友人謝行甫
恒，葉氏子孫世世保藏。"

錢謙益有跋二則，文曰：

"文中子中說此爲宋刻善本，今世行本出安陽崔氏者，經其刊定，
駮亂失次，不復可觀。今人好以己意改竄古書，雖賢者不免，可歎
也。"其一

"文中子序述六經，爲洙泗之宗子。有宋鉅儒自命得不傳之學，禁
遏之，如石壓笋，使不得出，六百餘年矣。斯文未喪，當有如皮襲
美、司空表聖其人者，表章其遺書，以補千古之闕。惜吾老矣，不
能任也，書此以告後之君子。玄默攝提格之歲陬月四日，蒙叟錢
謙益書，時年八十有一。"後鈐"敬心老人"、"錢謙益印"回文二印。
又有"飯石龕觀"墨書一行。

收藏有"乾學"、"徐健菴"、"宋本"、"季振宜印"、"滄葦"、"揚州季

氏"、"香溪草堂"、"成親王"、"詒晉齋印"、"樹琴珍藏"、"英龢私印"、
"樂賢堂藏書印"、"香山潘崇禮甫藏書印"各印。

按：此書余庚申春以千四百金獲之廠市。書前有葉、錢二家跋語，遞
藏明吳縣香山潘氏、葉林宗、錢遵王、季滄葦、徐健庵、成親王、英煦
齋諸家。以字體雕工審之，是北宋末杭州刊本。錢跋見牧齋有學
集，余嘗見舊本，標出某某跋爲錢遵王作，此跋亦在其中，則此書亦
述古堂故物也。　　沅叔。

中説注十卷　隋王通撰　宋阮逸注

宋刊本，小字，版匡高五寸四分五，寬三寸六分五。半葉十四行，每
行二十五六七字不等，注雙行三十一二字，白口，四周單闌，版心上
魚尾下記文幾，下記刊工姓名一字，有姜、正、發、富、郎、趙、奉、保
等。宋諱敬、徵、朗、玄、桓缺末筆，慎字不缺，是北宋末南渡初刊本。

首序，序後接連正文。後爲杜淹撰文中子世家，録唐太宗與房魏
論禮樂事，東皋子答陳尚書書，王福畤録關子明事，王福畤記王氏字
書雜録。

鈐有高麗國朱文印，文曰："高麗國十四葉辛巳歲藏書大宋建中靖國
元年大遼乾統元年"

按：此書麻紙，染作深黄色，且因有高麗國印，遂有疑爲朝鮮刊本者。
然細審之，其筆意古健堅實，實爲宋刊無疑。日本文政十年翻刊本
雖亦精美，　而字畫纖麗，古意不存矣。（日本帝室圖書寮藏書，己巳十一
月十一日觀。）

中説註十卷　隋王通撰　宋阮逸註

明正嘉間單刊本，十行十六字，中版心，白口，單闌。　前阮逸序，序
後篇目。後列敍篇、文中子世家等篇，與各本同。（余藏。）

中説註十卷　隋王通撰　宋阮逸註

明嘉靖十二年顧春世德堂刊本。　唐翰題以宋内府小字本校過，訂

正一百五十九字，又一句。余以別本臨取一通，此不多贅。

鈐有："古鹽張氏"、"宗橚"、"詠川"、"陳鱣之印"、"仲魚"、"吳重憙"、"石蓮"各印。（海豐吳仲懌遺書。甲戌十一月四日見于文友堂。）

中說註十卷 隋王通撰　宋阮逸註　　　　　　△一○一○五

明刊本，版心有"桐陰書屋校"五字。　何焯以宋本校，并朱筆評點，然未有跋語，或是臨本。　有"東閣學士"白文印。（己卯四月二十三日見，邢贊亭藏。）

中說注十卷 隋王通撰　宋阮逸註

朝鮮活字本，十二行十九字，黑口，單闌。　前文中子中說序，序後篇目。首行題中說卷第一，次行頂格題王道篇，下題阮逸註。後有敍篇、文中子世家、唐太宗與房魏論禮樂事、東皋子答陳尚書書、錄關子明事、王氏家書、雜錄。

鈐有"養安院藏書"朱、"向黄邨珍藏印"白，又楊守敬諸印。

按：此與南唐書同爲朝鮮活字印本，楊鄰蘇老人守敬極稱其罕秘。此二書余皆從老人得之。

中說註十卷 宋阮逸撰

日本文政十年翻北宋刊本，十四行二十六七字不等，注雙行三十一二字不等，白口，黑周單闌，板心記文幾，下記刊工人名一字。宋諱弘、匡、敬、玄、徵、朗皆缺末筆，讓、慎不避。　前有文中子中說序，序後接本書，題中說卷第一，次行頂格題王道篇，下題阮逸註。　後有敍篇、文中子世家、唐太宗與房魏論禮樂事、東皋子答陳尚書書、錄關子明事、王氏家書、雜錄等篇。　卷尾有"文政十年摹刊"六字。

鈐有"向黄邨珍藏印"白、"沙羅樹園"朱各印。（余藏。）

伸蒙子三卷 唐林慎思撰

明寫本，八行二十字。目錄後有十四世孫元復校正一行。　末有咸淳癸酉莆田劉希仁跋，又北方應發跋，又咸淳九年奉議郎新知泉州

南安縣事林元復跋。(涵芬樓藏書。己未)

素履子三卷 題將仕郎試大理評事賜緋魚袋張弧撰

明藍格寫本,十行,行二十餘字不等。(天一閣佚出之書。丁巳)

帝學八卷 宋范祖禹撰

明刊本,十行十九字,版心下方有"省園藏板"四字。(壬子)

二程遺書二十五卷附録一卷 宋朱熹輯

明成化刊本,九行二十字,黑口,左右雙闌。(余藏。)

二程遺書二十五卷附録一卷 宋朱熹輯

明嘉靖三年李中、余祐刊本,十行二十字,黑口,左右雙闌。(余藏。)

河南程氏經説七卷 宋程顥、程頤撰

宋刊本,半葉十一行,行二十字,白口,左右雙闌,版心上記字數,下記刊工姓名。宋諱桓、慎字缺末筆。字體方整而渾厚,恐是婺州刻本。

卷一易説繫辭伊川　卷二書解改正武成伊川　卷三詩解伊川　卷四詩解伊川　卷五春秋傳伊川　卷六論語説伊川　卷七禮記、明道先生改正大學、伊川先生改正大學二先生

鈐印有:"芷閣藏書"、"戎州馬氏"、"西皋別墅"、"吳廷偉書畫記"、"延陵季子"、"王氏登善"、"沈士秋氏"。

刻工姓名有余欽、張岩、蕭詔、劉元、葉茂、潘才、裴榮、俞正、俞政、黃中、江僧、徐浩、徐佐、吳從、劉太、劉六。(辛巳十二月五日邢贊亭持示。)

忠謨謹按:此書有跋,收入藏園羣書題記三集卷一。

河南程氏遺書附録一卷　　　　　△一〇七〇三

宋刊殘本,半葉十一行,每行二十字,白口,左右雙闌,版心上記字數,下記刊工姓名,刊工有:江僧、蔡申、劉石、劉彥、虞仁、丘文、蕭詔、龔全、葉青、吳青、黃仁諸人。宋諱缺筆至慎字止,敦字不缺。

鈐有"延陵季子"朱、"吳廷偉書畫印"朱,又有"萊陽張氏桐生藏書之

印"朱文大印。

按：程氏遺書宋時有麻沙、春陵二本。麻沙本有趙師耕後序，言憲使楊公已鋟板於三山學宮，遺書外書則庾司舊有之，俱燬於乙未之火。師耕承乏來此，亟將故本易以大字，與文集爲一體，刻之後圃明教堂云云。今北京圖書館藏内閣宋刊八行殘本，疑卽趙師耕所刊也。春陵本刊於淳祐六年秋，東川李襲之題云："程氏遺書長沙本最善而字小，歲久漫漶。教授王湜出示五羊本，參校既精，大字亦便觀覽，襲乃模鋟於春陵郡庠，又取長沙所刊外書附焉。"以是證之，則五羊本及春陵本均大字矣。此本不見著録，然其字體小而精整，其非麻沙、春陵、五羊本明甚，且板刻氣息樸厚，決非閩中刻手所能爲。全書惜不得見，然卽此附録，次第與明刊本已有異處。首明道先生行狀，次門人朋友敍述，次游酢書行狀後，次吕大臨哀詞，次墓表及伊川記，次年譜，次張繹祭文，次胡安國奏狀。余以明刊本校閲，得異字凡數十事。卷尾附考異六行，明刊本所無，録之下方：

"按此卷内所載張繹祭文斯世、一作於道，道合、一作道會，不可得而名也、一作某等不得而名也，惟泰山、惟一作維，趣之、一作趨之，自某之見、一作某等受教，先生有言、一本上有昔字，畢吾此生、一無吾字，固不可得而問也、一本上有某等字，惟與二三子、一本無此五字，有益當字，二三子之志、一作某等之志，版本已定，不可增益，今見於此，有別鋟木者當逐處注入。"　　　　　　　　丙寅十一月廿四日沅叔記。

吕氏鄉約附鄉儀　<small>宋吕大鈞撰</small>

宋刊本，七行十四字，注雙行十六七字，白口雙闌，字大如錢。（徐乃昌得之丁氏持静齋。甲寅）

藍田吕氏遺書鄉約一卷鄉儀一卷　<small>宋吕大鈞撰</small>　　△八一四三

明正德中丹徒令李震卿刻於丹徒，八行十八字，白口，雙闌，版心有"丹徒縣刊"四字。本書題"吕大鈞和叔著"，"三原王承裕校勘"二

行。　前有正德庚辰楊一清序,正德十五年京江病叟靳貴跋。(周叔
弢歲。癸酉十一月)

公是弟子記一卷 <small>宋劉敞撰</small> 　　　　　△二七六四

明穴硯齋寫本,十二行二十字。　有清王芑孫跋。(翁弢夫前輩藏書。
乙卯)

童蒙訓三卷 <small>宋呂本中撰</small>

宋紹定二年己丑刊本半葉十行,行二十字,白口,左右雙闌,版心雙
魚尾,下魚尾下記葉數。卷下末葉題:

"紹定己丑郡守眉山李𡐤

得此本於詳刑使者東萊

呂公祖烈因鋟木於玉山

堂以惠後學"(海源閣遺書。)

諸儒鳴道集七十二卷 <small>不著撰輯人名</small> 　　　△八一四五

宋氏榮光樓影寫宋刊本,十二行二十一字,前有總目及黃壯猷跋語,
録如下方:

濂溪通書一卷　涑水迃書一卷　橫渠正蒙八卷　橫渠經學理窟五
卷　橫渠語録三卷　二程語録二十七卷　上蔡先生語録三卷　元
城先生語録三卷　劉先生譚録一卷　劉先生道護録一卷　江民表
心性說一卷　龜山語録四卷　安正忘筌集十卷　崇安聖傳論二卷
　橫浦日新二卷。

　"越有諸儒鳴道集最佳,年久板腐字漫,摹觀者病之,迺命工刓蠹
　填梓,隨訂舊本鋟足其文,令整楷焉。峕端平二禩八月吉日郡守
　閩川黃壯猷書。"

按:是書各家書目鮮有著録,惟絳雲樓書目有宋板一部。據景樸孫
言,從河南書估收得,宋氏或卽商丘牧仲太宰家也。卷中慎、完、貞
字皆缺末筆,是出於宋刻之證。頃以明本橫浦日新校之,上卷春秋

條後脱文至五百字，咸賴此本補完，孤本秘笈，良可珍也。　沅叔記。（丙寅）

致堂先生崇正辯三卷 宋胡寅撰

明刊本，十行十八字。卷三末題記六行録如後：

"崇正辯中册，吳元年内俞國賓借看，轉借翁德明，留在何舖。四月初六日夜，海寇鍾九皋餘黨顧鬍侵境，官軍尅復，居民房屋燒爐，此書無存。當月失記日，有朋友龔敬之於路拾得此册相送，皆舊略短一米，復成全書，記之耳。海昌楊復彦剛至。"（余藏。）

近思録集解十四卷 宋葉采撰

元明間刊本，九行十九字，白口單闌，刻甚潦草。（癸丑）

閫範二卷 宋吕祖謙撰　存上卷

明影宋寫本，九行十九字，墨格棉紙，宋諱貞、恒、匡、慎、惇、構皆缺末筆。存卷上。鈐有"桐軒主人藏書印"、"從道堂圖書記"、"惡聞居士"朱文諸印。

按：此書四庫未收，存目不載，惟直齋書録有之，云吕祖謙撰集經史子傳發明人倫之道見於父子兄弟之間者爲一篇，時教授嚴州，張南軒守郡，實爲之序云云。今此序尚存卷上，第原書爲十卷，此則分上下爲足異耳。其上卷中所采易、春秋、書、詩、周禮、儀禮各自爲篇，意上帙諸經爲六卷，下帙史、子傳爲四卷也。然世無刊本、或遇舊鈔方足質證耳。（己巳正月七日見于文友堂，已收。）

按：頃見劉翰臣啟瑞藏宋刊觀史類編殘本，存治體一卷，半葉九行，行十八字，白口，左右雙闌。版心上記字數，中記治體二字，次記葉數，下記刊工姓名，有吳彦、卜進、吳珙、王信、李珍、宗、宣、遇等，行欵與此本全同。據直齋書録解題，吕祖謙撰此書，分爲六門，曰擇善、儆戒、閫範、治體、論議、處事，而閫範先成別行，卽此書也。　丙子二月藏園。

忠謨謹按：此書有跋，收入藏園羣書題記初集卷三。

麗澤論説集録十卷 宋呂祖儉撰　殘本

宋刊本，嘉泰四年呂喬年刊，有元補版，半葉十行，行二十字，版心上記字數，下記人名。

鈐印列後：

"沈廷芳印"回文白方、"椒園"朱方、"潘麐"白方、"重光"白、"辛齋"朱、"東郡宋存書室珍藏"朱長、"南陽講習堂"朱、"光輪印"白、"郭東莊生"白。（癸丑）

麗澤論説集録十卷 宋呂祖儉撰

宋嘉泰四年呂喬年刊元明遞修本，半葉十行，行二十字，黑口，四周雙闌。（徐坊遺書。癸亥）

潛室陳先生木鐘集十一卷 宋陳埴撰

明弘治十四年辛酉刊本，十二行二十二字，黑口，四周單闌。

後有弘治辛酉江陰高賔序，云太守鄧侯守温所刻也。卷末有："新安仇以忠　以才　廷來　廷海廷芳"二行。（甲子）

大學衍義四十三卷 宋真德秀撰

元刊巾箱本，十二行二十二字，黑口右右雙闌。序七行。（南皮張氏藏書，壬戌春文德堂見。）

大學衍義四十三卷 宋真德秀

元刊本，十一行二十一字，黑口，四周雙闌。（翰文齋見。壬子）

注文低二格。

大學衍義四十三卷 宋真德秀撰　殘本

元刊本，中板心，十一行二十一字，黑口，四周雙闌。（癸丑）

大學衍義四十三卷 宋真德秀撰

元刊本，精印。有安樂堂、小脈望館藏印。（滂喜齋藏書。丁卯）

西山先生真文忠公讀書記甲集三十七卷 宋真德秀撰

宋福州學官刊明修本，半葉九行十六字。（涵芬樓書。丁巳）

西山先生真文忠公讀書記甲集乙集丙集丁集 宋真德秀撰　丙集缺

一冊

宋福州學官刊元明遞修本，半葉九行，行十六字，注雙行二十四字，

白口，左右雙闌。

鈐有"養正堂珍藏書畫印"。乙集鈐"禮部官書"朱文大長印。（述古堂

送閱，索一千二百元，以余測之，不過值五六百元耳。　丁巳）

真文忠公政經一卷 宋真德秀撰

宋刊本，半葉十行十八字，版匡高九寸二分，闊七寸二分，英呎。版心

下記人名，宋諱缺末筆。

鈐有："孫氏鳳卿"白、"臣馮翼"白、"張鳴珂"朱、"公束"朱各印。（蔣孟

蘋藏書，甲寅六月見。）

真文忠公政經一卷 宋真德秀撰　　　　　　△二五一八

明成化刊本，九行十八字，大黑口，四周雙闌。　前有淳祐二年門人

王邁序。序中提行空格，疑自宋本出。

鈐有"陳仲魚讀書記"白、"讀此書費辛苦後之人其監諸"白，又仲魚圖

象小像印。

按：上海涵芬樓藏心經一冊，其版式與此同，亦有陳仲魚印記，蓋同

函而分析已久也。（余藏。）

心經一卷政經一卷 宋真德秀撰

宋刊大字本，十行十八字。有淳祐二年大庾令趙時隷合刊序。　光

緒時內府翻本卽從此出。（故宮藏書，丁卯七月見。）

心經一卷 宋真德秀撰

明成化刊本，九行十八字，仿趙體，大黑口，四周雙闌。

與余所得政經同。鈐有仲魚圖象印。（涵芬樓藏。丁巳）

慈溪黃氏日抄分類九十七卷 宋黃震撰　存卷二十七、二十八，計二卷

　　　　　　　　　　　　　　　　　　△七四九一

宋刊本，十行二十字，白口，左右雙闌，版心下記刊工姓名。（涵芬樓藏
書。己未）

慈溪黄氏日抄分類九十七卷 宋黄震撰　殘本，存十五册

元至元沈逵刊本，十行二十字，白口，四周雙闌，版心魚尾下方記人
名。其八十九、九十二兩卷目録均空白，則兩卷固原缺也。（沈曾植
藏。癸丑）

新刊音點性理羣書句解前集二十三卷後集二十三卷 宋熊節編

元刊本，十三行二十四字，黑口，四周雙闌。目録標題大字占雙行，
下題白文“前集”、“後集”字樣。前集采録諸儒詩文，題“考亭門人通
直郎知福州閩清縣事賜緋魚袋臣熊節集編”，“覺軒門人掌御賜建安
書院朱文公諸賢從祀祠熊剛大集解”。後集近思録十四卷，近思別録
十四卷，題“考亭後學熊剛大集解”。（江陰繆荃孫氏藝風堂藏書，癸丑見。）

新編性理羣書句解前集二十三卷 宋熊節編　熊剛大注

元刊本，十三行二十四字，前有遺像，與繆藝風所藏同。（劉翰臣藏書。
庚申）

新刊音點性理羣書句解後集二十三卷

元刊本，十三行二十四字，黑口，四周雙闌。　鈐有寶勤堂書畫印。
（癸亥）

省心雜言一卷 宋李邦獻撰

舊寫本，十一行二十四字。（涵芬樓藏。丁巳）

東宫備覽六卷 宋陳謨輯

清寫本，墨格。　前有陳氏進書表序及劄子。　末有舊人傳寫朱彝
尊跋。又有乾隆時人識語一則：

　“乾隆四十九年九月得竹垞藏本影鈔於小春浮。”（癸丑歲得于杭州翰
　　墨齋徐仰之處。）

鈐有蕭山王氏印。

東宫備覽六卷 宋陳模撰

舊寫本。鈐有南昌彭氏知聖道齋及仁和朱氏結一廬藏印。（壬子）

研幾圖一卷 宋王柏撰

明正德四年己巳刊本，十二行二十七字。　有正德己巳楚潘棠序，正德己巳棗強李暘跋，景定辛酉王柏自序，正統辛酉禮部郎中陳景茂跋。（孫壯藏書。）

養蒙大訓不分卷 熊大年編

元刊元印本，大版式，八行十六字，黑口，四周雙闌。首目錄，目錄標題下題後學豫章熊大年編。次諸儒姓氏，次集書指意，次本書。分三言經學啟蒙一、四言初學經訓二、伊洛精意三、性理字訓四、毓蒙明訓五、敍古千文六、五言小學禮詩七、訓蒙理詩八、七言訓蒙絕句九、刊誤孝經十。　後青城山人王汝玉跋，言吳郡趙仲名顧孟昭捐鏹繡梓，繕其書者中書舍人朱吉季寧云云。

全書八十番，字極秀美。（庚申四月九日見于寶應劉翰臣家。）

辨惑編四卷附錄一卷 元謝應芳撰

明萬曆二年益藩活字印本，八行十七字。　前萬曆二年益王一齋序，言循舊本益加校訂，命世孫以活字摹而行之。附錄末有"益藩活字印行"一行。每卷有"新安潘巒校編"一行。有至正戊子京口俞希魯序，至正甲午中山李桓晉仲序。後有金臺虞士常跋。

鈐有"金元功藏書記"、"知不足齋藏書"、"瑤仙藏本"、"魯氏書印"各印。

按：益藩活字本各家藏目均不著錄，可謂罕秘矣。　辛酉十一月十九日鎮海舟中記。　沅叔。

管窺外編不分卷 題平陽史伯璿文璣述　後學呂洪校正重刊　二冊

明成化九年呂洪刊本，十一行二十二字，黑口，四周雙闌。　前有至正庚寅史伯璿自序，後有成化九年癸巳廣東按察使平陽呂洪重刊跋。

毛扆手跋録後：

"史文璣伯璿先生既撰四書管窺，以其緒餘爲外編，舊有刻板在温州，歲久漫滅。成化間其同邑吕大正洪復校刻之，卽此本也。鄉爲焦淡園竑太史所藏，後歸于余。其天帝一條内缺二紙，偶訪郡友，見案頭有殘本，又屬大字翻板，而所缺處獨全，因借歸鈔補，遂成完書。但其漫漶處翻本亦缺，無從是正，爲可惜爾。　辛巳四月下浣，汲古後人毛扆識"

鈐有"汲古主人"、"毛氏子晉"、"毛晉之印"、"汲古閣"、"西河季子之印"各朱文印。

忠謨謹按：此書有跋，收入藏園羣書題記初集卷四。

夜行燭一卷 明曹端撰

明人紅格寫本。題"大明正統歲次戊辰正月十八吉日鎮守南京太監袁誠書永遠流傳於世。"

此天一閣佚書，得於上海者。（丙辰）

大學衍義節略二十卷 明楊廉撰　永嘉王諍考注

明嘉靖元年刊本，十二行，二十五字。（劉翰臣藏書。庚申）

霍渭崖家訓一卷 明霍韜撰　　　　　　　△七四九二

清初毛氏汲古閣影寫明嘉靖刊本，甚精。（涵芬樓藏。丁巳）

明夷待訪録不分卷附黄黎洲先生思舊録 明黄宗羲撰

清醉竹軒寫本，八行二十五字，朱絲闌，版心下有"醉竹軒"三字。（余藏。）

兵 家 類

武經七書二十五卷 六韜六卷、孫子三卷、吳子二卷、司馬法三卷、尉繚子五卷、黄石公三略三卷、李衛公問對三卷

宋刊本，版匡高七寸二分，寬四寸八分，半葉十行，每行二十字，白

口，左右雙闌，版心記字數及刊工姓名。避宋諱至慎字止。有鈔補十餘葉，極爲雅飭。

按：李燾續通鑑長編云，元豐二年始彙刊七書。六年國子司業朱服言：孫子諸家注互有得失，宜去注行本書。今孫子無注，蓋從朱説也。北京歷史博物館藏宋本六韜，乃余在内閣殘紙麻袋中檢出者，其版式與此正同。（日本静嘉堂文庫藏書，己巳十一月十三日閲。）

武經七書全集二十三卷 存六韜六卷、司馬法三卷、唐太宗李衛公問對三卷，計十二卷

明刊本，九行二十字，大字扁方，嘉靖刊。

十一家注孫子三卷 漢曹操、唐杜牧等撰 十一家注孫子遺説一卷 □ 鄭友賢撰

宋刊本，八行十八字，注雙行二十六字，白口，左右雙闌，版心記註孫子上、中、下，下方記刊工姓名一字。避諱至慎字止。　前總目一葉，後本傳，本傳之後附孫子遺説，此卷十一行二十字，鈐有"高山流水"白、"承德堂"白二印。

各家註上加小圈以別之：曹操、孟氏、梅堯臣、何氏、李筌、杜牧、王晳、張預、杜佑、賈林、陳皞，凡十一家。

此書邃雅齋自陝西人家收得之。余以道藏本校遺説，改字極少。（庚午六月二十四日校。）

孫子集註十三卷 漢曹操、唐杜牧等撰

明嘉靖刊本，十行二十字，注大字低一格。　前有嘉靖乙卯正月錫山談愷序。（博古齋送閲。甲子）

孫子注

舊寫本，九行十九字。　有人以朱墨筆校過。後有翁方綱盧文弨跋，皆僞作。（丁巳）

孫子書三卷 明閩晉江虛舟趙本學解引類　梁見孟周著校

日本影寫明刊本。 有巡撫湖廣右僉都御史晉江郭惟賢序,巡撫右
僉都御史保定梁見孟序。(文友堂閲。)

孫子參同五卷 明閔于忱輯

明萬曆四十八年吳興閔于忱松筠館刊朱墨套印本,八行十八字。(壬
子歲收得。)

孫子注三卷 清孫星衍撰

原稿本,孫氏手批改。(盛昱遺書,壬子歲收得。)

尉繚子標釋一卷 明阮漢聞撰 △二一七五

明天啓三年及朴刊本,八行十八字,白口,四周單闌。 余別有跋詳
之,此不贅。(余藏。)

忠謨謹按:此跋收入藏園羣書題記三集卷三。

神機制敵太白陰經十卷 唐李筌撰

舊寫本,十行二十字,版心有"汲古閣"三字。前有李筌進書序,後附
銜名六行:

"唐永泰四年秋河東節度使都虞候臣李筌譔 秘閣楷書臣羅士良
膳 御書祇候臣張永和監 入內黃門臣朱永中監 入內內侍高
班內品臣譚元吉監 入內內侍高班內品臣趙承信監。"

鈐有"何元錫印"、"何敬祚氏"、"錢唐何氏夢華館嘉慶甲子後所得
書"各印。余別爲跋詳之。(己巳四月收得。)

忠謨謹按:此跋收入雙鑑樓藏書續記上卷。

虎鈐經二十卷 宋許洞撰

明天一閣刊本,十行二十字。 前許洞上書表,次洞自序。後附明
初用兵事數則,不知何人所增。

虎鈐經二十卷 宋許洞撰

明刊本,十行二十字。 鈐有"濟南周氏藉書園印"、"大猷"、"鹿門
外史"各印。(徐坊遺書。癸亥)

按:此書昔年見北京圖書館藏明寫本,其紙背爲明代公牘,鈐有晉陽
世家藏印,歷藏明項元汴清朱彝尊諸家。余偶取校此本卷首表、序,
改正至八十餘字。周君叔弢曾手勘一過,異文奪句多不勝舉,滿幅
爛然。此真善本,勝于明本萬萬。昔人言明人刻書而書亡,其殆此
類歟? 沅叔。

忠謨謹按:此書有跋,收入藏園羣書題記三集卷三。

何博士備論不分卷 宋何去非撰　　　　　　△八一四八

明穴硯齋寫本,烏絲闌,十二行二十字,版心下方有"穴硯齋繕寫"五
字。　前有元祐四年正月蘇軾薦何去非奏狀,又五年軾知杭州府再
薦奏狀。

張蓉鏡手書封面,黃丕烈嘉慶丁丑跋、乙亥跋,道光十四年甲午錢天
樹跋,道光辛丑八十拙叟跋。黃廷鑑。四跋見皕宋樓藏書志,不具錄。
又有嘉慶乙亥王芑孫觀欵,道光庚寅程恩澤題記。

鈐有何焯、翁方綱、黃丕烈、王芑孫、張蓉鏡、麟見亭慶、章綬衘、胡季
堂諸印。(周叔弢購自柳蓉春手。甲子)

武經龜鑑二十卷 宋王彥撰　存卷九第一至五葉

宋刊本,十二行二十二字,白口,左右雙闌。上魚尾下記龜鑑二字,
下方記刊工姓名,有李詢、文、憲等。版式闊大,字體方整,紙印精
美。版式如下:

"武經龜鑑卷第九　虛實　先處戰地而待敵者佚　馮異先據栒邑
以破行巡　後漢光武遣諸將上隴,爲隗囂所敗……"(劉翰臣藏書。
庚申)

按:據王氏玉海兵法類言,此書凡二十卷,爲王彥所上,自始計至用
間。隆興二年五月辛丑御製序,乾道三年二月十六日賜將帥。就此
殘葉觀之,版式寬展,結體方嚴,必爲官刊,當卽乾道中頒賜諸路者
也。

忠謨謹按：此書有跋，收入藏園羣書題記初集卷三。

張氏集注百將傳一百卷 宋張預撰　存卷五十九至六十三，又八十九至九十一，計八卷

宋刊本，半葉十四行，行二十四字，細黑口，左右雙闌。每傳人名低四格，冠以陰文朝代名，正文頂格，注文低一格。

鈐有"唐白虎"朱、"陳文東印"白、"包山真逸"朱、"墨林山人"白、"項子京家珍藏"朱各印，又崑山項氏白文大印。（江南館藏書。）

十七史百將傳十卷 宋張預撰

明刊本，十六行三十一字，注雙行小字三當大字二，黑口，四周雙闌，每題上加黑蓋子。　前張預進書序，十一行十六字。

舊爲義州李氏藏書，鈐有"抱竹居藏書記"、"李放嗣守"、"義州李放鑑藏"諸印。前有李小石放題記：

"此書各家俱未著錄，只藝芸精舍有元刊殘本六卷，真驚人秘笈也，我子孫其世守之。丙辰殘臘義州李放无放氏識于抱竹居。"

"庚申嘉平十一日夜四鼓重讀一過，距前題字已五年矣。是日江安傅沅叔提學見過，以新得宋槧豫章先生集及劍南詩稿殘本屬題記之。詞堪李放。"

"癸亥仲冬十日，將以此書易米，因以所用私印遍鈐之。後有續藏書紀事詩及書林清話者，或拓數行地記我也。　放。"（王茂齋送閱，已收。）

十七史百將傳十卷 宋張預撰

明景泰刊本，十行二十字。　卷首張預進書表，卷末景泰五年慶遠府儒學訓導陳演序。每卷有子目。（甲寅）

十七史百將傳續編四卷 明何喬新撰

明刊本，十行二十字，黑口雙闌。　卷首成化十八年自序。每卷有子目。（甲寅）

諸史將略十六卷 <small>明長洲劉畿撰</small>

明刊本。　有嘉靖丙寅自序。　取戰事標目如紀事本末之例。<small>(古書流通處送閱。壬戌)</small>

讀史兵略不分卷 <small>清胡林翼輯　存宋元明三代，八厚冊</small>

清胡林翼稿本。書衣有莫友芝跋：

"此胡文忠讀史兵略宋元明三代槀本。其五代以前已刊行爲四十六卷，宋以後尚未及分卷刪定，而文忠沒矣。前段板成時曾在鄂撫署多桂園爲之校誤，因以此段槀相付，已閱八年，乃檢敝篋見之，謹裝附昔者校樣之後。戊辰伏中　邵亭。"<small>(己未)</small>

法 家 類

管子二十四卷

明刊本，十行二十一字，白口，左右雙闌。

按：此無注本，無序跋，不能定爲何時所刻，然其刻工要是正嘉間風氣。余舊得楊惺吾<small>守敬</small>所藏韓非子，標題下有虧四二字，源出道藏，號爲善本。今取此書對勘，則板心行欵無一不合，然後知二子合刻前乎趙用賢者固有人在，惜不知所據爲何本耳。今以虞山瞿氏書目所紀宋本異同證之，有趙本誤而此本不誤者十之七八，其與宋本不同者只十之二三，是則其所從出雖不可考，而其決然出于宋本殆又無可疑也。戊午除夕，敝賈送書求審定，因收之篋衍，與韓非相配。至於文字異處，俟勘正後當別著之。己未正月初二日記　沅叔。

管子註二十四卷 <small>唐房玄齡註</small>　　　　　△九六〇一

宋刊本，半葉十二行，行二十三四字不等，白口，左右雙闌，版心下記刊工姓名。版匡高六寸四分，闊四寸六分。皮紙精印，完整如新。

首列大宋甲申楊忱序。卷末有張嶠讀管子一篇，有紹興己未從人借得，改正訛謬藏於家之語，蓋南宋初刊本。<small>(常熟瞿氏鐵琴銅劍樓藏，乙</small>

卯歲觀于罟里瞿宅。）

管子注二十四卷　唐房玄齡撰

宋刊本，半葉十二行，行二十三字，注雙行二十八字。卷一後有木記
云"瞿源蔡潛道宅墨寶堂新雕印"。有黃丕烈跋二則，並錄陸貽典跋
二則。（海源閣書，丁卯十月廿九日見於天津，索四千元。）

管子註二十四卷　唐房玄齡撰　　　　　　　△八一四九

明萬曆十年趙用賢刻管韓合刻本，九行十九字，白口，單闌。清吳志
忠用宋本校，有跋錄後：

　"北宋本管子二十四卷，向年士禮居所藏，今歸汪閬源家，不肯借
　人讀。余表兄師竹陳渙從其家校之，道光辛卯忠因得臨校一過，
　隨注疑義于上方。茲奉李方伯方赤先生之命，屬臨一本，完日記
　此。　道光二十年庚子九月廿八日，吳縣吳志忠。"　鈐"有堂"、
　"吳忠之印"二印。

卷首鈐"志忠手校"朱文小長印。　　末卷尾牌子錄後：

　┌─────────────┐
　│瞿源蔡潛道宅板行│　（丙寅）
　│紹興壬申孟春朔題│
　└─────────────┘

管子補注二十四卷　明劉績撰　　　　　　　△八九六

明弘治本。

清陸貽典校，有跋二則，黃丕烈校並跋。（海源閣遺書。）

管子補注二十四卷　明劉績撰　　　　　　　△七四九五

明刊本，九行二十字，白口，四周雙闌，大版心。卷三至卷十八爲黑
口。

失名人以朱筆校過。有王芑孫跋。（涵芬樓藏書，己未歲閱。）

鄧析子二卷

明初刊黑口本，十一行十六字，四周雙闌。　前崇文目，次晁氏目，
次序。

陳君乃乾校,校記如下：以劉履芬刻影宋本校：

凡宋本誤几　民有穿窬爲盜者　獵熊虎者不於外圍案：此句以下當爲一節,宋本連上文,非。　張羅而略宋本畋,是。　猶倒裳而索飲宋本倒下衍索字。　非誠辭也宋本誠下衍僻字。　五味未嘗而□於口宋本而下不空,非。夫自見之明宋本夫誤天。　遠而相思者宋誤也。　以上卷上。

嗔怒憂愁宋本誤喜　與貧者言依於利宋本脱者。　故無形宋本脱無字,形誤刑。者　彼宋本誤被。竊財誅　故之與傲故宋本作敬,非。　堯置敢宋本誤欲。　諫之鼓　舜立訓謫之木宋本立誤之,訓謫作誹謗。　漠宋本作莫。然無呪宋本作叱。咤之聲　推宋本誤椎。未運　心貴□宋本作聽,非。則存宋本作有。於不爲也　以上卷下。(羅子經送閱。辛酉)

商子五卷 △一〇一〇八

明范氏天一閣刻天一閣奇書本,九行十八字。次行題"四明范欽訂"。末有戈襄跋語。　鈐有："戈載順卿"、"戈襄小蓮"及"古潭州袁臥雪廬印"。(余藏。)

商子五卷 △一〇一〇九

藍格新鈔本,題"陽湖孫星衍承德孫馮翼同校"。

全卷經朱筆點校,後有嚴可均跋,然細審決非嚴氏筆,當爲近人所移錄,間有校語,下注森字者,必其人也。

"右商子五卷孫鳳卿所刊,其據校者明程榮本、鄭寀本、吳勉學本、朱蔚然本、施氏先秦諸子本,凡五家,各取其長。余復據元板本、明范欽本、葉林宗從秦四麟所藏舊刻勘正本及魏徵羣書治要、馬總意林等書重加校定,補得立法一條,又增刪改正五百餘字。嘉慶十六年重五後一日嚴可均記。"(邢贊亭新得,己卯四月二十三日見。)

韓非子二十卷

明正嘉間刊本,十行二十一字,白口,左右雙闌。標題下有"虩四"二字,源出道藏。

鈐有"森氏開萬册府之記"、"一橋府學校印"、"惺吾海外訪得秘笈"
各印。

按：此書與前記管子無注本版式悉同，當是同時所刊。（余藏。）

韓非子二十卷

明嘉靖本，十行二十字，卷十六標題下有"虧四"二字，亦出道藏本。

　　鈐有"黃寶善堂珍藏印"朱、"黃深之印"白、"廣源"朱、"耕巖"朱。
（藝風堂藏書，朱幼平收得。辛酉）

韓非子二十卷　　　　　　　　　　　　　　△八一五二

明萬曆十年趙用賢刊管韓合刻本，九行十八字，白口單闌，天頭有橫
闌加評語。版心下記刊工人名。

清戈小蓮襄手校，並跋。又王小梧渭校並跋，韓淥卿應陛跋。（周叔弢藏
書，癸酉十一月十二日見。）

韓非子二十卷

明萬曆周孔教刊本，八行十四字，黑口，四周雙闌。鈐有"怡府世
寶"、"明善堂覽書畫印記"兩印。（戊午）

韓子二十卷　　　　　　　　　　　　　　李□二八九一

明新都汪應賓校刊本，九行二十字。　有萬曆庚寅張壽明序。（李木
齋先生藏書。壬子）

韓非子二十卷　　　　　　　　　　　　　　△七四九六

清錢曾述古堂寫本，十三行二十四字，影宋本。序後有乾道改元中
元日黃三八郎印一行。

原本缺七葉，黃丕烈照宋本影補，又據宋本校過。有黃氏跋，并摹宋
本藏印八方于後。又有顧廣圻跋。

鈐有開萬樓、士禮居、季振宜、汪士鐘、顧廣圻、汪駿昌各印。（涵芬樓
藏書。辛酉）

韓非子校記　清朱錫庚撰

用宋本、何犿本校，又別本校，卽趙刻重印者。後有庚戌七月廿二日大
興朱錫庚校正一行。（繆氏藝風堂傳抄本。）

吏學指南八卷　<small>題吳郡徐元瑞君祥纂</small>　　　　△二一九四

元刊本，十一行十九字，注雙行二十四字，黑口，四周雙闌。　前有
承事郎雲夢縣尹山後石抹元序。言本府同知公穆虎彬所刻也。序
後有歷代吏師類錄四葉，列歷代通曉吏法諸人，自有虞及宋。次目
錄。本書前七卷標舉官文書及刑律字句，加以注釋，第八卷則雜文，
如箴說之類。

鈐有"黃一鷺印"、"碧梧子"、"黃氏伯羽"、"任俠書生"、"況周頤印"、
"桂林況周頤藏書"、"王懿榮"、"福山王氏正孺藏書"、"海上精舍藏
本"諸印。（己巳九月見于上海陳乃乾處，索百廿元，已收。）

祥刑要覽二卷　<small>明吳訥撰</small>

明成化二十二年丙午林符刊本，十行十八字，黑口，四周雙闌。　有
正統壬戌吳訥自序，成化丙午林符桂林重刊序，景泰鄒亮後序。題
"都臺致政海虞吳訥"。　上卷集古今恤刑之事，分經典大訓，先哲論議，
善者爲法，惡者爲戒。下卷刪正桂氏棠陰比事。

鈐印有　"季振宜字詵兮號滄葦"白、"郭申堂庚寅年收書印"白。（述
古堂見。丁巳）

農　家　類

齊民要術十卷雜說一卷　<small>北魏賈思勰撰</small>

明嘉靖三年馬直卿刊於湘潭，十行十七字，上空一字。白口，左右雙
闌。每卷題"後魏高陽太守賈思勰撰"，每卷目錄接連本文。後有紹
興甲子左朝散郎權發遣無爲軍主管學事兼管內勸農營田事鎮江葛
祐之序。又有嘉靖甲申五月望日儀封王廷相序，稱侍御鈞陽馬公直
卿按治湖湘，獲古善本，乃命工刻梓云云。

按：湘潭本爲津逮本所自出，自明以來刻本皆因之，雖其舛誤時所不免，然各家著録皆所未及，實爲世不經見之本。述古堂得於山東曲阜，僅存末二卷，斷縑零璧要自足貴，因亟收之。　戊午十二月廿七日，沅叔記。

齊民要術十卷 <small>北魏賈思勰撰</small>

緑格寫本，十二行二十五字。何子貞紹基題簽。（葉奐彬藏書。己巳五月）

農桑輯要七卷 <small>元司農司撰　存卷二、十一葉，卷三、全二十三葉，卷六、十七葉，共三冊</small>

元刊本，九行十八字，注雙行同，白口，左右雙闌，版心上方記字數，下方間記刊工人名，一字，引用各書以陰文別之。字撫顏體，刻印俱精。（劉翰臣藏書。庚申）

農桑撮要不分卷 　　　　　　　　　　△七四九七

明刊本，十行二十二字，黑口，四周雙闌。　前有至順元年六月甲申序，不署撰人，然至順以下十字乃挖補重填寫者，則書賈作僞以欺人也。次導江張桌序，言延祐甲寅，明善魯公出監壽郡，攷種藝歛藏之節，集歲時伏臘之需，以事繫月，編類成帙云云。

鈐有“巴氏珍藏”葫蘆印、“青宮之寶”白文大印、“謖聞齋”、“竹泉珍秘圖籍”、“項子京圖書記”、“元本”、“甲”各印。

按：此與農桑輯要迥然不同，自正月至十二月，分著農桑各事，不注所出何書也。（涵芬樓藏。）

六經農用集傳十二卷 <small>清長洲魏一川撰</small>

稿本。有康熙庚寅一川自序。

卷一歲星，卷二大易十三卦象，卷三虞書，卷四夏書，卷五豳詩雅頌，卷六周禮，卷七周書，卷八禮記合經，卷九呂氏春秋，卷十商書紀遺，卷十一畜牧，卷十二百穀。（古書流通處送閲。壬戌）

煙草譜不分卷 清青浦陳琮愛筍撰

舊寫本,朱絲闌,九行二十字。版心有"昭代叢書壬編"六字,然檢叢
書乃無之,知爲寫成未授梓也。前有自序,題嘉慶旃蒙大淵獻。

卷中有朱筆校字,邵次公謂爲沈翠嶺手迹,其或然歟! 附有徵引書
目至二百餘種,可謂賅備。惟引用各書殊少統紀,似宜分別門類重
行編訂,以醒眉目。且鴉片、鼻煙之屬亦雜厠其中,亦爲非體。

目後自跋,言聞汪師韓有金絲録,倪一擎有煙志,皆未見其書云云。
記此以待訪尋。

此書李涵礎培基購自開封,頃回京,出以相示,因略記之。乙亥十二
月,藏園。

醫 家 類

重廣補註黃帝内經素問二十四卷 唐王冰註　宋林億等校正　孫兆改誤

明嘉靖二十九年顧從德翻宋本,十行二十字,注小字三十,白口,左
右雙闌。(壬子見。)

黃帝内經素問二十四卷 唐王冰註　宋林億等校正　孫兆改誤 亡篇一卷

存卷三至五,十一至十四,二十,亡篇一,計九卷

金刊本,半葉十三行,每行二十字,注雙行三十字,黑口,四周雙闌。
字體渾堅而微露圭稜,與尚書注疏同,可斷爲同時刊本也。(壬戌)

新刊黃帝内經素問二十四卷 唐王冰註　宋林億等校正　孫兆改誤 亡篇
一卷

元讀書堂刊巾箱本,十行十八字,注雙行同,細黑口,左右雙闌,版心
上方記字數。　首王冰序,序後隔二行題:"將仕郎守殿中丞孫兆重
改誤"。次國子博士高保衡、光禄卿直秘閣林億序。空二行具三人
銜名:

"朝奉郎守國子博士同校正醫書上騎都尉賜緋魚袋　高保衡

　　朝奉郎守尚書屯田郎中同校正醫書騎都尉賜緋魚袋　孫　奇

　　朝散大夫守光禄卿直秘閣判登聞檢院上護軍　林　億”

　次目録，目録後有牌子：

```
┌─┬─┬─┬─┬─┬─┐
│　│　│　│　│　│　│
├─┴─┴─┴─┴─┴─┤
│□讀書堂刊　　　　│
└───────────┘
```

音釋附每條注後，與顧翻宋本異。　　鈐有“應麟”朱、“裕陽之印”朱、“東吳文獻世家”朱各印。(己未)

新刊補注釋文黃帝内經素問十二卷 _{唐王冰註　宋林億等校正　存卷一}

至九，凡九卷

　　元刊本，十三行二十三字，黑口左右雙闌。元至元五年胡氏古林書堂刊本。　有張芙川藏印。(壬子)

新刊黃帝内經靈樞十二卷

　　元刊本，十四行廿四字。(壬子)

黃帝内經靈樞二十四卷 _{存卷九至十六，二十一至二十四，存十二卷}

　　明翻宋本，十行二十字，白口左右雙闌。每卷附音釋。版式與顧從德刊素問同。(余藏。)

素問六氣玄珠密語五卷 _{唐王冰撰}

　　舊寫本，十二行二十三字。　前有萬曆辛亥浮梁仁夫張希堯序。鈐有“秦恩復印”、“秦伯敦父”、“桃花潭”、“汪鳴珂印”、“瑤圃”各印。(海源閣遺籍。庚午)

素問入式運氣論奧三卷 _{宋劉温舒撰} 黃帝内經素問遺篇一卷

　　元刊本，十四行二十四字。(顧鶴逸藏書，壬子二月觀。)

素問玄機原病式 _{金劉完素撰}

　　明刊本，十行十八字，上方橫格有解釋，題：

　“河 間 處 士 劉 完 素 守 真　　述

　　魏 博 王 履 安 道 標 題

良醫大梁張繼先濟南胡嗣廉　　校"

（蟬隱廬書。丁巳）

四明滑伯仁先生讀素問鈔十二卷

明刊本，半葉十一行，行二十字，白口左右雙闌，版心下方左□□寫，右□□校正。版心上有橫格頂批。前有高保衡、林億上序。又有高保衡等官銜三行。

此書沈子封曾桐前輩云是元刊本。（丁巳）

以上醫經

經史證類備急本草三十一卷　宋唐慎微撰　　　　△八七〇

宋嘉定四年劉甲梓州刊本。每半葉十一行，每行十九至二十一字不等，白口，左右雙闌，版式闊大，大字疏朗，有顏柳體勢、蜀刻之精者，與廣都裴氏本文選甚相類。　前有嘉定四年知潼川軍府事劉甲序，言初雠于江西，再棃於南隆，今又點勘于東梓云云，蓋梓州覆刻宋淳熙十二年江西路轉運司刊本也。卷中尚存淳熙十二年江西刻書銜名。

鈐有"吳仲內氏"、"吳氏家藏"二印。又楊氏諸印。然楹書隅録未著録。（海源閣遺書，辛未二月十二日見于天津鹽業銀行。）

經史證類大觀本草三十一卷　宋唐慎微撰

金刊元明補修本，十二行二十字，黑口，四周雙闌。牌子係影補，文曰：

"經史證類大全本草三十

一卷附本草衍義二十卷

貞祐二年嵩州福昌縣夏

氏書籍鋪印行"（辛酉十一月十六日孫毓修送閱，索四百元，云是海虞瞿氏書，出以助賑。）

重脩政和經史證類備用本草三十卷　宋唐慎微撰　寇宗奭衍義　存十二

卷

蒙古定宗四年己酉張存惠魏卿晦明軒刊本，十一行二十一字，注雙
行二十五六字，細黑口，四周雙闌，版心下方記刊工姓名。書名下有
己酉新增衍義六小字。海鹽圖上有平陽府姜一刊小字一行，當是平
水刊本也。凡宋諱桓、慎、殷、構皆不避。

按：此書刊工與平水刊尚書相似，歷來定爲金刊本。書中題金泰和
甲子後己酉，平陽張存惠魏卿晦明軒刊，書名下亦標己酉新增衍義，
當刊於己酉歲。考泰和甲子後己酉當南宋淳祐九年，蒙古定宗四
年，非金刊明矣。

此書諸家著録各本列後：

海虞瞿氏藏金刊本，十二行二十字，注小字二十五，黑口，四周雙闌。
貞祐二年嵩州福昌縣夏氏書籍鋪印行。又元大德宗文書院刊本。均
見瞿志。

海源閣楊氏藏宋刊本，半葉十一行，行十九至二十一字不等。此本
余曾見之，乃蜀中刻本。緦卿自記累數百言，未知爲蜀刻也。其書
前有嘉定四年知潼川軍事劉甲序，言初讐於江西，再刊於南隆，今又
點勘於東梓云云。版式高廣，字體健整，與廣都裴氏文選相似，其江
西校官銜名尚存於卷末。因此可知此書宋時有江西、南隆、亦四川之
邑。東梓即潼川，古梓州。三刻本。

皕宋樓陸氏宋刊本，十二行二十字，注二十四字，不附衍義。　又大
德壬寅宗文書院刊本。

大觀二年孫氏刊本。

宋杭州漕司本錢竹汀記爲是書初刊本。

宋紹興二十七年王繼先校定國子監刊本。

宋淳熙十二年奉議郎張謂校刊本。元大德環溪書院本有此序。

天禄後目有宋刊本不知爲大觀抑紹興本也。

張氏晦明軒刊本麻革序，言中州舊有解人龐氏本，張君魏卿惜其寖

堙，乃命工刻梓，附以寇氏衍義。是金時有解州龐氏本也。

金泰和甲子後己酉平陽張存惠魏卿晦明軒刊本。附衍義。有己酉麻革序。段玉裁說文解字注云："果人之人字，宋元以前本草皆作人，自成化重刊乃盡改爲仁字。金泰和間本草藏袁廷檮所，皆作人字。"

元大德壬寅宗文書院刊本附衍義。題作大觀本草，十行二十字。

元大德丙午平水許氏刊本明成化有重翻本。

元大德環溪書院刊本見經籍訪古志，日本京都伊良子藏。(己卯)

本草衍義二十卷　宋寇宗奭撰

宋淳熙十二年江西轉運司刊慶元乙卯重修本，半葉十一行，行二十一字，白口，左右雙闌，版心上記字數，下記刊工姓名。版心闊大，字體方扁，而刊工甚精。(鏡古堂見。癸丑)

本草衍義二十卷　宋寇宗奭撰

宋淳熙十二年江西轉運司刊慶元元年重修本。版匡高六寸八分，寬五寸七分。每半葉十一行，每行二十一字，白口，左右雙闌，版心上記字數，下記刊工姓名。　有政和六年十二月二十八日劄子。後題：

　　"宣和元年　月本宅鏤板印造

　　姪宣教郎知解州解縣丞寇約校勘。"

末有慶元乙卯刊補識語及江南西路轉運司銜名，錄如下：

　　"右證類本草計版一千六百二十有二，歲

　　月婁更，版字漫漶者十之七八，觀者難之。

　　鳩工刊補，今復成全書矣。時慶元乙卯秋八

　　月癸丑識。"

　　　　右四行頂格書。下空四行，低三格書銜名四行：

　　"儒林郎江南西路轉運司主管帳司　段㬎

　　奉議郎充江南西路轉運司幹辦公事賜緋魚袋　徐宇

　　承議郎充江南西路轉運司幹辦公事賜緋魚袋　曾亨

　　朝奉郎充江南西路轉運司主管文字賜緋魚袋　江淬"

　　　　下空四行,大字書一行。

　　"朝奉郎權江南西路轉運判官吳　獵"　（日本帝室圖書寮藏書,己巳十
　一月十一日觀。）

本草衍義二十卷 宋寇宗奭編　　　　　　　　　△八六八八

宋淳熙十二年江西轉運司刊慶元元年重修本。大板心,每半葉十一
行,行二十一字,白口,左右雙闌,版心魚尾上記字數,下記刻工姓
名,有蔡建、鄧壽、鄧敬等。避宋諱至慎字止。（袁寒雲藏書。乙卯）

　　　　　　　　　　　　以上本草

金匱玉函經八卷 漢張機撰

清昭遠堂刊本,八行十八字。　　前有康熙丙申上海陳世傑序,又長
洲陳汝楫序,又丁酉正月何焯跋,治平三年正月高保衡孫奇林億校
正本書進呈序。卷首題漢仲景張機著,晉王叔和撰,次題宋林億等
校上,下題上海陳世傑懷三重校。

　　按:此書最爲罕見,據諸家序跋言,治平中命諸臣校定仲景三書,曰
傷寒論,曰金匱方論,一卽此書也。金匱方論亦名金匱玉函要略,馬
端臨經籍考雖列此書目,而所引晁序則實金匱玉函要略也。是此經
自元世已不行於世。何義門焯得宋本,手鈔以付世傑,世傑乃博考衆
籍以校正其脱訛,遂開版以傳。世傑爲吳中名醫,其訂正自可取信,
義門跋亦盛稱之。杜光庭亦撰有金匱玉函經,四庫所收及坊市所行
皆是也,故不知者往往誤收焉,陳汝楫序中亦言之。　　此書擬告楊
子安熊祥收之。（辛未四月）

新刊王氏脉經十卷 晉王叔和撰　　　　　　　△七五○二

元刊本,十二行二十四字,黑口,左右雙闌,書名大字占雙行。　　序
後有天曆庚午仲夏建安葉日增誌於廣勤書堂七行牌子。　　鈐有士
禮居藏印、姚氏邃雅堂藏印。（涵芬樓藏書。辛酉）

脉經十卷　<small>晉王叔和撰　宋林億等校定</small>

明嘉靖刊本,十二行二十字。

按:此海源閣書,號爲宋刻,有楊紹和長跋,其實明本,不知緣何誤認。(辛未二月見于天津鹽業銀行庫房。)

纂圖方論脉訣集成四卷

元刊本,十五行二十三字。　題"晉太醫令王叔和撰"、"元廬陵竹坪書堂刊"。牌子在卷末,文曰:

　"至正己丑廬陵

　竹坪書堂刊行"

鈐有明善堂、安樂堂各印。(海源閣遺籍。庚午)

以上診法

醫説十卷　<small>宋張杲撰</small>　　　　　李□八八九一

宋刊本,九行十八字,白口,左右雙闌,版心上魚尾下標醫説卷第幾,下方注刊工人名一字,有果、定、才、永、文、宗、濟、澄、良等。宋諱恒貞弘缺筆。字體俊朗,有率更之風。其行欵與八千卷樓丁氏所藏同。

按:此書去年祀灶日適舉祭書之典,揚州陳恒和書林寄首册來,缺卷二全卷,抄卷七全卷,約得刊本三百五十餘葉,索值至二千元,還以四百元,不售,竢時局略平擬寄還之。　丁卯正月廿一日記,沅叔。

(李木齋先生收去。)

醫説十卷　<small>宋張杲撰</small>

明嘉靖翻宋本,九行十八字,白口左右雙闌,字大行疏,頗爲精整,序後有"吳門許勘刊"小字一行。有嘉靖甲辰雲南道監察御史海康馮彬序,又直聖濟殿御醫上海顧定芳序,序言得宋刻遂圖刻之云云。後有星江彭方、四明李以制二跋,皆題嘉定甲申。又開禧丁卯建安江疇跋,寶慶丁亥東陽徐杲跋,紹定改元山陰諸葛興跋,咸依宋刊附入者。

鈐有"明黄岡朱氏咸鑑定"、"白荃宰印"、"白石山人"、"武康縣令臣
朱荃宰印"。又鈐武康縣官印於卷尾。(己巳三月)

張子和醫書十二卷 儒門事親三卷　直言治病百法二卷　十形三療三卷　撮要

圖一卷　華扁病機論三法六門方一卷　世傳名效神方一卷　治法雜論一卷

金刊本,半葉十一行,每行二十三四字不等,黑口,左右雙闌。書名
大字占雙行。

按:此書刊工疏古有逸致。金刊本最爲少見,明刊則妄意改易卷第
矣。(日本静嘉堂文庫藏書,己巳十一月十三日閲)

歷代名醫蒙求二卷 附釋音　宋寰菴周守忠撰集

宋刊本,九行十七字,白口,左右雙闌,版心下記刊工姓名。　首嘉
定庚辰錢塘蘇霖序,行書六行。末周守忠自撰後序。正書。序後有"臨
安府太廟前尹家書籍鋪刊行"牌子一行。此行字視他書爲大。序後有
目,本書四言韻語百聯,凡二百事,每聯分注,注大字低一格,下句注
另起。

鈐有"檇李"、"顧然雛叔"白、"顧氏定齋藏書"朱、"定齋"朱文大印。此三
印朱文水印疑是宋印。又"季振宜印"、"滄葦"、"季振宜藏書"各印。

按:此書字體視普通棚本爲大。注内引書如徐廣晉紀、梁七録、吳均
齊春秋、高道傳、譚賓録、晉中興書、蜀異志、談藪等皆不經見。

醫經溯洄集一卷 元魏博王履撰

元刊本,十行十七字,黑口,四周雙闌,寫刻工雅。

鈐有各家藏印列後:

"江城如畫樓"、"八千卷樓所藏"、"自強齋藏書印"、"嘉惠堂藏閲
書"、"宛陵李之郇藏書印"、"宣城李氏瞿鏑石室圖書印記"、"李之郇
印"、"吳郡"、"安樂堂藏書印"、"明善堂覽書畫印"、"怡府世寳"、"禹
門宣統紀元以後得"。(己巳四月)

重刊孫真人備急千金要方三十卷　唐孫思邈撰

元刊本，十二行二十二字，黑口，左右雙闌，方名皆陰文，目後有花邊
牌子行書七行。　前有高保衡、孫奇、林億、錢象先等聯銜序。　後
有治平三行經進後序。亦列高保衡等四人官銜。刊刻甚精好。（南陵徐乃
昌氏積學齋藏書。乙卯）

孫真人備急千金要方九十三卷　唐孫思邈撰

明嘉靖二十二年耀州喬世定小丘山房刊本，十一行二十四字。　前
有三原馬理序，孫真人傳，又有嘉靖二十二年耀州房世寧序，又高保
衡等舊序。次凡例，次目。版心有“喬氏世定刻行”六字，蓋世寧之
弟奉父命以刊行者也。（壬午春）

千金寶要八卷

明正統刊本，十行二十字。（壬子）

外臺秘要方四十卷　唐王燾撰

宋紹興間兩浙東路茶鹽司刊本，半葉十三行，每行二十四字，白口，
左右雙闌，版心記刊工姓名。避宋諱至頊字止。　後有皇祐三年内
降指揮、熙寧三年鏤版指揮及校正林億等銜名。各卷後有兩浙東路
提舉茶鹽司幹辦公事趙子孟校勘，張寔校勘各一行。

明高氏妙賞樓、項氏萬卷堂舊藏。

按：此書䣓宋樓藏書志稱校明崇禎本可訂正二萬餘字，惜匆遽不得
一校。（日本靜嘉堂文庫藏書，己巳十一十二日閱。）

大德重校聖濟總錄二百卷　題宋趙佶撰　存卷一百五十二、三，一百八十三、四

元刊本，八行十七字，大版心，細黑口，四周雙闌，版心上記字數，下
記刊工姓名，字體疏朗勁挺，不類通常元本。（庚申四月見于寶應劉翰臣
家。）

太平惠民和劑局方十卷　宋陳師文等撰　指南總論三卷　宋許洪撰　圖

經本草藥性總論一卷

元至正二十六年高氏日新堂刊本，十四行二十三字，説低一格，字略小，字數同，方低二格，方後説低三格，藥方名用白文別之，注雙行，黑口，四周單闌。序後有官銜三行，如下式：

"將仕郎措置藥局檢閲方書　陳　承

奉議郎守太醫令兼措置藥局檢閲方書　　裴宗元

朝奉郎守尚書庫部郎中提轄措置藥局　　陳師文謹上"

目中每卷總門類用大字占雙行，上加黑蓋子，其增添局方、名家方亦用白文別之，目後有牌子一行，如下式：

"建安丙午年高氏日新堂刊行"

圖經本草藥性總論圖在上方，説在下方，密行小字，半葉十八行，行三十六字。指南總論上卷行格與本書同，中下卷則大小字行格參錯，十七、八、九行不等，每行約二十三四字。

後有莫楚生_棠跋云：

"太平惠民和劑局方十卷、本草藥性總論一卷、用藥指南總論三卷，元高氏日新堂刊。曝書亭集載本同，但無藥性一卷耳。指南總論竹垞跋稱太醫助教許洪撰，此本卷首少半葉，故撰人無攷。四庫著録本亦有用藥指南總論三卷，而提要云不知何時所加，則四庫未著撰人，非此刻矣。學津討原刊無指南，而藥性總論較此多二卷。此本雖中有缺葉，然書實只一卷，張刻所據殆係後來遞增之本矣。近陸心源亦收此本，而後附者並無，則全璧誠可貴，安得更遇一本補其脱葉哉！癸巳年上海所收，經俗手重裝複裱，庚子四月乃命工去之而更精訂焉。"

按：前跋未署名，然余審其筆蹟確知爲莫楚生丈所書。頻年游吳門多主於楚生家，其藏書咸得寓目，獨此册乃未得覩，豈以余不嗜方書，故未見示耶？抑屏居時斥去以易米耶？册中有柳佶蓉春印，楚生書多由柳估肆中爲之鬻去,柳没已十餘年,則此書自莫氏流出亦已久矣。昨歲楚生殁於上海,不旋踵而藏書盡散,追憶把酒清譚,爲之流涕。庚午十月,自廠市文友堂假閱記之　沅叔氏。

太平惠民和劑局方十卷 宋陳師文等撰

元至正二十六年高氏日新堂刊本,十四行二十三字,黑口單闌。目録後一行題:

"建安丙午年高氏日新堂刊行"

附 **本草藥性總論一卷** 半葉十八行,行三十六、七、八字。

圖經用藥指南總論三卷 半葉十四行,行二十四字。

每卷書名大字占雙行,藥方等字皆陰文。(癸丑)

太平惠民和劑局方十卷 宋陳師文等撰

元留畊書堂刊本,十四行二十三字,黑口,四周雙闌。書名及病症門均大字占雙行。目内凡新增方標題用陰文。本書凡方名均用陰文。每門類上加黑蓋子。　前有陳承、裴宗元、陳師文等進書表。目後有牌子一行,文曰:

"建安雙璧陳氏留畊書堂刊行"

鈐有日本"佐名文庫"朱文大印。(乙丑)

太平惠民和劑局方十卷 宋陳師文等撰

元刊本,十五行二十四字,黑口,四周雙闌。　鈐有安樂堂、明善堂藏印。(南皮張氏書,壬戌春見。)

增廣校正和劑局方三卷 缺卷第一

宋刊本,半葉十一行,每行二十一字,細黑口,左右雙闌。凡藥方名皆以白文別之。(日本帝室圖書寮藏書,己巳十一月十一日觀。)

史載之方二卷 宋史堪撰

宋刊本,半葉十一行,每行十七字。　陸心源記行欵爲每葉二十行,則誤矣。(日本靜嘉堂文庫藏書,己巳十一月十三日閱。)

備急總効方四十卷

宋紹興二十四年刊本，十行十六字，方低一字，每證下注方所出書名，病題用陰文，白口，左右雙闌。魚尾下題備方一二等字，版心下方題刊書人姓名，有乙成、金彥、惠道、李祥、王份、項中、蔣諲、牛智、葉先、賈琚、昌旼、陳忠。宋諱玄鏡竟敬驚均缺末筆。　有紹興二十四年四月二十日左朝奉大夫知平江軍府事提舉學事兼管内勸農使溧陽縣開國男食邑三百戶賜紫金魚袋李朝正序。

第一卷一至十四葉疑後人翻刻加入，紙係宋紙，而字體呆滯，墨亦黯淡，刊書人賈琚，琚誤琱，昌旼，旼誤改，尤無理也。又，書本名備急總効方，全書均挖改急作全，獨此卷首是全字，尤為補刻之確據。"鈐有"元恭"、"徐樞"、"文醫司馬"、"乾學"、"徐健庵"、"季振宜印"、"滄葦"各藏印。

按：此書字撫歐體，刊工陳忠見敝藏紹興本水經注及明州本文選補版中，則亦南渡初浙本也。寫刻既工，印尤精妙，桑皮瑩潔，墨采静穆，真稀世之珍也。（何厚甫秘密收來，索值至六千元。庚申）

本草集方十卷 存卷四、卷十兩卷

宋刊本，十行十六字，白口，左右雙闌。版心上記字數，下記刊工姓名，有蘇勝、臧珍、臧勝、劉喜、萬宥、毛順、毛龍、毛靖、王念，楊森、田欽、黄俊卿、俊英等人。　每類病證門用陰文，次列病症，次低三格列藥方，方後低二格列用方之法。（鏡古堂送閱。癸亥）

三因極一病證方論十八卷 宋陳言撰

元刊本，題"青田鶴溪陳言無擇編"。半葉十三行，行二十三字，小黑口，左右雙闌，藥方陰文。　前有陳言行書自序。（癸丑）

活人事證藥方二十卷 宋劉信甫撰

宋刊本，十一行二十一字，細黑口，左右雙闌。前總二葉半葉六行，列諸風、諸氣、傷寒、虛勞、補益、婦人、脾胃、水腫、瀉痢、喘嗽，小腸氣、脚氣，頭風、痔漏、癰疽、瘡瘍、補損，小兒、消渴、通類凡二十門。

　　嘉定丙子從政郎新監行在惠民和劑局葉麟之棠伯序。_{半葉八行。}

序後有牌子一行，文曰：

　　“建安余恭禮宅刻梓”

本書標題加“桃溪居士”四字。總目標題後有牌子，文曰

　　“余幼習儒醫長游海外凡用藥救人取効者及秘傳妙方隨

　　手抄録集成部帙分爲門類計二十餘卷每方各有事件引

　　證皆可取信于人並係已經試驗之方爲諸方之祖不私于

　　己以廣其傳庶使此方以活天下也桃谿居士劉信甫　編”

目録前有牌子，文曰：

　　“藥有金石草木魚蟲禽獸等物具出温涼

　　寒熱酸鹹甘苦有毒無毒相反相惡之類

　　切慮本草浩繁卒難檢閱今將常用藥性

　　四百餘件附于卷首庶得易於辨藥性也”

收藏印記有：“吉□氏藏”_白、“芳櫻書院”_朱、“伊澤氏酌源堂圖書記”_朱、“稱意館藏書記”_朱。以上日本人印。“陳介海外搜奇印記”_白。（待求書室送閲。戊辰）

濟生拔萃方十九卷 _{元杜思敬編}

　　元刊本，十二行二十四字，黑口，四周雙闌。　　目列下：醫壘元戎　潔古老人珍珠囊　雲歧子保命集論類要　醫學發明　脾胃論　雲歧子七表八裏隨證　海藏老人陰證略例　衛生寶鑑　海藏老人此事難知　活法機要　鍼經摘英集。”

　　鈐有晉府敬德堂藏印。（涵芬樓藏書。己未）

世醫得効方二十卷 _{元危亦林編集}

　　元刊本，十一行二十二字，黑口，四周雙闌。書名大字占雙行，下題：

　　　　“建寧路官醫提領陳　志　刊行

　　　　南豐州醫學教授危亦林　編集
　　　　江西等處官醫副提舉余賜山　校正"

前有至元五年太醫院序,序後有太醫院官銜名二十四行。後至元四
年知永新州事王充耘序。仍至元三年丁丑七月危亦林序。又陳志
序,又至元三年官醫提舉司牒文。方名皆陰文。(乙卯)

如宜方二卷　元艾元英撰　存殘本一卷

明刊本,九行二十字。(海源閣遺籍。庚午)

新刊袖珍方四卷　明李恒撰　　　　　　　　　△七五一一

明刊本,十六行二十五六字,黑口,四周雙闌。　總目於各卷標題下
分"仁"、"義"、"禮"、"耆"四字陰文,隨卷目分"文"、"行"、"忠"、"信"
四字。(涵芬樓藏書。己未)

袖珍方四卷　明李恒撰

明初刊本。十六行二十五字,黑口,四周雙闌。　方名均陰文。(徐
枋遺書。癸亥)

活人心法二卷　明朱權撰

明刻本,題"玄洲道人涵虛子編"。首有臞仙總論一篇。(壬子)

簡易普濟良方六卷　廬陵彭用光編輯

明嘉靖四十二年太平府知府費增校刊本,十行二十字。　有序。
鈐有"查氏映山珍藏圖籍印"、"賜硯堂圖書印"。(徐枋遺書。癸亥)

三元延壽參贊書五卷

元刊明印本,十二行二十六字,黑口。(顧鶴逸藏書,壬子二月見。)

壽養書十卷

明刊本,九行二十字。　有序,言壽親養老一書爲元人所編次,信州
守金寄潤陳宗器相繼刻於郡齋,嘉靖癸卯饒守歐陽清又刻之。
鈐有明善堂、安樂堂藏印。(徐枋遺書。癸亥)

新編養生大要一卷　　　　　　　　　　　　△二五八五

明崇古書院刊本，九行十七字，魚尾上有"勅賜崇古書院刊"七字。

　　後有直隸鳳陽府儒學後生羅賢識。　　分十門，皆飲食藥品之類。（乙卯歲收。）

以上方論

仲景全書四種 傷寒論十卷、成無已注解傷寒論十卷、傷寒類證三卷、金匱要略方論三卷

明萬曆己亥趙開美翻宋本，有開美刻書序。次林億等校定傷寒論序，言校定張仲景傷寒論十卷總二十二篇，證外合三百九十七條，除複重定，有一百一十二方，今請頒行云云。次傷寒卒病論集，次醫林列傳，次錄國子監牒文，次目錄。本書標題下題"漢張仲景述"，"晉王叔和撰"。次"宋林億校正"、"明趙開美校刻沈琳同校"四行。卷末有方牌子，文曰：

> 世讓堂
> 翻宋本

茲錄牒文如下：

　　國子監

　　准　　尚書禮部元祐三年八月八日符："元祐三年八月七日酉時准
　　　　都省送下當月六日

　　敕：中書省勘會：下項醫册數重大，紙墨價高，民間難以買置。八
　　月一日奉

　　聖旨：令國子監別作小字雕印。内有浙路小字本者，令所屬官司
　　校對，別無差錯，即摹印雕版，並候了日廣行印造，只收官紙工墨
　　本價，許民間請買，仍送諸路出賣。奉

　　敕如右，牒到奉行。前批八月七日未時付禮部施行"。續准禮部
　　符："元祐三年九月二十日准

　　都省送下當月十七日

　　敕：中書省、尚書省送到國子監狀，據書庫狀，准朝旨雕印小字傷

寒論等醫書出賣，契勘工錢，約支用五千餘貫，未委於是何官錢支
給應副使用。本監比欲依雕四子等體例，於書庫賣書錢內借支，
又緣所降
朝旨，候雕造了日令只收官紙工墨本價，卽別不收息，慮日後難以
撥還，欲乞
朝廷特賜應副上件錢數支使。候指揮。尚書省勘當：欲用本監見
在賣書錢，候將來成書出賣每部只收息一分，餘依元降指揮。奉
聖旨：依。"國子監主者一依
勅命指揮施行。
　　　治平二年二月四日
進呈，奉
聖旨鏤版施行。
　　朝奉郎守太子右贊善大夫同校正醫書飛騎尉賜緋魚袋臣高保衡
　　宣德郎守尚書都官員外郎同校正醫書騎都尉臣孫奇
　　朝奉郎守尚書司封郎中充秘閣校理判登聞檢院護軍賜緋魚袋臣
　　　林億
翰林學士朝散大夫給事中知制誥充史館修撰宗正寺脩玉牒官兼
　　判太常寺兼禮儀事兼判秘閣祕書省同提舉集禧觀公事兼提舉
　　校正醫書所輕車都尉汝南郡開國侯食邑一千三百户賜紫金魚
　　袋臣范鎮
推忠協謀佐理功臣金紫光禄大夫行尚書吏部侍郎參知政事柱國
　　天水郡開國公食邑三千户食實封八百户臣趙槩
推忠協謀佐理功臣金紫光禄大夫行尚書吏部侍郎參知政事柱國
　　樂安郡開國公食邑二千八百户食實封八百户臣歐陽修
推忠協謀同德佐理功臣特進行中書侍郎兼户部尚書同中書門下
　　平章事集賢殿大學士上柱國盧陵郡開國公食邑七千一百户食

實封二千二百户臣曾公亮

推忠協謀同德守正佐理功臣開府儀同三司行尚書右僕射兼門下
　　侍郎同中書門下平章事昭文館大學士監修國史兼譯經潤文使
　　上柱國衛國公食邑一萬七百户食實封三千八百户臣韓琦

　　知兖州録事參軍監國子監書庫臣郭直卿

　　奉議郎國子監主簿雲騎尉臣孫準

　　朝奉郎行國子監丞上騎都尉賜緋魚袋臣何宗元

　　朝奉郎守國子司業輕車都尉賜緋魚袋臣豐稷

　　朝請郎守國子司業上輕車都尉賜緋魚袋臣盛僑

　　朝請大夫試國子祭酒直集賢院兼徐王府翊善護軍臣鄭穆

中大夫守尚書右丞上輕車都尉保定縣開國男食邑三百户賜紫金
　　魚袋臣胡宗愈

中大夫守尚書左丞上護軍太原郡開國侯食邑一千八百户食實封
　　二百户賜紫金魚袋臣王存

中大夫守中書侍郎護軍彭城郡開國侯食邑一千一百户食實封二
　　百户賜紫金魚袋臣劉摯

正議大夫守門下侍郎上柱國樂安郡開國公食邑四千户食實封九
　　百户臣孫固

太中大夫守尚書右僕射兼中書侍郎上柱國高平郡開國侯食邑一
　　千六百户食實封五百户臣范純仁太中大夫守尚書左僕射兼門下
　　侍郎上柱國汲郡開國公食邑二千九百户食實封六百户臣吕大防
　（甲戌）

新編張仲景註解傷寒發微論二卷 宋許叔微撰 張仲景註解傷寒
百證歌五卷 宋許叔微撰

元刊本，題“翰林學士許叔微知可述”。八行十七字。發微論目後有
木記，文曰：“對證用藥尚有方書陸續刊行，幸鑒。”（顧鶴逸藏書，壬子二

月觀。）

新編張仲景註解傷寒發微論二卷百證歌五卷　宋許叔微撰

景寫元刊本，八行十七字，注雙行二十字。

傷寒總病論六卷附音訓一卷修治藥法一卷

宋刊本，半葉十行，每行二十字。

按：黃氏士禮居重刊卽據此本。

傷寒明理論三卷　金成無已撰　割去目録，缺方論一卷二册

宋刊本，半葉十行，行二十字，白口雙闌。版心魚尾下記刊工姓名，有王三、王五、石、政、諒等人。

前有壬戌八月錦嶹山嚴器之序。

藏印有：“明善堂覽書畫印”白、“怡府世寳”朱、“安樂堂藏書記”、“宣城李氏瞿鉶石室圖書印記”朱、“宛陵李之郇藏書印”。（癸丑）

傷寒明理論三卷方論一卷　金成無已撰　　　　　　△八一五九

明刊本，十行二十字。前有壬戌八月錦嶹山嚴器之序，又方論序，開禧改元歷陽張孝忠跋。目録次行題“古濠葛澄刊”。

何煌校，並録毛表跋：

“借玉峰徐氏宋本是正，時癸亥重陽前三日，正菴。”

“依汲古閣本校，此本行欵悉同宋板，其文與新刻本異者，咸是宋本原文也。”

“建安慶有書堂新刊”牌子在目後，朱筆所摹。（徐梧生遺書，己巳三月蟠青書室送閲。）

新刊河間劉守真傷寒論方三卷後集一卷續集一卷別集一卷

金劉守真撰，題臨川葛雝仲穆編校

元建安熊氏種德堂刊本，黑口左右雙闌。目後有牌子二行，文曰：

“臨川葛雝校正

建安熊氏刊行”　（日本帝室圖書寮藏書，己巳十一月十一日觀。）

類證增注傷寒百問歌四卷

元刊本,十一行十一字,黑口,四周雙闌。　有至大己酉臘月圓日武夷詹清子子敬序。卷一傷寒解惑論,卷二至四類證歌一至九十三。鈐有"元本"、"姚江朱繼夫家藏書籍印"、"蔣維基印"、"子垕"、"烏程蔣維基家茹古精舍藏本"、"維基審定"、"疢菴"、"菿溪劉大生源泉藏書印"各印。(丙寅,廠估送閱。)

劉涓子鬼遺方五卷　<small>齊龔慶宣撰</small>　　　　△六六一二

宋刊本,半葉十三行,行二十三字,白口,左右雙闌。版心狹窄,上魚尾下記"鬼"字,下記葉數,無刊工名。書題大字占雙行,版匡高五寸四分,闊三寸五分。宋諱不避。　此書刊刻極精,紙白而靭。(常熟瞿氏藏。乙卯)

以上內外科

錢氏小兒藥證三卷

宋刊本,半葉八行,行十六字,字大如錢,字體古拙,大版心,白口,左右雙闌。皮紙濕墨印,古色古香。　明屠隆、錢穀、文嘉、清張蓉鏡遞藏。有錢天樹跋。(癸丑)

誠書十六卷　<small>清嘉興談金章心揆撰</small>

清乾隆四十年沈仲梅寫本,九行二十字。題"嘉興談金章心揆著","海鹽錢千秋真長訂","同里王翃介人參","門人曹焜素臣、方一龍謂周、徐弘勳仲遠仝較","男談龍門禹功識"。　卷末題"乾隆肆拾年歲次乙未攝菴沈仲梅抄"。　前有朱一是欠菴撰序,爲唐翰題手書補入,後小記云:

"既得是書之明年,獲欠庵先生爲可堂集,適有是序,謹録以冠。至心揆先生之平生何如俟再攷。戊辰四月十日"

"小兒科無專門名家,世所傳習者率多鄙俚無稽,吾邑談心揆先生爲明季國初時名手,所與游者皆通人碩士,且書中自述業二十一

世,祖父皆名動。所著誠書援古審證,足以爲小兒科圭臬,惜世無
刻本,他日當屬精於岐黃術之博雅君子考訂校勘,寫付手民,與世
共之,書此爲自券。戊辰四月廿一日新豐鄉人手記。”

鈐印有:“嘉興唐翰題庚申後所聚”朱、“唐翰題”白、“五湖長印”白、
“鷦菴校勘秘籍”朱、“吳重憙”朱、“海豐吳重憙印”白、“石蓮”朱橢圓。
(吳仲懌遺書,甲戌十月二十五日津估持示。)

以上兒科

鍼灸甲乙經十二卷　晉皇甫謐撰

明刊本,十二行二十字。　前有林億等校書進序,又皇甫謐序。(辛
巳十一月六日見于翰文齋,潘伯寅遺書。)

新刊銅人鍼灸經七卷

元刊本,十三行二十一字,黑口,左右雙闌。與明平陽刊本不同。(丁
巳)

新編西方子明堂灸經八卷

元刊本,十三行二十一字,黑口,左右雙闌。每條標題陰文。　鈐有
清怡府明善堂安樂堂藏印。(丁巳)

鍼灸資生經七卷目錄二卷　宋王執中撰

元刊元印本,十二行二十四字。題“太監王公編”。目錄後第二行有
“廣勤書堂新刊”一行。(顧鶴逸藏書,壬子二月觀。)

以上針灸

天文算法類

革象新書二卷

明正德刊本,九行二十字,白口單闌。

象緯彙編二卷

明寫本。　天文書,有圖。　鈐有四明盧氏抱經樓藏印。(壬戌)

大統曆啟蒙不分卷 吳江王錫闡寅旭撰　五冊

舊寫本。分步氣朔、步日躔、步月離、步五星、步交會。又補遺一卷，其分類與前同，而多步四餘一類。　有四明董氏跋，錄後：

"此王曉菴先生所著遺書，計五冊。先生算學冠當代，久爲諸名宿推重。按續疇人傳張秋水鑑跋先生書，乃震澤沈氏退甫舉以相示，謂此書出而先生之遺書益顯。又甘泉羅氏士琳以不得先生書爲憾，姑附記以俟搜求。然則世所傳者僅有先生新法六卷，金山錢氏曾刻入守山閣叢書內。此書當時已不多見，況經兵燹後流傳益尠，余得於南城方氏，吉光片羽，誠爲至寶。他日倘得有識者，詳加校閱，付諸剞劂，豈第從事於先生之學者得窺全豹，而先生之遺書不大顯於海內哉！故急書之簡端云。　光緒十九年四月望日甬上董恩綏磬雨氏識。"（文友堂取閱。戊辰八月）

不得已二卷 清楊光先撰

舊寫本。　有劉彥清藏印。後錄黃丕烈跋。（壬子）

欽定選擇曆書十卷 清安泰撰

清康熙刊本，刻印絕精。題"康熙二十四年欽天監監正安泰奉勑撰定"。前有安泰題本，又禮部題本。卷一選擇用事類，及正二三月宜忌，卷二、三、四爲四月至十二月宜忌，卷五公規春牛經式推測時刻二十二類，卷六甲子至戊寅二十四山向洪範五行，卷七己卯癸巳山向洪範五行，卷八甲午至戊申山向洪範五行，卷九己酉至癸亥山向洪範五行，卷十事類總論集。（甲子）

大明萬曆七年歲次己卯大統曆一卷　△二五七一

明萬曆刊本，棉紙，藍印，黃綾包褙，裝幀猶是明代舊式。　書面鈐有楷書木記，文曰：

"欽天監奏准印大統曆日頒行天下，偽造者依律處斬，有能告捕者官給賞銀五十兩。如無本監曆日印信，即同私曆。"

觀其規制殆是當時官曆矣。 卷中次序格式與後來無異,惟上澣十
日不加初字,上中闌外不標吉凶神名。

卷中鈐有"阮元之印"朱白文印,又"陶廬藏書"朱文印,則法梧門式善
詩龕中物也。(戊寅六月)

大清順治三年歲次丙戌時憲書一卷　　　　　△二五七三

清順治刊本,格式與後來無別,但上下闌外不標注吉凶神名,而後附
之六十紀年衹上溯至天命元年丙辰爲止。再上則清朝無元可紀,又不便加
以明萬曆年號,第空紀干支而已,亦國曆之變體也。

按:此曆卽楊光先著不得已指其謬誤者。楊氏稱其一月中有兩月節
氣,核之此曆,十一月初一爲大雪,十五日爲冬至,三十日爲小寒,與
楊氏所指摘者合。楊氏又謂依西洋新法爲暗竊正朝,今此冊書名爲
綾籤重寫,必原標題有依新法等字樣無疑。且卷首之都城節氣時
刻、各省節氣時刻、晝夜時刻皆屢標新法推算等字,則非光先妄語
矣。此冊余昔年携之海上,沈寐叟曾植、王息存秉恩二公爲跋記之,近
日陳援庵垣借觀,復有題識,皆考論至詳。(余藏。戊寅六月)

大清乾隆六十三年歲次戊午時憲書一卷　　　　△二五七二

清嘉慶刊本,棉紙巨冊,紅綾面題大清乾隆六十三年歲次戊午時憲
書。首都城節氣時刻,次年神方位圖。次各省太陽出入時刻表。蒙
古、回部、金川土司皆列後。次各省節氣時刻表,次日曆,次紀年。末葉列
欽天監官銜名,監正索德超、左監副湯士選皆葡萄牙人。

按:清會典事例載乾隆六十年皇太子奏進乾隆六十一年時憲書,備
內廷頒賞之用,並言現頒朔以嘉慶紀年,而宮廷之內若一體循用新
曆,於心實有所未安云云。旋奉旨俯從所請,頒發內廷皇太子孫曾
元輩並親王大臣等。嗣後二年皆如期進入,同時並進翻譯清漢字各
一本,刷印清蒙字各一本,清漢字七政時憲書各一本。外備賞漢字
時憲書百本,用紅綾面,無套。蓋嘉慶卽位初娛親之舉也。此冊歲

在戊午,實爲嘉慶三年,卽當時賞賜大臣百本之一也。(余藏。)

忠謨謹按:此書有跋,收入藏園羣書題記續集卷二。

大清祺祥元年歲次壬戌時憲書一卷　　　△二五七四

清刊本。

按:穆宗七月卽位,改元祺祥。十月,以兩宮垂簾,撤去已頒之紀元,改爲同治。已頒之日曆皆追回,故存者頗少。

忠謨謹按:此書有跋,收入藏園羣書題記三集卷三。

以上推步

周髀算經二卷

九章算經五卷

孫子算經三卷

五曹算經五卷

張丘建算經注釋三卷 北周甄鸞、唐李淳風撰 附劉孝孫細草二卷

夏侯陽算經三卷 □夏侯陽撰

緝古算經一卷 唐王孝通撰並注

共十册,汲古閣影宋精鈔本,九行十八字,毛斧季扆手跋錄後:

"按唐書選舉志,制科之目,明算居一,其定制云:凡算學孫子、五曹共限一歲,九章、海島共三歲,張丘建、夏侯陽各一歲,周髀、五經算共一歲,綴術四歲,緝古三歲,記遺三等數皆兼習之。竊惟數學爲六藝之一,唐以取士,共十經。周髀家塾曾刊行之,餘則世有不能舉其名者。扆半生求之,從太倉王氏得孫子、五曹、張丘建、夏侯陽四種,從章丘李氏得周髀、緝古二種,後從黃俞邰又得九章,皆元豐七年秘書省刊板,字畫端楷,雕鏤精工,真希世之寶也。每卷後有秘書省官銜姓名一幅,又一幅宰輔大臣,自司馬相公而下俱列名於後,用見當時鄭重若此。因求善書者刻畫影摹,不爽豪末,什襲而藏之,但焉得海島、五經算、綴術三種竟成完璧,並得

好事者刊刻流布，俾數學不絕於世，所深願也。

康熙甲子仲秋汲古後人毛扆謹識"鈐"毛扆之印"、"斧季"。

又有乾隆題，見天禄後目，不具錄。

鈐有"宋本"、"甲"、及毛子晉、斧季父子各藏印。

按：斧季跋謂皆元豐七年秘書省刊版，然各書乃有嘉定序，蓋是南宋
汀州覆本，與余去年所見朱翼菴藏本同。（故宫博物院藏書。丁卯）

數術記遺一卷　題漢徐岳撰　北周甄鸞註

宋刊本，九行十八字，黑口，左右雙闌。二行題"徐岳撰"，三行題"漢
中郡守前司隸臣甄鸞注"。（乙丑）

五曹算經注釋五卷　唐李淳風等撰

宋刊本，半葉九行，行十八字，黑口，左右雙闌，版心下方記傅字，下
注字數。　次行題銜與知不足齋本同，書後秘書省結銜亦同，不具
錄。（乙丑）

算學源流一卷　不著撰名

宋刊本，九行十八字。　後有嘉定五年鮑澣之跋，刻印極精，蓋與前
二書均嘉定汀州刊本也。　鈐有傳是樓印。此書後無刻本，別抄存
之。（乙丑）

九章詳註比類乘除算法大全十卷　明錢唐南湖吳敬信民編集

明景泰元年王均刊弘治元年吳訥重修本，十行二十二字。　前有景
泰元年吳敬自序，又弘治元年南京刑部郎中項麒序。前有起例一
卷。（乙丑）

天元曆理全書十二卷　嘉興徐發圖臣甫撰

清刊本。　馮溥序、成其範序、金堡序。（古書流通處送閱。壬戌）

釋橢　清焦循撰

舊寫本。（盛昱遺書，壬子歲見。）

術 數 類

太玄經集注十卷 宋胡次和撰 存卷六上一卷　　△一一三二四

宋刊本，半葉十行，每行十七字，白口，左右雙闌。版心上魚尾上標
千文一字，下記"玄六上"三字，又下記葉數，又下記刊工姓名，有丁
松年、王渙、王壽、王汝霖、石昌、宋琚、金榮、金祖、沈忠、沈珍、項仁、
顧達、蔣容、蔡邠、陳伸、陳彬、劉昭、章忠、董澄、陳壽、曹鼎、詹世榮、
童遇、龐知柔等。宋諱貞、玄缺筆，桓、慎不缺。

按：是帙失去首葉，書名未詳，存窮、割、止、堅、成、闕、失七首，每首
先列范望解，次列諸家，有章、鄭、司馬三氏，要是集註之類也，姑存
此以竢考。字體勁整，是南渡初浙本。辛酉十月張君庚樓所貽。

按：近得傳寫永樂大典玄字韻二十七卷，皆太玄類，其中所錄有陳仁
子輯注、胡次和集注兩家。其胡注所引正有司馬、鄭、章諸家。因取
殘帙七首注文比勘，竟悉相胗合，因知此本即爲胡次和太玄經集注
也。

忠謨謹按：此書有跋，收入藏園羣書題記初集卷三。

太玄經解贊十卷 晉范望撰 **說玄一卷** 唐王涯撰 **釋文一卷**

明嘉靖孫沐萬玉堂刊本，八行十七字，版心下方有"萬玉堂"三字。

何義門焯校過，有跋錄後：

　　"康熙□□□錢求赤所傳馮嗣宗校嘉靖甲申江都郝梁子高刊本，
　　因取此本對校，則郝□□□□有宋善本，其中脫誤甚多，當是麻沙
　　坊刻。此萬玉堂本誤處最少，在前朝□□當爲第一，見則必當收
　　之爲副本也。四月晦日燈下焯記。"（丁巳）

太玄經解贊十卷 晉范望撰 **說玄一卷** 唐王涯撰 **釋文一卷**

明嘉靖孫沐萬玉堂刊本，八行十七字，注雙行，白口，四周雙闌，版心
下方有"萬玉堂"三字。釋音末葉板心下方有"海虞周潮書"五字，宋

諱皆缺末筆。

前陸績述玄，每卷下題范望解贊。末附玄圖、王涯説玄五篇、釋文一卷。　　卷五末及説玄後有宋代刊書銜名：

"右迪功郎充兩浙東路提舉茶鹽司幹辦公事張寔校勘。"

鈐有"孔繼涵"、"荭谷"及"微波榭"藏印。（余藏。）

太玄經解贊十卷　晉范望解贊　説玄一卷　唐王涯撰　釋文一卷

△一二九

明嘉靖三年郝梁刊本，十行十八字，注雙行，白口，左右雙闌。每卷首第三行均有"郝梁重刊"一行，爲估人剟去。　　前陸績述玄，卷一首范望解贊，末附玄圖、説玄及釋文一卷。

"太玄經近世鮮有重刊者，遂使後學聞玄之名而未見者十八九。噫！楊子平生學力所到精神命脉盡在於此，顧可使之其傳不廣乎？予得有宋善本於建業黃氏，卽命工刊之，示不敢私焉。"

此跋在釋音後，亦有"嘉靖甲申郝梁重刊"一行，已爲估人剟去。（余藏。）

太玄經　卷數失記

宋寫本，半葉八行，行十七字，書法古勁方峭，決非明以後人所能爲。用白羅紋紙寫，諸家題跋及藏印甚多。（常熟瞿氏藏。乙卯）

集注太玄十卷　宋司馬光　　　　　　李□八二三〇

清藏在東庸鈔本，綠格紙，據袁氏貞節堂寫本。（德化李氏藏書。癸未）

太玄集註十八卷

此自永樂大典鈔出，自卷四千九百二十三起，至四千九百四十止，皆十二先韻內玄字。竹紙朱闌，八行二十八字，其行格皆照大典原式。

其書依太玄經次第，彙取諸家注解附於下。所錄諸家有張行成、陸績、范望、陳仁子、王涯、司馬光、蘇洵、陳搏、程伊川、蘇軾、朱震、葉適、邵雍、敬齋、胡次和、章詧、吳澄、許良肱、王薦、朱文公、林希逸、晁説之、劉公是、吳沆、楊時、高似孫、韓淲、陳藻、崔敦詩及元代諸人。大抵本經注解專採胡次和集注、陳仁子輯注二家，而附林希逸説於後。其他説論太玄者則各以類附於編。

晁説之易玄星紀譜、太玄經釋文、胡次和太玄索隱皆全文採入。其餘各家凡論及太玄者皆在所取也。（己卯）

忠謨謹按：此書有跋，收入藏園羣書題記三集卷三。

元包經傳注五卷 唐蘇源明、李江撰 元包數總義二卷 宋張行成撰

元翻宋紹興三十一年臨卭張洸刊蜀大字本，半葉八行，每行十六字，左右雙闌，魚尾口上有字數，下有刻工人名。　前有政和元年楊楫序。低一格爲紹興三十一年張洸刻書跋。總義前有紹興庚申張行成自序。　全書一百七番。

鈐有："徐"朱方、"乾學之印"白方、"健菴"白方、"唯吾子孫永寶之"朱圓、"崑山徐氏乾學健菴藏書"白方各印。（癸亥羅振常處見。）

元包經傳注五卷 唐蘇源明、李江撰 元包數總義二卷 宋張行成撰

舊寫本。　翁方綱朱筆點校。（蘇估柳蓉春處見。乙卯）

元包經傳注五卷 唐蘇源明、李江撰 數義二卷 宋張行成撰

舊寫本。　鈐有結一廬藏印。（壬子）

祝氏秘鈲六卷 宋祝泌撰

舊寫本。大題下副題稱"康節先生觀物篇解一"。次行署銜爲："承直郎統江淮荆浙福建廣南路都大提點坑冶鑄錢司幹辦公事楚東祝泌述。"

十行二十二字。（癸丑見，代沈子培收。）

皇極經世解六卷 宋祝泌撰

明寫本，十二行二十一字。（丁卯七月見，故宮藏書。）

推衍皇極經世先天曆數綱要三卷

明萬曆刊本。（滂喜齋藏書。丁卯）

皇極經世書説 明朱隱老撰

明刊本，十行十八字，黑口，四周雙闌。（余藏。）

　　　　　　　　　　　　　　　　　　　　以上數學

觀象玩占四十九卷 題唐李淳風撰

明紅格寫本，十一行二十字。明湯穆居士吳士安景仁甫校閱。　鈐有"吳胤"、"象蕃"兩印。（古書流通處送閱。壬戌）

觀象玩占五十卷 題唐李淳風撰

明藍格寫本，九行廿二至廿五字不等。前數葉有人以開元占經校過。（文德堂取閱。丁卯）

大唐開元占經一百二十卷目録二卷 唐瞿曇悉達撰

舊寫本，版心有"大德堂"三字，似清初人筆迹。鈐有"果親王府圖書記"朱文印。（徐梧生遺書。丁卯）

　　　　　　　　　　　　　　　　　　　　以上占候

重校正地理新書十五卷 宋王洙等撰

金刊本，半葉十七行，行三十字。　前大定二十四年平陽畢履道題，又明昌壬子歲古戴褐夫張謙謹啟。又翰林侍讀學士王洙等序。（癸丑）

監本補完地理新書十五卷 序稱圖解校正地理新書

影寫金刊本，十七行三十字。　有大定歲在閼逢執徐平陽畢履道前序。（辛酉二月朔見于蔣孟蘋家。）

青鳥經一卷 題青鳥子撰

楊氏青囊經一卷 雞鳴里人藏本

古本葬經二卷

劉氏玉尺經二卷 題元劉秉忠撰 題庚寅建酉月得古本重録

古本賴氏天星催官解二卷

小玄空說一卷

堪輿纂略一卷

右七種皆舊寫本，每書後均有錢匪菴朱筆跋語，蓋小十三經之零帙
耳。求赤各書均加批點。　藏印有錢孫保、潘椒坡諸印，不具録。（癸亥
十月，見于上海古書流通處。）

地理葬書集註一卷　明鄭謐撰

明弘治謝昌刊本，題"草廬先生吳文正公澂删定"，"後學金華玄默生
鄭謐註釋"。九行十七字，大黑口，四周雙闌。　前有地理四書序，
爲弘治十二年南京吏部尚書錢唐倪岳序，蓋合宋牧堂蔡神與氏著地
理發微、唐卜則巍著雪心賦、宋上牢劉謙著囊金三書與葬書爲四也。
次洪武五年宋景濂序，次葬書目録，目後有吳澂跋，次葬書問對，爲
趙東山汸所著，後有弘治十五年翰林侍讀學士仁和江瀾跋。後有弘
治十一年程敏政序，又蘇伯衡後序，又洪武四年胡翰序，又洪武甲寅
同里金信序，又臨川道人題詩一首，末有新安謝子期跋。是書卽謝
子期昌所刊。

按：此書皕宋樓藏有元刊本，曾刊入十萬卷樓叢書中。今取此本證
之，乃知存齋所翻卽是此弘治本，第估人撤去前代明代序跋以泯其
迹。此又地理四書之僅存者耳。（辛未四月見。）

地理囊金集注一卷　劉謙撰

題"章貢上牢劉謙著、新安後學謝昌註"。明弘治謝昌刊本，九行十
七字，黑口雙闌。（顧鶴逸藏書。）

地理樞要四卷

明嘉靖刊本，十行二十二字。　有嘉靖乙巳鄒守愚序，謂屬胡辰州
刻之。　題"太學生閩沙游相校正"，"太學生閩沙黃垣重刊"。（乙
卯）

郭氏古葬書二卷遺篇一卷集註三卷 明顔學文注

明萬曆刊本。　有甲寅夏爁汝翼序。又三十六年陋巷如有子顔學
文自序。後序缺失末葉。

地理源本說宗書四卷成書四卷 江西曹家甲撰

舊寫本。　有康熙五十年陳世琯序。

以上相宅、相墓

靈棋經不分卷 存下册　　　　　　　　　　　　　　　△七五一八

明成化五年己丑毛贊刊本，十行十九字，黑口，四周雙闌。
有黃丕烈跋。（涵芬樓藏書，己未閱。）

靈棋經一卷

明成化十四年鮑栗之維揚刊本，題"晉駕部郎中顔幼明註"、"宋御史
中丞何承天註"、"元廬山叔才陳師凱解"、"大明誠意伯劉伯温解"。
十行二十一字，黑口，四周雙闌。　前劉基序，次會昌九年尚書司門
員外李遠序。又成化戊戌汲郡馬震序，言鮑栗之刻於維揚。（戊午）

靈棋經註解一卷

舊寫本，十行十八字。題"晉駕部郎中顔幼明注"，"宋御史中丞何承
天注"，"元廬山叔才陳師凱解"，"大明誠意伯劉伯温解"。　前有正
德庚辰榮國重刊序、成化三年丁亥南郡汪浩跋、弘治五年壬子浙江
烏程縣丞南郡徐冕跋。　首造靈棋法、占儀、祭儀、祝文。後有辛丑
歲夏五月甲子日括蒼劉基書。副葉有朱錫庚手書四庫總目提要及
困學紀聞二則，又手書"道光元年辛巳中秋後一日重裝"一行。首尾
有鄂人王基磐鴻甫手跋二則。
鈐有"東吳"朱葫蘆、"高陽葵園藏書"白、"許心宸丹臣珍藏書畫"朱、
"許心宸印"朱白、"丹臣"朱各印記。（戊辰）

焦氏易林二卷 題漢焦延壽撰

明嘉靖四十年辛酉潘藩勉學書院刊本，十二行二十四字。　前嘉靖

辛酉潘藩西屏道人序,次王俞周易變卦序,次校定易林序,次雜識,
次紀驗。(余藏。)

焦氏易林二卷　題漢焦延壽撰

明寫本,墨格,半葉十一行。(癸丑)

焦氏易林二卷　題漢焦延壽撰　　　　　　　　△七五一九

明寫本,十二行二十三字。　　吳晉德過錄陸勑先貽典校及黃蕘圃丕烈
跋。(涵芬樓藏。己未)

焦氏易林四卷　題漢焦延壽撰

汲古閣本。　　顧千里廣圻臨陸勑先貽典校宋本。(瞿氏藏書。癸酉)

兵占焦氏易林四卷

明刊本,大版心,十行二十二字。題兵占卷之九至卷之十二,蓋以前
尚有他書合刊也。　　前序及雜識紀驗筮儀與各本同。後有成化癸
巳安成彭華題識,又嘉靖四年廣安姜恩序。又嘉靖甲午長安馬璘刻
書序,言以康對山付武功令所刻本翻刊。(葉德輝藏書。)

京氏易傳三卷　漢京房撰

舊寫本。　　清沈彤臨葉樹廉臨馮班校本。有跋:

　"京氏易傳三卷,吳陸績註。宋晁景迂嘗病其文字舛繆,加辨正
焉,而未有雕本。明范欽、程榮、毛鳳苞諸君,先後刊刻,又鮮能辨
正,舛謬益滋。余於康熙後壬寅從事占法,尋繹是書,用諸本互
校,又參以鄭注易鑿度及林德久、胡一桂諸家書中所援引,凡增減
塗乙改換幾二百件,粗可觀覽,而舛謬尚不可以數計。今年冬,於
子未何君齋見葉石君所傳馮定遠點勘范欽本,間有小箋,假歸重
校,復是正二十餘件,然終未爲完善也。晁氏讀書志謂景迂服習
京氏傳三十四年,乃能以其象數辨正文字之舛謬,而其不可就正
者且缺焉以待來哲,況未有累歲服習之功,而遽欲盡去其舛謬,其
可得哉! 馮氏小箋大概論飛伏直月二事,即不無小疵,然條理秩

然，頗有根據，故余再録之，而稍爲是正，至於完善則更有竢於好
學深思者焉。　　雍正六年十二月二十日彤書。”

“京房易傳，常熟馮定遠箋，余從而録之。馮名班，又名偉節，一字
虎侯，深思好學，讀書必究宗旨，尤長於詩，一日出此書示余，且
云：知此者罕矣，子能擇之，故相示。余時茫然，讀之不甚解，因置
篋中，是年順治八年辛卯歲也。至甲辰爲康熙改元之三年，新正
雨窗無俚，整理書籍，繙閱終卷，雖不能洞悉微旨，然讀之頗爲不
厭，因留于案間，得時時討論，庶乎日進而有獲焉。定遠今年六十
有一，其書法符籙，學有原委，一波一折一字一號各能推其由來。
而自少工詩，推見三百篇之微文以暨漢魏六朝唐宋元明，支分派
別，雖當世大儒莫不傾耳而拱手也，易學時或及，而獨有成書，爲
可欽云。　　南陽道轂。”

此本從漢魏叢書鈔出，以毛氏津逮秘書內所有校勘，又參以宋人
所引及愚蒙意見，凡正誤存疑增減塗乙幾二百件，而其顛倒舛謁
者尚不可以數計也。又安得宋元善本而爲之掃地更新也耶！校
勘以初九日起，十三日畢，八月丁卯記。”　　此條在卷末，是沈彤
跋。（余藏。）

玉靈聚義五卷

元刊本，十行十六字。題爲：

“光禄大夫行右散騎常侍集賢院學士知院事東海郡開國公　　徐堅撰
　　勑授平江路陰陽教授　　　　　　　　　　　　　駱天祐校纂
　　　　古　吳　茂　林　　　　　　　　　　陸　森編集”

有乙亥上元日駱天祐序，泰定二禩孟春望日石湖後人范溢序，延祐
二年九月望日陸森序，泰定乙丑正月壬辰日趙孟暄序。

“校正玉靈聚義：

僕世襲儒術，參師訪友，得龜策列傳、歷代事實、名公詩賦、并家傳

秘要五行妙用圖解文訣,類成玉靈聚義一書。延祐乙卯,前陰陽駱教授斤正,翰林趙待制序于篇首,欲與同志者共之。申奉平江路陰陽司校正無差,及移准本路儒學關,准俞訓導呈:"考究得此書獨闡龜卜之靈,信無惑異之義,參諸文理,議論宏深,以廣其傳,誠爲美事。"再蒙申奉總管府,旨揮:"經義無差,依例施行,奉到如此"。今所集前書鋟梓已成,補綴遺書之闕,廣傳于世,使後學者探文決疑,得非小補。

天曆二年孟春吉日陰陽教授陸森敬書。

平江路儒學訓導	俞安國	校正
平江路儒學教授	鮑椿老	校正
平江路陰陽教授	張孟祥	重校
前平江路陰陽教授	駱天祐	校正
	趙孟暄	閲序。"

是書卷一敍事、事對讚詠及圖形,卷二龜策列傳全文,卷三圖説雜出及占卜諸法,卷四標題有"占法"二字,題"翰林侍讀學士朝散大夫尚書吏部郎中充史館修撰王洙撰",亦列諸占法,卷五亦占法,分章列之。

末有項墨林題記:

"右宋陸氏玉靈聚義五卷,裝成二册,明墨林項元汴家藏珍秘,時萬曆二年秋七月既望日重裝。共計二册,原價一兩。"

鈐有項墨林及長白敷槎氏諸藏印。(乙丑)

六壬日占

明寫本,十三行,每葉以日干爲主,以每日每時爲一葉,上闌列用兵事項,下列方位時刻以決進退吉凶利鈍。本書藍印,其每日兵占變易則朱筆寫入別之。

六壬古課抄存一册 題了幻道人輯録

清寫本，抄手甚精。（癸亥）

夢占類考十二卷　明張鳳翼撰

明萬曆十三年刊本，十行二十二字，目後有牌子，文曰：

"萬曆乙酉孟夏

信陽王氏梓行"（余藏。）

以上占卜

新雕注疏珞琭子三命消息賦三卷　宋李仝、東方明撰　附新雕李燕陰陽三命二卷

△七五二一

金刊本，半葉十一行，行大字二十，小字二十九。陰陽三命半葉十四行，行三十二字。

有唐寅題欵，並黃丕烈跋二則。

此書已收入續古逸叢書，不詳記。（涵芬樓藏書。）

新編四家註解經進珞琭子消息賦一卷　宋王廷光、李仝、釋曇瑩、徐子平撰

明刊本，十四行二十二字，正文大字十六，黑口，四周雙闌。　卷首題名如下：

"保義郎監內香藥庫門臣王廷光　宜春李仝　嘉禾釋曇瑩　東海徐子平"

前有宣和五年八月初四日王廷光進書序。後有松崖惠棟跋十一行。

鈐有："鳳山人印"、"澹寧居"、"天水郡圖書印"各印。

新刊範圍數二卷

元刊本，半葉十二行，細黑口，四周雙闌。

鈐有"玉蘭堂"、"梅谿精舍"、"鐵硯齋"、"王履吉印"、"江左"、"季振宜印"、"滄葦"各印。（常熟瞿氏鐵琴銅劍樓藏書，乙卯見于邵里瞿宅。）

範圍數十卷

清海虞盛氏公約手寫本，十行二十七字，版心有"海虞盛氏樹德堂

繹”八字。卷一易卦通數，卷二八字當生數，卷三、四、五演教品格論，卷六、七、八之卦鉤深訣，卷九、十明斷精義。　前有序，題吳萊撰。

書衣毛斧季_辰手跋錄後：

> “此妻黨盛翁手抄者。翁姓盛名守字公約，邑人，余妻陸氏之姑夫，又其母舅也。生平不妄言笑，目不視博弈，最好數學，設有疑義，終夜兀坐而思，及旦又算焉。人笑其愚，而耽癖自若，蓋誠朴君子也。此書自首至終，一筆不苟，可以識其梗概矣。翁没後，其孫與書賈易時藝，因轉售余，余識其筆跡，以五金購之。今暫歸於余，他日又不知歸於誰人也。康熙壬申十月既望，隱湖毛辰識。”

鈐有“樹德堂收藏”、“汲古後人”、“宋犖之印”諸印。

按：此序載吳淵穎集中，題爲“王氏範圍要訣後序”，然則此書固元人舊輯也。四庫總目有此書，列入存目，無卷數，題明趙迎撰，言其法本之河洛，以干支配合先後天成數推人禄命，自圖式至流年斷訣，凡十五門，與此皆不合，當別是一書也。此書以易卦占人禄命吉凶，皆就經文引申比附而立説。（己巳二月）

大定新編四卷 _{明楊向春撰}

明刊本，九行二十□字，有黃丕烈跋及藏印。（蔣孟蘋藏。辛酉）

以上命書、相書

洪範政鑑十二卷 _{宋仁宗趙禎撰}

宋淳熙十三年内府寫本，朱絲闌，左右細綫，無邊闌，每半葉九行，行十七字。宋諱樹、豎、項、瑋、桓、構、雛、殼、慎、皆爲字不成，敦字不缺筆。　前有康定元年七月御製序，本書每卷分上下，凡爲子卷二十有四。

每卷首鈐有内府文璽、御府圖書，卷尾有緝熙殿書籍印，皆宋代内府所鈐。別有海隅、大本堂印二印。全書桑皮玉版，厚如梵夾，蝶裝絹衣十二册,猶是宋代宮裝。

按:據宋會要輯稿:淳熙十三年二月八日令秘閣繕寫洪範政鑑一本
進納。見永樂大典卷一萬一千九百四十四。證以此書避諱至慎字止,其爲
淳熙十三年秘閣繕進之原帙無疑矣。筆法清勁,雅近唐人寫經,紙
格無左右邊闌,猶存卷子本遺制。玉楮朱闌,新若未觸,真孤行天壤
之秘笈矣。原書清宮舊藏,後歸盛伯羲昱,盛没後歸景樸孫賢,余獲
之景氏之後,與百衲本通鑑儷成雙鑑,巍然爲吾家藏書之冠。

忠謨謹按:此書有跋,收入藏園羣書題記續集卷二。

禮緯含文嘉三卷

舊寫本,八行二十二字。　分天鏡經、地鏡經、人鏡經各一卷。目後
記云:

"已上天地人鏡皆萬物變異,但有所疑,無不具載。天地人此乃三
才之書,將相所當識者,此書勿爲易得而妄授匪人,慎之戒之!
皆
紹興辛巳年十一月二十九日
　　　東南第三正將觀察使張師禹授。"

鈐有:"紅豆山房校藏善本"白、"惠棟之印"白、"字曰定宇"朱。(述古堂
見。丁巳)

洪範口義二卷 宋胡瑗撰

舊寫本。　鈐有嘉蔭簃藏書印。(徐枋遺書。癸亥)

笙元遁甲句解煙波釣叟歌

題"大宋侍郎同中書門下平章事趙普譔歌"。舊寫本,半葉十行,歌
大字,解字微小,廿二字,上空二字。(蔣孟蘋藏書,甲寅六月見。)

類編陰陽備用差縠奇書十五卷

元後至元三年刊本,十四行二十五字,黑口,四周雙闌。目後圖一象
形,下一鐘形,鐘上刻"至元三年丁丑仲秋校正足本鼎新刊行"四行。

此書不著撰人名，乃選擇日期吉凶宜忌之書。(翰文齋送閱。壬戌)

陰陽定論三卷 <small>明泰和周視撰</small>　　　　　　　　　李□六一七〇

明刊本。(李木齋先生藏書，壬子見。)

五行類應九卷

明刊本，九行二十字。　有萬曆甲寅温陵蔡復一後序。

鈐有"三山陳氏居敬堂圖書"。(余藏)

以上陰陽五行

藝　術　類

珊瑚木難八卷 <small>明朱存理</small>

舊寫本，九行二十四字。　書衣有前人手記云：

"明朱存理字性甫，博雅工文，終於布衣。是書載所見書畫題跋，其中詩文世所罕覯者亦備録全篇，每種各綴跋語，凡所品題，具有根據。"

前有校正本書小引。

鈐有"張敦仁讀過"、"陽城張氏省訓堂經籍記"、"開卷一樂"、"藝學軒"各印。(陳立炎書，索八十元，辛未二月十日見。)

清河書畫舫十二卷 <small>明張丑撰</small>

舊寫本，書口上有"六川書屋"四字。

有陸儇識語：

"是書向爲蔣春皋明經所藏，嘉慶甲戌，先大人得於書賈倪嵩山家，手鈔者，喜其一筆不苟，古色古香溢於紙上，爰誌其由。時咸豐辛亥閏月十有九日，古吴儇書於洗馬里之延緑舫。"後鈐"陸郎"白文印。

鈐印録後："吴門陸儇字樹蘭之印"白、"陸氏之印"白、"平原"白、"陸靖伯珍藏印"朱、"沆"朱圓、"名余曰儇"白、"陸樹蘭"白、"樹蘭過眼"

白、"孝行之門"朱、"湖西草堂"白、"橘孝石廉之裔"朱。（癸丑）

大觀錄二十卷 清吳郡吳升子敏彙輯

清墨緣堂墨格寫本，抄甚精。　鈐有"玉雨堂印"、"韓氏藏書"二印。
（壬子）

石渠寶笈五冊

舊寫本。　有"靈石楊氏墨林藏書之記。"（丙寅）

欽定石渠寶笈續編不分卷 十冊

朱格寫本，次行題"淳化軒藏"。　一、二皇上御筆書畫，二至八列朝
名人書畫，九、十本朝臣工書畫。每件詳列本幅紙絹尺寸，並錄本
文、引首、前後隔水、後幅題跋、印記。後有考證之語，加"謹案"二
字。　此書曹君秉章藏，卷內有補綴處，當是副本也。沅叔。（丙寅）

硯山齋珍賞歷代名賢墨迹集覽一卷

舊寫本。　鈐有翰林院官印、四庫館收書大木記及吳重憙藏印。
按：此種未完，此僅書畫一類耳。（丙寅）

吳越所見書畫錄六卷 清陸時化輯

舊寫本。有乾隆丁酉馮偉序，又自序。　鈐有繆氏藝風堂印。（古書
流通處送閱。壬戌）

唐孫過庭書譜一卷 唐孫過庭撰 姜堯章續書譜一卷 宋姜夔撰 書斷 三卷 唐張懷瓘撰 續書斷二卷 宋瀁溪隱夫撰

明刊本，十一行二十字。（辛巳十一月六日見于翰文齋，潘伯寅遺書。）

法書要錄十卷 唐張彥遠撰

明刊本，十行二十字。是正、嘉間風氣。（徐乃昌積學齋藏書，甲寅獲見。
後又于都中見二部。）

法書要錄十卷 唐張彥遠撰　　　　　　△一一三二五

明嘉靖刊本。十一行二十字。全書卷一至四、五至十各通計葉數，
長號頭。

鈐有"黃丕烈印"朱、"蕘圃"朱。"清愛堂"朱、"燕庭藏書"朱、"劉喜海
印"朱、"燕庭"朱各印。又有瀋陽寶玥題記一行，又"寶玥之印"、"東
閭珍藏"，"東山"各印。（余藏。）

法書要錄十卷 唐張彥遠撰　　　　　　　　　△七五二二

明崇禎間毛氏汲古閣刊津逮秘書本。

何焯朱筆校，精細殊絕。有跋：

"康熙丙戌冬十一月從書畫譜局中借得內府宋槧陳思書苑精華，
適心友在都下，就所載者略校一過。焯記。"

"適復得萬曆以前舊抄本，乃吳岫方山所藏，因手校一過，其中改
正非止一二處，因知陳思所編書苑菁華雖出宋槧，終是市人，不得
爲善本也。第十卷錯繆尤甚，復脫去數帖，亦有本不可通曉者，因
以譚公度所藏墨池編抄本參校之。朱伯原謂所錄書語類多脫誤
不倫，未得善本盡爲刊正，亦缺疑之義。則此書在宋東都時已難
讀，況去之又五百餘年耶！伯原又云彥遠之迹存於山谷之碑陰，
筆畫疏慢，能藏而不能學，乃好事之大弊。又云彥遠博學有文辭，
乾符中至大理卿。因再附著，以貽他年之讀者。越明年丁亥上元
節假，焯又記於語古小齋。"（壬子見）

法書要錄十卷 唐張彥遠撰　　四冊

明王世懋手寫本，十行二十六字。原棉紙，行楷書，書法精雅、古氣
盎然。　　有王氏手跋，錄後：

"余頗慕好臨池業，於友人處見法書要錄，借歸手自鈔錄，勒成此
書。其間訛謬百出，或稍爲改正，或便仍其故，略可備觀覽，頗自
寶愛。後得宋刻書苑菁華讀之，既詳且核，羣疑釋然，凡余向所辛
勤而得者，一旦敝屣。爲手筆，不忍廢，略爲訂正存之。　　世懋
識。"

又有清葛正笏楊繼振跋，序其流傳，文繁不錄。

按：余嘗取津逮秘書本對勘，補佚訂訛，不可勝舉，其卷十右軍書帖
增益至十數則。惟卷七、八、九錄張懷瓘書斷，節略頗多。別跋詳
之。（臨清徐坊梧生遺書。）

忠謨謹按：此書有跋，收入藏園羣書題記初集卷三。

墨藪二卷 唐韋續纂 附法帖音釋刊誤一卷 宋陳與義撰。

△二五四七

明程榮校刊本，九行二十字。字乃原體寫刻，與漢魏叢書不同。

鈐有"尚原"朱、"尚原父"白、"求是室藏本"各印。（癸亥收於來青閣書
肆。）

忠謨謹按：此書有跋，收入藏園羣書題記續集卷二，又三集卷三。

墨池編二十卷續編三卷 宋朱長文撰 存卷一至五、八至十、十三至二十、凡十六卷。續編存卷三。

明隆慶二年李崏永和堂刊本，題"宋吳郡朱長文伯原纂"，"明青州李
崏子蓋刻行"，"明四明薛晨子熙校注"。續編則李崏所采輯也。半
葉十行，行二十字，版心下方有"永和堂"三字，並記刊工人名字數。
前有隆慶戊辰雲間喬懋敬序，言書藏吳中三百年，無刻以傳者。青
州李君崏遷倅於淮，乃延四明薛子晨訂正，並益其所遺，續其未盡，
捐俸授梓云云。是此書自宋以來行世之本以此爲最先矣。目錄後
有薛氏跋十二行，錄存於後：

"右目錄二十卷乃朱伯原先生手定。此書專論字學，至爲詳博，成
一家言，留心翰墨者一覽一快。世無刻本，轉相手錄，未免脫誤，
又文頗繁複。環洲李公治郡多暇，擅著作，精工書法，乃謀余刻
此，校正刪潤，以補伯原之不逮。余曰："不可！先生坐病廢，積歲
臨摹，精思篤好，優入晉室，不意宋人有此風韻，賢于玩繁華虛歲
月者遠矣。此編力疾十年就緒，不應更爲刪潤"。乃取諸書載字
學者令人逐一檢對，參校異同，疏其所可知而略其所難考，刻貽同
志，以廣其傳，斯不失先生本意云。隆慶二年七月又十三日四明

薛晨題。"（癸酉）

墨池編六卷　宋朱長文撰

明萬曆八年揚州知府虞德燁刊本，十行二十二字。目後有刊書姓氏
十一行，錄後：

"明直隸巡按兼提督學校　　　　蘄水會川李時成重訂

　直隸巡按兼提督學校　　　　　晉江毓臺陳用賓

　直隸巡按督理鹽法　　　　　　文安蒲汀姜　璧

　直隸巡按督理漕務　　　　　　遵化歷山茹宗舜

　浙江承宣布政司參政海防道荊州春所龔大器

　山東承宣布政司參政漕儲道沔陽五嶽陳文爌同訂

　直隸揚州府知府　　　　　　　義烏紹東虞德燁重刊

　　江都縣知縣　　　　　　　　慈谿獅峯秦應聰同刊

　　本府儒學訓導繁昌　　　　　　邢德璉校正

　　　縣學生員　　　　　　　　　陸君弼

　　　　　　　　　　　　　　　　蘇子文同校。

　萬曆庚辰夏孟梓于

　維揚瓊花觀深仁祠。"

按：此書四明盧氏抱經樓舊藏，今歸余齋，各家目錄多不載。

宣和書譜二十卷

元刊本，十行十九字，細黑口，左右雙闌。字體勁整，貞字遘字皆缺
末筆。　鈐有"珊瑚閣珍藏印"、"葉氏家藏"、"瑯琊郡圖書印"、"孔
仁野泉"各印。

按：故宮養心殿所藏爲宣和畫譜，行格字體與此皆同，張庚樓允亮考
爲元大德六年吳文貴杭州刻本，與此正可稱雙璧也。（葉定侯藏，甲戌
四月見。）

宣和書譜宣和畫譜不分卷

清武陵顧復來侯摘鈔本，十行二十四字，不分卷。書譜前録有元大德壬寅延陵吳文貴序。又大德七年錢唐王芝後序。又康熙六年武陵顧復序，言畫譜曾見刊本，書譜從朱臥菴篋中借得鈔本，遂假而手録之，擇其關係斯人之筆法者起而録之，餘文姑刪而置之云云。

畫譜前亦有顧氏序，言檢唐宋叢書本手録之，五日而告竣云。

鈐有“番禺丁氏珍藏書畫之章”、“足廬珍藏書畫金石印”、“潘錫基印”、“慕農”、“仁長之印”、“伯厚”。（壬午春）

廣川書跋十卷　宋董逌撰

明無錫秦柄雁里草堂寫本，竹紙墨格，十一行二十三字，版心下方有“雁里草堂”四字。　　鈐有璜川吳氏及花縣逸史印。　　有葉德輝手跋。（葉定侯藏，甲戌四月見於長沙。）

廣川書跋十卷　宋董逌撰　存卷二、三、六、七、九、十，計六卷。

明寫本，十四行二十二字，卷末有吳方山岫跋八行，録於下：

“宋徽猷待制董彥遠撰廣川書跋爲藝苑一佳書。然畫跋近有刊刻，而書跋抄本亦少，故吾明升菴楊殿撰爲當代博洽巨擘，亦嘆息於未見。丙辰冬日，毘陵唐太史荆川公有事之閩，過蘇，夜話于壽山禪院。因及海內奇書沈没，乃出此集於舟中，授岫抄録，亦可謂奇獲矣。岫不勝喜躍，玄珠得於罔兩，豈徒然哉！時山陰龍溪王公適在座，龍溪公心學單傳，于他典籍絶意久矣，亦一撫掌，蓋爲岫助喜焉。姑蘇方山吳岫識。”

收藏印記如下：“姑蘇吳岫家藏”、“濠南居士”、“方山”、“錫瑞之印”、“輯五”、“陳玉方”、“希祖”。　　又“孫汝楳少春”、“孫達”二印，則近人印也。

按：此書爲方册式，鈔筆尚舊，自是明人所寫。惟吳方山手跋中有訛字，審爲傳録之本。文字與汲古本小有差異，卷二首列石鼓原文，爲刻本所無，斯足異耳。　　乙亥十一月十二日藏園記。

廣川書跋十卷 <small>宋董逌撰</small> 附東觀餘論上下卷 <small>宋黃伯思撰</small>

明寫本，棉紙墨格，十行二十四字。　錢叔寶縠舊藏，後歸汲古閣。

藏印錄後：

"古吳錢氏收藏印"、"清白傳家"、"汲古主人"、"毛晉私印"、"子晉"、
"毛扆之印"、"斧季"、"子晉書印"、"汲古得脩綆"、"半在漁家半在
農"、"書香千載"、"仲雍故國人家"、"筆硯精良人生一樂"、"賣衣買
書志亦迂愛護不異隨侯珠有假不返遭神誅子孫鬻之何其愚"長方木
記。

按：取此書校毛氏汲古閣本，增添至千餘字。後附東觀餘論，上卷內
法帖刊誤完全，下卷前缺八條，後亦缺，校毛氏汲古閣本亦有異文，
頗有出項氏萬卷堂刊本之外者，亦異本也。　沅叔。（吳印臣藏書。乙
卯）

草書禮部韻寶

元至元二十五年戊子刊本，半葉五行，每行草書五字，而以楷字註其
下，黑口，四周雙闌。目後有牌子七行，如下式：

　　"高廟御書韵略鸞翔鳳翥之勢奴隸

　　羲獻臣妾鍾王誠萬代圖書之至寶

　　本齋今得廬陵善本三復訂正毫髮

　　備盡悉無差訛敬刻諸梓以壽其傳

　　博雅君子不必載酒子雲之居自可

　　盡得世間之奇字矣曁至元戊子中

　　元令旦建安小齋　拜識。"

蘭亭考十二卷 <small>宋桑世昌輯</small>

漱六軒寫本，九行十八字。（癸酉）

蘭亭續考二卷 <small>宋俞松撰　存上卷</small>　　　　　　△八一七五

宋刊本，半葉九行，行十七至二十字不等，白口，左右雙闌，寫刻精

美。　原海源閣書，散出後爲南中人收去。

金壺記三卷 宋釋適之撰

宋刊本，板匡高六寸五分，寬四寸六分，半葉十一行，每行二十字，版心記字數及刊工姓名。避宋諱至慎字止。

鈐有"錢受之"朱、"牧翁"朱、"季振宜印"朱回文、"滄葦"朱、"乾學"朱、"徐健菴"白、"孫氏志周"朱、"漢唐齋"白、"笏齋"朱、"馬玉堂"白、"翰墨奇緣"白、"宋本"朱各印。（日本静嘉堂藏書，己巳十一月十三日閲。）

忠謨謹按：此書有跋，收入藏園羣書題記三集卷三。

金壺記三卷 宋釋適之撰　　△七五二三

明寫本，十一行二十字。

鈐有毛氏、席氏各藏印。（涵芬樓藏書。己未）

金壺記三卷 宋釋適之撰

影寫宋刊本，十一行二十字。

籤題"絳雲樓宋版影寫"。卷首有"牧翁"朱文印。

按：此書楷法精湛，楮墨明麗，自是國初毛錢二家所摹，然毛氏乃無一印。卷中宋諱闕筆多填寫，亦是一失也。卷末記金壺事半葉，爲皕宋樓藏宋本所無，録如後：

"浮提之國獻神通善書二人，乍老乍少，隱形則出影，聞聲則藏形。出肘間金壺四寸，上有五龍之檢，封以青泥。壺中有墨汁如淳漆，灑地及石皆成篆隸科斗之字。記造化人倫之始，佐老子撰道德經垂十萬言，寫以玉牒，編以金繩，貯以玉函，晝夜精勤，神勞形倦。及金壺汁盡，二人刳心瀝血以代墨焉。遞鑽腦骨取髓，代爲膏燭，及髓血皆竭，探懷中玉管，中有丹藥之屑，以塗其身，骨乃如故。老子曰：'更除其繁紊，存五千言！'及至經成工畢，二人亦不知所往。"（癸未）

書苑菁華二十卷 宋陳思輯　　△一一〇七七

明寫本,十一行二十字。　　前有鶴山翁大字序。　　趙凡夫宧光校正
朱筆。　　有朱少河錫庚跋語。

鈐有"吳郡趙頤光家經籍"白文方印,"大興朱氏竹君藏書之印"朱文
長方印、"朱錫庚印"白文方印。又"貴筑黄氏珍藏訓真書屋"朱記,
"葉時愷印"白文印,"襄虞"朱文方印。(己未)

書苑菁華二十卷　宋陳思輯

明寫本,棉紙墨格,十行十九字,版心有"卧雲山房"四字。　　鈐有四
明范光華家藏印。

按:此天一閣昔年流出者,今歸陳士可,惜無刊本可校。　　增湘記。
(乙卯)

書苑菁華二十卷　宋陳思輯

明藍格寫本,十行二十字。　　鈐有"畢氏珍藏"、"昭文張氏珍藏"印。
(丙辰。余藏。)

書小史十卷　宋陳思撰　存卷六至十,卷一至五毛氏汲古閣抄配

宋書棚本,半葉十一行,每行二十字。避宋諱至慎字止。　　前有謝
奕手書序。　　卷一至五汲古閣精鈔補完。

明王弇州世貞舊藏,毛氏汲古閣秘本書目著録。黄蕘圃丕烈有跋,見
百宋一廛書録。(日本静嘉堂文庫藏書,己巳十一月十三日閲。)

法書考八卷　元盛熙明撰

清曹棟亭寅刊本。

失名臨何小山校本,録跋如下:

"康熙戊戌仲秋鹽官馬寒中持張伯起手鈔本來,破費半日功夫校
一過。張本向藏倦圃先生,先生殁後,將舊鈔宋元版書五百册質
于高江邨,竹垞先生倍其直而有之,此册亦在數中。壬午、癸未
間,竹垞寓居慧慶僧房,此册適在行囊,時毛斧季、王受桓皆鈔得
一本,後假鹽使曹公刻出。竹垞既没,此册又歸寒中,故可以粗

校。惜書不甚良，又錯亂誤繆處張氏亦不能勘正爾。小山仲子
記"

鈐有"先農部公遺金石書畫記"白文印。

按：此書余曾以吳西齋鈔本校過，兹本改正各條與吳本亦不盡同，何
也！沅叔記。（甲戌）

法書考八卷　元盛熙明撰　　　　　　　　　△七五二四

清寫本，十一行二十字，字迹精雅。

鈐有"西齋居士"朱、"延陵邨吳暻字元朗"白、"小重山館藏"朱各印。

按：此書上海涵芬樓藏，余假來校曹棟亭十二種本，卷一卽改訂三百
餘字，卷二以下榛蕪滿目，無可著筆，捨重鈔外別無他法，然後知曹
刻之謬，非意想所及也。

忠謨謹按：此書有跋，收入藏園羣書題記初集卷三。

書法鈎玄四卷　元蘇霖撰　缺卷四

明初刊本，十行二十字，上空一格。黑口，四周雙闌。　鈐有"馮念周
印"、"復京"、"翁楚私印"、"二雲"各印。

按：此爲元人朱方蘇霖子啟編纂，皆集古人論書之語彙成此帙，視書
苑菁華爲簡略。余別藏有嘉靖本，行欵相同，此則成弘間所鋟耳。

書法鈎玄四卷　元朱方蘇霖子啟編纂

明嘉靖刊本，十行二十字，字體方整，殊爲工雅，書名在上魚尾上。
前有元統甲戌子啟自序。（徐梧生遺書，己巳三月。）

書史會要九卷補遺一卷　明陶宗儀撰　　△一一三二七

明洪武刊本，十一行二十字，黑口，左右雙闌。前有洪武九年宋濂
序，半葉六行。次洪武丙辰陶宗儀自序，九行，次目錄，次引用書目。卷
中諸人標題皆以陰文別之，字體秀逸，似松雪體，與圖繪寶鑑相似。
各卷有助刊人姓名余藏明抄本亦有之兹舉如下：

卷一後山居士張氏瑞卿琉命工鋟梓。

卷二三昧軒主者張氏國祥麒助刊。

卷三盧氏祥夫祥、景霅文龍、林氏伯時應麟、張氏昇善宗仁、宗文斌、宗武桓合貲
助刊。（戊辰收）

有盛昱跋，書於副葉。

忠謨謹按：此書有跋，收入藏園羣書題記續集卷二。

書史會要九卷補遺一卷　明陶宗儀撰

明寫本，半葉十行，字數不等。　　前洪武九年宋濂序，又永嘉曹睿新
民序，又陶宗儀自序。後孫作南村傳，四明鄭真序。每卷後有助刊
人名四五行。

飛白錄二卷　清吳趨陸紹曾海鹽張燕昌同輯　　同里黃錫蕃參訂

　　　　　　　　　　　　　　　　　　△一二八五

清嘉慶九年海鹽黃氏擘荔軒刊本。（己未）

石刻鋪叙二卷　宋曾宏父撰

未知何人所刻。　　有錢竹汀後序。（文友堂收鄂恒氏之書。辛未）

石刻鋪叙二卷　宋曾宏父撰

大末吾氏精寫本，八行十八字，書衣題“校正宋本”四字。
鈐有“甬東大某山館姚氏金石書畫圖籍藏印”、“大梅秘玩”朱文二
印。（己巳）

歷代帝王法帖釋文考異十卷　明顧從義撰

題“武陵顧從義編並書”、“太原王常校”。明刊本，半葉九行十九字，
白口四周雙闌。大版心，楷書甚工。前有王穉登序。新都王常書。
（癸丑）

歷代帝王法帖釋文考異十卷　明顧從義撰

題“武陵顧從義編並書”，“太原王常校”。明藍格寫本，九行十九字。
甚佳。（述古堂送閱。丁巳）

玄牘記一卷　明秣陵盛時泰撰

寫本。前有嘉靖丙辰時泰自序，後有戊午跋。其書皆品題古今名
帖，似卽蒼潤軒隨筆之易名。有劉寬夫位坦跋語二則，言此册爲法梧
門家所流出者。鈐有翰林院大官印。（竇瑞臣持示。戊辰）

金石卮言

石墨鎸華

二王楷蹟

蘭亭輯略

四種合寫一册。題“乾隆五年臘月望日山陰潘寧仲寧述並識，時年
八十”。（丙子）

珊網一隅四卷　霍邑陳日霽菱溪纂

寫本。有栗毓美、劉連穀序，又自序。考訂碑拓之書。（戊辰）

畫繼十卷　宋鄧椿撰

米海嶽畫史一卷　宋米芾撰

唐朝名畫錄一卷　唐朱景玄撰　五代名畫補遺一卷　宋劉道醇撰

畫評三卷　宋劉道醇撰

古畫品錄一卷　南齊謝赫撰　續畫品錄一卷　唐李嗣真撰　後畫錄一卷
唐釋彥悰撰

續畫品一卷　陳姚最撰

貞觀公私畫史一卷　唐裴孝源撰

沈存中圖畫歌一卷　宋沈括撰

筆法記一卷　五代荆浩撰

益州名畫錄三卷　宋黃休復撰

歷代名畫記十卷　唐張彥遠撰

右十一種，明翻宋陳道人書籍鋪刊本，十一行二十字。嘗見論書四
種，行欵亦同。（蘇州來青閣楊壽祺送閱，索二百元。己未）

歷代名畫記十卷 <small>唐張彥遠撰</small>

何義門焯校本。有跋云：

> "康熙丙申偶見文端父先生手抄本，粗校之，改正一二字，乃吳南
> 村所藏也。　焯。"（癸丑）

圖畫見聞誌六卷 <small>宋郭若虛撰</small>

明翻宋本，十一行二十字。　前郭若虛序，次標目，目後有"臨安府
陳道人書籍舖刊行"一行。（余藏）

宣和畫譜二十卷

元刊本，十行十九字。　卷十第一至十二葉鈔補。

鈐有"天水郡圖書印"<small>朱</small>、"趙彥和氏"<small>白</small>、"雲間趙禮用印"<small>朱</small>、"彥和
章"、"裦山"<small>朱</small>、"雪居"<small>白</small>、"煙客"<small>朱</small>、"埽葉菴藏書"<small>朱</small>各印。（故宮藏書）

宣和畫譜二十卷 <small>殘存卷一至十</small>

元刊本，十行十九字，細黑口，版心上記字數，左右雙闌。　首宣和
庚子序，次敍目。

鈐有"清樂軒"、"姜氏寶書"、"晉府書畫之印"、"敬德堂圖書印"、<small>朱文</small>
印，"姜氏家藏"<small>白文</small>印。（劉啟瑞藏書，甲戌送閱。）

按：此書故宮亦藏一本，友人張君允亮據宣和畫譜前後序跋，定為大
德壬寅延陵吳文貴刊本。此本劉君翰臣所藏，近以貽余。持較故宮
本，其版式行格相同。而卷中墨釘頗有異者，其為二刻明矣。二本
均有明初印章，其刊刻先後竢再考之。

畫志一卷 <small>明沈與文撰</small>　附評畫行 <small>宋葉夢得撰　明沈與文註</small>

明寫本，題姑餘山人沈與文編。　天一閣舊藏。　鈐有浙江巡撫進
書木記及翰林院印。（孫壯家閱。）

廣川畫跋六卷 <small>宋董逌撰</small>

明寫本，九行二十四字，藍格，板心有篆文"玄覽中區"四字，蓋秦酉
巖四麟家鈔本也。篇中有漁洋老人校定之字。

鈐有王士禎印、阮亭、濟南周氏籍書園印、顧氏藏書、世雄氏、蘭雪齋、鐵笛亭各印。(戊午)

畫繼十卷 宋鄧椿撰

舊寫本,十一行二十字。　前有鄧椿公壽自序,次標目,次本書。無收藏印記。審其字迹當爲清初人所寫。余取汲古閣本校第一卷,文字絕無殊異,惟語涉宋帝空格,其源當出宋刊也。沅叔記。(李木齋師遺書。)

畫鑒一卷 元東楚湯垕君載輯

明新安程百二幼輿刊本。(甲子)

圖繪寶鑑五卷 元夏文彥撰

元刊本十一行二十字,黑口,雙闌。　前有楊維楨行草書序五行,至正乙巳吳興夏文彥序七行。

藏印列下:"廬江王書畫記"、"蕘圃過眼"、"簡莊審定"、"海寧陳鱣觀"、"鶺安校勘秘籍"、"吳兔床書籍印"、"海豐吳重憙印"。

諸跋錄後:

> "圖繪寶鑑五卷元吳興夏文彥譔。是本雖墨色漫壞,然猶是元版而明印者,遠勝今本之竄亂漶淆矣。卷首抱遺老人敍草書極佳,蓋係鐵崖手書付梓。敍稱雲間義門夏氏,則文彥又爲雲間人。是書每冊有廬江王圖記,王藏書甚富,就余所見凡數種,皆善本云。陳鱣記。"

> "錢唐丁氏有元刻本,爲怡府故物,此本則爲明廬江王所藏,河間善書好寫之風,何其異世同符也。冊中具兔床、仲魚、蕘圃三大藏書家題識,較丁本尤爲可珍,石蓮閣秘籍充棟,亦當推爲甲觀。乙卯四月,長洲章鈺借讀并記。"

又有黃蕘圃丕烈題跋,見拜經樓題記中,吳兔床騫跋,見愚谷文存,均不更錄。(癸酉九月三十日記,海豐吳仲懌家舊藏。)

圖繪寶鑑五卷附補遺一卷　元夏文彥撰

元至正二十六年丙午刊本,中版心,十一行二十字。字精秀似元刊道園遺稿。補遺末行題"至正丙午新刊"六字。　鈐有貝鏞、汪士鐘藏印。(癸丑)

圖繪寶鑑五卷補遺一卷　元夏文彥撰

題元刊本,十一行二十字,黑口,左右雙闌。　前有至正乙巳夏文彥士良序。

鈐有:"映雪齋"白、"孫純父史籍章"白、"蔣長泰學山氏收藏記"各印。

按:此本似明代翻刻。憶昔年見元刊本有楊鐵崖行書序,本書小字亦極生動。(己未)

圖繪寶鑑五卷續編一卷　元夏文彥撰

明嘉靖刊本十行二十字。　前有楊維楨序,明滕霄續編序。　鈐有"曾在東山徐退菴處"、"沈縠似印"、"南鄉孺子"各印。(余藏。)

畫史會要五卷　明朱謀㙔撰

舊寫本。題"雲巖默老金賚敷奇氏撰","顏巷逸人校"。卷一三皇至五代,卷二宋,卷三金元外域,卷四大明,卷五畫法。前有自序,言曾續陶九成書史會要一卷梓行之,故更爲此,則仍朱謀㙔所撰,而改題金賚,不知何故。後有顏巷逸人跋。

鈐有"珊瑚閣珍藏印"朱、又滿漢文關防四方。(己巳)

寶繪錄二十卷　明東吳張泰階輯

袖珍本,題"知不足齋正本"。有識語錄後:

"是編所錄文則鍾譚,詩則王李,而皆嫁名於宋元。渌飲不曾一閱,遽與青父書並刻,極繆! 此內僞迹今或流傳,厚民萬不可收,切戒、切戒。存此書以驗僞迹亦妙。"

按:此不知何人所題,余觀篇中所載,斯言良然。"(癸丑)

古今竹譜　歸昌世撰

舊寫本。　　前有阮谿如如老客汪璟跋，錄後：

"此古今名人竹譜乃崑山歸文休先生手書之本，特不知竹譜爲前
人所著，抑卽文休考彙成書，未能確定。按：文休名昌世，太僕震
川之孫，待詔季思之子，元恭莊之父也。文休父子皆能書善畫竹，
故又以書畫名其家。乾隆己巳三月上巳日書此。"（海虞瞿氏藏書。癸
酉）

以上書畫

琴史六卷 宋朱長文撰

明影寫宋刊本，十一行十七字。卷中遇宋帝名皆注某宗廟諱。　　前
有紹定癸巳姪孫正大序，半葉六行，行十字。次朱氏自序。元豐七年。
各卷篇目接正文，尚存古式。

有吳焯手跋三則。

鈐有"文氏家藏"、"江左布衣"、"錢謙益印"、"繡谷熏習"等印。

忠謨謹按：此書有跋，收入雙鑑樓藏書續記上卷。

琴史六卷 宋朱長文撰

舊寫本，十行十九字。題低三格，薄棉紙鈔，甚舊，當是清初人手筆。
　　前有元豐七年正月長文自序，後有紹定癸巳姪孫正大序，又五世
孫夢炎跋。卷中遇宋帝提行或空格，是從宋本出。　　鈐有"唐棲朱
氏結一廬圖書記。"（蘇估柳蓉春書，曾借校。丁巳）

桀史六卷 宋朱長文撰

舊寫本，十一行十七字。凡廟諱皆注明，是出於宋本。然房琯傳以
下仍有脫葉，與余藏本同也。　　鈐有"李氏子伊珍藏"白文印。（辛未
二月）

風宣玄品十卷

明徽藩王著，有自序及嘉靖己亥山西右布政使張鯤序。　　卷一指
法、儀式制度、造琴法、指訣及圖數十幅，卷二宮調，卷三商調，卷四

五同，卷六角調，卷七徵調，卷八羽調，卷九姑洗蕤賓調，卷十黃鍾碧玉調。

鈐有"跛仙"及"蕺卿閱過"朱文印。(文友堂送閱。丙寅)

瑟譜十卷 明鄭世子朱載堉撰

汲古閣毛氏精鈔本，十二行二十五字，每葉中縫下方有"汲古閣"三字。 前有嘉靖庚申自序，稱"狂生載堉"，各卷題"山陽酒狂仙客著"。卷一瑟屬源流，詳考箏、篆、筑，空侯附。卷二卷三辨論。卷四卷五論説。卷六事類須知。卷七名賢故事。卷八名賢諸賦。卷九名賢諸詩。卷十古今樂論。末後序。有黃丕烈跋，録後：

"此毛抄本鄭世子瑟譜，余數年前得諸書友，云是宋商邱家故物，既檢汲古閣珍藏秘本書目有之，知非通行本矣。去冬歙汪漎雲先生曾借觀，留閱易月。蓋漎雲素諳栔理，觀此可通於瑟也。今春倩作續得書十二圖，極爲精妙。漎雲愛我實甚，未敢以俗物相酬，爰輟此乙部書并佐以古琴一張。琴爲太倉顧雪亭所質，亦舊物也。我有嘉賓，斷章取義，竊效得食相呼之雅矣。 壬戌夏五月望前三日吴縣黃丕烈識。"

鈐有"毛氏子晉"朱、"毛晉之印"朱、"毛晉"朱、"黃丕烈"白、"蕘圃過眼"白、"讀未見書齋收藏"朱各印。是書爲義州李文石葆恂所藏，其嗣君小石放工詩詞，精鑑别，博聞強識，朋輩中殆無其匹。七月十七日，余在津寓見此書，因求假閱，時君已抱疾，卧不能興，屬余就架上檢之。歸來檢鄭世子樂律全書，乃知此書固不在内，宜子晉之鄭重抄藏也。方欲倩人録副，而小石已於八月朔化去，仍擬影寫一通，珍重還之，庶無負死友云。丙寅八月初九日，沅叔。

以上琴譜

學古編一卷 元吾丘衍撰

清乾隆四十二年丁酉大未吾氏竹素山房刊本，有至正四年危素序，

鈞臺西夏溥序,大德四年吾邱衍自序,泰定甲子安處道人跋,陸深子
淵跋。又乾隆二十九年朱琰跋,言據潛采堂朱氏藏本付刊。有"乾
隆丁酉大末吾氏竹素山房開雕"二行。(單行本少見,已收。丁巳)

印史四卷　古吳何通不違撰

明本。卷一秦始皇至哀平新莽,卷二漢光武至三國,卷三南北朝至
唐玄宗,卷四唐肅宗至元順帝。有吳郡陳元素古白序萬曆庚申,眉山
蘇宣爾宣序辛酉仲冬,檇李陳居一萬言序,沈承君烈序。(戊辰)

以上篆刻

漢官儀三卷　宋劉攽撰　　　　　　　　　　△八一八九

宋紹興九年臨安府刊本,半葉十行,行十七八字不等,注雙行二十二
字,白口,左右雙闌。卷末有紹興九年三月臨安府雕印一行。刊印
紙墨皆精好。　鈐有傳是樓藏印。　此亦清宮佚出之物,廠估送
閱,還以三百元,不售。後爲朱幼平文鈞收去。

漢官儀三卷　宋劉攽撰　　　　　　　　　　△一〇一一五

影寫宋刊本,十行十七字,卷尾有紹興九年三月臨安府雕印一行,與
朱翼庵所藏同。(丙寅)

萊經一卷　題皇祐中學士張擬撰,凡十三篇

明崇禎三年嘉平月沈燁影元鈔本,半葉八行,行十五字,注雙行同。
　有至正七年歲在丁亥秋九月朔邵菴老人虞集序,至正九年九月吉
旦平心老人歐陽玄序。目後有張靖序。未題名,以守山閣本證之。後有
跋九行,未署名。(壬午正月)

打馬圖一卷　宋李清照撰　　　　　　　　△一一〇七九

清秦氏石研齋影宋寫本,十行十七字,版心有"石研齋抄本"五字。
　前有圖四幅。　秦氏跋錄後:
　　"此書與劉攽漢官儀相類,余得宋槧半部,比之説郛所載微有不
同,因命鈔手録出,續以説郛補之,遂成完書。易安著作甚少,可

與金石録並傳矣。丁丑除夕前二日秦伯敦父呵凍書"(癸酉)

角力記一卷 題調露子撰

舊寫本,十行二十字。録有明姚咨、清吳翌鳳跋。(繆氏藝風堂遺書,壬戌收。)

樂府雜録一卷 唐段安節撰

明藍格寫本,十一行二十二字。次行題:

"朝議大夫守國子司業上柱國賜紫金魚袋段安節撰。"(天一閣佚出書。丁巳)

以上雜技

文房四譜四卷 宋蘇易簡撰 附治安藥石一卷 △八一九一

明龍山童子鳴氏刊巾箱本,九行十八字,白口單闌。每卷後有"龍山童氏新雕"篆文木記。

"尤質懋華子校閱於鶴夢山房"。筆譜後。

"崑人葉恭煥子寅校定"。硯譜後。

"繡石居士秦汴思宋甫校過"。紙譜後。

"錢唐十洲方九敍曾校"。墨譜後。

"居川居士張寰校定"。治安藥石後。(丁巳)

文房四譜五卷 宋蘇易簡撰

舊寫本,九行二十一字。 有清蔡濱序,録後:

"錢曾讀書敏求記云:'蘇易簡集文房四譜,徐騎省序之云:筆硯紙墨爲學所資,不可斯須闕。予亦好學者,覽此書而珍之,故爲文冠篇,以示來者。此序是牧翁手録,通本皆經勘對疑誤,讀者其善視之。'據錢氏云,知傳世寫本脱繆益甚、家鮮藏書,無讐勘,不得與遵王藏本一校爲憾。祖州學人蔡濱借抄於鮑氏知不足齋。乾隆庚戌秋七月二日識於小學齋中。"

硯箋四卷 宋高似孫撰 △一一三二八

明潘膺祉萬曆四十二年如韋館刊本,九行十八字。鈐有"滋蘭堂"藏印。(己未,已收。)

硯箋四卷 宋高似孫撰

明寫本,九行十八字。題高氏似孫修。 鈐有吳岫白文印。 後有黃丕烈跋,是傳錄者。(癸亥)

硯箋四卷 宋高似孫撰

明天一閣藍格寫本,十行十八字。(涵芬樓藏書。丙寅)

硯箋四卷 宋高似孫撰

明龍川精舍寫本,棉紙藍格十行十八字,版心有"龍川精舍"四字。取校曹棟亭刊本,訂正甚多。(余藏。)

忠謨謹按:此書有跋,收入藏園羣書題記續集卷二。

硯箋四卷 宋高似孫撰

清沈嚴錄何義門焯校本。有跋錄後。

"義門先生記云:康熙庚寅冬日,以所藏柳安愚家舊抄對校一過。柳本亦有譌字,檢他書正之,然未能盡也。

乾隆乙丑立夏日校錄於江干之寶硯齋。嚴識"(甲寅)

硯箋四卷 宋高似孫撰　　　　　　△一一三二九

清嘉慶十五年張紹仁家鈔校本,有跋錄後:

"嘉慶庚午孟春,從海寧陳仲魚丈借吳氏拜經樓所藏舊鈔本傳錄。癸酉正月廿又八日再借黃蕘翁百宋一廛藏本鈔補闕葉,始成完書。　紹仁。"

內張紹仁手鈔缺文一葉。

鈐有"訒菴鈔藏秘册"朱、"訒坡藏書"朱、"張紹仁印"白、"張孝安"朱、"執經堂張氏藏書印"朱、"茂苑張紹仁學安家藏"白、"豈爲聲名勞七尺"朱。(盛昱遺書。壬子收得)

文林博錄不分卷

明刊本。　前有咸淳庚午玉川羅欽題，又嘉熙初元林洪序，分類如下：

欣賞文房圖贊十八學士，自毛中書至槃都承各爲圖贊。前有林洪序。

茶具圖贊分十二先生，自韋鴻臚至司職方各爲圖贊。咸淳己巳五月夏至後五日審安老人書。

大石小房十友譜自端友至默友。

燕几圖紹熙甲寅黃伯思序，後有丁亥四月慎獨痴叟陳植未方識。首凡例，次圖廿八幅。

硯譜續文房圖讚元統二年雪舟樊士寬序。寶祐二載秋浦雪江子羅先登瑞卿序。自朱檢正至商鼎十八名號。每物先官職，次名，次號，次別號。　如朱檢正、丹、伯洪、赤城仙侶是也。（故宮藏書。）

墨史三卷 元陸友撰

大末吾氏精鈔本，十行二十一字，末有篆書跋二行：

　"景寫衡圃龔氏藏本，參校冬心

　金氏鈔本，乙未夏至大來吾進。"

鈐有"甬東大某山館姚氏金石書畫圖籍藏印"朱文、"大梅秘玩"朱文印。（己巳）

墨史三卷 元陸友撰

舊寫本，九行二十字。鮑以文手校。鈐有宛陵"李之郇藏書印"、"宣城李氏瞿鋣石室圖書印記"二印。（庚午）

墨史三卷 元陸友纂

清醉經樓寫本。　黃楙升據鮑廷博刊本校。（繆氏遺書，壬戌歲收。）

靡墨亭墨考不分卷 清曲阜顏崇榘衡甫撰　二冊

未刊稿本。　首墨法，彙輯古今典籍有關製墨之法，自西京雜記至明清。次墨記，爲上中下三編，上編述墨之故事，中編述產墨名區，下編述墨之異聞。次墨籍，聚古來言墨之書，凡二十四種，略加解題。末爲別錄，輯名家論墨之文。

按：崇榘字運生，乾隆庚寅舉人。桂馥晚學集顔氏墨考序，言其父顔
懋企著隃糜考，運生博搜羣書補其不備云云。

忠謨謹按：此書有跋，收入藏園羣書題記三集卷三。

筆史二卷 　明楊思本輯

明刊本，題"盱郡楊思本因之纂"。分內外編，內編述筆之源流，外編
則徵事也。　　前有萬曆乙卯臨川邱兆麟跋，又弟思貞紀事，又凡例
七條。　　鈐有兩淮鹽政李質穎送書木記及翰林院印。（邃雅齋取閱，丙
子九月七日。）

宣德鼎彝譜八卷附宣爐博論 　明項元汴撰

翁宜泉手寫本。　　有宣德三年楊榮序，嘉靖甲午文彭後序。後有
"大清乾隆戊申四月十日假諸吳摧堂，手錄一遍并記，宜泉翁樹培。"
二行。前有周譽齋鑾詒手錄杭大宗書後一篇。（徐梧生遺書。丙寅）

玉紀一卷 　清陳性原心撰

舊寫本。秀水杜文瀾跋。　　分出產、名目、玉色、辨偽、質地、製作、
認水銀、地土、盤功、養損璺、忌油污各條。

按：此書已有刊本。（辛酉）

繡譜一冊 　雲間女子陳丁佩著

舊寫本。　　有金湘跋。（壬子）

以上器物

飲膳正要三卷 　元忽思慧撰

明景泰刊本，大版心，十行二十字。　　前有明景泰七年御製序。天
曆七年虞集撰序，天曆三年飲膳太醫臣忽思慧、中奉大夫太醫院使
臣耿允謙、奎章閣都主管上事資政大夫大都留守內宰隆祥、總管提
調織染雜造人匠都總管府事臣張金界奴、資德大夫中政院使儲政院
使臣拜住、集賢大學士銀青榮禄大夫趙國公臣常普蘭奚等進書表。

每卷事物各附圖，刊刻甚精。

鈐有"北平謝氏藏書印"、"謝寶樹印"、"珊嶠"各藏印。（李木齋收得。
甲子）

食譜十二卷

舊寫本。　　前有吳文鎔甄甫序，恐是僞作，言此書乃阮太傅令其弟梅
叔所撰。卷一至三酒席，四特牲，五羽族，六江鮮，七點心，八鮮果，
九素菜，十瓜豆，十一蔬菜，十二醬醋油鹽雜料等。

按：此書述製法極詳細，每冊鈐有"文選樓"、"琅環仙館"各印，疑當
時傳鈔之本，後人乃僞製以爲進呈食譜耳。　　沅叔。（己未）

茶經三卷 唐陸羽撰

明嘉靖竟陵刊本，九行二十字，白口雙闌。　　前有嘉靖二十一年竟
陵魯彭序，後附本傳，外集末有童內方論茶經書、汪可立後跋。書爲
青陽侍御柯公雙華所刊。四庫入存目。（丙子）

酒經三卷 宋朱翼中撰　　　　　　　　　　△六八七四

宋刊本，半葉十行，行二十字，白口左右雙闌。版心雙魚尾，上魚尾
下記酒經上、中、下，下魚尾下記葉數，再下記字數，最下記刊工姓
名、字體方整峭厲，白紙，墨色似余藏方言。

後有錢牧翁謙益跋，爲晚年筆。行間校字亦似牧翁筆。（常熟瞿氏藏，乙
卯訪書，觀於邑里。）

酒經三卷 宋朱翼中撰

明新安程百二幼輿刊本。（甲子）

以上食譜

汝南圃史十二卷 明周文華撰

明刊本八行十八字。吳郡周文華含章補次，前題致富全書，後題汝
南圃史。分月令栽種、花果、木果、水果、木本花、條刺花、草本花、
竹、木、草、蔬菜、瓜豆十二門，亦羣芳譜之先河也。四庫入存目。（余
藏）

藝林彙考二十七卷 　清吳江沈自南留侯輯

清康熙癸卯刊本。　有程邑翼蒼及自南自題。書分棟宇篇十卷,服飾篇十卷,飲食篇七卷。棟宇篇分宫殿、府署、亭台、門屏、廟室、寺觀、宅舍、廡序、梁欄、溝塗。服飾篇分冠幘上、下、簪珥、裝飾、袍衫、佩帶、裙袴、履舄上、下、繒帛。飲食篇分饗膳、羹敊、粉餌、魚膾、酒醴上、下、茶茗。

書中所引唐宋以來類書、筆記、雜說皆註明原書,不加點竄,不著議論,最爲得法。(乙丑)

藝林彙考二十七卷 　清沈自南撰,存飲食篇七卷

舊寫本。　分饗膳、羹敊、粉餌、魚膾、酒醴上下、茶茗,共七卷。雜引古書,其所考訂則加"案"字以別之。末附植物篇瓊花一卷,疑亦類書之殘佚者耳。癸亥二月在杭州,抱經堂送閱。　沅叔

藏園羣書經眼錄卷八

子 部 二

雜家類一

鬻子二卷 <small>首行標題下有"顛二"二字　四庫本一卷</small>

尹文子二卷 <small>首行標題有"顛八"二字　四庫本一卷</small>

公孫龍子三卷

　　明弘治丙辰楊一清提陝學時校刊五子本，尚有子華子、鶡冠子二種。依道藏顛一二號。每半葉九行十九字，黑口，四周雙闌。軟體字，其刊工亦似陝本。（乙卯）

墨子十五卷

　　明正統道藏本，五行十七字。（余藏）

墨子十五卷

　　明嘉靖三十二年唐堯臣刊本，八行十七字，白口單闌。卷末有南昌唐堯臣跋。（宗子戴藏。癸丑）

墨子十五卷

　　明末堂策檻刊本，但有鍾評及圈點，與余昨歲所收又不同，是一家而前後兩刻也。

墨子六卷 △一四六

明萬曆九年書林童思泉涵春樓刊本,九行二十字,次行題歸安茅坤
校閱。　有萬曆辛巳歲歸安茅坤序,又西吳陸弘祚序。

按:曾見楊惺吾_{守敬}藏此本,封面上有書林童思泉識語,稱得宋本,請
茅鹿門讐校。楊氏訪書志盛稱此本文字異同多與道藏本合、謂實根
源於宋槧。(余藏)

子華子二卷

明翻宋刊本,十行十九字。　前劉向校書序。

子華子二卷

文子一卷

齊丘子一卷 <small>五代譚峭撰</small>

明正嘉間刊本,十行十九字。　前人染紙作舊,並刻僞木記印(隸
書)于書後:

"清渭何通直
宅萬卷堂本
紹興乙亥刊。"

鈐有"董嗣茂印"、"霞閣"、"臣曦"、"内翰金壇蔣超藏書印"、"虎林朱
氏寶彝堂藏書畫之記"各印。餘僞印不録。(己未)

慎子内外篇解二卷 <small>明慎懋賞解</small>

明萬曆慎懋賞刊本,九行十六字,注雙行。　前王錫爵序,次慎懋賞
序,次慎子傳,次慎子考。每篇後附直音。　鈐有"松陵范氏安禮堂
收藏圖書印"。(余藏。)

鶡冠子解三卷 <small>宋陸佃撰</small>　　　　　　△八二〇四

明弘治碧雲館活字印本,十行二十字,注大字低一格。版心有"碧
雲"二字,或"弘治年"、"活字本"各三字。　有乾隆題詩一首,又四
庫館臣題跋,蓋卽武英殿聚珍本叢書所自出也。(惲薇孫家獲見)

鶡冠子解三卷 <small>宋陸佃撰</small>

明刊大字本，八行十七字，黑口，左右雙闌，版心下注字數。

按：似嘉靖刊本，與前日所見公孫龍子同時所刊。（己未）

鶡冠子解三卷 宋陸佃撰

清乾隆武英殿聚珍版書本。

王引之、孫星衍手校。　朱筆校據明天啟朱養純本，王引之手校。

下卷末有識語二則，孫星衍筆，錄如後：

　"甲寅八月四日借王給諫本校在瑞松書屋"朱筆。

　"甲寅元日又讀，時在前孫公園櫻桃傳舍"墨筆。

鈐有"高郵王氏藏書印"、"淮海世家"、"孫星衍印"。（盛昱遺書，索十元，壬子見。）

鶡冠子解三卷 宋陸佃撰　　　　　　　　　李□八八○三

清乾隆武英殿聚珍版書本。　舊人校過。校宋本用朱筆，校萬曆本用墨筆，又以羣書治要校。

標題朱筆書新刊五子全書鶡冠子卷之六七八宋本。有梅伯言評語。

卷末有"道光癸卯七月廿四日讀一過，伯言記"。均朱筆。（李木齋遺書。辛巳）

鶡冠子解二卷 宋陸佃撰

明翻宋刊本，十行十九字，白口，左右雙闌，版心記葉數，上下卷通號。卷中宋諱缺筆。　前陸佃序。前有咸豐六年朱學勤識語。陸序後有盛昱識語：

　"此序前引韓文正爲退之讀此云云作案乃一篇文字，聚珍本析爲兩篇，館臣之謬也。伯羲"。

　"光緒丙申七月孫銓伯司馬所貽。伯羲記"。（壬子歲見，盛氏遺書，索三十元）

公孫龍子一卷

明刊本，八行十七字，寬行大字，似世德堂六子，要是叢刻耳。（己未歲肆文堂見。）

鬼谷子三卷

舊寫本。　清盧文弨、嚴元照、勞權、徐鯤校。　嚴、勞、徐三家均有跋。（杭估李寶泉函寄，索四十元，壬子二月。）

鬼谷子三卷

清蕭山增廣生徐鯤手寫本，十行二十一字。卷末題："乾隆乙卯六月據錢遵王述古堂藏本手鈔。徐鯤記"。　有徐鯤跋及周廣業跋。^{乾隆}　有朱筆校，又逸文數條。（癸丑）

鬼谷子注三卷 ^{梁陶弘景撰}　^{清秦恩復校正} 篇目考一卷附錄一卷 ^{清秦恩復輯}

清江都秦氏石研齋刊本。陳乃乾臨章式之^鈺、繆筱珊^{荃孫}校本。（辛未）

鶡子一卷

舊寫本。　有璜川吳氏藏印。末有題記錄後：

"衍時佛法未入中國，而此書多用佛語，蓋好事依託爲之，非本書也。相傳亡宋有山東時一僧泛海得之海島石室中，豈卽此僧爲之耶！閑閑居士題。"（涵芬樓書。乙丑）

呂氏春秋訓解二十六卷 ^{漢高誘撰}

元至正嘉興路儒學刊本，十行二十字，注雙行同，黑口，左右雙闌，版心上方記大小字數，下記刊工人名一字，上魚尾下題呂氏春秋幾。

前遂昌鄭元祐序，序後有嘉興路儒學教授陳泰至正六……，以下不可辨。前行下有"吳興謝盛之刊"六小字。目錄後有鏡湖遺老記八行，錄後：

"右呂氏春秋總二十六卷，凡百六十篇。餘杭鏤本亡三十篇，而脫句漏字合三萬餘言。此本傳之於東牟王氏，今四明使君元豐初奉詔修書於資善堂，取太清樓所藏本校定。元祐壬申，余臥疾京師，喜得此書，每藥艾之間手校之。自秋涉冬，朱黃始就，卽爲一客挾

之而去。後三年見歸，而頗有欲得色，余亦心許之。得官江夏，因募筆工録之，竟以手校本寄欲得者云。鏡湖遺老記。"(丙辰)

吕氏春秋訓解二十六卷 漢高誘撰

元刊本，十行二十字，黑口單闌，版心上記大小字數，中記吕氏春秋卷幾，下記刊工人名。 前有鄭元祐序，楷書大字，半葉八行。序後刊：

"嘉興路儒學教授陳泰至正六……"以下不可辨。及"吴興謝盛之刊"。一行。 後有鏡湖遺老記。(壬子)

吕氏春秋訓解二十六卷 漢高誘撰

明弘治十一年李瀚刊於許州，十行二十字，獨第一卷每行十八字，殊不可解。白口單闌，版心上記字數，下記刊工姓名。 前鄭元祐序，次高誘序，次總目，鏡湖遺老記。 本文首行"吕氏春秋卷第一"，次行頂格題"孟春紀第一"，下列篇目，次行低四格題"吕氏春秋訓解"，下題"高氏"。卷二十六標題名有"弘治十一年秋河南開封府許州重刊"一行。後有弘治戊午沁水李瀚重刻序。

按：此翻元至正嘉興路儒學刊本，故行格均仍其舊。(余藏。)

吕氏春秋訓解二十六卷 漢高誘撰

明嘉靖七年許宗魯刊本，十行十八字。 有嘉靖七年序。

清彭兆蓀題識録後：

"此係孫君星衍所贈之本。十二紀十二篇多取夏小正、月令、淮南子諸書以參證異同，其餘四十九篇並八覽六十三篇、六論三十六篇篇端各以數語標明立言大旨，俾全書血脉貫通，精神並露。中間點定處亦具見本原，非隨手丹黄者可比。此後學之津梁，而亦鏡湖風雅之嗣音歟！ 嘉慶丁巳春仲甘亭彭兆蓀識。"

按：卷中朱筆評點頗有法度，不知何人手筆。(庚申)

吕氏春秋訓解二十六卷 漢高誘撰

明萬曆間張登雲刊本,十行二十字。後題云:

　　"巡按直隸監察御史　　陳世寶訂正

　　河南按察僉事　　　　朱東光參補

　　直隸鳳陽府知府　　　張登雲繙校"。

據序言,元本既壞,闕文六處據抄校本補其半,是所出當有本也。(癸
丑見於宏遠堂,索三十元。)

吕氏春秋新校正二十六卷附攷一卷 清畢沅撰

清乾隆五十三年畢沅刊經訓堂叢書本。王念孫手校,用朱墨二筆,
皆引據古書以正譌舛。別有昌齋校簽,未詳何人。(曹理齋藏,託爲售
去。癸酉)

淮南子二十一卷 漢劉安撰

明嘉靖六年許宗魯、王鎣樊川別業刊六子書本,九行十八字,無注,
刻于壽州。

淮南子二十八卷 漢劉安撰

明吳仲刊無注本,十行十九字,每卷次行題明毗陵後學吳仲校刊。
前高誘序。後有跋,無人名。(余藏)

淮南鴻烈解二十一卷 漢許慎、高誘撰

宋刊本,半葉十二行,每行大字二十二字,小字二十五字。　有顧廣
圻跋,見楹書隅錄,不錄。　鈐有曹楝亭、黃丕烈、顧廣圻、汪士鐘諸
印。(海源閣書,丁卯十月廿九日與葉譽虎赴津觀書,勞姓送閱,索五千元。)

淮南鴻烈解二十一卷 漢劉安撰,高誘、許慎撰

影寫宋刊本,十二行,行大字二十二,小字二十五。　前有陳碩甫奂
跋,錄後:

　　"此北宋本舊藏吳縣黃蕘圃百宋一廛,後歸同邑汪閬源家。高郵
　　王懷祖先生屬余借錄,寄至都中,遂倩金君友梅景抄一部,藏之於
　　三百書舍。顧澗蘋景鈔豫大其買四十金者卽此本也。"

新刊淮南鴻烈解二十一卷 _{漢許慎、高誘撰}

宋元間茶陵譚叔端刊本，題"新刊淮南鴻烈解"，次行題"太尉祭酒臣許慎記上"。半葉十行，每行十八字，黑口，左右雙闌。　前許慎叙，次篇目，標題大字占雙行，下署漢淮南王劉安撰，篇目終亦大字標題，有"松山譚氏"方木記，又"書香"鼎式墨記。各卷後有"茶陵後學譚叔端纂"一行。序中縫有"攷武俊甫刁"五字，卷一第二葉有"攷武陵刁"四字。　鈐有貴池劉世珩藏印。　有繆荃孫觀欵，傅嶽棻長跋。

按：此書慎字不避，當是宋元間坊本。然古今不見著録，斷爲海内孤本。自黄丕烈舊藏小字本爲日人以重金收去後，推爲海内最古之本矣。辛未歲余獲之上海。

淮南鴻烈解二十一卷 _{漢許慎、高誘撰}

明萬曆汪一鸞校刻本。徐元歎波朱筆批點，有跋録後：

"庚午歲莫積陰四十日不解，山村新歲又有酒食相招之例，凡六時中飲酒、高枕、讀書各居其二，此書再閱，自小除夕至人日卒業。崇禎四年正月九日秋香山堂記。"（曹理齋藏，託爲售去。癸酉）

淮南子注二十一卷 _{漢許慎、高誘撰}

清乾隆五十三年莊逵吉刊本。朱彬以朱藍二色筆校。有跋録後：

"嘉慶丙辰三月既望，禮闈試畢，從王給事假得校本，乃明劉績補注，其書與此本得失互見。給事讀書多深沉之思，嗣君伯申亦參攷精審，所據有一切經音義、太平御覽等書，列子、文子、吕氏春秋間附一二。時日甚迫，未及列叙所由，給事父子自爲之説者槩從略焉，惜哉！四月戊寅日躔胄四度，郁甫記。"（徐梧生遺書，丁卯九月初七日記。）

淮南子注二十一卷 _{漢許慎、高誘撰}　　　　李□五六七二

清乾隆五十三年莊逵吉刊本。舊人臨陳奐校宋本。題"宋本每葉廿

四行,每行廿二字。己亥依陳碩父校本録一過。"(壬子歲收,旋讓與李木
齋先生。)

淮南鴻烈解二十八卷　漢許慎、高誘撰

明嘉靖十三年癸巳安正堂刊本,十行二十一字,白口,四周雙闌。分
禮、樂、射、御、書、數六册,版心魚尾上方各標一字。序後有牌子,文
曰:

"太歲癸巳孟春

安正堂重刊行"(莫楚生藏,與余去臘所得同。辛酉)

淮南鴻烈解二十八卷　漢許慎、高誘撰

明刊小字本,十二行二十五字,似隆慶、萬曆間刊本,少見。　題"太
尉祭酒臣許慎輯"。

淮南鴻烈解二十八卷　漢許慎、高誘撰　　　　　△八九九

明萬曆刊中立四子本。清□著言校,有識語録後:

"原道訓、俶真訓、天文訓、□□□用錢遵……影宋鈔……校。乾
隆壬寅四月中旬。著言。"

"乾隆癸卯六月二十三日得道藏全本重校,七月十二日清早校畢。
著言。"

"覽冥訓、精神訓用道藏本校,四月廿六日又記。"

按:此書眉評采孫淵如、錢獻之説,則爲嘉慶以後人矣。(海源閣舊藏。)

淮南鴻烈解殘本　漢許慎、高誘撰　存卷一至七

明王宗沐刊本。清朱秋崖邦衡臨惠松崖棟手校。序末有朱筆數行,
録如下方:

"宋本十二行廿四字。校宋本卽何義門校本。　前本稱舊刻者卽
六藝本。舊刻編禮、樂、射、御、書、數,故稱六藝本。内稱又一本
者乃采自御覽諸書。淮南子舊刻編禮、樂、射、御、書、數者最佳,
其次中立本,編六藝字本似是元刻。　松崖。"

按：此本補注文甚夥，眉端考證亦極細。沅叔記（辛未）

淮南鴻烈解二十八卷 漢許慎、高誘撰　明劉績補

明王溥刊本，九行十七字，黑口，四周雙闌。

題："後學劉績補注"三行，"後學王溥較刊"四行。有弘治辛酉蘆泉劉
績後序，言據他書補數千字，改正數百字，刪去百字。（癸丑）

淮南鴻烈解二十八卷 漢許慎、高誘撰　明劉績補

明嘉靖九年庚寅黃焯刊本，十行十八字。題"江夏劉績補注"，"延平
黃焯校刊"。　前有嘉靖庚寅黃焯永州東山書院序。　有人以宋刊
本校首卷，未畢，題云："宋本每葉廿四行，每行二十二字，行中字形
不齊"。　鈐有"錫山浦氏珍藏"印。（文友堂見。癸亥）

淮南天文訓補注二卷 錢塘綴述

舊寫本。　有錢大昕序。

後有顧廣圻跋，錄如後：

"壬申十月借平津館藏本鈔之，費白金一兩，藏之篋中。暇日當細
爲勘定，以俟好事者鐫諸木云。澗濱居士記。時寓江寧孫忠愍
祠"鈐"千里"一印。（癸丑）

淮南雜識一卷 鎮洋聞益省謙編

其孫聞維塒刻于松江學署。（文友收鄂恒氏遺書。辛未）

白虎通德論十卷 漢班固撰　　　　　　　　△六八九〇

元大德九年無錫州學刊本，九行十七字，黑口，四周雙闌，版匡高六
寸六分，闊四寸六分。　前有大德乙巳嚴度序，半葉四行，行六字。
又張楷序六行。鈐嘉禾項篤壽萬卷堂印記。（常熟瞿氏藏書。）

白虎通德論十卷 漢班固撰

元刊本，九行十七字，汲古閣舊藏。據汲古閣珍藏秘本書目作三本，
此猶原裝也。

按：此大字本，與余藏本同，爲大德九年無錫州學刊本。（日本静嘉堂文

庫藏書,己巳十一月十三日閱。)

白虎通上下卷 漢班固撰　　　　　　　　△六八八九

元刊本,密行小字,半葉十二行,行二十三字,黑口,左右雙闌,版匡
高五寸一分,闊三寸三分。　有黄丕烈跋,小楷頗工。鈐緑印。(常
熟瞿氏藏,乙卯歲觀於罟里。)

白虎通德論二卷 漢班固撰

明嘉靖元年傅鑰刊本,十行十八字,白口,左右雙闌。　前嘉靖改元
冷宗元序,稱爲遼陽傅鑰希準所刊。次大德九年張楷序,次大德乙
巳嚴度序,次目録。本書首行題:"白虎通德論卷之上",次行題"漢
玄武司馬班固纂集"。(余藏)

白虎通德論二卷 漢班固撰　　　　　　　　△二五二二

明楊祜校刊本,十行十八字,行欵版式與傅鑰刻本同,但次行改爲
"漢班固纂",下題"明楊祜校"。藍印本。　鈐有王鐵夫藏書印。(余
藏)

白虎通德論二卷 漢班固撰

明萬曆二十二年蔣杰刊本,大版心,十行十八字,白口,四周單闌。
　題皇明後學興古蔣杰校刊。
鈐有"蔣仲達氏"、"木林氏"、"晉安謝氏家藏圖書"、"問津館"各印。
(辛未二月)

白虎通四卷 漢班固撰

舊寫本,十行二十字。　莊述祖校訂。有吳騫校語。　鈐有"查繼
佐印"、"伊璜氏"、"吳兔床書籍印"各印。(余藏)

論衡三十卷 漢王充撰　存卷一至二十五,計二十五卷

宋刊本,版匡高七寸,横四寸八分半。半葉十行,行二十字。間有十
九、二十一字者,白口,左右雙闌。版心上記字數,中記論衡幾,下記
刊工姓名,可辨者有李文、李憲、王政、王永、陳長、陳振、楊昌、趙通、

童志、卓佑、潘亨、章宥諸名。書名標論衡卷第幾，下空五格，題王
充。目録次行低二格，上下兩排。下接連正文。

有細川潤次郎跋，言此書本狩谷掖齋與木村正辭各藏其半，幸得合
璧。蓋久析而復完，然尚缺卷二十六至末五卷耳。（日本帝室圖書寮藏
書，己巳十一月十一日見。）

論衡三十卷 漢王充撰　　　　　　　　△七五四二

宋刊遞脩本，十行二十字，有弘治、正德、嘉靖補刊葉，宋版多模糊，
約存十之一二。　舊爲蔣香生所藏。（涵芬樓藏書。己未）

論衡三十卷 漢王充撰 存卷二十六至三十，共五卷

宋刊本，半葉十行，行二十字，白口，左右雙闌，版心魚尾下記刊工姓
名。用元時公牘紙背印刷，間有元修板。　與日本所藏同。（袁寒雲
藏。乙卯）

論衡三十卷 漢王充撰

明嘉靖十四年蘇獻可通津草堂刊本，十行二十字，板心下方有“通津
草堂”四字。卷三十末有“周慈寫”，“陸奎刻”小字兩行。　目録首
行題“論衡目録”，旁書“凡三十卷”、“八十五篇”兩行。本書首題“論
衡卷第一”，下題“王充”二字，次三行列篇目。末有慶曆五年前進士
楊文昌序。（余藏。）

大德新刊風俗通義十卷 漢應劭撰

元大德九年無錫州學刊本，半葉九行，行十七字，細黑口，四周雙闌，
版心上記字數，上魚尾下記“風俗通幾”，下魚尾上記葉數。版匡高
六寸六分，闊四寸六分，與白虎通德論同式。間有補版，殊草草。（常
熟瞿氏藏書，癸丑見。）

大德新刊風俗通義十卷 漢應劭撰 存卷四至十，計七卷

元大德九年無錫州學刊，元代公文紙印本，九行十七字，黑口，四周
雙闌。每節題低三格。　鈐有“晉府書畫之印”、“敬德堂圖書印”、

“子孫永寶用”等印。（內閣大庫佚書，庚申四月見于寶應劉啟瑞翰臣家。）

風俗通義十卷 漢應劭撰 **附錄一卷**

明嘉靖刊本，十行十六字。　前大德丁未李果序，次應劭序，題大德新刊校正風俗通義，次目錄。本書首行題風俗通義皇霸第一。

鈐有“四明盧氏抱經樓藏書印”白。（余藏。）

天禄閣外史八卷

明寫本，十三行廿五字。題後漢汝南黃憲撰，宋後學韓洎校正。實明王逢年撰。　有江建霞檽夫婦印。（丙寅）

人物志注三卷 西涼劉昞撰

明正德刊本，八行十六字，白口，四周單闌。

鈐有“馬玉堂印”、“笏齋藏本”、“蔣長泰學山氏收藏記”諸印。

按：是書以此本爲最善。近時有一刊本，似卽從此本出也。（己巳歲收得。）

忠謨謹按：此書有跋，收入藏園羣書題記三集卷三。

人物志注三卷 西涼劉昞撰

明隆慶六年梁夢龍刊本，八行十六字，行格與正德本同，而板匡加大，改爲四周雙闌。　後有歸德府知府鄭旻跋，略言中丞真定梁公持節中州，爰覓善本，加訂正刻之宋郡云云。

鈐有“雲間陶氏藏書印”、“風涇陶崇質家藏善本”、“潯陽奎藻堂書籍記”、“風涇奎藻堂陶氏書籍記”、“南邨草堂陶氏家藏善本”各印。（余藏。）

忠謨謹按：此書有跋，收入藏園羣書題記三集卷三。

人物志注三卷 西涼劉昞撰

清翻宋刊本，十行二十字。　前有乾隆九年彭家屏序。卷中有空字。

余藏一本爲乾隆□年所印，空字已填補，序亦改易矣。（繆藝風藏書。

庚午）

人物志注三卷　<small>西涼劉昞撰</small>

明棉紙藍格寫本，九行二十字，注雙行同。

鈐有："秀水卜氏書室之記"、"沈廷芳印"白、"椒園"、"仁和徐氏"白、"養愚主人"、"北平劉氏"、"枌盦藏書"白各印。（庚午八月）

劉子殘卷　<small>北齊劉晝撰　　存二百四十行</small>

唐人卷子本。自愛民第十二章首起，章名失去一行。至薦賢第十九章"矧復抑賢者乎"句止，共存二百四十行，每行十七八字不等。　此卷舊爲劉幼雲所藏，即從何秋輦家解經委員分得者，昔年在青島曾屢借不得。昨其長君希亮以影寫本見貽，因校於鄂局百子本上。憶甲寅冬校何氏殘卷凡二百八行，自"去情"下半起，至"思順"上半止，凡七篇。辛未春校伯希和殘卷，自"風俗"起至"正賞"止，凡六篇，合計得校卷子本二十一篇矣。　已卯四月初九日記。

<small>忠謨謹按：此書有跋，收入藏園羣書題記三集卷三。</small>

劉子十卷　<small>北齊劉晝撰</small>　　　　　　△一〇一二七

明龍川精舍寫本，十行十八字，藍格，板心有"龍川精舍"四字。　眉上有校語一作某及考證，不知何人筆。此天一閣佚書，得於廠市。

<small>忠謨謹按：此書有跋，收入藏園羣書題記初集卷三。</small>

劉子注十卷　<small>北齊劉晝撰　唐袁孝政注</small>　　　△六八八八

明初刊本，九行十五字。　有黃丕烈跋，不具錄。

鈐有惠定宇、潘椒坡、汪士鐘、汪澂、陸樹聲、璜川吳氏各印。（癸亥十月見于上海古書流通處。）

劉子注十卷　<small>北齊劉晝撰　唐袁孝政注</small>

明萬曆二十年蔣以化世恩堂刊本，十行二十字，白口，四周單闌，版心上方有"世恩堂"三字。每卷題"播州錄事參軍袁孝政注，吳人後學蔣以化校"一行。　後有萬曆壬辰海虞後學蔣以化仲學跋：

"劉子初不知爲何代人,曩余偕伯兄讀書山中,喜括秘書語,偶得
其繕寫半帙,見其語多近博士家言,拔其尤者已入所著球瑯中,而
以不覩其全爲歉。余見其分類鑄辭尊仲尼卑百家,一似文心雕龍
語,謂必梁舍人劉勰所著也。壬辰以計事入長安,偶挾友人徘徊
道院,覘其架上所積殘經,抽而讀之,居然劉子全帙也。余迫欲得
之,道者曰:此是道藏中所存遺經,何至勤官人所艷。余戲答曰:
此非道家懺籙也夫,安得援儒入墨乎! 遂攜以歸,付剞劂氏刻于
孝昌署中,欲與四方操觚者共之。會京山李太史雲杜與余善,走
筆乞敍,而太史百家訂爲北齊人劉晝所著,非勰也,詳具太史序
中。然則劉子不惟余表章其書,且得太史表章其人矣,劉子可謂
遭乎哉。不者,劉子苦心著作不令表見於世,而徒然槽櫪于黃冠
緇服之手也,亦足悲矣。遂揭其概以引諸首。時萬曆壬辰冬日海
虞後學蔣以化仲學甫書于思補齋中。(忠厚書莊見、乙丑歲收得。)

劉子註十卷　唐袁孝政撰　　　　　　△一一三三一

明傳鈔道藏本,藍格,九行十七字,低一格。

黃丕烈以宋本校,用朱筆。其宋本闕前二卷,以明翻本配入,改用黃筆校。宋本
半葉十一行,行十八字,注雙行。又用明活字本校,九行十八字,注大字低一格。
子彙本校,十行二十字,無注。又用道藏本重校。活字本、子彙本、道藏本用
墨筆校。有跋十二則。又葉子寅、許心展跋,張紹仁觀欵。　陸損之
覆校並跋。(海源閣遺書,庚午歲收得。)忠謨謹按:此書有跋,收入雙鑑樓藏書續
記卷上。

劉子上下卷　北齊劉晝撰

明嘉靖刊本,八行二十字。有嘉靖丙寅春日東郡李先芳序,言用道
藏本鋟梓而刪去袁孝政注云。次行題東郡蓬玄洞居士李先芳校。
(涵芬樓藏書。戊辰)

顏氏家訓二卷　北齊顏之推撰

明嘉靖三年甲申傅鑰刊本，十行二十字。每卷次行題"北齊黃門侍郎顏之推撰"，三行題"明蜀榮昌後學冷宗元校"。首嘉靖甲申張璧序，略云頃得中秘本手自校錄，適遼陽傅太平以報政來，就予索古書，予出之觀，太平曰：是惡可弗傳，亟持歸刻焉云云。高安朱軾朱筆評點。　鈐有"錢萬遠印"、"鴻序堂記"諸印。（余藏。）

顏氏家訓二卷 北齊顏之推撰

明萬曆三年嗣孫顏嗣慎刊本，十行十九字。上卷題"建寧府同知績溪程伯祥刊"，下卷題"建寧府通判廬陵羅春刊"，蓋萬曆三年復聖嗣孫嗣慎依成化本重刊，故校人一仍其舊也。　首萬曆甲戌翰林修撰新安張一桂序，次乙亥翰林博士六十四代孫嗣慎序，于慎行後序。卷末有墨記五行，錄後：

> "是書歷年既久，翻刻數多，
>
> 其間字畫頗有差謬，今據
>
> 諸書暨取證於
>
> 先達李蘭皋諸公，尤有未
>
> 盡，姑闕，以俟知者。"（余藏。）

顏氏家訓七卷 北齊顏之推撰 附考證一卷

清鮑廷博抄本，並手校，十二行十八字，似從宋本出。　卽知不足齋刊本底本。（壬子歲在杭州收得）

續家訓八卷 宋董正功撰　存卷六至八，凡三卷　　　△三四九七

宋刊本，半葉十行，行二十字，白口，左右雙闌，版心中縫闊半寸，記續家訓第幾，下記葉數及刊工姓名。字體仿顏書，渾厚堅實，雅近豫章風範。本書先列顏氏文，後所續者加"續曰"陰文二字以別之。有黃丕烈跋二則。（常熟瞿氏鐵琴銅劍樓藏書，乙卯歲見于邕里。）

長短經九卷 唐趙蕤撰

舊寫本，九行二十一字。　後有洪武丁巳沈新民跋，提要曾舉之，而

讀畫齋未刊,兹錄於後:

> "按馬端臨文獻通考據晁氏云,唐趙蕤撰長短經十卷。又據北夢
> 瑣言云,蕤梓州鹽亭人,博學韜鈐,長於經世,夫婦俱有隱操,不應
> 召,論王霸機權正變之術。其第十卷載陰謀家,本缺,今存者六十
> 四篇,然不害其爲全書也。洪武丁巳秋八月丁巳沈新民識。"(丙
> 子)

刊誤二卷　唐李涪撰

舊寫本。　鈐有翰林院印及袁氏卧雪廬藏印。(繆氏藝風堂遺書。壬戌)

封氏聞見記十卷　唐封演撰　　　　　　　李□二九二

明藍格寫本,板心有"雪晴齋抄"四字。　有明朱良育記,並傳鈔元
夏庭芝跋。

> "予素有藏書之癖,凡親舊見借者暇日多手抄之,此書乃十五年前
> 所抄者。至正丙申歲,不幸遭時艱難,烽火四起,煨燼之餘,尚存
> 書數百卷。今僻居深村,無以爲遣,旦夕賴此以自適,亦不負愛書
> 之癖矣。至正辛丑上元日,重觀於泗日疑夢軒。雲間夏庭芝伯和
> 父謹志。"

> "封氏聞見記自六卷至十卷昔友人唐子畏見借所抄,特以不全爲
> 恨。近又於柳大中借抄前五卷,庶幾爲全書。然第七卷中全卷俱
> 欠,止存末後一紙耳。嗟哉,古書之難得如此。富室子弟積書萬
> 卷而不讀,亦獨何心哉! 朱良育記。"

鈐有毛氏汲古閣、黃丕烈藏印各數方。(李木齋先生藏書。乙卯)

封氏聞見記十卷　唐封演撰　　　　　　　△一〇一二九

明寫本,十行二十字。　後有夏庭芝、朱良育跋。蔣子遵杲跋錄後:

> "此本乙未歲從小山處得之,是舊抄善本,而首卷、三卷、七卷脱誤
> 甚多。己酉秋抄,假紅豆齋新抄對校,乃傳自吳方山、秦酉巖、孫
> 伏生、陸勅先者,夏伯和、朱良育二跋亦錄于卷尾。其大脱誤處一

如是帙，而傳寫譌舛更多，惜無完書，成茲合璧，輒是以俟博雅君
子。杲識。"

鈐有汪閬源藏印數方。

按：此書余藏有兩本，一舊鈔，莫郘亭指爲明隆慶所寫者，一明鈔藍
格，乃天一閣舊藏。莫本自是佳勝，近日富陽趙君貞信校勘茲書甚
勤，余兩本皆以假之矣，有校證十卷，旁徵博考，匡謬訂譌，無微不
至。惜其書已行世，未及更見此本。第據蔣氏跋，此帙亦出紅豆齋，
而脱誤更多，則披沙揀金亦戞戞乎難矣！　　沉叔書於長春室中。（邢
贊亭藏書，甲戌二月見。）

封氏聞見記十卷 唐封演撰

明上黨馮氏寫本，十行十九字，墨格，闌外有"馮氏藏本"四字。有馮
舒題識，錄後：

"崇禎甲戌七月初二閱，從弟叔昭所書也。　　屛守居士。"（辛酉二月
朔見于蔣孟蘋家中。）

封氏聞見記十卷 唐封演撰

舊鈔本，後有"隆慶戊辰借梁溪吳氏宋鈔本錄此并記"二行。有莫友
芝、張嘯山兩跋。

按：此書抄手不過乾隆。

因話錄六卷 唐趙璘撰

舊寫本，十行十八字。題"水部員外郎趙璘撰"。　　寫工精整，當爲
影宋刻。鈐有虞山錢曾遵王藏書、稽瑞樓兩印。（海虞瞿氏藏書。癸酉）

兼明書五卷 五代邱光庭撰　　　　李□一八五

明寫本，棉紙藍格，九行二十字。

前人以朱墨筆校過，卷首書名下有人題字云：

"原本脱訛甚多，茲據宋本校正。"

此亦天一閣舊藏。鈐有翰林院典籍廳印，又袁氏臥雪廬印。（李木齋

遺書。辛巳)

化書六卷 <small>五代譚峭撰</small>　　　　　　　　　　△七五三四

宋刊本。蔣孟蘋藏書,余曾借校。

化書六卷 <small>五代譚峭撰</small>

明弘治十七年劉達刊本,九行二十字。　前有弘治甲子抱犢山人李
紳搢卿序,言是書在天順間代府板行,歲久磨滅,方外鄭常清欲翻刊
之,謀于定州劉達景亨,捐資壽梓云云。後有嘉祐五年碧虛子題跋。
　　鈐有"盛沈觀印"、"元亮氏"二印。(己巳四月)

化書六卷 <small>五代譚峭撰</small>　　　　　　　　　　李□六六

明寶顏堂刻本,舊人用宋八行本校。　鈐有古潭州袁臥雪廬收藏白
文印。(李木齋遺書。辛巳)

齊丘子一卷 <small>五代譚峭撰</small>

明嘉靖刊本,十行十九字。似翻宋本。(己未五月收得)

南部新書十卷 <small>宋錢易撰</small>　　　　　　　　　　△八二一四

明刊本,似萬曆時本,十行二十字,書名在版心上魚尾上,下記字數。
錢曾手校,并鈔補序一首。何焯校,有跋,錄如下:

　　"南部新書十卷,述古堂故書,錢明逸序及書中瘦筆皆出遵王手
　　校,然亦不得宋刻名抄是正,脫誤尚多。康熙庚寅,余從心友架上
　　借閱,稍改其可知者。異日餘兒能淨寫一本,仍以此本歸諸叔父
　　乃爲佳也。己亥初夏偶記　孟公。"

又有顧廣圻跋,錄後:

　　"此書抄本類經不熟唐事人竄改,如'陳王友元庭堅'戊所謂王府官
　　友一人也,見新舊唐志,而抄本竟削去'友'字,其他錯誤每如此,
　　惟此刻本最爲近之。義門所改頗有未妥者,如"代其精"甲、"五百"
　　壬等,刻本不誤也。其駁正也是翁所校之誤多是,然改鄭康成禮記
　　注"大問曰聘"爲"待問"壬、"一房光庭"新唐書宰相世系表所謂房

也非姓,改去"一"字庚、未經舉出者尚夥,益徵雌黄不容輕下矣。

莞圃有殘本,缺甲乙二卷,借此于周君香巖抄完之,而不録兩家校

語,有以哉!

大清嘉慶丁巳六月八日元和顧廣圻讀一過并記,時在士禮居之西

齋。"

又胡珽、周錫瓚校。　　鈐有錢曾、汪士鐘、汪憲奎藏印。(癸亥見,此書

歸周叔弢處。)

南部新書十卷補遺一卷 宋錢易撰

舊寫本,八行二十字,遇宋帝空格。　　卷首有"曾在王鹿鳴處"朱文

方印。(丁巳)

南部新書不分卷 宋錢易撰　　　　　　　　李□三四○

舊寫本,十行二十二字。題甲至癸爲十集。

藏印有"鎮"、"淡秋氏藏"、"明墀之印"、"李玉陔氏"、"木犀軒藏書"、

"李盛鐸讀書記"。

鎮印不知何人,玉陔則李木齋先生之尊人也。(辛巳)

東原録一卷 宋龔鼎臣撰　　　　　　　　　△二七六○

明穴硯齋寫本,十二行二十字。　　有乙巳十月十八日中隱山房識。

(翁弢夫藏書。乙卯)

東原録一卷 宋龔鼎臣撰

舊寫本,十一行二十四字。(涵芬樓。丁巳)

東原録一卷 宋龔鼎臣撰

清仁和趙昱小山堂寫本。(壬子歲見,張菊生藏書。)

江鄰幾雜志一卷 宋江休復撰

明天一閣藍格寫本,九行二十字。(涵芬樓藏書。丙寅)

江氏筆録二卷 宋江休復撰　　　　　　　　△一一三三二

清寫本。題"宋臨川江休復鄰幾著"。　　鈐有古香樓及休寧汪季青

家藏書籍兩印。（丙辰。余藏。）

近事會元十卷 唐贊皇李上交撰

舊寫本，十三行二十二字。（古書流通處送閱。壬戌）

續墨客揮犀十卷 宋彭乘撰

明正德四年己巳志雅齋寫本，十行二十字。目後有正德己巳夏日舊
刊本摹於志雅齋跋語五行。每卷分上下。（王子展藏。丁巳）

續墨客揮犀十卷 宋彭乘撰

影宋寫本，九行十八字，末有"蔣氏茹古精舍鈔本"朱印。　鈐有"蔣
維基印"朱、"子屋"朱各印。（盛昱遺書，索十二元，壬子收。）

麈史不分卷 宋王得臣撰　　　　　　　　　　　　△八二一七

明延陵王肯堂鬱岡齋寫本，十一行二十二字，墨格，版心有"鬱岡齋
藏書"五字。舊人以朱筆校過。藏印有："古襄雷氏"朱方、"父子解元
門第祖孫□□人家"、"世貞"朱、"陳浩之印"、"仲寅"、"徐元夢印"、
"晉府圖書"朱。（方地山藏書，後歸周叔弢。）

麈史三卷 宋王得臣撰

清寫本，九行十八字。有空格，當是影宋寫本。題"鳳台子王得臣彥
輔撰"。全書四十四門，二百八十四事。　前有自序。下卷尾有"慶
元五年郡守鄱陽洪邁重修"一行。

有校者題記，録後：

　　"麈史舊本乃青城山人手抄，後歸落木庵主，元歟辭世，復留靈巖
　　和尚。澹翁先生假歸示余，余欣然借抄成帙，亦無愧于欽、徐兩公
　　也。甲辰中秋前一日，燕巢主人記"在上卷末。

　　"乙巳秋八月七日，潤甫校於燕巢"下卷末

　　"丙午秋七月既望，耿庵重校"下卷末

　鈐有翰林院官印。（盛伯羲遺書。壬子）

麈史三卷 宋王得臣撰

清嘉慶五年純齋趙嘉程家寫本，藍格，有"半畝天居"四字。錄有吳
翌鳳四跋，又錄徐波、毛扆二跋。錄如後：

"丁酉秋仲，偕青芝山堂張氏本句海陽余一匏抄錄，未竟而一匏厲
廬被焚，此書幸得不熸，余爲足成之，時吳人開爐節後第三日也。
枚庵漫士吳翌鳳記於松卧居"

"鈔寫甫竟，武林鮑丈以文亦以藏本寄余，因加校勘，別用朱筆標
出，頑庵二跋并錄於後。頑庵卽徐波字元歎者，居天地之落木庵，
吳中高士也。小除日棘人翌鳳又書。"

"此書脱誤獨多，幾不可讀，當就沈景倩是正。辛未初夏。"

"癸巳冬仲又閱於落木庵中，景倩下世十餘年，留心書史者絶無其
人，牧翁所藏數萬卷辛卯二月四日一炬蕩盡，景倩書庫其變化無
遺，校讎路絶矣。花朝前一日頑庵記。"

"辛卯五月十一日從舊鈔三本校畢，一爲何元朗所藏，一爲欽仲陽
所藏，一爲舅氏仲木所藏，三者之中何本最善，推其所自，皆出於
一。此册又是別本，然亦大有佳處，今亦可稱善本矣。汲古後人
毛扆識，時年七十有二。"

"余鈔此書雖合以兩家舊藏，然尚多未盡。戊戌二月盧擎齋學士
復以汲古校定本自金陵郵寄，精審可從，因以雌黃校正。毛斧季
跋語并錄如右，此書庶無遺憾矣。禁烟日漫士又記。"

"甲辰七月二十六日燈下閱此書，清露凝珠、亂蛩如沸，夜深人寂，
百感填膺，回憶抄此書時荏苒八年，而一匏已成古人矣，曷禁清淚
涔涔也。　漫翁。"

"嘉慶五年七月純齋趙嘉程命胥喻盛才重鈔於瀏陽官署。"（同古堂
見。丁巳）

麈史三卷　宋王得臣撰

清寫本，八行十八字。　鈐有"臣恩復印"、"秦伯敦父"二印。（徐坊遺
書。癸亥）

宋景文筆記三卷 宋宋祁撰

舊寫本。十二行二十字。似從百川學海本抄出，後有寶慶二年上虞
李祈跋。　　鈐有王氏印。（癸酉）

宋景文筆記三卷 宋宋祁撰　　　　　　　　　李□五二八八

舊寫本，九行十九字。　　後有乾隆丙申吳翌鳳記六行，疑是吳氏手
鈔也。（李木齋先生藏。丁巳）

夢溪筆談二十六卷 宋沈括撰

明翻宋本，十二行十八字，白口，左右雙闌，間有黑口。注雙行。　　卷
首沈存中跋八行，接連目錄。本書首行題"夢溪筆談卷第一"，次行
低九格題"沈括存中"沈、括二字下各空一格。三行低四格題"故事一"，
四行頂格本文，五行以後低二格。宋諱慎、貞、完、恒等字皆缺筆。
　　卷七第十九葉、卷十一第一葉、卷十七第五六葉明嘉靖以後補板，
皆四周雙闌。　　後乾道二年六月日左迪功郎充揚州州學教授湯修
年跋。

按：此書世稱宋刊，董綬經以爲明刊翻宋者，余觀其刀法字體亦竊有
疑焉。

此書吳昌綬藏一本，宣統中讓與王國維。（己未）

夢溪筆談二十六卷 宋沈括撰

明刊本，十二行十八字，細黑口，左右雙闌。

按：此書陸心源題爲宋本，以字體刀法審之，決爲明刊。余在廠市文
友堂曾見一帙，吳縣潘氏滂喜齋亦有之。（日本靜嘉堂文庫藏書，己巳十一
月十五日閱。）

夢溪筆談二十六卷 宋沈括撰　存卷四、五、八至十六、十九至二十二，共十五卷
　　　　　　　　　　　　　　　　　　　　　　李□五一五九

明刊本，十一行二十字，大黑口，四周雙闌。字體勁挺而微拙，似北
方刊本。（德化李氏藏。癸未）

夢溪筆談三十卷補筆談三卷續談附 宋沈括撰

舊寫本,九行十八字,題低四格,次行低二格。　宋諱闕末筆。　鈐有"五硯樓藏"、"徐氏壽蘅"、"崑瓊"、"受恬"各印。

夢溪樂談一卷 宋沈括撰

明藍格寫本,十一行二十二字。(天一閣佚出之書。丁巳)

東坡先生志林十二卷 宋蘇軾撰

明寫本,棉紙,十行十八字。　鈐有"虞山錢曾遵王藏書"朱文印。(葉定侯藏書。甲戌)

侯鯖録八卷 宋趙令畤撰　　　　　　△二五二五

明嘉靖二十三年芸窗書院刊本,八行十五字。　前涿鹿頓銳序,序後有嘉靖甲辰仲夏吉旦芸窗書院重刊兩行。板心上方有"芸窗書院刊"五字。(余藏。)

忠謨謹按:此書有跋,收入藏園羣書題記三集卷三。

侯鯖録二卷 宋趙令畤撰

明鰲峯書院刊本,十一行二十一字,白口單闌,中板心,細字。有"鰲峯書院之記"楷書墨記。(丁巳)

侯鯖録二卷 宋趙令畤撰

舊寫本,十二行二十一字。卷中弘作洪,當寫于乾隆時。

清盧文弨朱筆校,首尾鈐"武林盧文弨手校"小印。

按:此書稗海八卷本最爲通行,然脱誤頗多,識者病之。余藏明嘉靖芸窗書院本,以校稗海,乃無勝異處,疑稗海本卽從芸窗書院本出也。復以此本校稗海本,改正乃不可勝記,卷一脱七條,卷八脱八條,又鼇相公條脱十一行一百九十九字,其餘詞句之訂正者尚所不計。別爲跋詳之,此不贅。

又,鮑廷博氏刊此二卷本入知不足齋叢書,並據海虞舊鈔兩本於佚文各條及奪漏字句一一補入,可稱善本,然與此盧校本亦往往不同,盧氏蓋別有所據也。（唐棲勞氏舊藏，獲之杭州書肆。）

忠謨謹按：此書有跋，收入藏園羣書題記初集卷四。

珩璜新論 宋孔平仲撰　存上卷

明紅格寫本，十行二十五字。　壬戌春月孫家溁手校。　鈐有"鄞蝸寄廬孫氏藏書"，"抱經樓藏書印"、"吳興抱經樓藏"、"沈德壽印"諸印。（乙丑）

珩璜新論一卷 宋孔平仲撰

舊寫本，十一行二十二字。吳兔床鑫藏本，以散浦畢氏本校過，補録佚文七則於後。陳仲魚鑪又得吳稷堂鈔本重校一過，凡正定四百五十餘字。二家均有跋語，録如下方：

"乾隆乙巳殘冬，有書買携散浦畢氏舊鈔本珩璜新論來，書分四卷，末後多數條，因命史補録。按晁氏讀書志載孔氏雜説一卷，或云即此書，果爾則一卷者乃舊本也。　兔床記。"

"孔平仲所著説苑説部中多有刻者，珩璜新論流傳絶少。近從南匯吳稷堂座師處得一舊鈔本，中有竹垞圖記，凡遇宋朝故事俱空一格，知出自宋刻。其書亦作一卷，不分爲四，但前有缺葉，後亦少數條，又多誤字。因從拜經樓借得是本補鈔所缺，復互校一過。是本舛錯亦多，甚有脱落數行者，可見傳寫之書非經校讎，猶之蕪田不治也。校畢還題其後而歸之。嘉慶十八年二月既望陳鱣識。"

鈐有："拜經樓吳氏藏書"、"吳兔床書籍印"、"海昌吳葵里收藏記"、"仲魚"、"鷦安校勘秘籍"、"石蓮閣所藏書"各印記。（吳重憙石蓮閣遺書，甲戌十二月九日藻玉堂送閲，因校一過。）

忠謨謹按：此書有跋，收入藏園羣書題記續集卷二。

珩璜新論一卷 宋孔平仲撰

舊寫本，十行十八字。　鈐有王氏印。（癸酉）

孔氏談苑五卷 題宋孔平仲撰　　　　　△二七六六

明穴硯齋寫本，十二行二十字。（翁叕夫藏書。乙卯）

晁氏客語一卷晁氏儒言一卷 宋晁説之撰　　　△一一三三三

明嘉靖三十三年晁瑮寶文堂翻宋慶元黃汝嘉刊本，十行二十字，版
心上魚尾上題"晁氏寶文堂"五字，卷末題：

"慶元己未校官黃　汝嘉刊

嘉靖甲寅裔孫　瑮東吳重刊。"（余藏。）

文昌雜錄六卷補遺一卷 宋龐元英撰　　　　△八二一六

清乾隆二十一年盧見曾雅雨堂叢書本。沈欽韓手校，卷末題云"道
光壬午四月十二日校，半日畢。欽韓記。"不註其所據校者何本。
鈐有"修敬堂藏"及"織簾藏書"兩印。（己未）

張太史明道雜志一卷 宋張耒撰

明顧氏文房小説本，十行十八字，耳上有"陽山顧氏文房"六字。（癸
丑）

冷齋夜話十卷 宋釋惠洪撰　　　　　　△七五四四

明刊本，中版心，九行十七字，四周雙闌。目後有九行跋語。　題
"至正癸未春孟新刊，三衢石林葉敦印"。

黃丕烈抄補缺葉，跋七行，並題簽。（涵芬樓藏書。丁巳見）

冷齋夜話十卷 宋釋惠洪撰

明刊本，九行十七字，目後有坊買小啟數行。後有"至正癸未三衢石
林葉敦刊行"一行。（日本靜嘉堂文庫藏書，己巳十一月十三日閲。）

冷齋夜話十卷 宋釋惠洪撰 存卷六至十，卷一至五抄配

日本五山刊本，九行十八字，白口，左右雙闌。各卷通計葉數，字體
疏古，從宋本出。余取校稗海本，卷九補開井法一條，餘異字異文殆
不可勝計。（董授經藏書。）

忠謨謹按：此書有跋，收入藏園羣書題記續集卷三。

石林燕語十卷 <small>宋葉夢得撰</small>

明正德楊武刊本，九行十八字，黑口，左右雙闌，遇宋帝提行高一格。

前石林山人序。本書首行上空一格題"石林燕語卷第一"，次行題"子棟、桯、模編"。後有正德元年楊武序。

後又得一本，有唐翰題跋，存六卷。（余藏。）

<small>忠謨謹按，此書有跋，收入藏園羣書題記三集卷三。</small>

石林避暑錄話四卷 <small>宋葉夢得撰</small>

明萬曆嘉禾項德棻宛委堂刊本，八行十八字，每卷首行下題"嘉禾項德棻宛委堂校"，板心下方亦題"項氏宛委堂笈"六字。　卷末有項德棻跋，稱此書得之華亭陳仲醇之鈔本。後有校書人名三行：

"翁立用校於項氏崒山堂中

高金聲王淑民釋智舷再校

郁嘉慶重校於九友樓。"

按：昔黃丕烈得舊鈔四卷本，頗爲珍異，其後葉調生校刻避暑錄話，改訂處多從之。今以此本核之，乃知其從此出也。余別假莫楚生<small>棠</small>之弘治鈔本經錢曾所藏者，與此合校，其佳處亦往往相符，知其所從來舊矣。書不必宋元而亦罕秘可珍，此類是也。　沇叔。（余藏。）

乙卯避暑錄話二卷 <small>宋葉夢得撰</small>

明弘治三年寫本，十一行二十二字。遇宋帝、后提行空格。"題弘治庚戌夏六月下浣重錄，八月十一日校畢。　計一百廿一幅。"

鈐有"安陽洞天秦伯子藏書記"<small>朱方</small>、"虞山錢曾遵王藏書"<small>朱長</small>等印。

按：此書爲莫丈楚生<small>棠</small>所藏，余八年在蘇州曾得假校，視各本爲善。旋莫丈以輟贈郋園，卷首猶存莫氏印也。（葉定侯藏。甲戌）

元城語錄三卷 <small>宋馬永卿撰</small> 行錄附 <small>明崔銑撰</small>　　　△二五六六

明正德刊本，<small>刊于元城縣署。</small>十行十九字，黑口，四周雙闌。　有正德丁丑翰林院侍讀鄞郡崔詵序、正德丁丑直隸大名府知府江東金賢序,正德戊寅仲春吉旦知元城縣事南陽張儒後序。

後有同治丁卯錢塘金澍本跋、言杜筱舫方伯得於吳門者。　鈐有"淡泉"、"大司寇章"、"凝雲深處清暇奇觀"、"海瀕逸民平泉鄭履準凝雲樓書畫之印"。均朱文大印。(丁卯)

元城先生語錄三卷 宋馬永卿撰

明正德刊本,十行二十四字,解附正文下夾行。　題"左朝散郎主管江州太平觀賜緋魚袋馬永卿編","後學開州端溪子王崇慶解"。前有紹興丙子八月范陽張九成序,紹興五年正月望日維揚馬永卿大年序。張序錄後:

> "余觀馬永卿所著元城先生語錄,嗚呼前輩不復見矣,使余讀之至於三歎息也。余考先生所學所論皆自不妄語中來。其論時事、論經史皆考定是非,別白長短,不詭隨、不雷同,不欺於心,而終之以慎重。此皆不妄語之功也,司馬溫公心法先生其得之矣。紹興丙子八月范陽張九成序。"(乙丑)

春渚紀聞十卷 宋何薳撰　　　　　　　　　　李□五

汲古閣刊本。

勞季言格以影宋本校,補寫目錄八葉。卷八二臺遺瓦硯下補脱文一葉,卷末有"嘉靖丙戌菊月望日謄錄"一行。

"崇禎庚寅從宋本校一過　潛在。"此行以朱筆錄之,校字缺末筆。

摹原本印如下:"錢曾"、"述古堂圖書記"、"錢曾之印"、"遵王"、"孫從添印"、"慶增氏"、"孫慶增家藏。"(李木齋先生遺書。辛巳)

忠謨謹按:此書有跋,收入藏園羣書題記三集卷三。

春渚紀聞十卷 宋何薳撰

明藍格寫本,九行二十字。　卷首目錄及每卷首均題"韓青老農何薳撰'。目後有"臨安府太廟前尹家書籍鋪刊行"一條。卷中遇宋帝皆空一格。

按：此天一閣佚書，戊午歲得之來青閣楊壽祺手。余嘗見毛扆校宋
尹家書籍鋪本，移録於津逮本上，其校改各處，與此本悉合。

忠謨謹按：此書有跋，收入藏園羣書題記初集卷四。

春渚紀聞十卷　宋何薳撰

明寫本，棉紙藍格，九行十八字。從正德黎堯卿本出。（余藏。）

春渚紀聞十卷　宋何薳撰　　　　　　　　△七五四五

明寫本，九行十八字。題"韓青老農何薳撰"。鈐有"寶墨齋記"、"檇
李項藥師藏"、"萬卷堂記"各印。（涵芬樓藏書。己未）

春渚紀聞十卷　宋何薳撰

影寫宋書棚本，九行十八字，目録後有牌子一行。毛斧季校宋本，有
跋。　　鈐有"養拙齋印"。（葉定侯藏。甲戌）

猗覺寮雜記上下卷　宋朱翌撰

明晉江謝肇淛小草齋寫本，棉紙墨格，九行十八字，版心下方有"小
草齋鈔本"五字。（葉定侯藏，甲戌四月見。）

猗覺寮雜記二卷　宋朱翌撰　　　　　　　李□一二六

明寫本，九行十七字。　前有洪邁序。吳焯識語録後：

"□□□話最佳，是編妍辭奧義，洞□作者□意，其引證史事尤爲
精碩，後之稱詩話者多遺之，此書固難見矣。雍正癸卯伏中，雨至
乍涼，繡谷西軒書。"

"康熙甲午金粟華時，歸繡谷亭插架。"

"後一百五十年同治紀元之三載，自閩中陳氏帶經堂復歸於浙周
氏書鈔閣插架。"

"猗覺寮雜記上下二卷，嘉靖己丑孟秋廿日吳門馬春郊來售。"（李
木齋先生遺書。辛巳）

猗覺寮雜記二卷　宋朱翌撰

舊寫本，舊人録何義門焯校本，有跋：

"康熙庚寅二月,余年五十,虞山邵甘來以此書賀生辰,遂忘其貪
而受之。中多訛謬,余既淺學,又初校,恐未能去其半也。　　焯
記"

"是年冬十一月,毛丈斧季見余所校,因出其藏本見借,亦非善本,
唯中闕二葉則賴毛氏本始知之爾。　　焯又記"

"辛卯春,就堂上人又以所藏錢功父本見借,錢本是從宋槧影鈔
本,亦以士大夫學佛一條接寫曆書十二候一條之下,則仍似無闕
也。後有功父題識附鈔於下:

'此書乃丙辰九月十日借張千里本連日夜鈔完。丁巳六月十三日
江陰李貫之借歸,至十月十二日留住真本,以此冊見還。十二月
二十一日常熟錢受之借,拆散影鈔,顛倒釘,今年戊午閏四月初六
日始還。一向怕看,七月初九日始復折散理清,草釘如左。然其
中多譌,不知無算也。借與人書不可不慎,裝完因寫於後。　　七
十八翁記。'"

錢於是書亦無所是正,而題識字畫絕無老人衰憊之態,正足歎羨。
焯又記。"(余藏。)

猗覺寮雜記上下卷 宋朱翌撰

清初寫本,八行十八字。　　卷前有目録十六番,又每段均有題目,與
聚珍本鮑刻本均不同。

鈐有"雪苑宋氏蘭揮藏書記"朱文印。(乙卯)

猗覺寮雜記二卷 宋朱翌撰

清寫本,八行十九字。　　鈐有"禮南校本"、"東武李氏收藏"二印。
(徐枋遺書。癸亥)

猗覺寮雜記二卷 宋朱翌撰

舊寫本,九行十八字。

鈐有"知不足齋鮑以文藏書"朱文大印。(葉定侯藏。甲戌)

南窗紀談一卷

舊寫本，十行十八字。　　鈐有王氏印。

南窗記談一卷

清鈔本。舊人録勞權校及跋。又陸心源跋。

"咸豐壬子二月依舊抄本校，長塘鮑氏家書也。丹鉛精舍記。"

"此書見於曲洧舊聞九十兩卷者十二條，不過字句少異耳　平父記。"

"南窗記談不署撰人名氏，案施注蘇詩卷十五送郭復兼寄王鞏詩，註：鞏大父文正公居牛行街，見徐度南窗記談，則是書度所著也。中間有引虞道園立碑事，乃元人所註，以爲蔡寬夫鑿地見宮之證，傳抄既久，誤入正文耳。或據此以爲元人所作則誤矣。內有十二條與曲洧舊聞同，未知何故。光緒三年仲冬陸心源題"（余藏。）

南窗紀談一卷附後山談叢四卷

舊寫本。清孫淵如星衍藏。（涵芬樓藏書。己未）

可書一卷 宋張知甫撰　　缺首葉　　　　　△二七五七

明穴硯齋寫本，十二行二十字。　有中隱山房跋。（翁斿夫藏書。乙卯）

却掃編三卷 宋徐度撰　　　　　　　　△七五四六

明天一閣藍格寫本，九行二十字。　卷末有"門生迪功郎桂陽軍司法參軍徐杰校正"一行。（涵芬樓藏書。丙寅）

却掃編三卷 宋徐度撰　　　　　　　　△二七六二

明穴硯齋寫本，十二行二十字。　有黃丕烈跋。（翁斿夫藏書。乙卯）

却掃編三卷 宋徐度撰

清錢曾述古堂影寫宋刊本，烏絲闌，九行十八字。每卷末有"錢遵王述古堂藏書"小字一行。下卷末有"門生迪功郎桂陽軍司法參軍徐杰校正"一行。前有徐度自記六行，後有跋十二行，題"嘉泰壬戌立秋日金華郡康書於桂水郡齋"。卷中語涉朝廷皆空格，蓋影鈔宋桂陽刊本也。

書衣籤題纍纍：曰"錢氏述古堂影宋精鈔本"、"錢遵王家影宋本"、"虞山蔣氏敬一堂珍秘"、"士禮居黃氏審定"、"陳仲魚舊藏"、"秘本不借"，似是張蓉鏡手筆。

鈐有："萬經"、"錢大昕觀"、"大昕"、"蕘圃"、"仲遵"、"曾經張蓉鏡家"、"阮鍾琪印"、"伯生"等印。（余藏。）

忠謨謹按：此書有跋，收入藏園羣書題記三集卷三。

曲洧舊聞十卷 宋朱弁撰　　　　　　△一一三三六

明嘉靖三十四年沈敕楚山書屋刊本，九行十九字，上空一格，每條上以墨圍別之，版心上方題"楚山書屋"四字。卷中遇宋帝題行空格。

首卷首行題"曲洧舊聞卷之一"，次行題"宋朱弁少張撰"。後附錄揮麈第三錄第三卷首一段。

鈐有"周暉之印"白、"父吉"白、"四明盧氏抱經樓藏書印"白各印。

按：莫氏知見傳本目稱嘉靖宜興沈敕以此書與東軒筆錄同刊，卽此本也。藝風堂有明寫本，從臨安府太廟前尹家書籍鋪本出，謂遠勝汪氏振綺堂刊本。今假此本一校，其佳處正與明寫本同，知其亦從善本出也。此本舊藏四明盧氏抱經樓，流傳極稀。盧氏書散，余並張佳胤本華陽國志得之。丙辰十一月初三日沅叔識。

曲洧舊聞十卷 宋朱弁撰

清汪汝瑮刊本，甚精。據跋以舊抄本校刊。前有清高宗題詩。（癸丑）

雞肋編不分卷 宋莊季裕撰　　　　　　△二七六七

明穴硯齋寫本，十二行二十字。（翁斐夫藏書。乙卯）

雞肋編一卷 宋莊季裕撰　　　　　　△七五七三

清初影元人手寫本，十一行二十一字。有影元人手跋錄如後：

"此書莊綽季裕手集也。綽博物洽聞，有杜集援證、灸膏肓法、筮

　　法新儀行於世,聞其他有著述尚多,惜未之見。此書經秋壑點定,
　　取以爲悅生堂隨鈔,而訛謬最多,因爲是正如左。然掃之如塵,尚
　　多有疑誤。時至元己卯仲春月觀,陳孝先甫誌。"

鈐有"曾藏汪閬源家"朱文長印。(戊午)

雞肋編三卷　_{宋莊季裕撰}

舊寫本,九行二十一字。　有紹興三年自序。(古書流通處送閱。壬戌)

寓簡十卷　_{宋沈作喆撰}　　　　　　　　△一一三三八

明正嘉間刊本,十行二十字。全書前後五卷各爲通葉碼,次行題"寓
山沈作喆明遠纂"。　鈐有"開卷一樂"、"季振宜藏書"、"席鑑之
印"、"席氏玉照"各印。(李放小石藏書,後歸余齋。)

寓簡十卷　_{宋沈作喆撰}

舊寫本。　鈐有秋聲館印及繆氏藝風堂諸印。(古書流通處送閱。壬戌)

北窗炙輠錄二卷　_{宋施德操撰}

清寫本,有明柳大中僉跋。清吳翌鳳手校,有跋三段。(辛酉)

無垢張狀元心傳錄十二卷　_{宋張九成撰}　_{次卷以下無"張狀元"三字。}

明人影寫宋刊本,十四行二十五字。次行低一格。卷十一後有"野竹
家校宋刻本摹"墨書一行,當爲沈氏寫本。　次行題"皇朝太師崇國
文忠公臨安府鹽官張九成撰"。

末葉有"萬曆甲寅六月九日,是日初伏熱甚,泛閱於南宮坊之新居。"
朱書一行。其下有"後七十四年歲在丁卯,後學朱之赤校於吳趨里
之寶祝堂,時清明後之十二日也。"墨書一行。

鈐有:"沈與文印"白、"姑餘山人沈辨之家藏"白。於恕序後有"功甫"
白文印,字亦秀雋,疑爲功甫手蹟。別有"朱之赤印"、"道行仙"、"聖
之徒"、"寒士精神"、"休寧朱之赤珍藏圖書",皆朱卧菴章也。又有
"沈聖岐印"、"金氏孺化"、"吳郡金庚"、"雅游軒"、"揚庭"、"平江黃
氏圖書"、"吳趨姚紫垣藏"各印。(此書爲張菊生前輩所藏,橫浦後裔也。乙

丑）

清波雜志十二卷 _{宋周煇撰}　　　　　　　△八二二五

宋刊本，半葉十二行，行二十字，白口，左右雙闌。避宋諱至敦字止。
白麻紙大字精善。宋刊上駟。

按：此書海內孤本，審其雕工，當爲江右刊本。（海虞瞿氏藏書，乙卯歲觀
于罟里。）

清波雜志十二卷 _{宋周煇撰}　　　　　　　李□五九

舊寫本，九行二十字。　前有紹熙癸丑古栝張貴謨序，大字，七行十二
字。後有紹熙癸丑栝蒼章斯才跋，又毗陵張訢、吳興陳晦跋。

有朱少河錫庚録簡明目録一則，後記云：

　　“案是編別志三卷未見。內有國初王、查二公手跡並先大夫手校
　　若干條。　辛酉孟夏下浣五日錫庚識。”

卷末鈐有“葉名澧”、“潤臣借讀”二印。

按：此書爲德化李木齋先生所藏，內有王阮亭_{士禎}評記一則，查初白
_{慎行}攷證四則，又朱笥河_筠手校並補若干條。癸亥祀竈日藏園祭書，
先生攜此册及宋刊纂圖互注論語來與祭，題名卷尾者有王國維、王
式通、吳昌綬、寶熙、陶湘、周暹、徐鴻寶、袁克文，余亦附綴數行於
後。　辛巳八月沅叔記。

五總志一卷 _{宋吳炯撰}　　　　　　　△二七五八

明穴硯齋寫本，十二行二十字。（翁叕夫藏書。乙卯）

五總志一卷 _{宋吳炯撰}

清仁和趙氏小山堂寫本。（壬子歲見，張菊生藏書。）

學林五卷 _{宋長沙王觀國撰}

舊寫本，十行二十字。吳繡谷焯朱筆校。　鈐有“繡谷亭續藏書”、
“吳城敦復”、“願流傳勿污損”各印，又有翰林院大官印、翰林院典籍
廳印。（丙寅）

容齋隨筆十六卷續筆十六卷 宋洪邁撰

宋刊本,十行二十一字,白口,左右雙闌,版心魚尾上記字數,下記刻
工姓名,宋諱慎、貞、桓缺筆與他書不同。刻工有遇、鼎、諒、圭等字,
又蕭諒、鄧鼎、蕭文超、蕭文顯等。　曾藏日本鞠山文庫,田伏侯在
東時得之,今歸徐恕介可。(後余代涵芬樓收之,價一千二百金,印入四部叢刊
中。)

容齋隨筆十六卷二筆十六卷三筆十六卷四筆十六卷五筆十卷

宋洪邁撰　四筆一至八卷鈔補　　　　　　　　　△五八四七

明弘治八年華燧會通館銅活字印本,九行十七字。除書名標題外,
本書皆作雙行。版心題"弘治歲在旃蒙單閼",　下方題"會通館活
字銅版印"。

有清嚴元照修能跋,錄後:

"此卷中第十七則引孟子行者有裹囊,新刻依流俗本改囊爲糧,此
舊本之可貴也。嘉慶八年十一月廿三日雨中書。　元照。"在隨筆
卷一後。

"世行容齋隨筆字畫粗劣可厭。此係翻宋紹定年間刊本,提行避
諱一遵舊式,每葉上方有'宏治歲在旃蒙單閼'八字,下方有'會通
館活字銅版印'八字。書後有嘉定中丘橫、洪伋兩序,紹定中周謹
跋,前有宏治八年華燧序,皆近本所無,紙墨亦古雅可愛。然亦頗
有譌脱,隨筆第十一卷合九、十兩條爲一,脱字二百七十九。續筆
第三卷又合九、十兩條爲一,脱字百七十九。第九卷末則脱三百
又六字,誤雜於十一卷之首則中。凡書中夾注皆不具,蓋由銅版
無小字而然。又凡容齋自稱名,皆脱去"邁"字,不可解也。予既
取新刻校而跋之,復書數語於此。予十年前於蘇州萃古齋得宋刻
夷堅甲、乙、丙、丁四志,共八十卷。乙、丙、丁志皆有容齋自序,爲
世人所未見者。今又得觀此本,予於容齋之書何多緣也。此本获
港章君文魚所藏,君之少子予次女桐慶壻也。仲冬之朔訂姻,此

書與媒妁同來，兹將附便寄還，乃以香修小印鈐於簡端云。嘉慶
八年十二月初六日黃昏蕙榭書"在隨筆卷二後。

"竹墩朱履端教諭，章君之師也。今兹八十有五，猶留館章氏。予
於教諭案頭見此書，予與章氏締昏姻之雅亦教諭啟之。今夕校勘
罷遂作跋。將就寢而教諭之訃至，於今日晡時捐館。其族弟竹海
文學館予家，故來報。既送竹海去，復挑燈書於三卷之末。異日
章君見此跋定黯然也。初六日元照又書。"（趙元方藏書。癸未）

容齋續筆十六卷 宋洪邁撰

明弘治八年乙卯華燧會通館銅活字印本，九行十七字，書名大字，餘
均小字雙行，白口單闌。版心上方題"弘治歲在旃蒙單閼"，中題"容
齋續筆幾卷"，下題"會通館活字銅版印"。（余藏。）

容齋隨筆十六卷續筆十六卷三筆十六卷四筆十六卷五筆十卷

宋洪邁撰

明弘治十一年李瀚刊本，十行二十一字，大黑口，四周雙闌。明代原
裝。（余藏。）

容齋一筆十六卷二筆十六卷三筆十六卷四筆十六卷五筆十卷

宋洪邁撰

明刊大字本，九行十八字。　前嘉定壬申何異五集總序。本書首行
題容齋一筆卷第一，旁書二十九則，次低一格錄洪邁小記三行。
鈐有四明盧氏抱經樓藏書印。

按：此書刊刻精工，大字方整，似嘉靖本。馬元調崇禎本行欵正與此
同，疑直翻此本，但隨筆、續筆改稱一、二筆爲足異耳。（余藏。）

忠謨謹按：此書有跋，收入藏園羣書題記續集卷二。

容齋續筆十六卷 宋洪邁撰

明末馬元調刊本。何義門焯手校，有跋錄後：

"又五月十四日閱，詰朝沂之士方以文會，而主人又將以唐詩類苑

見委選練，三筆苦不得卽閱。生平讀書本以嬾廢，而他務奪之，爲
可歎息。"　後鈐"青陽齋"、"何焯之印"、"屺瞻"、"玉堂清暇"、"直
夫"、"儆惰矯輕"。各印。

又李葆恂跋：

"余酷嗜名人批點之書，謂能啟發人神智，而於義門先生尤所服
膺。先生年二十四客於山陽，與閻潛邱訂交，遂精攷訂之學，又得
張力臣符山堂藏書，聞見益博。方望溪侍郎每一文成，必置之先
生友人案頭，記其褒貶之語以定去留，其爲名儒傾服若此。相傳
先生因塞思黑牽連被逮，家人聞將搜其筆札，將平生所著及評閱
之籍盡付焚如，今所傳義門讀書記蓋先是門弟子所迻錄，故或有
贋本羼入也。石蓮闇主人以此見示，評點旣精，書法亦雋，先生的
筆也。古籍日亡日少，先生真跡尤希如星鳳，可爲寶諸。

癸丑十二月望，義州李葆恂識於津門寓舍。"鈐"猛堪"朱文圓印。

"先生譏容齋不免制科人習氣，後來錢竹汀詹事亦笑先生以批紙
尾家尚輕量古人。文人相輕類如此矣。"

寒夜詣藏園談，主人方小極，猶丹鉛不去手。適過錄何校容齋殘本，
爲海豐吳氏石蓮闇藏書，有義州李猛厂長跋。反復愛玩，如接清塵。
主人手倦，爰爲錄竟。　癸酉九月晦，　嶽棻識。(此條後半傅嶽棻代
錄)

容齋隨筆十六卷續筆十六卷三筆十六卷四筆十六卷五筆十卷

宋洪邁撰

明崇禎三年馬元調刊本

清何復齋臨何焯、陳訐批本。諸跋錄後：

"前四筆皆十六卷，而此止十卷，蓋未成而公已□□□□之已五
年，今始粗閱一過，予之廢學亦可見矣。去年□□□□書頗多，咸
以爲非計，不知都下借書至不易得也。冬間□□□滯大定精舍，
鄉人以會試至者誚余曰：所攜書亦曾看過□□否？予愧謝之。然

欲於半歲中閲三四千卷，雖古人或難之，鄉人殆不識甘苦之語，以警予之惰則可耳。又五月二十一日燈下沂州奈園書塾書。屺瞻。"

"康熙乙未十二月重閲□□中，至正月三日而畢，去甲戌客臨淮時已二十餘年矣。予精神日已向衰，讀書所向[抵]滯，聰明非復當日，□□之留示餘兒，少小當早自鞭策也。"亦何氏跋。

"乾隆辛丑春日，偕鮑君以文游武原，有書估謁予舟次，攜鈔本容齋五筆求售，有硃筆評校，蓋陳宋齋先生筆也，因售以直得之。復從鮑君借所藏何義門先生評校本，用藍筆點次。鮑君本末復有筠溪煦一跋，不具錄。　壬寅冬日，兔床吳騫記。"

"右容齋隨筆五集梅里何復齋先生所校也。先生爲吾師徐傳山太史之女婿，吾友蓉初司馬之婦翁，生平無他嗜好，惟以典籍自娱，暇輒從事丹鉛，精審不苟，所勘不下數十種，此其一也。蓋悉遵拜經樓吳氏本，其間朱筆爲陳言揚訐，藍筆爲何義門煒，分錄眉端，首尾如一，非率爾操觚者比。茲先生已歸道山，蓉初出此索跋，爰綴數語，願何氏子子孫孫永寶之。

光緒二十五年己亥正月海昌朱昌燕書於沙濱草堂。"(余藏。)

容齋隨筆十六卷續筆十六卷三筆十六卷四筆十六卷五筆十卷

宋洪邁撰

明人照宋鈔本，棉紙墨格，九行十七字。卷中遇宋帝提行空格，涉文敏亦提行。五筆後有嘉定壬申子月初吉里學生從事郎充江南西路提舉茶鹽司幹辦公事丘橫序，又嘉定十六年孫傊序，又紹定改元周文炳跋。此三序跋明嘉靖本及馬元調本不載，惟活字本有之。

鈐有"溫儀可象"及"斐齋圖書"各印，皆明人印章。(丙辰記，余藏。)

容齋隨筆十六卷二筆十六卷三筆十六卷四筆十六卷五筆十卷

宋洪邁撰　　　　　　　　　　　　△八二二四

舊鈔本,照崇禎馬元調本録出。全部朱筆批點,爲陳宋齋訒手筆。其藍筆則吳兔床臨何義門評校者也。舊爲宣城李氏藏書,今歸吳縣徐君芝升。

"乾隆辛丑春日,偕鮑君以文游武原,有書估謁予舟次,攜鈔本容齋五筆求售,有硃筆評校,蓋陳宋齋先生筆也,因酹以直得之。復從鮑君借所藏何義門先生評校本,用藍筆點次。鮑本末復有筠溪煦一跋,不具録。壬寅冬日,兔床吳騫記"後鈐"醉花庵主"朱文印。

"此書予得之顧布衣君源,前有元調異序,識重刻之緣起,行文猶有震川餘韻,而君源棄之,豈以其序中及鵝籠公故耶。焯記。"此跋在何異序後。

"甲戌又五月初九日沂州奈園書塾雨窗閱。此書刻于崇正間,舛訛必多,惜予淺學不能正也。平陽兄有亭林先生手書小字節本,當假而校之。此本出於邱子成先生家,比之嘉靖以前舊本爲優。練以文有沈存中筆談刊本,予家無之,其板亦尚存,佗日尚當置一本也。何焯記。"此則在隨筆卷五後。

"四筆所記或不詳審,師丹老忘,殆非前三筆比矣。四筆、五筆訛字亦多,校刻者往往始勤終怠,亦一失也。何焯記"此則在四筆後。

"前四筆皆十六卷,而此止於十卷,蓋未成而公已□□□□之已五年,今始粗閱一過,予之廢學亦可見矣。去年□□□□書頗多,咸以爲非計,不知都下借書至不易得也。冬間□□□滯大定精舍,鄉人以會試至者誚予曰:所攜書亦曾看過□□否? 予愧謝之。然欲於半歲中閱三四千卷,雖古人或難之,鄉人殆不識甘苦之語,以警予之惰則可耳。又五月二十一日燈下沂州奈園書塾書屺瞻。"

"康熙乙未十二月重閱□□中,至正月三日而畢,去甲戌客臨沂時已二十餘年矣。予精神日已向衰,讀書所向抵滯,聰明非復當日□□之留示餘兒,少小當早自鞭策也。"此二則在五筆後。

鈐印有:"查豔左印"、"伊璜氏"、"宣城李氏瞿研石室圖書印記"朱、"宛陵李之郇藏書印"、"佞漢齋藏宋元槧經籍記"、"李伯雨校定"、"李之郇印"、"行行萬里"、"新若手未觸"白、"江城如畫樓"、"蓮隱"。

按:此書余曩在南中曾收得馬元調本,有梅里何復齋先生評點,卷末有朱昌燕跋,云悉遵拜經樓吴氏本。其間朱筆爲陳言揚訏,藍筆爲何義門焯,分録眉端行間,標點亦通體工整,余藏之篋中已近卄年。頃徐君芷升以寫本容齋五筆見寄,云舊爲拜經樓中物,原本爲陳言揚先生手批,復經兔床臨寫義門評點,以前輩名蹟鄭重相託,將以傳諸其人。予發函諦視,則正爲何氏所臨之底本也。予前獲臨本,既已什襲珍藏,不意二十年後更得親見真本,何巧合如是耶!抑有不可解者,原本係照馬氏所刻傳摹,其行格及序文均按之刻本無異。陳言揚氏去明末未遠,又馬氏本流傳尚多,何乃不惜繁難如此。豈所居僻遠求書顧不易耶!卷中何、陳二先生所録皆爲評隲是非或攷證辨難之言,于文字異同殊少校訂,蓋此書自馬本盛行,古刻殊不易覯也。予生平於此書所見異本特多,曾收宋本隨筆及續筆二集,今尚藏涵芬樓中,視北京圖書館殘本摹印爲精,而同年葉奂彬乃認爲高麗覆雕,殊難索解。此外會通館活字本、弘治李瀚本、嘉靖大字本及明鈔本,予皆得庋儲且從而勘讀之。然其文字殊未有勝于馬氏本者。以是推之,則巽甫所言會合數本,較勘翻刻,參伍是正,改定千餘字者,其説固非妄,而其精勤亦已至矣。惟明鈔本五筆後有嘉定壬申丘櫄序,姪孫洪伋跋,紹定元年臨川周謹重刻書跋,爲馬本所無,而會通館本獨爲完具,意巽甫重刻時固未及見活字本也。錫山安氏、沁水李氏皆弘治時人,自崇禎上溯不越百餘年,而巽甫訪求二十餘年,或秖得殘卷,或未經寓目,可知古人著述緜歷久遠留貽以至於今者,搜輯訂正,存之如是其艱,散軼摧殘,失之又何其易!況復水火兵戈,禍亂相尋,茫茫浩刼,伊于胡底,能勿懼哉!壬申九月二十三日藏園居士記。

容齋一筆十六卷二筆十六卷三筆十六卷四筆十六卷五筆十卷

宋洪邁撰

日本寫本,十行二十一字。一筆、二筆以宋本校過,審爲田伏侯手筆也。(文禄堂王晉卿購于廠甸,持以送閲。丁卯)

墨莊漫録十卷　宋張邦基撰

明寫本,棉紙藍格,九行十八字,據明唐寅校本傳録。余取稗海本校之,改定極多,別有跋詳之,不贅。唐、陸二跋録後:

"俞子容先生家藏書,晉昌唐寅借校,一一删過,其間魯魚亥豕甚多,百不能補其一二,然裨益見聞亦不爲少。至若欲人熟讀連州碑,所未解也。"

"嘉靖乙巳,借俞守約墨莊漫録看一過。此書訛舛甚多,雖更六如勘過,差謬不少。偶有所見,輒爲更定一二。衡山取觀,頗以依據證余謬妄。余乃茫然自失,因知不破萬卷不可輕用丹鉛也。附書以志吾愧,且以謝守約云。陸思道志。"

按:唐、陸校本爲明正德以前寫本,余昔年見之帶經堂書坊,每卷後均有伯虎題記,索直至六百金,力絀不能舉,後爲陶蘭泉湘收去,今又轉歸秋浦周叔弢遄矣。此本卽據唐校本傳録者。(余藏。)

忠謨謹按:此書有跋,收入藏園羣書題記初集卷四。

紫薇雜説一卷師友雜志一卷　宋吕本中撰　　　　△二七六一

明穴硯齋寫本,十二行二十字。王芑孫跋。(翁弢夫藏書。乙卯)

二老堂雜誌五卷　宋周必大撰　　　　△八二二九

舊寫本,九行二十一字。　鈐有曹溶、顧肇脩藏印。(癸酉十一月十二日見,周叔弢藏。)

程氏考古編十卷　宋程大昌撰

舊寫本,十行二十字。(濰縣高翰聲遺書,戊午見。)

程氏續考古編十卷 宋程大昌撰　存卷六至十、餘配常熟瞿氏傳抄明寫本

明寫本，棉紙藍格，十行二十四字。　　各條下間註所出書名卷數，書
名有會要、紀要、類要、長編、御覽、集賢記註、意林等。　　卷中宋諱
缺筆。源出宋刊。（徐坊遺書，已收得，缺卷倩瞿氏鈔配。）鈐有"會稽鈕氏世
學樓圖籍"朱文印。

忠謨謹按：此書有跋，收入藏園羣書題記初集卷三。

能改齋漫錄十八卷 宋吳曾撰　存九卷　　　　　△七五三七

舊寫本。　　盧文弨氏細校。

余代張菊生元濟收得，取校乾隆汪秉鈞刊本。字句頗有異同。

辨誤錄二卷 宋吳曾纂

清初寫本，九行二十一字。　　卽能改齋漫錄中之一門。

鈐"宋筠"、"有竹軒"、"蘭揮藏書"三印。（丁巳歲同古堂見。）

西溪叢語二卷 宋姚寬撰

明嘉靖二十七年戊申俞憲鴟鳴館刊本，十行二十一字，白口單闌，版
心上方題"叢語"、下方題"鴟鳴館刊"。　　前姚寬自序，次嘉靖戊申
錫山俞汝成序。據序稱得馬西玄鈔本，第多脫誤，不便披省，相與校
讐一過，屬臨溪楊子刻之武昌云云。（余藏。）

西溪叢語二卷 宋姚寬撰

明野竹齋寫本，大字八行十六字。卷末一行文曰：

"吳郡沈辨之野竹齋校本，訛謬尚未盡，亦當再讀一過。"
黃丕烈覆校錢述古校本。又參校吳翌鳳臨何煌校本。又參鴟鳴館
本、汲古津逮本。有黃氏手跋七則，題己卯中秋，又己卯秋。

鈐印列後：

"葉萬"白、"石君"白、"袁氏魯望"朱、"孫從添印"白、"慶增氏"朱、"嘉
魚館"白。（海源閣藏書。乙亥）

樂善錄十卷 宋李昌齡輯

宋紹定二年刊本，半葉九行，每行十八字，白口，左右雙闌，版心下記
刊工人名一字。　　前有隆興二年陳郡胡晉臣跋，淳熙二年李石題
詩。後有紹定二年郡人趙汝讜跋，跋文視本書低三格，云寶章汪公
出此編以鋟梓云。（東洋文庫石田幹之助藏，己巳年十一月十九日閱。）

蒙齋筆談二卷 　題宋鄭景望撰

明天一閣藍格寫本，十行二十字。（涵芬樓藏書。丙寅）

老學庵筆記十卷 　宋陸游撰　　　　　　　　　△一一三三七

明寫本，藍格棉紙十行二十字，次行低一格，語涉宋帝、后空一格。
卷末墨書一行云：

"記一百四十三葉，己亥冬十一月抄訖。"鈐"連陽山人"朱文印。

又墨書二行云：

"丙子秋八月寓於都門興聖寺，偶閒步至琉璃廠，買此書因記　偶
然子"下鈐"偶然一小韋"朱文印。

鈐有莫雲卿印。

按：此書余己巳秋獲之金誦清肆中，審其欵式實出宋刊，抄手亦在正
德以前。攜之東瀛，旅邸抽暇以津逮本校之，改正凡三百六十餘字。
其次第與津逮本亦有不同處，當以此本爲正也。其詳別有跋記之，
此不贅。　　藏園居士。（己巳秋日）

忠謨謹按：此跋收入藏園羣書題記續集卷三。

老學庵筆記十卷 　宋陸游撰

明穴硯齋寫本。　　鄧孝先邦述藏書，余嘗借校，改正甚夥。

獨醒雜志十卷 　宋曾敏行撰　附録一卷　　　　　△二七六八

明穴硯齋寫本，十二行二十字。　　有清王芑孫跋。（翁斅夫藏書。乙卯）

獨醒雜志十卷 　宋曾敏行撰

舊寫本，十行二十一字。　　前有淳熙乙巳楊萬里序，後附録爲行狀、
哀詞。又周必大、謝諤、樓鑰、趙汝愚、陳傅良、尤袤各跋。又淳熙丙

午子三聘題記五行,言先君記事之書,編次爲十卷,刻板家塾云云。
鈐有翰林院大官印,又有"周星詒印"、"季貺"、"柯逢時印"、"翁斌孫
印"各印。（辛未三月）

習學記言序目五十卷　宋葉適撰　　　　　　△一二一九九

明寫本,十行二十字。　有嘉定十六年十月門人山陰孫之宏序。後
跋述刻書源委,失去撰人名。　末有南陽道轂題識十行。卽葉樹廉
也。

鈐有"黎陽"、"夢鷗仙館"二印。（文友堂見。癸亥）

經鉏堂雜誌八卷　宋倪思撰　　　　　　△八二三一

明姚咨手寫本,十行二十二字,竹紙藍格,版心有"茶夢齋鈔"四字。
　卷末有"嘉靖甲子五月廿三日寫起至八月二十四□□□下冊,
噫,艱乎其爲力哉!"一行。又有"臨安府棚北大街睦親坊巷口陳解
元宅書籍鋪刊印"一行。（癸酉十一月十二日見,周叔弢藏。）

經鉏堂雜志八卷　宋倪思撰　　　　　　△二七六五

明穴硯齋寫本,十二行二十字。（翁弢夫藏書。乙卯）

經鉏堂雜志八卷　宋雪川倪思正父撰

舊寫本,十三行二十四字,題目低三格,每則後或附夾注,雙行三十
一字。卷末有"算曲田叜手鈔"六字,未詳爲何人。　前有吳興居實
子潘大復序,言是書得之陳仲醇,適拜命雍陽,授張文學校勘而授之
梓。以是考之,知爲從明季刊本出也。次倪文節公傳。後有潘振藻
生跋,題辛酉改元,則大復之子也。

藏印有:"長洲顧氏藏書"、"湘舟過眼"、"景陸軒"、"杏莊"、"化曉齋
圖書印"、"古吳鹿城楊氏景鹿軒珍藏圖書之印。"（李佑臣藏書,乙亥正月
見。）

經鉏堂雜志八卷　宋倪思撰　存一至四卷

清王宗炎十萬卷樓鈔本,十一行二十字。（涵芬樓藏書。己未）

雲麓漫抄四卷 宋趙彥衞撰

明王肯堂鬱岡齋寫本。方地山藏書,余曾借校,甚佳。(近歸周叔弢。)

雲麓漫鈔四卷 宋趙彥衞撰

舊寫本,十一行二十二字。語涉宋帝皆空一格,版心下方有"洗桐軒
鈔藏"五字。

卷末有徐星伯松跋:

"月汀仁兄以所藏雲麓漫鈔見示,且云是非足本,余檢永樂大典所
引數條,此本皆不載,益信考證之不誤矣。 道光七年秋分日星
伯徐松借讀並識。"

鈐有"埽葉山房"朱文長印、"璋煜校正"白、"月汀過眼"朱方。(徐梧生遺
書。戊辰)

雲麓漫鈔十五卷 宋趙彥衞撰

舊寫本,十一行二十一字。 有開禧二年彥衞自序,原作擁爐閒話。
(古書流通處送閱。壬戌)

新刊朝溪先生捫蝨新話十五卷 宋陳善撰　　　　△一一三三九

舊寫本,似明末。十行十六字。 分經、史、子、讀書、詩文等門類,每
類下注明凡若干條,每段標題上記前話、後話等字,下注數目一二
字。

鈐有"汲古主人"、"毛晉"等印,又有"夢魚校讀"腰圓印。書衣上有
木記,錄如下:"看書爺台萬勿撕書,並向書上胡亂寫字,君子自重。
河道門路北半雅軒謹白。"(已收。癸亥)

蘆浦筆記十卷 宋劉昌詩撰　　　　　　　△二七五九

明穴硯齋寫本,十二行二十字。

有清黃丕烈跋,又王芑孫跋。(翁弢夫藏書。乙卯)

蘆浦筆記十卷 宋劉昌詩撰

舊寫本,九行二十字。四庫館臣以朱墨筆校改,間有籤。 鈐有翰

林院大官印。

有屬樊榭鶚題：

> "考西江志，劉昌詩清江人，開禧元年毛自知榜進士。蘆浦筆記乃
> 其所作，蘆浦卽華亭蘆瀝場，昌詩蓋曾爲鹽官者。卑吏博雅如此，
> 足徵趙宋文治之盛矣。　雍正十年壬子十有一月朔錢唐樊榭山
> 民屬鶚。"（王培初送閱。丙寅）

蘆浦筆記十卷　宋劉昌詩撰

清吳翌鳳家寫本。黃丕烈、陳鱣校。諸跋録後：

> "戊戌中元，借陸孟莊家西賓本句張興宗令弟鈔，惜多誤脱。古懽
> 堂主人吳翌鳳。"黃筆。

> "郡中吳枚庵先生多古書善本，皆手自鈔録或校勘者，久客楚中，
> 歸囊尚留數十種，此蘆浦筆記其一也。余欲借校鮑氏新刊本、久
> 未得閑，適張訒庵來，談及近見一舊鈔殘本，内八卷文有"起立行
> 伍"句，上多"趙"字，較鮑本爲勝，因檢此本，乙"起立"爲"立起"，
> 文似順矣，然初不知原文爲"趙立起行伍"也。遂動校勘之興，并
> 憶舊藏穴硯齋鈔本宋人説部有數種，此書在焉。取勘是本，所獲
> 實多。其最勝者乃卷五趙清獻公充御試官日記中文多幾行也。
> 顧鮑本跋語於此書讐勘至數四，尚有脱誤，信乎古書之難覯而校
> 勘之不易也。惜鮑渌飲已作古人，不能語□□之，爲一大恨事，只
> 好與枚庵共爲賞析爾。　蕘翁。"

> "此書余於數年前録有淨本，底本譌脱甚多，今得復翁取善本勘
> □□無遺憾矣。　甲戌重陽後一日枚庵老人書。"

> "余於乾隆四十七年正月從鮑君渌飲借蘆浦筆記觀於小桐溪館，
> 命門人傳録一本，手自勘正。後十餘年，渌飲又得舊本，校讐數
> 過，刻入知不足齋叢書，世稱善本。今年九月過吳門，適黃君蕘圃
> 獲見舊鈔，并以其向藏穴硯齋鈔本合校於吳君枚庵舊鈔本上。枚

庵復跋之而歸諸余。余亟以鮑刻重勘，正誤甚多，既補第五卷所缺之九行，又補得劉昌詩後跋一篇。計是書先後三十年，歷經名家屢有補正。惜淥飲已不及見是本，猶幸余與枚庵、蕘圃之得見也。嘉慶十九年九月十一日陳鱣記。"

鈐有"讀史精舍"、"笏齋珍賞"、"武原馬氏藏書"諸印。疑讀史精舍卽馬玉堂藏書所也。（余藏。）

蘆浦筆記十卷　宋劉昌詩撰

舊寫本。臨吳枚庵、黃蕘圃、陳仲魚校本，三人皆有小跋，余舊藏本悉有之，不更録。　卷末有："昭陽赤奮若阮林生録藏并校譌"朱筆一行。似全書均阮氏筆也。（庚午）

蘆浦筆記十卷　宋劉昌詩撰

舊寫本，九行二十字。　後有六峰縣齋題記六行，爲鮑氏知不足齋本所不載。　鈐王氏印。（癸酉）

游宦紀聞十卷　宋張世南撰

宋刊本，版匡高五寸五分，寬三寸九分。每半葉十行，每行十八字，白口，左右雙闌，版心題記聞幾，上方記字數，下記刊工姓名。　卷末有紹定壬辰李發先跋。

按：此書鐫刻精整，其字體行格頗似臨安書棚本，第無牌記可證。惜紙色爲墨氣蒙漫，殊覺晦黯減色耳。（日本帝室圖書寮藏書，己巳十一月十一日觀。）

游宦紀聞十卷　宋張世南撰

明寫本，十行十八字。有紹定壬辰中冬前一日忠定後人李發先跋。明唐寅手校。序後有："俞子容氏困學齋書，嘉靖改元唐寅勘畢"兩行。卷十後有："嘉靖改元清明日吳郡唐寅勘畢"，二行題識。又每卷後均有子畏跋，不悉記。

有黃丕烈跋，不具録。

收藏各印詳記于後：

"南京解元"朱、"唐寅私印"白、"學圃堂印"白、"玉蘭堂"白、"梅谿精
舍"白、"竹塢"朱、"江左"朱、"王履吉印"白、"古吴王氏"白、"徐元卿
印"白、"賦歸堂"白、"樂讀書院"白、"法臣自扃"白、"無門"、"道開"
朱、"僧彌"朱、"竹石軒"朱、"陳留郡人"白、"真適齋"、"真適"、"能鱗
之章"、"兩郡司馬"、"木位道"、"士禮居"朱、"曾藏汪閬源家"、"季
振宜讀書"。（癸亥）

梁谿漫志十卷　宋費袞撰

明刊本，十行十八字，白口，左右雙闌。　有紹熙三年自序，又國史
實錄院牒，銜名十行。前有總目。語涉宋帝空格，宋諱缺筆，當自宋
本出。

鈐有："枝山祝氏"白、"魚山"朱、"月坡草堂"、"張憺"白、"簡莊藝文"
朱、"海寧陳鱣觀"各印。（癸酉歲收於滬上。二百元）

梁谿漫志十卷　宋費袞撰

舊寫本，十行二十字。　有紹熙三年袞自序，樓鑰序，又開禧二年國
史院牒文。（古書流通處送閲。壬戌）

西塘耆舊續聞十卷　宋陳鵠撰

舊寫本，九行二十二字。　鈐有王氏印。（癸酉）

賓退錄十卷　宋趙與旹撰　　　　　　　　△七五四〇

宋臨安府睦親坊陳宅經籍鋪刊本，半葉十行，行十八字，白口，左右
雙闌。卷末有"臨安府睦親坊陳宅經籍鋪印"一行。

按：此書庚申歲與小字本文中子中說註同得，其值千金，以力絀不能
並舉，讓與蔣孟蘋汝藻。印本尚佳。

賓退錄十卷　宋趙與旹撰

明寫本，十行十八字，注雙行同，每段次行低一格。前大梁趙與旹
序，後與旹續記。又有後序，不完，不知何人也。卷末有"臨安府睦

親坊陳宅經籍舖印”一行。　　後序佚名者似爲各刻本所無，録後：

“何代無文人，何世無佳公子，兼之爲難。以爲善稱，以好禮樂著，
固漢宗室之瑞也。然求其大篇短□，見知四明狂客，納交東京才
子，□至唐然後盛。至於行藏出處之際，或得或失，則盛之中又有
可憾者焉。惟吾宋德麟生華屋而身寒士，心明氣蕭，文藝亦稱，金
枝玉葉中一人而已。余生晚，不可得而見之矣。及得大梁趙君賓
退録，見其包羅今古，抉隱發微，□耆儒碩生所未及，然後知公族
未嘗□□□□□□堂叩擊以聞所未聞爾。□□□□□□□□
亦君所吟賦，主以義理之精微，而鑄辭□發之古律，清潤閑遠，不
作時世裝。長短句亦不効花間□麗之□，如“花似于人曾識面，鳥
如對客自呼名”，“寒雁挾風過古木，春□帶雨集荒園”，隨物寫形，
若留情于外者。然達人澄此心肯爲萬法起眼，看聲色塵不值一杯
水，則反求諸内，有爲之主者矣。蓋公之學每以爲己先之，故發爲
文詞，舍喧而就寂，脱葉而就實者。東坡先生爲德麟賦秋陽曰：公
子何自知秋陽哉！恐其錮於富貴不知田野……下佚。”（濰縣高翰聲遺
書。戊午）

賓退録十卷　宋趙與峕撰　　　　　　　　　　△八二三三

明人影寫正德四年鞏昌府刊本，十一行二十二字。十卷末葉題“正德四
年八月日鞏昌府刊”。

有孫江跋：

“賓退録十卷，上下二册，先王父硯北公遺書。己卯春陸兄勅先借
鈔，竟爲傭書者所鬻，後歸潘氏顯甫，因得復全，亦藏書之一幸也。
孫江岷自記。”

鈐有“孫岷自收藏圖書印”、“大雅堂文玩記”、“石經堂”、“孫唐卿北
□庋藏書畫”諸印。（余藏）

賓退録十卷　宋趙與峕撰

舊寫本，十行十八字，卷末有“臨安府睦親坊南陳宅經籍舖印”一行。

後有寶祐五年千峯陳宗禮跋。　何義門焯手校,有跋錄後:

"康熙庚寅之春,方□□扶南見贈。此書從竹垞先生家傳錄,其中
缺一葉云。焯記。"

"三月借汲古閣所藏研北孫翁傳本,屬學徒金生儼深補鈔。又
記。"

鈐有楊幼云收藏各印,不備記。(癸酉)

賓退錄十卷　宋趙與旹撰

清寫本,十一行十九字。　有人以黄筆校過。

鈐有"金十七忠淳"、"古還一字完璞"、"硯雲藏書"各印。(余藏。)

賓退錄十卷　宋趙與旹撰

舊寫本,十一行二十字。　前寶祐五年陳宗禮序。

密齋筆記五卷續記一卷　宋謝采伯撰

舊寫本,八行二十一字。　有寶祐丙辰王宗旦序,淳祐元年辛丑謝
采伯自序,寶祐丙辰男奕懋跋,又成公策跋。

有周鸞詒跋,錄後:

"胡珽刻琳琅秘室叢書有此書,乃據文瀾閣傳抄本錄入。此本序
跋完備,當是從寶祐刻本移寫者,彌可珍異矣。癸未歲光緒七年
意園蝍蟟齋記。鸞詒。"

右周氏跋殊未考,余以琳琅秘室本勘之,毫無異字,知仍爲閣本傳
抄,不足貴也。沅叔附記。(徐梧生遺書。丙寅)

鶴林玉露十六卷　宋羅大經撰　　　　△二一四一

明刊小字本,十一行二十一字,四周單闌,版心上下方皆墨釘,題玉
露卷幾,而無鶴林二字。

鈐有"禦兒城南吕氏家藏印"、"難尋幾世好書人"、"欶冬書屋"、"千
墨弇藏"、"貝墉"、"見香居士"、"授經樓藏書印"各藏印。(己未歲收
得。)

忠謨謹按：此書有跋，收入藏園羣書題記三集卷三。

鶴林玉露六卷　宋羅大經撰

明活字印本，十行二十字。　鈐有"顧元慶鑒賞印"朱、"柯溪藏書"白二印。（乙亥八月廿八日趙萬里携來，北京圖書館新收書。）

鶴林玉露十六卷　宋羅大經撰

明萬曆二十七年仁實堂刊本，十一行二十一字，白口，四周單闌，斷句加圈。核其行欵，是從正嘉間小字本翻雕者。　前有萬曆甲申一陽月閩後學黃貞升重梓序。後有牌式牌子，文如下：

萬曆己亥年
仁實堂新梓（丁卯歲田中慶太郎自日本寄來看者。）

鶴林玉露十六卷　宋羅大經撰

明武林謝天瑞起龍校刊本，九行二十字。其後八卷天瑞所自補。鈐有"乾隆御覽之寶"朱、"天祿繼鑑"白、"五福五代堂寶"朱、"八徵耄念之寶"朱、"太上皇帝之寶"朱、"天祿琳琅"朱。　棉紙印。（盛昱鬱華閣遺書，壬子見，索二十元。）

鶴林玉露十六卷　宋羅大經撰

明南臺刊萬曆遞修本，十行二十二字。　前羅景綸自序。次萬曆三十六年孫鑛序，言家有此書四帙，頗精好。後抵遼陽，臬司以刊籍來，玉露在焉，與家藏本同，然稍模糊矣。近起南臺，臺亦有玉露刻，而字稍瘦，似從遼刻翻出者，前臺僚林君曾補葺。余轉南兵，乃以校本託臺僚趙君如白，君因與趙元茂逐字刊正付刻。如白又有宋活字本六卷，内多廿條，今補摘於後云。　又萬曆三十六年戊申南京都察院照磨趙琦美跋，言說郛載玉露三十卷，分甲、乙、丙三集。家藏元本六卷，正說郛之甲集，而脫其四卷。乙巳夏於吳門徐氏見此書抄本，宛然三十卷具存，以價昂不可得。今孫大司馬重修留臺本，承命校正若干條云云。　卷十六後有木記六行，錄後：

　　“院齋中舊藏有鶴林玉露刻板,亦不知起于何時,顧歲

　　久字多蠹蝕,不便觀覽,頗爲全書之累。鱅偶聞之臺長

　　慕林張公,遂捐俸鋟鱅爲重校而梓之,凡二十餘板,是

　　書煥然如新刻矣。夫覽者獲覩全書於斯時,重思修葺

　　于異日,則是書之傳其未艾也。時

　　萬曆七年首夏之望,莆田林大鱅識”。（余藏。）

忠謨謹按:此書有跋,收入藏園羣書題記三集卷三。

鶴林玉露甲集六卷 宋羅大經撰

　　日本元和活字印本,九行十九字。楊守敬舊藏（余藏。）

玉峰先生脚氣集一卷 宋車若水撰

　　影寫本,十行二十字,抄甚精,從舊刊本影出。天台車若水清臣著。

　　後有咸淳甲戌從子惟一跋,又吳元年丁未華亭孫道明叔父跋。（丙

子九月）

藏一話腴甲集二卷乙集二卷 宋陳郁撰

　　明寫本,十行二十字。題宋臨川藏一陳郁仲文著。　棠湖翁岳珂肅

之序。後附校勘記,乃文村王振聲據毛氏汲古閣寫本校錄者。

　　收藏鈐有“檇李項藥師藏”、“秀水朱氏潛采堂圖書”、“汪士鐘藏”、

“吳下汪三”、“振勳私印”各印,又江標夫婦印記。（鄧秋枚藏書,癸亥十

月十一日記于上海。）

話腴一卷 宋臨川藏一居士陳郁仲文撰

　　舊寫本,九行二十一字。　鈐有“黃直亭藏書記”,“古潭州袁臥雪廬

收藏”各印。（王培初送閱。丙寅）

困學紀聞二十卷 宋王應麟撰　　　　　△一一三四〇

　　元泰定二年慶元路儒學刊本,版心高九寸,闊五寸七分,十一行二十

四字,次行低一格,白口,左右雙闌。版心上記字數,下記刊工姓名,

有王元吉、章宇、章子成、鮑成、王明、王子仁、張公、□于成、以方諸

人,又有何、茅、胡、齊、張、章等姓一字。　首深寧叟識三行,大字占雙行,下接目録,目後有"伯厚甫"、"深寧居士"墨記二方,卷二十後有"孫厚孫寧孫校正"一行。(丙寅二月收得。)

忠謨謹按:此書有跋,收入藏園羣書題記續集卷二。

困學紀聞二十卷 <small>宋王應麟撰</small>

陸心源氏原題元刊本,十行二十字,大黑口,四周雙闌。

按:此本世傳以爲元刊,其實乃明正統間所刊。元刊本藏余家雙鑑樓中,半葉十一行,每行二十一字,細黑口,爲元泰定二年慶元路儒學刊本。(日本静嘉堂文庫藏書,己巳十一月十三日閲。)

困學紀聞二十卷 <small>宋王應麟撰</small>

明萬曆三十一年吳獻臺刊本,十行二十字。　有萬曆癸卯莆田吳獻臺序。(余藏。)

困學紀聞二十卷 <small>宋王應麟撰　清閻若璩箋</small>　　　　△二五五九

清乾隆三年馬氏叢書樓刊本。

錢大昕手評校本,卷末有"戊申十月己丑朔竹汀記"兩行。瞿中溶再校,卷末有"癸丑六月中溶得慶元路本,復取校讐一過,因識之"一行。又有"歙石錢東壁藏"墨書一行。鈐有錢大昭、許乃普、錢東壁藏印。(余藏。)

忠謨謹按:此書有跋,收入藏園羣書題記初集卷四。

困學紀聞二十卷 <small>宋王應麟撰　清閻若璩箋</small>　　　　△二五五八

清乾隆三年馬氏叢書樓刊本。　清全祖望箋注並録何焯批語。

鈐有"四明敬遺堂盧氏家藏書籍印"。

忠謨謹按:此書有跋,收入藏園羣書題記初集卷四。

困學紀聞二十卷 <small>宋王應麟撰　清閻若璩箋</small>

清乾隆三年馬氏叢書樓刊本。顧南雅純手校元本,有跋録下:

"余家有元板困學紀聞,每頁二十二行,行二十四字,自首卷至二卷、六卷至八卷闕，末卷闕後二十七葉。似與閻先生所見者異。如某字元板作某字或有不同。又如第五卷第十五條"王儉別鈔條目三十卷"，按南史作"十三"，十九卷第二十四條"主人公"，案范曄傳作"翁"，此本本作"十三卷"、"主人翁"之類。蕆無學不能辨其得失，姑就其異者注于旁，以備異日參攷。乾隆乙卯閏二月顧蕆識。"（文友堂見。己巳四月）

困學紀聞二十卷 宋王應麟撰

舊寫本，九行二十四字，中縫有"他山書屋"四字。鈐有"紀廣唯印"白文。（山東徐季孺藏書。己巳二月）

吹劍錄外集一卷 宋俞文豹撰

舊寫本，十行十八字，標題下二行照錄於後：

"此編已刊行，板留書肆，不可復

　　得，因刪舊添新，再與續集並刊。"

第四行以後序接本書，其式甚古，卷中多空格，知從舊本繕錄。

末有鐵菴跋語：

"長白禿道人鐵菴讀過，時在雍正八年識於京都官廨之淨綠軒。"（蘇州來青閣閱，戊辰閏二月收。）

懷古錄二卷 宋陳模撰

寫本。　模字子宏，廬陵人，有寶祐二年甲寅自序，亦考論詩文之筆錄耳。　末數葉有缺字，是從舊刻影出者，然要是近時人筆。書却罕見。（癸亥）

佩韋齋輯聞四卷 元俞德鄰撰

舊寫本，十行二十一字。　鈐有"讀易樓秘笈印"、"茅邨珍藏"、"梯香閣藏"各印。（古書流通處送閱。壬戌）

志雅堂雜抄一卷 宋周密公謹撰

舊寫本，九行二十一字。　鈐有"黃直亭藏書記"、"古潭州袁臥雪廬

收藏"各印。（王培初送閱。丙寅）

齊東野語二十卷 宋周密撰

明刊本，十一行二十字，每行上空二字，實十八字也，白口，四周雙闌。　前有公謹自序。

鈐印録後："甘潤堂"朱、"古潭州袁卧雪廬收藏"白、"臣星衍印"白、"丁未一甲進士"白、"國藩珍藏書畫之章"。

按：此書上海中國書店寄來，云是湘鄉曾氏藏書。（戊辰）

齊東野語二十卷 宋周密撰

明正德刊本，十一行二十字，上空二格只十八字。黑口，四周雙闌。　前周公謹自序，次戴表元序，後有正德十年直隸鳳陽府知府耒陽胡文璧序，即刻此書者。次有正德乙亥臨淮縣知縣臨安盛杲跋。卷五至十低一格，卷十一至二十頂格。

鈐有"顧千里印"朱白、"一雲散人"、"開萬樓藏書記"朱各印。（己巳九月上海陳乃乾處見，索二百四十元。）

齊東野語二十卷 宋周密撰　存卷十一至二十

明正德刊本，十一行十八字，黑口，四周雙闌。

卷末有跋語録如後：

> "同治癸亥十二月朔，大兵進攻沿江賊營，連破十餘座。營中尚有書籍，悉皆污爛，惟澗泉日記與不全齊東野語二册尚完好，因携以歸舟，餘則不可收拾，盡付刼灰。武林味蔗居士識於之江水營師舟。"

按：公謹此書記南渡後朝章國故，最爲翔核，商維濬刻入稗海，删去其半，而與癸辛雜識相混。毛晉得善本重刻，其書乃完，惟苦無舊刊可校。余曾見一舊本，十一行二十字，白口，與此本不同，爲湘鄉曾氏舊藏，當是正德以前所鋟，第流傳絕少。此本爲正德十年耒陽胡文璧所刻，似就前本覆木也。觀味蔗居士跋語知此書曾入太平軍

中。歷刧幸存，殊足珍也。沅叔癸酉"（余藏）

齊東埜語二十卷　宋周密撰

舊寫本，九行二十字。後錄正德乙亥胡文璧、盛昊跋，是從正德本出也。吳槎客騫舊藏。諸跋錄後：

"康熙癸卯仲夏十一日書起，至七月初二日成，時年五十有五。叔騰氏識。"

"丁未仲春三月初十日天水趙氏書齋鐙前校過，時年五十有九。"

"此朱筆校者不知何人，句讀多誤。"沅叔注：小字爲吳仲懌筆。

"舊鈔正德本，拜經樓舊藏，有吳槎客先生校語。石蓮撫部示讀，因記。　乙卯冬至長洲章鈺。"

"汲古閣珍藏秘本目有齊東野語拾遺一本，不知今尚有流傳否？記之待訪。"此亦章氏筆。沅叔注。

鈐有"海昌吳葵里收藏記"、"清曠居圖書記"、"石蓮閣所藏書"各印記。（壬午）

敬齋古今黈十二卷　元李冶撰

舊寫本，視殿本多二百五十五條。　錄有黃廷鑑跋。（古書流通處送閱。壬戌）

湛淵静語二卷　元白珽撰

舊寫本，十行二十二字。題"錢唐白珽廷玉撰"，"海陵周暕伯暘編。"　前有至大庚戌周暕序。後有嘉靖丙午孺允跋。

玉堂嘉話八卷　元王惲撰

舊寫本，十二行二十一字。　前人以朱筆校過。

鈐有："葉氏平安館記"朱、"葉繼雯印"白、"漢陽葉氏珍藏"白。（邃雅齋送閱。乙亥）

庶齋老學叢談三卷　元盛如梓撰　中卷分上下　　　李□二七九

題"從仕郎崇明州判官致仕盛如梓"。明柳僉家寫本，九行二十字。

卷中提行空格尚存舊式。　前有"柳氏家藏"四字,後有"嘉靖元年
八月十九日安愚柳大中抄起"小字二行。鈐有"孫志周印"朱文小
印。(李木齋遺書。辛巳)

硯北雜志二卷 元陸友撰

明萬曆項德棻宛委堂刊本,八行十八字,版心有"項氏宛委堂□笈"
等字。　有跋,稱出自陳眉公抄本。(鄧邦述羣碧樓藏書。)

硯北雜志二卷 元陸友撰

明末刊本。

乾隆戊戌孔繼涵手校並跋,手補脫文數則。(余藏。)

忠謨謹按:此書有跋,收入藏園羣書題記三集卷三。

雪履齋筆記一卷 元崑山郭翼羲仲撰

舊寫本。　鈐有"祥符周氏瑞瓜堂圖書"、"帶經堂陳氏藏書記"、"汪
魚亭藏閱書"各印。(繆氏藝風堂遺書。壬戌)

閒居錄一卷 元吾丘衍撰

清乾隆四十二年丁酉大末吾氏竹素山房刊本。　有至正五年吳郡
陸友仁跋,何焯跋,鮑廷博跋,吳騫跋,乾隆四十一年丙申竹素後人
進跋。

有"乾隆丁酉大末吾氏竹素山房開雕"木記。(單行本,少見,已收。丁巳)

冀越集一卷附相宅管說 元熊太古撰　　　　△八二四二

清吳枚菴翌鳳手寫本。　黃蕘圃丕烈以舊鈔本校,并跋二則。(癸酉十
一月十二日見,周叔弢藏。)

南村輟耕錄三十卷 明陶宗儀撰。　缺卷二十三至二十五、二十九、三十,共五
卷,配陶氏翻本　　　　　　　　　△一一三四二

明成化十年戴珊刻本,十行二十一字,次行低一格。黑口,四周雙闌。
每條不標題目,與玉蘭堂本異。有至正丙午孫作大雅序,成化十年
錢溥序。(甲寅歲收。)

南村輟耕錄三十卷 明陶宗儀撰 八册

明玉蘭草堂刊本，十行二十一字。（盛昱遺書，壬子收，四十元。）

諸子辨一卷 明金華宋濂撰

明叢書堂寫本。十行二十字。有跋錄後：

"予舊集子評，自謂於諸子之旨粲然矣，及觀潛溪先生是編，多有
發予集之未備者。辛巳陽月得而錄之，博古之士殆不容廢也。少
城齋漫志。"（己未）

蘿山雜言一卷 明宋濂撰

明叢書堂寫本，十行二十字。　鈐有"玉蘭堂"、"辛夷館"、"古吳王
氏"、"季振宜印"、"滄葦"、"季振宜讀書記"、"謙牧堂藏書記"、"禮邸
珍玩"諸印。（己未）

貞固華先生慮得集四卷附錄二卷 元處士華悰韡撰

明嘉靖壬辰裔孫從智重刊本，十一行二十字。

卷一家勸，卷二祭禮，卷三冠婚儀略，卷四治喪紀要。（甲子）

郁離子十卷 明劉基撰

明刊本，十一行二十一字，大黑口，四周雙闌。　前吳從善序，洪武
十九年徐一夔序。（修綆堂送閱。壬戌）

草木子四卷 明葉子奇撰

明初刊本，九行二十一字，版心下方記每卷門類二字。惜其中缺葉
鈔補太多。（己未）

草木子四卷 明葉子奇撰

明嘉靖癸卯王宏刊本。版心魚尾上有"嘉靖癸卯重刊"六字。　前
有正德丙子董玘序。（壬子）

菽園雜記十五卷 明陸容撰　存十一卷

明抄本，棉紙藍格，九行二十二字。　鈐有"慧海樓藏書印"白文印。

按：此書太倉陸容文量撰，本十五卷，尚缺四卷，然其中各條有刊本所

無者，殊足貴也。（德友堂見。）

菽園雜記十五卷 明陸容撰　存五卷

明寫本。天一閣佚出之書，視刊本多數十則，文字頗有異。（余藏。）

青溪暇筆二卷 明姚福撰

明寫本，藍格棉紙，十行二十二字。　前有成化癸巳三月守素道人姚福世昌序。（甲戌）

閩中今古四卷 陳頎永之撰

明叢書堂寫本，十行二十字。　鈐有"玉蘭堂"、"辛夷館"、"古吳王氏"、"季振宜讀書"、"謙牧堂藏書記"、"禮邸珍玩"各印。（己未）

震澤長語二卷 明王鏊撰

舊寫本，九行二十字，題"吳郡王鏊濟之父著"，"秀水項燧先禎伯父、嘉興沈逢吉吉甫父同校"。

鈐有"拜經樓吳氏藏書"朱、"鷦安校勘秘籍"朱、"嘉興唐翰題印"白、"福地神仙"白、"石蓮閣藏書印"朱各印（吳仲懌遺書，甲戌十月津估持示。）

餘冬序録六十五卷 明何孟春撰　存十三卷

明刊本，十一行二十一字。存內篇五卷，外篇八卷。

鈐有明善堂、安樂堂藏印。（辛巳十一月六日見於翰文齋，潘伯寅遺書。）

龍江夢餘録四卷 明唐錦撰

明弘治十七年郭經刊本，雲間唐錦士綱撰。前有盧龍郭經序，後有邑朱曜序，亦筆記雜說之屬。（壬戌）

七脩類稿五十一卷 明郎瑛撰

明刊本。　目後有木記五行，詳藝風堂藏書記。

鈐有鈕氏世學樓藏印。（古書流通處送閱。壬戌）

山樵暇語十卷 明俞弁撰

明寫本，十行十七字。（孫壯家閱。）

濯纓亭筆記十卷 明長洲戴冠章甫撰　存卷一至五

明嘉靖刊本，九行十八字。　前有嘉靖丁未邑人陸粲序。　鈐有
"侯氏子有"印。

按：此書黃氏千頃堂書目載之。刻工精整，所記逸事爲多，間及考辨
羣書文字。

卮言倪八卷　明王世貞撰

陳與郊纂刻本。（甲子）

王奉常雜著　明王世懋撰

爲經子臆解、讀史訂疑、窺天外乘、望崖録、二酉委譚、藝圃摘餘凡十
一種及紀游稿詩文。（吳縣潘伯寅氏滂喜齋遺書。）

説林不分卷　明四明張時徹撰

舊寫本。　有同里童忠鉉序。時徹字維靜，嘉靖癸未進士，官至南
京兵部尚書。

鈐有四明盧址抱經樓藏印。（古書流通處送閲。壬戌）

迶斿璸言二卷　明穀原山人蘇祐撰

舊寫本。筆記之屬。　祐嘉靖丙戌進士。

鈐有四明盧氏抱經樓藏印。（古書流通處送閲　壬戌）

閑適劇談五卷　明鄧球撰　存卷三、卷五

明刊本，十行二十一字，白口，四周雙闌。　卷三中有漁問一篇，乃
老子注解，全書收入，卷五中有曇陽大師傳一篇。見千頃堂及四庫
存目。（余藏。）

蓉塘詩話二十卷　明仁和姜南明叔撰

明嘉靖二十六年洪梗刊本，每卷各自爲名，名爲詩話，實雜記也。今
志如下：

卷一半村野人閒談　卷二洗硯新録　卷三輟筑記　卷四鶴亭華乘
　卷五墨畣錢鎛　卷六學圃餘力卷七大賓辱語　卷八蕉簷曝背臆
記　卷九借月道人投甕隨筆　卷十剔齒閒思録　卷十一醉經堂鋪

糟編　卷十二扣舷憑軾録　卷十三抱璞簡記　卷十四五莊日記　卷十五鹽車道聽　卷十六缺首葉失其名　卷十七風月堂雜識　卷十八瓠里子筆談　卷十九欁室隨筆　卷二十蓉塘紀聞。（癸亥）

蓉塘雜纂十卷　明仁和姜南叔明撰

舊寫本。　子目列後：

半邨野人閑談　抱璞簡記　投甕隨筆　風月堂雜識　學圃餘力　叩舷憑軾録　墨餘錢鎛　瓠里子筆談　洗硯新録　蓉塘紀聞。（古書流通處送閱。　壬戌）

畫禪室隨筆四卷　明董其昌撰

揅藻堂刊本。有張穆、許瀚二跋録後：

“辛丑春印林仁兄會試入都，寓於登喜之齋，索字者日塞門，家童靡墨聲隆隆然掔爲之脫。印林率取思白論書畫語拉雜書之，自首至末，兩周其卷，可謂苦矣，而楹帖、尾跋、寘書、細册尚不在此數也。昔趙孟頫及思翁皆爲善書所困，所至之處疲於詶應，每解維遁去。印林亦遭此陒，乃卽以思白翁語唐塞解嘲。甚矣！藝之累人也。今亦將遁歸，從此隆隆之聲可以少清於耳矣。四月初七日月齋記。”

“余雅不愛思翁此書，爲其多大言而少真鑒也。無如登喜齋中雖多藏書，皆經史巨帙以及天文、算術、聲音、訓詁等文，無可供揮洒者，聊取此以應條幅便面之求，苟以圖便而已。主人石洲深厭磭墨隆隆聲之日聒於耳也，書此嘲余，時余方假牟農星校官所得唐張夫人誌石寄存廊廡間，石洲一見輒手操甎墨暴烈日中，揮汗成雨，而椎搨不少休。予竊笑隆隆之聲甫歇，而登登之聲復作也。附書數行以告天下後世之好古成癖者。初八日雨後，日照許瀚記。（庚午）

六硯齋筆記四卷二筆四卷三筆四卷紫桃軒雜綴三卷又綴三卷

禮白嶽記三卷璽召錄一卷竹嬾畫賸一卷續畫賸一卷 <small>明李日</small>

<small>華撰</small> **附墨君題語一卷** <small>李會嘉撰</small>

明天啟刊本，八行十九字。墨君題語江元祚輯。（余藏。）

<small>忠謨謹按：此書有跋，收入藏園羣書題記三集卷三。</small>

說原十六卷 <small>明嘉興穆希文撰　存人原四卷</small>

舊寫本，墨格，十行二十一字。分人原、性原、理原、道原四卷。　前
有序目，末有"乾隆乙卯冬月拜經樓藏"墨筆題識一行。又有唐翰題
題字，云浙江採集遺書目已集有說原十六卷，刊本，明檇李穆希文
撰，有萬曆丙戌自序云云。按：此即說人原之四卷也。

鈐有"兔床山人"白、"拜經樓"白二印。（吳仲懌遺書，津估持示。甲戌十月）

暖姝由筆三卷 <small>明江陰兼山徐充撰</small>

明刊本。　萬曆丙午同邑李如一序，同邑張兗撰墓碣銘。　前有兼
山六師贊，乃左傳、莊子、楚辭、史記、杜詩、韓文也。序中言兼山所
著有鐵硯齋稿三十餘冊，同文書二十四卷，重訂淳化帖釋文十卷。
又老莊釋義、文選刪注、兼山學圃志、鼎歐實錄諸書，今皆不可得見
矣。

此書刻本亦少見，文友堂得之湘人王培初，蓋袁氏卧雪廬故物也。

書中記蘇州監生郝梁事甚奇，即刻太玄經者也。（壬戌）

戒菴老人漫筆八卷 <small>明江陰李詡撰</small>

題"孫男如一校，玄孫成之重鋟"。清世德堂刊本版心下方有此三字。十
二行二十字。　有太原王稺登序，梧塍後學徐遵湯重刻序，萬曆丁
酉冢孫如一小序，順治五年戊子海虞外孫錢嗣美跋，玄孫成之重刻
跋。　方柳橋藏書，有印記，並錄四庫提要於前。有光緒丙戌友樵
老人識語三行。（辛巳十一月三十日見，索百元，已收。）

道聽錄五卷 <small>明李春熙輯</small>　　　　△二二二八

舊寫本，十行二十一字。題"楚桃源沅南李春熙輯，男謙重梓"。

前有萬曆癸酉蓨城王嘉言序，次自序，序後又跋八行，題隆慶己巳，次目錄。目多以四字爲題。後有澧州龔天申跋、蘭澧劉崇文跋、隆慶壬申龍陽王伊跋。

藏印如下："友竹軒"、"雪苑宋氏蘭揮藏書記"、"吳元潤印"、"謝堂"、"香雨齋吳氏珍藏圖書"、"二查藏本"、"海昌馬氏漢晉齋收藏經籍印"、"晉齋"、"長洲吳謝堂氏香雨齋珍藏書畫印"、"海寧陳鱣觀"、"仲魚圖象"、"雪廬"。（丙子九月得于上海忠記書莊。）

忠謨謹按：此書有跋，收入藏園羣書題記三集卷三。

筆奕八卷 明眉陽呂曾見撰　存卷四、五、七、八，又失卷次一，凡五卷

舊寫本。　題"於越明眉陽呂曾見著，男新周輯，同里後學雨公施爾忭閱錄"，又鈐有"雨公"、"爾忭"二印，蓋卽施氏寫本也。卷中玄字缺筆。

按：此書四庫存目著錄，題呂氏筆奕。後列入禁毀書目。（余藏。）

疑砭錄二卷 明寧陽張登雲輯

清吳枚菴翌鳳手寫本。　前有萬曆九年登雲自序，後有"乾隆癸卯季秋月傳海虞劉希聖本"二行。

采芹錄四卷 明雲間鴻洲徐三重伯同父著

舊寫本。亦劄記之類。（丙寅）

天都載六卷 明天都馬大壯仲履撰　　　　　　△一一三四三

明萬曆刊本，八行二十字，每卷首均列校勘人名，有秣陵顧起元等六人。　前旴江王一元序，萬曆庚戌焦竑序，顧起元序，序後又小跋，書法古雅。又秣陵黃應登小引，曹以植引言。又自序二葉。其書以習業天都館所載，故名。（丙子歲收得）

忠謨謹按：此書有跋，收入藏園羣書題記三集卷三。

小柴桑喃喃錄二卷 明稽山退士陶奭齡君奭撰　吳寧門人李爲芝較梓

明刊本。有崇禎乙亥奭齡自序，云所以訓子之言也，亦記錄雜說故

事之類。（戊辰）

纍瓦四編□卷　明吳郡吳安國文仲撰

舊寫本，有萬曆庚申楊守勤序。　鈐有曹棟亭、長白敷槎氏、郁泰峯各藏印。（李紫東寄來。）

從先維俗議五卷　明管志道著

明萬曆刊本。志道婁人，此書大要言禮制風俗關於世教民彝之大者。前三卷皆事迹，後二卷頗及垂世典要與出世密因，涉及釋教者多。亦有心世道之人也。　鈐有"江浦陳洙珠泉氏珍賞"，"霞波居士"、"翠蘿軒"、"鞠氏元恪珍藏"、"花月叢仙"諸印記。（蟫隱廬寄閱。丁卯）

歐餘漫録十三卷　明烏程閔元衢撰

明萬曆刊本。筆記之類，兼載所撰題跋。有陳繼儒、焦竑序。目只十二卷，何耶？（己巳）

射林八卷　明朱光裕撰　存卷七、八

明刊本，板心下方有"泗上雲居"四字。　明人所著射策之書，存彊戎索、田賦系兩門。　末有木記

姑馬龍　　馬相　　顧慨同
蘇陸宗華　　　　金恩刻

（辛酉）

炳燭齋隨筆一卷　明顧大韶撰

清曲阜顏氏磨墨亭寫本，葉下題"磨墨亭藏"四字。篇中雜論經史百家之說，大抵論事理爲多，而考證較少。中有述天主教一則，引西溪叢語祆神之說以證之，殊爲疏陋。末有數十則，皆莊子補注也。（乙亥）

忠謨謹按：此書有跋，收入藏園羣書題記三集卷三。

西窗撫餘録二册　明新安呂維祺介孺撰　　　　李□三二六一

舊寫本，不分卷。維祺明史有傳，官至南京禮部尚書，崇禎間與福藩守汴死【難】。此書所記多關朝章國故，未知曾付梓否，因屬寫官傳

一副本存之。　鈐有"古潭州袁卧雪廬收藏印"。（李木齋師遺書。）

南牖日箋七卷　明武水王佐佐之撰

舊寫本。前有崇禎丙子社弟曹勳序。卷一至三說羣經，卷四諸子道釋，卷五象緯五行音韻，卷六七雜語內外篇。　鈐有"李璋煜印"、"掃葉山房"印。（己巳四月）

棗林雜俎　明談遷撰　存四冊，不全

舊寫本。字頗奇崛，疑談公手筆。（柳蓉春送閱，壬子二月望。）

棗林雜俎六卷　明鹽官談遷孺木撰

舊寫本。分智、仁、聖、義、中、和六集，其目爲逸典、科牘、先正、流聞、藝簣、彤管、技餘、土司、空玄、炯鑒、緯候，名勝、幽冥、叢贅。有崇禎甲申膠東高弘圖序。

鈐有"某會里"、"朱氏潛采堂藏書"、"朱彝尊錫鬯父"、"禮邸珍玩"、"玉雨堂印"、"韓氏藏書"諸印。

按：適園叢刻鉛印本正與此同。（韓左泉處取閱。丙寅）

虛堂手鏡上下卷　明海虞虛中子　　　　　李□六〇七三

明刊本，九行二十一字。　鈐有"錢曾"、"大布衣"、"汪魚亭藏閱書"各印。（德化李氏藏。癸未）

虛窗手鏡二卷　題海虞虛中子編

清彭元瑞知聖道齋寫本。　抄撮德量故事，以時代爲次，至明止。明人之書。（癸丑）

五石瓠一卷　明劉繼撰　附風人詩話一卷　明劉繼撰

舊寫本。繼名廷鑾，明徵君劉城長子，貴池人。

全書通一百九十二則，視昭代叢書多一百二十六則。（余藏。）

忠謨謹按：此書有跋，收入藏園羣書題記三集卷三。

風庭掃葉録四卷　題清朱彝尊輯

舊寫本。題竹垞輯，實則潛邱劄記之改造耳。然其中視刻本多二十一條。（壬戌滬市見。）

春寒閒記一卷　<small>疑清盧世淮撰</small>

舊寫本，九行十八字。雜記閑逸之事及名章俊語。<small>如玉壺冰之類。</small>有厲太鴻雍正甲辰跋，言於慈仁寺得此帙。末有一跋，署德水，疑爲盧氏也。（遼雅齋書，已錄副，丙子九月七日記。）

楝花磯隨筆　<small>清月函大師撰</small>

舊寫本。　前有南迁計發序。（繆氏藝風堂遺書，已收。壬戌）

硯北雜録六冊　<small>北平黃叔琳崑圃手輯</small>

舊寫本，烏絲闌，十行二十字。　前有乾隆十六年後學盧文弨序，又一序不著人名。書不分卷，首冊儀象地理，二冊經學，三冊史學，四冊禮、樂、官職、貢舉，五冊論古氏族論文，六冊占候、道釋、養生、辨誤、雜考。（甲戌）

巢林筆談六卷續編二卷　<small>崑山龔煒撰</small>

清乾隆三十年乙酉刊本。（甲子）

東山談苑八卷　<small>清江表余懷澹心氏纂</small>

舊寫本。　專記古人之善行，明人事實居其半。篇中徐晟附記低一行別之。（庚申）

林泉隨筆一卷　<small>淮浦張綸言撰</small>

清寫本。　鈐有陸魚亭、潢川吳氏、振綺堂汪氏藏印。

桑榆漫志一卷　<small>陶輔撰</small>

舊寫本。　與張綸言林泉隨筆同一冊。（甲子）

郊居偶録十二卷　<small>清徐時作撰</small>

日本人鈔本。標云"崇本山堂藏板"，則亦從刻本傳抄也。　有乾隆十八年自序一篇，又沈德潛序。雜記瑣事，考證議論亦間有之。其人曾作外吏，著籍則灘江也。（徐梧生遺書，丁卯）

稗販八卷　<small>清仁和曹斯棟輯　錢塘黃子淵校　缺四卷</small>

有乾隆甲寅斯棟自序。亦筆記雜説之屬。（甲子）

蘇齋筆記　清翁方綱撰　　存卷十一、十二

舊寫本。　題定遠方濬益校刊，其實未刊也。（甲子）

平津館稿本三種　清孫星衍撰

一爲漢紀校釋，存一至四卷，以史記漢書異同注其下，又參以各刻本文字互異以證明之，似未完之書也。

一册亦漢紀校記，自卷一至三十均完全，第就其異同及考證條列各句下，無漢紀全文，此似是定本也。

一册專采各書記漢武帝事，亦漢武內外傳之類，采輯極爲閎富。（己未）

燕居瑣語四十卷續語十六卷　清西吳徐悔堂老人述　　五十六册

稿本。　有嘉慶戊午茅燦序，又弟城序，又自序。（古書流通處送閲。壬戌）

雨窗夜話三卷　清許鯉躍撰

手寫稿本。桐城許鯉躍春池輯。前二卷爲讀古，後一卷爲釋今，考訂頗有根據。（已收，丙子九月記。）

霞城筆記十卷　清曲阜顏懋僑幼客纂　　　　　李□三五二九

原稿本，半葉九行，前後無序跋。每册鈐"懋僑"、"幼客"二印。

卷一君德多述世宗諭旨　卷二治略述康、雍以來政事　卷三聖道述孔廟事　卷四奧區地理雜述　卷五臨乘臨海邑中故事　卷六天文兼述律呂、時令、星象、占驗及異俗　卷七人物古近事均有　卷八藝林詩文之外兼及考證　卷九逆命紀雍正時大獄，皆據官書　卷十自序其父修來先生年譜。

李木齋先生遺書，余鈔存副本一部。（辛巳十月）

忠謨謹按：此書有跋，收入藏園羣書題記三集卷三。

酌史嚴摭談一卷　清馮登府撰　題勾園舊史

馮登府手稿。　與梵雅、風懷詩補注合訂一册。（翰文齋見。庚午）

破邪詳辨三卷續一卷 清甘肅黃育楩壬谷撰

育楩道光時人。其書歷引龍華寶經二十四品文字而駁斥之，可見異教之大略也。（文友堂收鄂恒家書。辛未）

尚友記二册

舊寫本。　題咸豐五年夏四月延熙恭校。（甲子）

菀浦隨筆六卷 清蒲圻葉瑞廷雲廉撰　　　　　　李三三七一

寫本。前有光緒戊子雲廉自序。此人生平以序文及編中所記考之曾中乙榜，屢試春官不第，後任遠安縣教職，旋主講書院。故所記述者多蒲圻邑中地理人物之事，間及遠安事。文筆淺率，識見亦卑陋，不足存也。（李木齋遺書。）

　　　　　　　　　　以上雜學、雜說

藏園羣書經眼錄卷九

子 部 三

雜家類二

崔豹古今注三卷 <small>題晉崔豹撰</small>

明刊本，九行二十一字，白口四周單闌。 有黃蕘圃跋，首尾凡七則，不具錄。

按：此本吳佩伯校過，云不如古今逸史本。(己卯)

資暇集三卷 <small>唐李匡乂撰</small>

舊寫本，十行十八字。鈐有王氏印。(癸酉)

資暇集三卷 <small>唐李匡乂撰</small>

清寫本，舊人臨勞格校，有跋：

"此書刊本頗多，類非善本，文淵閣本係從錢遵王藏本傳錄，末錄埭川顧氏家塾梓行八字，疑卽顧氏文房本也。此本字畫雖老草，然宋諱多缺筆，當從舊本錄出。道光癸卯十二月廿七日，用昭文張海鵬墨海金壺刊本比較。張刻源出閣本，與此無大異同，卽訛謬處亦互有得失，竢再得顧本覆勘。丹鉛主人志。"

"資暇集三卷，唐李匡乂撰，刊於續百川學海者不分卷，亦微有異同。此本後附南窗記談。此書雜記宋時搢紳軼事，蓋亦宋人書也。芳椒堂主人嚴爽漫志。"

"南窗記談中有道及虞道園碑文者,當是元末人之筆,浙江遺書總
錄云宋人書,殆未曾細讀也。庚戌三月廿一日在豫章之吳城官舍
記。芳椒堂主人嚴爽。"

兼明書五卷 五代邱光庭撰　　　　　　　李□一八五

明寫本,棉紙藍格,九行二十字。　卷中有朱墨筆校字,卷首朱書一
行云:"原書脫訛甚多,茲據宋本校正。"

鈐有"翰林院典籍廳關防"、"古潭州袁臥雪廬收藏"白文印。(李木齋
書,押于周叔弢家,丁丑五月十日借歸一校。)

近事會元五卷 宋李上交撰

舊寫本,甚精。鈐有仁和朱氏結一廬藏印。(壬子)

東觀餘論不分卷 宋黃伯思撰　存七十三葉,以下鈔配　　△八二四五

宋刊本,半葉十行,每行二十字,白口,左右雙闌。版心記"東觀"二
字,或一"東"字,下記刊工姓名,有魏暈、葉遷、葉雪、張回、張文、林
厚、花耳、余闌、一奴、賓、盛、甸等。目錄半葉九行。

鈐有"真賞"朱葫蘆印、"華夏"白方、"簡易齋"朱長、"季振宜印"朱、"滄
葦"朱、"季振宜藏書"朱、"番陽王旦甫印"朱。

後有勞權跋:

"黃長睿父東觀餘論紹興丁卯其子訒刊於建安漕司,嘉定間攻媿
樓氏復以川本參校,卽今所傳本也。此書曩得於蘇州,作一卷,不
分上下,初爲錫山華氏故物,有真賞、華夏二印。前袠宋槧,曾經
以樓本勘校,係蒙叟手迹,審定爲初刻之本,今無訒跋,殆脫去之。
訒跋所云十卷者,蓋指東觀文集中卷第而言之,而兩卷者則攻媿
校定本也。此本固不如攻媿重校之精審,顧亦有勝處及可兩存
者。惜缺後袠,影寫補全,乃絳雲爐餘殘帙,首尾已有滄葦印記,
其補鈔當在歸季之前。檢延令宋版書目,所藏有二,其一不著卷

數者卽此本,但不註完缺耳。鈔葉爲俗子以汲古閣刻本塗改,因以雌黃黮之,異日倘遇宋槧樓本,更當補勘。向聞知不足齋曾有藏本,見抱經堂文集跋中,惟學士謂攻媿訂正付訄開雕,似不審黃、樓兩跋歲月之有先後,致屬筆偶誤爾。

咸豐丁巳九月二十一日立冬,仁和勞權覬卿書於丹鉛精舍。"

按:此書壬子冬得之友人魯君純伯。純伯得之塘棲某氏,蓋勞氏之戚也。沅叔。

東觀餘論二卷 宋黃伯思撰

明萬曆十二年甲申嘉禾項篤壽萬卷堂刊本,九行十八字,大版心,白口,左右雙闌,版心間記字數及人名。序後有"嘉禾項氏萬卷堂梓"圓墨記。目後及法帖刊誤後、上卷後亦有此八字木記。然爲方形。有嘉定樓鑰序及紹興黃訄跋,皆行書大字七行。黃礽跋後有行書小字五行:

"是書刊於庚午之秋,明年正月得

公書,又校示一百五十五條,塗者一百

二十一,泾者三百一十七,乙者四,凡貼改四

百四十二字。並以邵資政考次座鶴銘

文附於弓後云。"

有萬曆甲申項篤壽子長序,言翻宋本校而刻之。(乙卯正月收於廠市。)

東觀餘論二卷附錄一卷 宋黃伯思撰 △一一三三四

明末汲古閣刊津逮祕書本。清翁方綱據明萬曆十二年嘉禾項篤壽萬卷堂刊本手校。有跋:

"丙午正月廿二日以新安方道坤所藏項刻本校此上册。廿五日燈下校一遍訖。"上卷。

"正月廿六日晨起,以項刻本校此册,至廿七日午校訖。"下卷(余藏)

東觀餘論二卷附錄一卷 宋黃伯思撰 △二一六〇

明末汲古閣刊津逮祕書本。

清勞權據宋刊本手校,有跋録後:

"長睿東觀文集一百卷見李忠定公所作墓誌,而直齋書録解題未經著録,南渡後當已失傳,唯存此餘論而已。此書紹興丁卯其子訒刊於建安漕司,嘉定間樓攻媿復以川本校定,即今所傳本。余向得宋槧本作一卷,雖無訒跋,要是紹興初刻之本,其分上下卷者爲攻媿所校定,宋本經舊人以攻媿本校勘,並書其校語於上下方,審定係蒙叟手迹。自跋劉次莊戲魚堂記後摹本以後則影鈔補全,前帙乃絳雲爐餘殘書也。用校此本,誠不如攻媿所校之精審,然有勝處及可兩存者亦有之,未可遽因定本而廢此耳。余於丹鉛點勘,勤勤不去手,頗不後於長睿,故於此書不憚再三讐校,雖宋本訛謬,過而存之,點畫行欵必存其真,亦寓區區欣慕之意云爾。咸豐丁巳九日,仁和勞權巽卿書於丹鉛精舍。"

"此書從集中別出,訒跋所云十卷者蓋指集卷次也。卷末邵資政考次瘞鶴銘文一篇當爲攻媿所增,攻媿本盧抱經曾見知不足齋宋槧,有跋見集中,惟謂攻媿付訒開雕則屬筆偶誤爾。十四日雨夜燈下又記。"

"宋本前有瓠式朱文"真賞"二字及白文"華夏"方印,蓋錫山華氏故物。後歸虞山。又有季滄葦藏書及季振宜名字印大小各二。檢延令宋板書目有兩本,一分上下,其一不著卷數,即此本也。鮑氏宋本不知所歸,安得一見以正汲古刊刻之誤耶。十六日望蟬盦識。"(余藏。)

東觀餘論二卷　宋黃伯思撰　　　　△八二四六

明寫本,十行十八字。　　有人以朱筆批校,有黃丕烈跋:

"此戊午冬所得也,惜法帖刊誤未録,不爲完璧,今得葉德榮手抄法帖刊誤一册,與此可稱並美,遂併儲之。　蕘圃。"

鈐有"桐溪汪氏家藏"、"耕石蔣疇之印"二印。（丙寅）

東觀餘論二卷　宋黃伯思撰

舊寫本。盧文弨手校，有跋。又王宗炎跋。

"余借得廣川書跋凡數本，一本似爲妄庸子所塗贅，引鳧之脛，接鳧之尾，故篇幅加多焉。佗日余將卷而還之其人。未去間聊復一觀，見中間有三十三葉多署長睿父書，蓋會稽黃伯思也。其所著法書刊誤三卷余既錄之矣，此則雜題書畫簡策而不著書名，疑卽所謂東觀餘論。余插架適無其書，不能取以比對。然餘論有二卷，此尚有不盡者。余愛其鑒別精審，意辭方雅，但鈔本多誤字，又有一條乃複見，余爲訂其誤、刊其複而錄之，以附法書刊誤之後，卽目之爲長睿題跋，他日得餘論改正之未晚也。長睿自云勤於校書，丹鉛不去手，余於此殆庶幾焉。

乾隆四十三年二月丁酉，范陽盧文弨弓父書。"

"始余得雲林子題跋數十則，無首尾，意其卽所謂東觀餘論者也。今年夏歸杭州，就鮑以文氏借得是書，乃四明樓攻媿爲之訂正以付其子訒所開雕者。卷分上下，其上卷則以法書刊誤兩卷置諸首，其下卷之末則併他人之文爲長睿作者皆聯綴之，不別標以附錄之名。余謂法書刊誤當別出，餘者乃爲東觀餘論，其間或紀一時與友朋評論之語，或爲辨，或爲論，或爲說，或爲序跋，大抵審正金石，攷核藝文，頗班駮可喜，攻媿間爲指瑕，然亦不以掩其瑜也。書中多用古字，其商山觚圜觚說有云'與圭卪相爲用'，'卪'古'笏'字，見說文，又見穆天子傳，傳寫之誤，離'卪'爲二，又以下'曰'字爲'日'字，川本遂去此句。此本不然，但注其下云：姑留以待知者。此深得闕疑之義，凡傳古人之遺文者，當以此爲式，不可以己所不知而遂謂世無知字。使去其文，則雖知其文義之不接續，亦不能以意增矣。余前所鈔錄者目爲長睿題跋，今既灼然知爲東觀餘論，但以物力之不裕，不復棄前之所鈔，而就爲補其首尾，使成全書，雖小不整齊，無害也。是年十月既望後二日，東里盧文弨弓父書。"後跋

"乾隆戊戌歲孟冬朔，東里盧紹弓父閱於王氏之可怡亭，時久雨求晴，余與友朋皆蔬食。"上卷末

"乾隆四十三年二月六日，姚江盧文弨弓父於金陵之寓齋手校。"在長睿題跋後

"戊戌九月晦閱。自十八日雨，至今日中間惟兩日暄耳，米斗至二百六十錢，禾方秀而早霜，故不成實，今日有傳湖州八月初已降雪者，閭里將若何！"下卷末

"嘉慶癸酉八月，從錢塘錢懷清肆中得之，戊寅四月四日讀竟，晚聞手記。"（余藏。）

程氏演繁露十六卷 宋程大昌撰　存卷一至十，計十卷　　△九六〇八

宋刊本，十一行二十一字，白口，左右雙闌，版框高七寸三分，寬五寸，版心下方間注刊工姓名。首秘書省書繁露後，次淳熙乙未跋十行，下連本文。後有淳熙庚子正月程大昌跋。

藏印如下："宋本"朱、"顧千里經眼記"朱、"平陽汪氏藏書印"朱、"文琛"白、"蔣揚孫收藏印"、"民部尚書印"朱、"汪士鐘印"白。（乙亥五月見。）

忠謨謹按：此書有跋，收入藏園羣書題記三集卷三。

程氏演繁露十六卷續集六卷 宋程大昌撰

明嘉靖三十年程焞刊本，十一行二十一字。前嘉靖己酉餘姚陳塏序，次淳熙庚子程大昌自序，次秘書省書繁露後。本書首葉第三行題"孫焞校刻"後有淳熙辛丑泉州教授陳應行跋，又俞成跋。續後有嘉靖辛亥族裔孫焞跋。

鈐有"周亮工印"白、回文、"衡齋藏書"白、"新安戴氏家藏"朱各印。（余藏。）

忠謨謹按：此書有跋，收入藏園羣書題記三集卷三。

程氏演繁露十六卷續集六卷 宋程大昌撰　　　　△一八七

明萬曆四十五年鄧渼校刊本，十行二十字。首序，淳熙庚子正月新
安程大昌寓吳興書，序前結銜題"宋龍圖閣學士宣奉大夫權吏部尚
書新安程大昌著"，次本傳，次目録。續集後有嘉定庚辰十月既望男
覃跋，嘉靖歲次辛亥夏六月既望族嗣孫煦跋。

鈐印列後："濟陽經訓堂查氏圖書"、"查白華"、"櫨子穆甫秘笈之
印"、"查子穆閱過"、"子穆流鑒所及"、"古猷州查子穆藏書印"、"涇
川櫨氏紫藤華館藏書之印"、"穀芳手校"、"小萬卷書樓"、"南湖袁氏
之書"、"五峰朱氏收藏"、"酉山手校"、"松森居士家藏"、"莫友芝圖
書記"、"莫彝孫印"、"莫繩孫印"。

按：此建武鄧渼重刻程煦本，渼言得其本於謝耳伯，因刻置文遠堂以
貽同好。惟展轉傳鈔，沿訛襲謬，而脫誤滋甚，視嘉靖本乃大不如。
顧嘉靖本既不易見，此書流布乃端賴此一線之延，故近代藏家如瞿、
丁諸家皆以著録，知此陋本亦幾稀如星鳳。此書近世藏莫邠亭家，
余得之蘇估柳蓉村手，書中鈐印纍纍，蓋前人咸以珍秘視之矣。

忠謨謹按：此書有跋，收入藏園羣書題記三集卷三。

程氏演繁露十六卷 宋程大昌撰　存卷一至八

明萬曆四十五年鄧渼刊本，十行二十字。舊人以朱筆校宋本。卷四
寢廟游衣冠條後補"旌節"、"梅雨"、"佛骨"三條，計四葉半。（涵芬樓
藏，丁巳獲見。）

程氏演繁露十六卷續集六卷 宋程大昌撰

明萬曆四十五年鄧渼刊本，十行二十字。毛扆校宋本，並鈔補各條，
甚精。（涵芬樓藏書。己未）

程氏演繁露十六卷續録六卷 宋程大昌撰　存卷一至十，餘抄配

明姚咨寫本，十行十八字。鈐有"茶夢散人"、"姚舜咨手校圖書"白

文方印兩方。有跋録後：

"康熙辛丑假馬寒中宋本校。馬爲查編修夏仲所贈，查得之吉水
李氏。當宗伯列顯日，蔣學士揚孫下第滯京華，貧窶不振，出其囊
中宋板書三百餘册求售。吉水聞而取之，索直不得，攘而據有，揚
孫幾不能還。今其子孫用以媚巡撫。夏仲在彼地修省誌，其巡撫
所不爲貴者，查編修因得乞數十本歸，就中檢殘編，寒中因得借校
也。十一月十六日仲子記。"

"查編修乞得之本所知者爲新唐書糾繆、唐書直筆，所見者殘本育
德堂外制三册、一至五。育德堂奏議二册。三至五。外制、奏議既贈
寒中，寒中以七金售同門友李秉誠。秉誠先有奏議第一第二暨六
七八卷，今爲全本矣。"

按：此跋何義門之弟仲子所記，原本爲茶夢散人所藏，益足貴矣。卷
一首載秘書省書繁露後，然後接牛車一條，予所藏嘉靖族孫煦刻本
及建武鄧渼刊本皆不如是也。據仲子所校第六卷稱，宋本半葉十一
行，行二十字。(濰縣高翰聲遺書，蕭星齋送來閲者。　戊午)

程氏演繁露十六卷續集六卷 宋程大昌撰

舊寫本，版心有"知聖道齋鈔校書籍"八字。跋録後：

"借春秋繁露以自名其書，固屬誤見。且其中或騖遠遺近，事出正
經，無煩紀録者。高似孫演繁露詰惜其書不存。宋末言博學者以
王伯厚、程泰之並稱，是書視困學紀聞遠甚，大約其學博而寡要，
其議論廣而不堅，於考證中時墮類書窠臼，分別觀之，亦責賢者備
之意耳。戊午仲春，以天禄琳琅宋本校一過，間有鄙見注於上方，
身雲居士并識"。

此書余曾臨毛斧季校宋本，補萬曆本脱文甚多，兹本與毛校多同，洵
足貴也。藏園附志。(文禄堂送閲。丁卯)

程氏演繁露續集六卷 宋程大昌撰

明寫本,十行二十二至二十五字不等,末卷題云"乾隆壬寅八月廿七
日校讀一過,南匯吳省蘭。"

鈐有石研齋秦氏印、"秦伯敦父"、"秦恩復印"、"吳省蘭印"、"穉堂"
各印。

按:此本余校過,補脱文十四條。(涵芬樓藏書。丙寅)

程氏演繁露續集六卷 宋程大昌撰

舊寫本,十一行二十字,遇宋帝空格,宋諱注某宗諱或御名。　鈐有
"小李山房"、"柯溪藏書"兩印。(己未夏得於杭州抱經堂。)

緯略十二卷 宋高似孫撰　　　　　　　　　△七五三八

明王肯堂鬱岡齋寫本,烏絲闌格,十一行二十二字。影宋寫本。(盛
昱遺書,余壬子歲收得,讓與涵芬樓。)

緯略十二卷 宋高似孫撰

舊寫本,十二行二十二字。有朱筆校。(涵芬樓書,丁巳見。)

野客叢書三十卷附野老紀聞一卷 宋王楙撰

明嘉靖四十一年王穀祥刊本,十行二十字,版心下方記刊工姓名。
每卷第二行題"明吳江吳師錫較。"目後有"長洲吳曬書""黄周賢等
刻"小字二行。後附王先生壙銘,郭紹彭撰。又嘉泰陳造跋,又皇明
嘉靖四十一年十世孫穀祥刻書跋。(余藏。)

忠謨謹按:此書有跋,收入藏園羣書題記三集卷三。

履齋示兒編二十三卷 宋孫奕撰　　　　　　△二一七四

明滎陽潘膺祉如韋館刊本,九行十八字。　前有開禧紀元自序,又
李維楨題辭。其後尚有膺祉跋,此本失之。(余藏。)

忠謨謹按:此書有跋,收入藏園羣書題記續集卷三。

履齋示兒編二十三卷 宋孫奕撰

明棉紙藍格寫本,八行二十四字,版心有"雪晴齋抄"四字。　彭元
瑞跋録後:

“是書說經多尚新解，說詩文多科舉之學，獨於六書最深，採摭極博，多根據於許氏說文、陸氏釋文，故援據頗正。暇日瀏覽，間以淺陋所省記者附注，以示諸孫。知聖道齋識，乾隆乙卯七夕。”

鈐有“邵仲子”白、“彭之椿”朱二印。(徐梧生遺書。癸酉)

履齋示兒編二十三卷　宋孫奕撰　　　　△八二二七

舊寫本。清顧廣圻手校元本，有跋錄後：

“右宋劉氏學禮堂刊本，己卯十月閶源汪君見示，且云錢遵王記字說闕文六條，似與此本不全合。予按姚舜咨所鈔空六行，蓋錢本亦然，核之此本，乃複衍三行又太半行，因鈔者始改每條提行，故爲六行也，又因其複衍而不復寫入，故爲缺文也。鈔本通部行欵與刻差殊，非獨潘方凱板不循舊格，遵王既未見此刻，宜所言之不諦矣。向在辛未歲，鮑以翁開雕是書，爲余據姚鈔所校，今乃獲重讀一過，訂正如此類者寔多，惜以翁久遊道山，弗及再加商榷也。宋刊本每半葉九行，每行十九字。　嘉慶己卯借汪閶源所藏劉氏學禮堂刊本校正，後人寶之。千里記。”

“辛未年再讀一過，新得諸條撰爲鮑氏刊本重校補存弆底稿，足當世間此書第一部矣。思適居士。”朱筆。

鈐有“包子莊藏印”、又“陳貞蓮書畫記印”、“咫進齋印”。(戊午)

學齋佔畢四卷　宋史繩祖撰　　　　△七五四一

明寫本，十二行二十字，從宋本出。　序及本書前半葉顧廣圻手寫補足。有顧廣圻、黃丕烈跋。(涵芬樓藏書。己未)

朝野類要五卷　宋趙昇撰

明紅格寫本，十行二十字。題“文昌趙昇集錄”。有端平丙申重九文昌趙昇向辰序。(癸丑)

朝野類要五卷　宋趙昇撰　　　　李□五二八六

舊寫本，十行二十字。四庫館底本。　鈐有“惠定宇手定本”朱、“紅

豆書屋"、"惠定宇"三印。又有許氏堪喜齋書畫印二印。（德化李木齋
先生遺書。癸未）

朝野類要五卷　宋趙昇撰

舊寫本，墨格，十一行二十四字。鈐有平江黄氏印。又一部，九行十
八字。有竹垞、開萬樓、蕘圃藏印。

僧害四卷　明吴興顧應祥撰

明嘉靖萬曆間刊本，半葉十行，行二十字。題吴興顧應祥撰。應祥
字惟賢，弘治乙丑進士，官至南京刑部尚書。卷二至四題爲中國奉
佛源流，皆引列史事迹而略加論斷於後，自漢明帝起至元後至元止，
以見人主奉佛之無益，且因之致禍亂也。此書殊罕見。（己卯十二月。）

丹鉛總録二十七卷　明楊慎著

明萬曆刊本，十行二十字。題"江都陸弼無從校訂"，十四卷以後題
"新安汪宗尼仲逸校訂"。卷首有戊子秋仲禾郡錢秉農點批。

鈐有"鄧汝功"白、"朋來"朱二印，又朱木記二方，文曰："崇禎辛未夏
日行人冒起宗閲"、"崇禎辛未夏日行人金光宸閲"。

按：錢秉農名馼，又名士馨，平湖貢生。著有賡笳集，甲申傳信録。
批語於升菴糾正及補益甚多。冒起宗如皋人，崇禎進士。監軍河
南，備兵嶺西，調湖南寶慶副使，著拙存堂經質及史括。金光宸字居
垣，全椒人，崇禎進士。擢御史，巡按河南，官至僉都御史。

讀書劄記四卷　明徐問志撰

明刊本，十行二十三字。　有嘉靖甲午自序，刻甚精好。

掌雋四册不分卷

明寫本，亦纂録考訂之類。　鈐有"友竹軒"、"雪苑宋氏蘭揮藏書
記"諸印。（己巳）

餘菴雜録三卷　明陳恂撰

舊寫本，九行二十一字。題"明海鹽陳恂子木著"。皆考證經史百家

之言。　　鈐有翰林院官印。（遼雅齋書，已録副，丙子九月七日。）

日知録八卷譎觚十事一卷 明顧炎武撰　　　　　△二五二四

清康熙九年自刻本，共一百十六條。　　前有自序十二行，仿顏書。
目前有小引四行。　　以道光黃氏本校之，各條文字後刻者多所增
潤。

鈐有四明盧氏抱經樓藏書印。（余藏。）

忠謨謹按：此書有跋，收入雙鑑樓藏書續記卷上。

夢航雜綴一卷 崑山葛萬里逸父撰

寫本。首記明人別號，次姓名易混及誤刻者，次釋古書各種命名之
意。（繆氏藝風堂藏書，已傳録。庚午）

以上雜考

世說新語八卷 劉宋劉義慶撰

明萬曆刊巾箱本，版高四寸弱，寬二寸八分。　　前有丙申仲夏渤海
吳瑞徵仲庚序，末卷尾標題下有“長洲章扞寫刻”小字一行。前有董
弅題，後有陸游題。（己巳）

世說新語注三卷 劉宋劉義慶撰 梁劉孝標注 叙録一卷 宋汪藻撰 考異
一卷人名譜一卷

宋刊本，版匡高七寸一分，橫四寸九分，半葉十行，每行二十字，間有
多至二十三字者，注雙行同，白口，左右雙闌。版心中記世說幾，下
記葉數及刊工姓名，有方通、楊明、宋道、楊思、江泉、方逵、劉寶諸
人。避宋諱至構字止，慎字不避。字仿歐體，方整古雅，是杭本風
範。每卷次行題“宋臨川王義慶撰”，三行題“梁劉孝標注”，均下空
四格標每類題目。

後附叙録一卷，下題“汪藻”二字，次考異一卷，次人名譜一卷，次書
名一卷，書名今已佚，茲將譜中所列二十六家詳録于左。其式自一
世以至十餘世，皆列表橫排，頗便觀覽。

太原晉陽王氏譜六葉　琅琊臨沂王氏譜十九葉　陳國陽夏謝氏譜八葉　泰山南城羊氏譜四葉　潁川鄢陵庚氏譜五葉　潁川潁陰荀氏譜六葉　陳郡陽夏袁氏譜六葉　河南翟褚氏譜四葉　河東聞喜裴氏譜四葉　陳郡長平殷氏譜四葉　會稽山陰孔氏譜四葉　陳留圉江氏譜四葉　吳郡陸氏譜五葉　弘農華陰楊氏譜三葉　陳留考城蔡氏譜三葉　譙國龍亢桓氏譜六葉　南鄉舞陰范氏譜二葉　廬江何氏譜二葉　潁川許昌陳氏譜三葉　太原中都孫氏譜二葉　河東安邑衛氏譜二葉　會稽山陰賀氏譜二葉　高平金鄉郄氏譜二葉　北地傅氏譜三葉　吳國吳郡顧氏譜五葉　陳留尉氏阮氏譜三葉。

此後又列無譜者二十六族三葉。

收藏有"睢陽王氏"朱文大印、審其印式當是元以前人印，又有"金澤文庫"正書墨印。

按：此本與日本帝室圖書寮所藏相同，均紹興間嚴州官本，第彼本斷爛漫滅處甚多，不及此本之精湛，且叙錄、考異、人名譜各卷爲寮本所無，則尤足珍也。（日本前田氏尊經閣藏，己巳十一月十四日觀。）

世説新語注三卷　劉宋劉義慶撰　梁劉孝標注

宋嚴州刊本，半葉十行，每行二十至二十三字，白口，左右雙闌，版匡高七寸，寬五寸。版心上記"世説幾"，下記刊工姓名，可辨者有沈定、李玉、宋通、宋道、方通、方達、楊明、陳皓、鄭春諸人。間有補刊之葉。書分上、中、下三卷，不似明本之每卷又分析上、下。　鈐有"金澤文庫"楷書墨印。

按：此書余十年前曾在李椒微師盛鐸座中得覩影片，輩訝爲北宋本。今詳檢之，避諱之字自敬、讓、殷、朗、匡、胤、以至桓、構爲止，則爲南渡初刊審矣。前田侯邸尊經閣別藏一帙，同爲一刻，第印本較前，視此更爲精湛，且多附錄四種，別紙詳記之。（日本帝室圖書寮藏書，己巳十一月十一日觀。）

世說新語注三卷　宋劉義慶撰　梁劉孝標注　　　　△一九二

明嘉靖十四年袁褧嘉趣堂刊本，十行二十字。首行題"世說新語卷上之上"，次行題"宋臨川王義慶撰"，次行題"梁劉孝標注"。卷尾有"嘉靖乙未歲吳郡袁氏嘉趣堂重雕"一行。　前嘉靖乙未袁褧刻書序，次目錄，目後高氏緯略一則。後有紹興八年廣川董弅題，又淳熙戊申陸游跋語。（余藏）

世說新語注三卷　劉宋劉義慶撰　梁劉孝標注

明嘉靖十四年袁褧嘉趣堂刊本，目後加篆文牌子二行，文曰：

萬曆丁卯夏且月

趙氏野麓園重校

清何焯據宋刊本校勘，有跋：

"康熙庚子五月借蔣子遵校本略加是正。子遵記其後云：'戊戌正月得傳是樓宋本校，淳熙十六年刊於湘中者，有江原張縯跋，舊爲南園俞氏藏書，有耕雲俞彥春識語，上黏王履約還書一帖，雖多訛脫，然紙墨絕佳，未知放翁所刊原本視此何如也'。并抄之，使餘兒知所自來。老民孟公書。"

鈐有"震巖老人"、"天累子孫"、"漢留侯裔"、"原名拱端字孟公"、"閒居閽"、"烟霞洞天圖書"、"張弓之印"、"引六興機"、"逸民徒"各藏印，皆張氏印也。又有"秦伯敦甫"、"石硯齋秦氏印"二印。（羅叔言藏書。己未）

世說新語注三卷　劉宋劉義慶撰　梁劉孝標注　卷各分上下

明嘉靖四十五年太倉沙溪曹氏重刊袁褧刊本，十行二十字。宋諱不避。目後題"太倉沙溪曹氏重校"一行。（乙卯）

世說新語注六卷　劉宋劉義慶撰　梁劉孝標注

明刊本，十行二十字。宋諱缺筆。直分六卷。視其雕工當在嘉靖末葉。（乙卯）

世說新語注三卷 　劉宋劉義慶撰　梁劉孝標注

明萬曆王世懋刊本，九行二十字。　　有吳騫跋，謂勝於袁褧刊本。
（乙卯）

世說新語姓彙韻分十二卷

朝鮮活字本，十行十八字。

此書取世說及王世貞世說補取其人之姓以韻分編。如卷一爲東、董、冬、宋、江、支、紙、寘、微等韻，而以各人隸之。割裂竄亂，可謂無知妄作矣！記以示戒。（壬午）

唐國史補三卷 　唐李肇撰

影寫宋刊本。　　鈐有毛氏汲古閣印。

按此書自津逮祕書本外未見古刊。余取津逮本對勘，字體頗有不同，而文字乃少所更定，惟卷下“內外諸使名”一條團練司使下，增二十字，按之寫本正脫一行。（庚申歲獲之蘇估王茂齋手，後爲蔣孟蘋持去。）

忠謨謹按：此書有跋，收入藏園羣書題記初集卷四。

唐世說新語十三卷 　唐劉肅撰

明刊本，大字，八行二十字。題“瑯玡王世貞校”。（己未）

大唐新語十三卷 　唐劉肅撰　存卷一至六　　　　　李□二二一

明寫本，棉紙藍格，十一行二十四字。　前有劉肅自序。

鈐有：“茹古齋藏”、“潛川洪軾澂藏書”二印。

按：此書余嘗借校，改正稗海本四百餘字。（李木齋先生遺書。）

忠謨謹按：此書有跋，收入藏園羣書題記三集卷三。

明皇雜錄上下卷 　唐鄭處誨撰　　　　　　　　李□五二三三

清乾隆四十七年紀御調鈔本。（德化李氏舊藏。癸未）

松窗雜錄一卷 　唐李濬撰

明顧元慶陽山顧氏文房小說本，十行十九字。末有“嘉靖辛卯夷白齋重雕”小字二行。耳上有“陽山顧氏文房”六字。

雲谿友議三卷　唐范攄撰

明刊本，十行十九字，版心有刻工一二字。卷首目錄接本書。

此書寫刻精雅，極似劇談錄，疑爲同時所刻。由蘇州來青閣楊壽祺手取來一閱，蓋天一閣遺書，渠藏之不願示人也。（辛酉）

雲谿友議三卷　唐范攄撰

舊寫本，十一行二十二字，注雙行同。　封面鈐有拜經樓凸花大圓木記。（癸丑）

雲谿友議三卷　唐范攄撰

清抄本。與稗海本微有不同，稗海無標目，此本有之。　鈐有"松陵任辰蘋香藏書"圖章。（丙辰。余藏）

雲溪友議十二卷　唐范攄撰

明棉紙藍格寫本，十一行二十三字。前有目錄，每事以三字爲題，凡六十六事。鈐有天一閣朱文印。（上海中國書店寄來，癸酉二月二十五日。）

雲溪友議十二卷　唐范攄撰　　　　　李□一四〇

新鈔本，似繆氏藝風堂所鈔，七行十八字。　後有東吳柳僉跋，又有嘉靖乙未仲冬吉菴王良棟錄藏一行。又繆氏跋二則：一曰"癸丑借勞季言鈔本任蘋香校本再閱，藝風"；一曰"癸卯六月用商本校畢。"柳跋錄後：

> "唐賢小説家若雲溪子友議最可觀者，攄子七歲能詩，世傳家學，見郡閣雅談。兹本傳約齋俞先生家藏本。後迺九霞飛卿得宋刻本，止三卷，上中下三編者。洞庭山人陸元大借校，因其訛舛，反戻予本，予將參校同異。嘉靖庚寅稍愈，因置二本，力疾重錄一過，俞本爲佳，陸本次之，是知金根魚魯在宋已然，覽者自得之矣。東吳柳僉謹志"（李木齋先生遺書。辛巳）

南北史續世説十卷　唐李垕撰

明萬曆安茂卿刊，萬曆三十七年俞安期蓼蓼閣重修本，十行二十字。

卷九目下注云："已下篇目係續添，共四十七門。"題"瀧西李垕撰"，
與阮氏進呈目不同。　　前有俞安期序，録後：

"劉宋臨川王撰世説新語盡於兩晉。唐宗室李垕續之，始於劉宋，
終於隋，其目一循臨川之舊，益其博洽以下者十，通爲十卷。片語
微辭，標新旅異，澹而旨，簡而豐蔚，誠足雁行臨川矣。梁谿安茂
卿世藏宋之刻本，取傳堅黎，刻既竟，見其字且多訛，條落亦溷，尚
俟手校印發，逡巡年餘，溘先朝露。余過諸孤，已爲蠧蝕者幾半。
痛良友之早逝，惜是書之久湮，遂載其蠧餘，行求全本，冀足成之。
既越三年，頃得之焦弱侯太史，始補其闕，訂其訛，截其條落，遂成
完書，亦藝林快覩矣。按是書唐志既不經見，而趙宋經籍考及馬
氏通考所列續世説爲孔平仲所撰，自宋以至五代，非垕若也。何
元朗撰語林既非本此，而文太史叙之亦不及見。王弇州兄弟酷嗜
世説，合語林而詮補之，弇州之序至謂六朝諸君子持論風旨寧無
一二可稱，似憾世無續者而功元朗。夫唐宋之志備厥世典，文、
何、王三公博極羣籍，咸不知有是書，是書豈鑿空而贋造之耶!?
余往見茂卿未傳堅黎之本，刻既精工，紙色古闇，中有諱字，其爲
宋本無疑，今兹翻本尚有宋刻典型可望。條落揉溷，是必唐宋以
來轉轉傳寫，當連而斷，當斷而連，舛錯謬誤一至于此。由是觀
之，斷非近時鑿空贋造者矣。臨川爲宋室近葉，垕亦唐之本支，其
續之本懷蓋有所興託乎？萬曆己酉秋七月震維俞安期謹識。（蘇
州來青閣送閲。己未）

摭言十五卷 五代王定保撰　存十卷

明寫本，棉紙藍格，十一行二十二字。　鈐有天一閣朱文印。
攷刻本凡十五卷，此鈔本乃自卷六至十五，尚缺前五卷。（乙亥三月借
校。）

唐摭言十五卷 五代王定保撰　　　　　△一一三四五

舊寫本，九行二十字。前有嘉定辛未柯山鄭昉跋，王世禎跋，皆宋蘭

揮笻所手録。卷中朱校皆宋氏筆，末有蘭揮跋，録後：

"'唐重科目，舉錯分殊，有國史未具析者，藉王氏摭言小大畢識，後代得聞其遺制。奈流傳者寡，又爲末學所删，存不及半。是編一十五卷，獲之京師慈仁寺集，乃足本也。卷尾有柯山鄭昉跋，稱嘉定辛未刊于宜春郡。吳江徐電發近録棠村相國所藏，與此本略同，當就其校讎訛字發雕焉。秀水朱彝尊竹垞識'。雪苑宋蘭揮録于京師，時己亥花朝前一日。柯山跋未及鈔，容爲補入。"

"此書錯誤甚多，惜無刻本可對勘，即各條中有重出及前後倒置者亦不能盡改。戊子八月望前十日龍藻識。"

鈐有"友竹軒"、"雪苑宋氏蘭揮藏書記"、"宋筠"朱、"蘭揮氏"白等印。（徐季孺藏書，己巳二月廿六日收。）

唐摭言十五卷 五代王定保撰　　　　　　　△二一五九

舊寫本。厲鶚校，勞權識語，録後：

"乾隆甲子冬十一月在廣陵以叢書樓本校定數本，其疑者闕之。厲鶚記。"

"道光丙午十月朔，從吳山寶書堂購。丹鉛精舍主人勞權手識。"

（余藏。）

開元天寶遺事二卷 五代王仁裕撰

明寫本，九行十八字，首卷次行題"建業張氏銅板印行"一行。（涵芬樓藏書。己未）

金華子二卷 南唐劉崇遠撰

日本人抄本。　有清末王韜校跋。（繆氏藝風堂遺書。壬戌）

南唐近事二卷 宋鄭文寶撰

明刊本，十行十八字。　似是嘉靖時叢書本，竢再考之。（蟫隱廬書，已收。丁巳）

南唐近事三卷 宋鄭文寶撰

舊寫本。　有四明盧氏抱經樓藏印。（古書流通處送閲。壬戌）

北夢瑣言二十卷 宋孫光憲撰　　　　　　△一九九

明萬曆刊本,十行二十字。題富春孫光憲纂集,條條皆有題目。

按:此書頗罕見。余取吳兔床騫舊藏寫本校之,補正數百事。其最謬者爲卷二十,凡十一條,其文與他本無一合者。蓋原缺卷二十,萬曆本乃陰割卷十之半以補之。明人刻書之謬往往如此,不足怪也。

北夢瑣言二十卷 宋孫光憲撰

明寫本,十行二十字,版心有“賜書樓”三字。

鈐有四明盧氏抱經樓印,又璜川吳氏印。

“北夢瑣言唯記唐一代之逸事,亦足以參訂正史之缺。伯寅父養疾山房,凡稗官小說靡不課寫校勘,余因時披覽,殊可喜也。萬曆元年冬月俞允文記。”(乙亥三月)

北夢瑣言二十卷 宋孫光憲撰

舊寫本,十一行二十二字。　　唐翰題跋如後:

“北夢瑣言雅雨堂叢書曾刻之,此舊鈔二十卷爲海寧楊氏故物,卷端有大圖記。歸拜經樓後有朱文七字印及‘小桐溪上人家’、‘南樓故籍’諸印。紙墨古雅,書法歐王,兩手皆極工,未入題跋記。庚午八月八日重檢記。”

“此舊鈔第二十卷之目尚是原本,若盧氏所刻叢書已非真面目,蓋別本傳錄其文,因儗議爲之耳。次日又記。”

藏印錄後:“海寧楊氏崫木藏弄翰墨圖書傳之有緒”、“宋本”、“乙”、“兔床”朱白文、“小桐溪上人家”白文大長印、“南樓書籍”朱方、“拜經樓吳氏藏書”、“賨需通”朱、“露鈔雪購”白方、“紅藥山房收藏私印”、“鶴安校理秘籍”、“翰題讀過”、“質肅公孫翰題印長壽”白小方、“新豐鄉人庚申已後所聚”朱文長。(癸酉九月三十日記)

按:余嘗取此本校明萬曆本及清盧見曾雅雨堂本。雅雨本卷二十各條文字與此本合,然每條標目則迥異。蓋盧氏據葉石君樹廉本入木,葉跋稱吳方山岫本原缺卷二十,盧氏以稗海本補之,稗海本原無標題,遂以意補之,俾全書體例畫一,豈料其與原本之格格不入耶!藏園。

忠謨謹按:此書有跋,收入藏園羣書題記初集卷四。

賈氏談錄一卷　宋張洎撰

舊寫本。後附胡珽、勞格校記。　全書三十一事。

按:此書洎自序稱偶成編綴凡三十一事。然世傳各本類說十七事,說郛九事,四庫本二十六事,均不全。此獨完然無缺,補正逸字奪文顛倒失次者尚所不計,其佳處遠出四庫本之上。別爲跋詳之。(余藏。)

忠謨謹按:此跋收入藏園羣書題記續集卷三。

洛陽搢紳舊聞記五卷　宋張齊賢撰　　　　　　△二七六三

明穴硯齋寫本,十二行二十字。(翁嵲夫藏書。乙卯)

涑水紀聞二卷　宋司馬光撰

明寫本,藍格,九行二十六字。　與聚珍本文字多不同,天一閣舊藏,今歸王鴻甫,以聚珍本校于上方(文祿堂送閱。丁卯)

涑水紀聞二卷　宋司馬光撰

清初寫本,十行二十字。　次第與聚珍本不同,文字亦多異。藝風似有校記。　鈐有謙牧堂藏書印記。(繆荃孫氏藏書,辛酉見。)

涑水紀聞八卷　宋司馬光撰

舊寫本。陳鱣舊藏,有圖象。　後題"甲申祭書日永明周鑾詒獲觀",并云此書舊在何子愚京邸,因被火,藏書略盡,惟此獨完。

按:聚珍本已改併删削,此故可貴。(壬子)

涑水紀聞十六卷　宋司馬光撰　存卷八至十,凡三卷

清寫本,九行廿一字。　鈐有"小山堂書畫印"朱文方印。(甲子)

澠水燕談錄□卷　宋王闢之撰

清彭元瑞藏寫本。　　分卷與鮑以文刊本異，據云係影抄宋本。（王鴻甫藏書。甲寅）

澠水燕談錄十卷 宋王闢之撰

舊寫本，九行二十一字，藍格，版心有"漱六軒藏本"五字。

"稗海所刻澠水燕談錄十卷缺第十卷談謔一則，以第四卷分作兩卷，符十卷之數，又缺序目，非足本也。是册乃虞山趙清常家藏本，前有王聖塗自序，同年進士滿中行題語。其第十卷從宋雕錄出，餘各卷較稗海又多三十一條，粲然完備，亦可喜也。癸丑季春雨牕，李北苑題於京邸之鷗舫。"

鈐有"國子監祭酒王懿榮印"、"湛華閣藏書印"。（董廉之送閱。）

歸田錄二卷

明活字本，十行十七字。（見于繆藝風所。癸丑）

青箱雜記十卷 宋吳處厚撰

舊寫本，十行二十字，從宋本出。

有黃丕烈跋，云出自小讀書堆。（徐乃昌氏積學齋藏書。）

龍川略志六卷別志四卷 宋蘇轍撰

宋刊宋印本，半葉十一行，行二十二三字，細黑口，左右雙闌。刊工有楊儀、吳祐、何澄、仝一、陸祐、朱信等。鈐有曹棟亭寅藏印。（吳門顧鶴逸麐士藏書，壬子二月十一日觀於顧宅。）

此書余已影刊，收入蜀賢遺書十二種中。

忠謨謹按：此書別有跋，收入藏園羣書題記續集卷三。

續世説十二卷 宋孔平仲撰

景寫宋刊本。　　後有沅州公使庫補修工價紙張用錢數目。有紹興二十七年右迪功郎沅州司法兼監庫使翁灌册等五人銜名。

續世説十二卷

舊寫本，十行十八字。目後有臨安陳道人書籍鋪刊行牌子。（涵芬樓

藏書。己未）

孫公談圃三卷 宋劉延世撰

舊寫本，十行二十字。卷中遇宋帝空格。

余嘗取校稗海本，可補脫漏甚多。

孫公談圃三卷 宋劉延世撰

清初寫本，十二行二十一字。　鈐有揆叙謙牧堂藏印、禮邸藏書印、韓氏玉雨堂藏印。（壬子）

甲申雜記一卷聞見近錄一卷 宋王鞏撰　　　△一一三四六

宋刊本，半葉十行，每行十九字，白口，左右雙闌。版心記"雜記"、"聞見錄"，上記字數，下記刊工姓名，可辨者有況天祐、余志遠、興宗三人。構字注御名，慎字亦缺末筆。

甲申雜記卷首鈐"文淵閣"朱文大印，又有"寶勤堂書畫印"、"方功惠藏書之印"、"巴陵方氏收得古刻善本"、"巴陵方氏玉笥山房"、"巴陵方氏珍藏秘笈"、"宗室文慤公家世藏"諸印。

按：此書刀工雅近豫章，刊工況天祐又見余藏宋慶元間周必大刊文苑英華，則或是吉州刊本。取校學海類編本，甲申雜記改定三十字，聞見近錄改定一百五十字。甲申雜記中又補入紹聖初余謫榮州一條，凡一百七十二字。（余藏。）

湘山野錄三卷 宋釋文瑩撰

舊寫本，九行十八字。　鈐有"嘉蔭簃藏書記"朱文印。（辛未三月文友堂見。）

東軒筆錄十五卷 宋魏泰撰　　　△一一五二四

明嘉靖三十四年沈敕楚山書屋刊本，九行十九字，板心上方題"楚山書屋"四字。　前有元祐九年上元日臨漢隱居魏泰自序。後嘉靖乙卯義興楚山子沈敕跋，卽刻此書者。　鈐有"樸學齋"、"讀易樓祕笈"、"董成大"、"曾爲吳仲懌所得"、"陽嘉室藏本"各印。（盧慎齋所收，

假來一校。癸亥)

默記一卷 <small>宋王銍撰</small> △二七五六

明穴硯齋寫本,十二行二十字。　清王芑孫跋。(翁弢夫藏書。乙卯)

默記一卷 <small>宋王銍性之撰</small>

清初寫本,十一行二十字。　鈐有謙牧堂藏書記及巴陵方氏藏印。
(壬戌)

默記三卷 <small>宋王銍撰</small> △七五七〇

清乾隆四十一年胡鳳苞寫本。　過錄朱文藻、鮑廷博、吳騫校。陳
鱣手校。朱、鮑二家用朱筆,吳校先用紫筆。繼用綠筆。陳用黃筆。
後錄葉樹廉、鮑廷博、朱文藻、吳騫跋。又陳鱣手跋二則。　鈐有
"讀史精舍"、"笏齋珍賞"、"武原馬氏藏書"各印。(涵芬樓藏書。己未)

唐語林二卷 <small>宋王讜撰</small>

明嘉靖二年癸未桐城齊之鸞刊本,十行二十二字,白口,四周雙闌。
有自序一篇。

有黃丕烈跋二則,後跋爲甲子六月六日,當是其孫美鏐所書。<small>兩跋皆見刻本。</small>又有周錫瓚跋,錄後:

"唐語林未見完本,見者齊之鸞所刻上下二卷爾。今假士禮居新
購舊鈔三卷校之,乃知刻本卽發源於鈔本,行歀字形一一相同,惟
改三卷爲二卷,以致分卷處有幾葉不對,間有改正誤字。明人刻
書妄改,往往如此。刻本有舊校者夾籤云:'李希烈前一葉缺,別
本上中下卷者亦缺二卷廿九號。'似刻本又有一本,或卽將三卷本
後改二卷。其首卷分門,'文學'二字獨細小,重添可見矣。余因
將分卷之葉重抄,兼補缺葉,細心校改,以復不全三卷之舊,而刻
本之五頁抽出者仍釘於後,著明刻妄改之非。黃跋述書之原委甚
詳,亦錄之以爲讀是書者考焉,時嘉慶甲子八月九日香巖居士周
錫瓚識。"

鈐有："建慶"朱、"明珠易得"、"張氏印章"、"文緒私印"、"字成化"、"汪鳴瓊印"、"靈鶼閣書"各印，又士禮居印、江標各藏印。(此書與麟原集均鄧秋枚所藏，蔣孟蘋持去。癸亥十月十一日記于上海。)

唐語林三卷　宋王讜撰

舊寫本，十行二十字。　有黃蕘圃跋二則，錄後：

"此舊鈔本唐語林三卷，一卷載德行、言語、政事，二卷載文學、方正、雅量、識鑒，三卷載賞譽、品藻、規箴、夙慧、容止、企羨、栖逸、賢媛，共十五門。以陳氏書錄解題、晁氏郡齋讀書志核之，蓋不全本也。陳云八卷，晁云十卷，在宋已有二本。明時百川書志亦云十卷，當是晁所見本。然後來藏書家罕有著錄。伏讀四庫全書總目云：明以來刊本久佚，故明謝肇淛五雜俎引楊慎語，謂語林罕傳，人亦鮮知。惟武英殿書庫所藏有明嘉靖初桐城齊之鸞所刻殘本，分爲上下二卷，自德行至賢媛止十八門。前有之鸞自序，稱所得非善本，其字畫漫漶，篇次錯亂，幾不可讀。審是則明所存者亦止此德行至賢媛矣。然云十八門，又云上下兩卷，其分門或係記錯，分卷乃經竄改也。四庫館雖以永樂大典所載參互考訂，總非陳氏所見八卷之舊。惟此三卷當是照宋鈔本，卷中有犯御名廟諱處皆缺其文，可爲確證。揚州書估携書數十種求售，苦無當意者，此本雖缺，實爲罕秘，以白金三兩四錢易之。今日天氣乍晴，礎潤皆收，垂簾北窗下午飯後書此。　蕘翁黃丕烈。時甲子六月六日。三卷通一百六十二番。"

第二跋前錄周錫瓚跋。前已錄過，不複記。末云：

"道光壬午初冬，漪塘先生以小通津山房詩文稿見示，屬爲載入新修郡志藝文門，因拜讀一過，見題跋中有此一則，其原本卽余家藏本也，緣錄於後，以見當時奇文共賞之心云爾。　蕘夫。　孫美鏐書。"(盛伯羲遺書，壬子五月中旬入都見。)

揮麈前録四卷後録十一卷三録三卷 宋王明清撰　後録存二卷，餘全

宋刊本，半葉十一行，每行二十字，細黑口，左右雙闌，避宋諱至廓字止。鎸工精美。

按：余嘗見宋本三録于吳門顧鶴逸麇士家，亦士禮居舊藏，前葉繪有黃丕烈小象，至堪雅玩。旋作緣歸之袁寒雲克文，今又轉歸南海潘氏矣。（日本靜嘉堂文庫藏書，己巳十一月十三日閲。）

揮麈第三録三卷 宋王明清撰　　　　　　　　△八六九四

宋刊宋印本，半葉十一行，行二十字，細黑口，左右雙闌。首卷次行署銜爲"朝請大夫主管台州崇道觀汝陰王明清"。

卷首有黃丕烈小像，翁方綱隸書題首。

鈐有黃氏士禮居、張氏愛日精廬、張氏小琅嬛福地收藏印。孫原湘跋。（顧鶴逸藏書，壬子二月十一日觀。）

揮麈前録四卷 宋王明清撰

明末汲古閣刊本。　　清張訒盦紹仁據宋本校過。（癸亥）

揮麈前録四卷後録十一卷三録三卷 宋王明清撰

明寫本，棉紙藍格，十行二十二字。語涉宋帝提行或空格。前録首有實録院牒文二道，慶元元年七月初八日牒後官銜四行，九月□日牒後官銜十一行。與汲古閣刊本同。每卷次行題銜"朝請大夫主管台州崇道觀汝陰王明清"。前録後有沙隨程迥可久跋、臨汝郭九惠跋、李賢良皇手簡、明清自跋淳熙乙巳。後録有明清自跋，紹熙甲寅。海陵王禹錫跋，三録後明清自跋。慶元初元吳陵官舍。

鈐有"白洋山人"朱、"聊自娛齋主人"白、"慈谿耕餘樓"白、"馮氏辨齋藏書"朱、又白文一，各印。（戊辰）

揮麈前録四卷 存卷三、四兩卷 後録十一卷餘話三卷 宋王明清撰
　　　　　　　　　　　　　　　　　　　　　　△七五七一

清初常熟毛晉汲古閣影寫宋刊本，半葉十一行二十字。　　鈐印録

後：

"宋本"朱、"甲"朱、"棟亭曹氏藏書"朱"毛晉私印"朱、"子晉"朱、"沈廷芳印"白回文、"椒園"朱、"菫齋收藏印"朱、"汲古主人"朱、"文公二十世孫"、"步沆之印"、"沁泉手勘"。

涵芬樓藏書，乙卯六月借勘。　沆叔。

揮麈録前録四卷後録十一卷 宋王明清撰

舊寫本，十二行二十三字。　前有淳熙十五年、慶元元年牒文，牒文連本書，式樣甚古。　鈐藏印三方，不可辨。（古書流通處送閱。壬戌）

玉照新志五卷 宋王明清撰

精寫本，十一行二十一字，空格。　前有王明清序七行，後有影鈔元人手跋：

"此書乃履素齋中物也，題籤則鄧先生善之手書，志文則慶長君之筆。余鬻之市肆，展卷一慨，遂題其後。旹至正庚寅冬十月，西河野民王貴和甫書於靜者居。"

鈐有"曾在汪閬源家"朱印。（戊午）

投轄録一卷 宋王明清撰

清寫本。　末有丁惠康朱筆校記小跋。（癸亥）

邵氏聞見録二十卷 宋邵伯溫撰

明藍格寫本，十行二十字。各卷鈐有"嘉靖己未進士夷齋沈瀚私印"朱文印。（乙卯）

忠謨謹按：此書有跋，收入雙鑑樓藏書續記中。

邵氏聞見録二十卷 宋邵伯溫撰　　　　　△八二五九

清寫本。陳仲遼增手校。前五卷以宋本校。宋本每葉二十四行，每行二十三字，原本爲錢磬室穀所藏。六卷以後以磬室手鈔本校。

此沈子封前輩曾桐藏書，余昔年曾得假觀，校于汲古閣本。今將出以求善價也。（庚午歲收得。）

忠謨謹按：此書有跋，收入雙鑑樓藏書續記卷上。

邵氏聞見録二十卷 _{宋邵伯溫撰} 聞見後録三十卷 _{宋邵博撰}

清何煌手校本。後録以述古堂鈔本校，二十卷以後改正無多。（涵芬樓書，丁巳見。）

聞見後録三十卷 _{宋邵博撰}　　　　　　　　　△七五七四

舊寫本，十行二十字。鈐有曹溶、潔躬印兩方。有黃丕烈跋，録如下：

"九月廿六日夜過五柳居，主人以此舊抄本見示，云新從嘉禾得來，書中有曹秋岳家圖記，信是也。余於聞見録有元人抄本，曾手校一過。若聞見後録，亦有職思居抄本，向以爲佳，今得此校，知此雖間有訛謬，然中多佳處，竟勝於職思居本，可見書非舊抄不可據也。原書部面多破損，急命工裝之，取繙閱而已，至異於職思居本者，悉標於職思居之上，此不復□，以存廬山真面目也。小春廿有六日，復翁識，時歲在甲戌。"

按：職思居本今在江南圖書館。　　沅叔志。（乙卯）

家世舊聞二卷 _{宋陸游撰}

明毛氏汲古閣刊本。　　後有何義門焯跋：

"放翁家世舊聞上下二卷，康熙辛卯春，余偶從雍熙寺西泠攤得之，袁永之家故物。汲古斧季十丈驚云：先人求之終身不得，何意近在郡城尚有完本！從余借傳，欲開雕而未果，此則止於掇拾叢殘耳。戊戌冬夜焯偶記。"

家世舊聞二卷 _{宋陸游撰}

明穴硯齋寫本。上卷六十四則，下卷四十九則。按：此書汲古閣刊本採自説郛，爲節本，此二卷足本，頗罕見。同年鄧君邦述藏穴硯齋寫本宋人筆記十數册，此其一焉。因借録副，刊入雙鑑樓叢書中。

桯史十五卷 _{宋岳珂撰}　存卷一至十，十三至十五，計十三卷，内卷七、八以明本補

配　　　　　　　　　　　　　　　　△七五七五

宋刊元明遞修本，九行十七字，黑口雙闌。　卷七八兩卷配明成化

十一年江沪刊本，十行二十字，黑口，四周雙闌。（蔣孟蘋藏書，甲寅六月

九日觀於上海。）

桯史十五卷 <small>宋岳珂撰</small>

明成化十一年江沪刊本，十行二十字，黑口。序三行題雲間陳文東

批點。卷中遇宋帝空格，闌上有批語。（倫明藏書。戊午）

桯史十五卷 <small>宋岳珂撰</small>

明翻成化十一年江沪刊本，十行二十字，白口，四周單闌。　前有岳

珂序。次行題雲澗陳文東批點，每卷標明若干則。卷中語涉朝廷皆

空格。其陳氏批語刊於眉上，間有小字列爲旁注。

按：此書原有成化十一年建安江沪序，言舊版刻于嘉興，脫落既多，

奉按廣東姑蘇劉公欽謨忽出善本，經陳璧文東先生批點，遂登諸梓

云云，此本失去。卷末附錄後亦有割裂痕。

鈐有“吳縣潘氏鄭盦藏”隸書朱印，各册簽題均潘祖蔭氏筆。（余藏。）

忠謨謹按：此書有跋，收入藏園羣書題記三集卷三。

愧郯錄十五卷 <small>宋岳珂撰</small>　　　　　　△七八九〇

宋刊本，半葉九行，行十七字，白口，左右雙闌，版心上方記字數，下

記刊工姓名。序末署嘉定焉逢淹茂梓於禾中。　鈐有徐乾學、英和

諸印。（海源閣藏。丁卯十月廿九日與葉玉虎赴津觀書，有勞姓者送閱，索三千五

百元。）

愧郯錄十五卷 <small>宋岳珂撰</small>

宋刊本，半葉九行，行十七字，白口單闌，版心上記字數，下記刊工姓

名。棉紙印。（四明盧氏抱經樓藏書。癸丑）

愧郯錄十五卷 <small>宋岳珂撰</small>　　　　　　△一一三四八

明萬曆間岳元聲、和聲、駿聲刊本，十行二十字。卷首次行署“十六

世孫岳元聲、和聲、駿聲訂”。（余藏。）

忠謨謹按：此書有跋，收入藏園羣書題記三集卷三。

愧郯錄十五卷 宋岳珂撰

舊寫本，十行二十二字。　前有岳珂自序。　收藏鈐有“蘭蕙”、“林白崖”二印。（庚午）

四朝聞見錄五卷 宋葉紹翁撰

清吳氏繡谷亭寫本，九行十八字。分甲至戊五集。

甲集尾有“雍正戊申花生日個庭意林讐校”，“乾隆癸未六月望太初校于池北草堂”二行。意林必趙氏，太初不知何人。視鮑刻差同，第字句小異耳。（丙寅）

溫公瑣語一卷　　　　　　　　　　△二一六三

清勞氏丹鉛精舍傳鈔明末山陰祁氏澹生堂本。勞權手校，並錄明姚咨識語：

“吳趨唐省元夢墨齋書也，偶得之遂錄一過。丙辰秋九月既望。”（余藏。）

漫堂隨筆一卷　　　　　　　　　　△二一六四

清勞氏丹鉛精舍傳鈔明末山陰祁氏澹生堂本。清勞格手校，並錄明姚咨識語：

“吳趨唐省元遺書中有漫堂隨筆一卷，所載多元祐間事，雜以幽冥報應尊桃神奇，余疑其怪誕，況值歲單雪甚，手凍皸不能運筆，祇摘其涉其倫理者書之。丙辰蠟月下旬皇山人姚咨錄。”（余藏。）

真率記事一卷　　　　　　　　　　△二一六五

清唐棲勞氏丹鉛精舍寫本。勞權手校並錄明姚咨識語：

“真率記事二十八則，中六則涉淫媟無俚之事，削而不錄，讀者詳之。丙辰秋重九後二日茶夢道人漫書。”（余藏。）

歸潛志十四卷 元劉祁撰 存八卷

舊寫本,九行十七字。　前有王士禎序。　鈐有"紅藥書莊"橢圓印、"于貳山字仲樽印"、"于秋溟家秘本"、"于氏東始山房"印記。（癸亥）

水東日記三十八卷　明葉盛撰

明正嘉間刊本,十行二十字,黑口,四周雙闌。

此本殊罕覯,似是閩中所刊。（余藏。）

水東日記三十八卷　明葉盛撰　　△一一三九四

明刊本,十行二十字,字體古雅而逸宕。　卷三十八末一行有識語,錄如下:

> "嘉靖甲寅仲秋既望,吳郡後學吳邑庠生王玉芝謹志"。後鈐"國祥之印"朱、"臨頓里人"朱、"曼翠軒主人"、"自燕徙吳"、"東吳長洲臨頓里人太原王玉芝國祥圖書"白、"臨野山人"白各印。

> 藏印有:"別下齋藏書"朱、"吳釗之印"白"王芝生"朱、"何元錫印"朱回文、"夢華館藏書印"白各印。

忠謨謹按:此書有跋,收入藏園羣書題記初集卷四。

枝山野記四卷　明祝允明撰

明棉紙藍格寫本,十行。　鈐有"毛晉"、"汲古主人"二印,又有"翰林院印"朱文滿漢大官印,則修四庫時所採進也。（沈曾桐氏藏書。庚午）

病逸漫記一卷　明陸釴撰

舊寫本。鈐有翰林院印。（盛昱遺書。壬子）

白涯書鈔二卷　明儀真張崇縉輯

舊寫本。明人筆記。（同古堂見。丁巳）

讀書續記一卷附答友朋書略　撰人未詳

明寫本。後有嘉靖乙未門人莆陽林華序。（辛酉）

歸聞述夢一卷　明趙璜撰　　李□三二四八

德化李氏木樨軒寫本。　　前有嘉靖壬辰序，題"西峯老人"，所述皆生平仕宦涉歷之事。卷末有舊人題識："右西峯老人歸閒述夢一卷，抄自天一閣藏書中。序作於嘉靖十一年壬辰，攷西峯生于天順七年癸未，至壬辰年七十矣。姓趙名璜字廷實，江西吉安府安福縣軍籍人，弘治庚戌年廿七中錢福榜二甲進士，歷工部尚書，諡莊敏。　　乾隆甲午春三月初九日題於敏事齋。"(李木齋遺書。辛巳)

學圃齋隨筆□卷 明文元發撰

舊寫本。元發字子悱，號清凉山人，震孟之父也。(壬戌春滬市所見。)

謏觽隨筆二卷 明延陵周詩雅輯　又名静可一刻

明刊本。筆記之類。(壬子)

客座贅語十卷 明顧起元撰

寫本，十二行二十六字。　　前有萬曆丁巳遯園居士自序。後有同治八年江寧甘元煥跋語，云假宿遷王氏百花萬卷樓藏本重鈔，其原本則明刻也，余藏有明本秖四卷，今始知爲殘帙也云云。(庚午閏月)

偶記八卷 明鄭仲夔撰

明刊本，八行十八字。題"信州鄭仲夔龍如撰"，"南昌朱謀㙔鬱儀閱"。　　前有丁巳上元虞山王宇春跋，又社弟董思王跋，朱謀㙔序。

前兩序皆題清言，至朱序乃題偶記。亦雜記之屬，記明代事，時有異聞，然無謂者亦多，可删也。當分別觀之。(乙亥歲收得。)

忠謨謹按：此書有跋，收入藏園羣書題記三集卷三。

蘭葉筆存 一葉　慎辭録 明吳郡釋本以字以軒號亦已別號師嶽叟

舊寫本。筆記之類。鈐有翰林院印。(孫壯家閱。)

謏聞隨筆 清張怡撰

舊寫本。題"白雲道者張怡自怡甫輯"，"江寧後學顧謙以牧謹録"。藍格紙，版心上有"顧氏書抄"，下有"開泰堂"等字。　　鈐有"愚齋"、"史館備考"二印。(海虞瞿氏藏書。癸酉)

人海記一卷　清查慎行撰

清松陵楊氏傳鈔本，十行二十一字。卷中有朱墨校筆。卷末有楊復吉吳騫兩跋。　鈐有"昂駒"、"子仲氏"、"藤蓋軒"、"兔床經眼"、"葵里"各印。　其文視昭代叢書本多□十條，然近時正覺樓刻本均已有之。

楊吳二跋録後：

"悔餘先生敬業堂詩集風行海内久矣。周易玩辭集解亦間有刊本流傳，惟人海記未登黎棗，祇日下舊聞中散見數則而已。甲寅秋盡日，吳丈槎客擧家藏寫本見际，因倩友人録副，乙卯寒食覆校畢並記。松陵楊復吉。"

"右人海記一卷乃鄉先輩查悔餘先生所著，並陪獵筆記二卷，猶子昂駒竝手録而校訂之。尚有得樹樓雜鈔若干卷，余訪求垂數十年卒不可得，蓋先生身後又屢遭事變，典籍悉已散失，未審藏書之家猶有留遺否也。此册去秋爲松陵楊進士復吉借鈔，今冬復游吳江，訪唐大令仲冕過慧樓取回，漫志於鱸香亭下。時乙卯十一月二十一日，兔床後學吳騫。"（達雅齋見。乙亥正月）

人海記不分卷　題海寧查慎行悔餘纂

清劉燕庭家寫本，十行二十二字，版格下方有"東武劉氏味經書屋藏書"十字，左闌外下方有"燕庭校鈔"四字。

按：此書乃足本，與昭代叢書本經删節者大不同。近有正覺樓刻本，與此相合，然字句亦有少異。（文友堂。己卯）

人海記二卷　清查慎行纂

舊寫本。　鈐有"玉雨堂印"、"韓氏藏書"、"皷庭曾觀"。（臨清徐坊遺書。癸亥）

清異録一卷　題航樵輯

寫本。雜書宋元明人小事。（藝風堂藏書。庚午）

西圃叢辨三十二卷 清安德田同之小山疆纂集

清寫本。分山川、人物各類。皆抄輯宋至清朝筆記之類。(甲寅)

寒夜録二卷 清新建陳弘緒撰

清寫本。其人俟考。(己未)

蟲獲軒筆記 清海寧張爲儒撰　二册

清寫本。(壬子)

芝省齋隨筆 清李遇孫撰　四册

稿本。(柳蓉春送閱,壬子二月望。)

古秀溪所聞上下卷補遺二卷 撰人未詳,暫附清人後

舊人行書寫本。卷中附案語甚多。歸安菱湖古名秀溪,此必湖州人
所撰。本書及眉上考證均一人之筆,必爲稿本,第撰人不詳,未知有
刊本否。(壬午)

　　　　　　　　　　　　　　　　以上雜記

東坡先生物類相感志十八卷 題宋釋贊寧撰

明寫本,十行二十三字。　題"兩府僧統法戒都監選練明義宗文大
師贊寧編次"。分天、地、人、鬼、鳥、獸、草、木、竹、石、蟲、魚、寶器、
金玉十四門,每條標舉新穎典料二三四字,下列原書出處,略如清異
録之類。天一閣舊藏,今歸涉園陶氏。

按:説郛、寶顏堂秘笈皆刻有是書,然僅寥寥數十葉,且文字乃無一
合,何也?　擬抄一副本刻之。(丁卯)

負暄野録二卷 宋陳槱撰

明寫本,用官文書紙抄,十行十六字。前有"隆慶辛未年葉伯寅鈔
藏"一行。　後有王東起善題數行,又"至正七年樊士寬借觀"一行,
又"嘉靖三年沈辨之借録于野竹齋"一行,又隆慶改元葉伯寅恭焕敬
識六行。(丁巳歲余代張菊生收。)

負暄野録上下卷 宋陳槱撰

精寫本，八行十六字。後有大德三年雲山埜人茅端真敬書三行，又
俞洪識二行，又王東起善題八行，又至正三年樊士寬識語十行，至正
十九年己亥三月蔣彥祥記七行。　末有跋語，失名，爲知不足齋本
所無，録存於下：

> "説郛中有負暄雜録三卷補遺一卷，爲宋崑山蘭谷顧文薦撰，此名
> 野録，亦宋陳楖撰，楖與張孝祥、姜堯章同時，別是一人，偶負暄二
> 字相同耳，讀者當自知之。"

鈐有"汲古主人"、"毛晉"、"毛扆之印"、"斧季"各印。（辛巳十二月翰文
齋送閲。）

忠謨謹按：此書有跋，收入藏園羣書題記三集卷三。

雲煙過眼録一卷 <small>元周密撰</small>

影寫元人寫本，十一行二十字。　鮑廷博手校。

鈐有玉磬山房印、戴光曾藏印。（張菊生藏。壬子）

格古要論十三卷 <small>明曹昭撰</small>

明刊黑口本，九行二十字，黑口，四周雙闌。　鈐有"渤海陳氏家
藏"、"潘氏桐西書屋之印"、"茉坡藏書"、"碩庭過眼"、"舜功"各印。
（辛未二月）

新增格古要論十三卷 <small>明雲間曹昭明仲著　王佐增補</small>

明天順六年刊、成化七年增刊印本，十三行二十五字，黑口，四周雙
闌。題"雲間曹昭明仲著"、"雲間舒敏志學編校"、"吉林王佐功載校
增"。　前有洪武二十一年昭自序。後附凡例九條，言景泰七年得
李孫二公本考校增完，至天順己卯乃付刊云。目下注明"舊本"、"新
增"各字。卷十二後有"徐氏善得書堂天順壬午新刊"牌子，卷末有
"成化七年徐氏續增新刊印行"排子二行。則此本爲成化補刊所印
也。卷中墨筆所增各條則古吳俞善裕澹菴之筆，署順治年號，則清
初人也。

鈐有"文徵明印"、"俞善裕印"、"一字澹菴"、"臣啟淑印"。(己巳五月見。)

新增格古要論十三卷　明曹昭撰　王佐增補

明刊本,十行二十字。新增者標明"新增"二字於各條下。刻本甚精。　前雲間舒敏志學序,洪武二十一年戊辰雲間曹昭明仲序,次凡例,次新增凡例。本書首古琴,次古墨跡,次新增各處碑帖,次金石遺文。與胡文煥刻本不同,蓋吉水王佐校增者也。　鈐有"洞庭席氏家藏"、"洞庭席氏受祉堂印"、"席永勛印"、"元公印信"、"明善堂覽書畫印記"各印。(己未)

霏雪錄一卷　明維陽鎦績孟熙撰

明弘治刊本,十行十六字,大黑口。後有弘治張文照序。(癸丑)

以上雜品

意林五卷　唐馬總輯

明嘉靖五年黃鳳儀刊本,十行二十字。每條次行低一格。　有嘉靖丙戌春二月既望,北湄子王大紀序,言獲抄本于松,迺命黃子校而刻之云云。刊印極爲精整。

鈐有"高承埏印"、"醉李高承埏字八遐家藏書記"兩印。又有島田翰、田伏侯印,蓋田氏得自東瀛者。(己未)

意林五卷　唐馬總編　存二卷

舊寫本,黃丕烈以聚珍本校。　有沈樹鏞跋。(顧鶴逸藏。)

清異錄二卷　宋陶穀撰

明隆慶壬申葉氏菉竹堂刊本,十行十八字,下記字數。　有序。此書余曾校舊寫本,視康熙中陳氏刊本爲善。(南陵徐乃昌積學齋藏書,甲寅夏見。)

類說□□卷　存仇池筆記、隱齋閑覽、東軒筆錄三種,三卷　△三五一二

宋刊本,十行十六字,文低一格。總名及書名均大字占雙行,黑口,左

右雙闌，字頗精勁。　鈐有毛氏、黃氏各藏印。又休文後人一印，甚古。（海虞瞿氏藏書。癸酉）

類説二十四冊 <small>宋曾慥輯</small>

明寫本，不分卷，版心有"沈"字。　鈐有"嘉靖己未進士沈瀚私印"一印。　有朱筆校過。（四明盧氏抱經樓藏書。癸丑）

類説□□卷 <small>宋曾慥撰</small>

明寫本，十行二十字。　鈐有會稽鈕氏世學樓圖籍朱文大印。（德化李氏藏書。癸未）

新雕類説前集二十五卷後集二十五卷

傳鈔本，中縫題"清思齋"三字。（涵芬樓藏書。己未）

皇朝事實類苑六十三卷 <small>宋江少虞撰輯</small>

舊寫本，十行二十字。題"左朝請大夫權發遣吉州軍州事江少虞"。
　前有紹興十五年五月十七日自序。
鈐有"許焞收藏"白"□是醇夫手種田"朱、"文宣王七十世孫廣林藏書畫印"朱。（盛昱遺書，索六十元。壬子）

新雕皇朝類苑七十八卷 <small>宋江少虞撰輯</small>

日本元和活字印本，十三行二十字，黑口，四周雙闌，版心題皇朝卷幾。目録首卷題"麻沙新雕　皇朝類苑卷第目録一"。目録卷第三後有牌子三行，文曰：

　"紹興二十三年
　　癸酉歲中元日
　　麻沙書坊印行"

卷中遇宋帝提行或空格。
前有紹興十五年左朝請大夫權發遣吉州軍州事江少虞自序，次門生左迪功郎充吉州州學教授汪俁序。二序皆題皇宋事實類苑。序後總目，列典故沿革、詩歌賦詠、文章四六、曠達隱逸、仙釋僧道、休祥夢兆、占相醫藥、書畫伎藝、忠孝節義、將帥才略、知人薦舉、廣知博識、風俗雜誌、談諧戲謔、神異幽怪、詐妄謬誤、安邊禦寇各門，每四字一行，後空一行，題"右二十八門，凡七十八卷"。

後有日本元和七年重光作噩(辛酉)六月晦日前南禪臣僧瑞保跋。（余藏。）

皇朝仕學規範四十卷　宋張鎡編　　　　　　△七五五六

宋刊本，半葉十二行，行二十五字。　前有淳熙丙申四月秦川張鎡時可序，大楷書。又所編書目一百件。（烏程蔣孟蘋藏，甲寅六月觀。）

皇朝仕學規範四十卷　宋張鎡撰

宋刊本，半葉十二行，行二十五字，版心記刊工姓名，每句讀加小圈。　前有淳熙丙申張鎡自序。（壬子）

皇朝仕學規範四十卷　宋張鎡撰　缺卷十八至二十二

明刊本，十一行二十一字，黑口，四周雙闌。　前有淳熙丙申秦川張鎡草書序，九行。次總目，次所編書目一百件。　鈐有"文珊"、"緘齋主人"二印。朱文。（癸酉八月十九日，文友堂取來一閱。）

續談助五卷　宋晁伯宇撰

清孫朝鎣手寫本。　有黃廷鑑跋，蓋從錢曾所藏茶夢山人姚咨抄本出也。　張蓉鏡舊藏。（余藏。）

醉翁談錄八卷　宋金盈之撰

傳寫元刊本，十行二十四字。次行題："從政郎新衢州錄事參軍金盈之撰"。目後有牌子題：

　"皇慶二年蒼龍
　　癸丑端陽日刊"

鈐有"秀野草堂顧氏藏書印"朱、"歙西長塘鮑氏知不足齋藏書印"朱、"何元錫印"、"夢華館藏書印"白各印。（壬子展藏，丁巳歲見。）

醉翁談錄八卷　宋金盈之撰

舊寫本，八行二十字。"題從政郎新衡州録事參軍金盈之撰"。

卷一名公佳製，卷二榮貴要覽卷三、卷四京城風俗記卷五瑣闥異聞卷六禪林叢録，卷七、卷八平康巷陌記。（癸亥）

五色線三卷　撰人未詳

明弘治二年刊本，十行二十字，黑口。　有弘治二年淮南□綺序。

　刺取各書新異字分類爲之注，如紺珠集之屬。（古書流通處送閲。壬戌）

自警編　宋趙善璙撰　分甲乙丙丁戊五編

宋刊本，每半葉十行。每行二十字，白口，左右雙闌。版心上魚尾下記"自警編甲"，下記刊工姓名，有梅保、苟道民、謝友、劉志中、周宗貴、陳溁、胡文、韋五、文民、文恕、文只、志才、子秀、旱成、必文、人中、奐才、友民諸人，間有一字者。　前有嘉定甲申善璙自序。後有端平改元三月旦善璙跋。卷中遇宋帝等字皆空格，宋諱完、敦、惇等缺末筆。各條均注出處。

按：此書余凡見數本，北京圖書館及袁寒雲克文藏皆是也。分甲至戊五編，甲篇學問操修類，乙編齊家接物出處類，丙編事君類上，丁編事君類下，戊編政事類，附拾遺，此爲趙氏原本之舊。此本明代曾翻刊，行欵悉同，惟無刊工姓名。吳興劉氏嘉業堂藏一本，嘗于滬上一見。後又見瞿氏藏一本，亦無刊工，然字體差肥，與劉氏本似非一刻。明嘉靖刊本改爲九卷，則每類爲一卷，事君分上下，而附以拾遺，每半葉十行，行二十一字。又有黑口本，中版心，分十一卷，半葉九行，行十七字，版心以金石八音字分冊，曾於杭州書肆見之。天祿後目所謂小字宋本，實則元明間坊刻，妄意分析，不足貴也。又有朝鮮古活字本，亦分甲至戊五編，空格注典一仍宋本之舊，字極疏古，第改爲十行十七字耳。壬子歲董授經同年康於廠肆收得宋刊本四巨冊，而獨缺丙編。嗣於蘇州得莫氏所藏殘本，適繆藝風老人荃孫亦有缺卷,遂配成完書。乙卯秋余請割讓,遂以歸余。

自警編不分卷 宋趙善璙輯　分甲乙丙丁戊五編,戊編佚。

宋刊本,半葉十行,行二十字,白口雙闌,中縫題"自警編甲"等字,句讀加墨圈。　前有嘉定甲申漢國趙善璙序。　本書分學問、操修、齊家、接物、出處、事君各類。每類又自爲子目。

收藏印如下:"沈慈印記十峰監藏"隸朱、"十峰秘玩"朱、"曾在雲間歠圜沈氏"朱、"枕碧樓藏書記"朱。(遼雅齋送閱。乙亥)

自警編不分卷 宋趙善璙輯　甲至戊五編

宋刊本,半葉十行,行二十字,白口,左右雙闌,版心下記刊工姓名。前有趙善璙草書序。

鈐印列後:"真意"朱圜、"金氏文瑞樓藏書記"白長、"石澗書爰"朱方、"吳沈氏有竹藏書記"朱長、"沈雪鴻印"、"吳英"朱方、"京兆歸郎"白大方。(癸丑)

自警編五卷 宋趙善璙輯

明初翻宋本,十行二十字,白口,左右雙闌,版心上魚尾下記"自警編甲"字樣,下魚尾下記葉數,無刊工姓名。(劉氏嘉業堂藏書。)

自警編甲乙丙丁戊五集

明刊本,十行二十字,大黑口,四周雙闌。(北京圖書館藏書。戊午)

自警編五集

明刊本,十行二十字,但版心較前略低寸許。封面標題作"自警之編",殊爲可怪。(北京圖書館藏書。戊午)

自警編五卷 宋趙善璙撰　甲至戊五卷

朝鮮古活字印本,十行十七字,皮紙印。　前序後跋。　卷中照宋本空格,各條有注出處者與宋本合。行數亦合,但字數不同耳。(壬子見。)

自警編十一卷 宋趙善璙撰　殘本

元明間刊本,九行十七字,黑口,魚尾下刻"自警編匏"、或木等字。"木"冊係十一卷,與他本異。每條記出典,遇宋帝空格。　　鈐王鳴盛藏印數方。(壬子見於杭州。)

養生類纂□五卷　宋周守中撰

明成化刊本,十二行二十六字次行低二格。黑口,四周雙闌。　　題"窣菴周守中纂集","鄉貢進士錢唐縣知縣樵陽謝頴校正重刊"。　　有成化甲午謝頴序,言國初藩府有刻本,茲屬鄉貢進士沈澂文囙親書,不彌月而録出,字迹圓美,刊刻亦精云云。按序題養生延壽諸書,當尚有別種也。各條皆注原書名,殊爲罕見。　　此書四庫雜家類存目作養生雜纂二十二卷附月覽二卷。

收藏鈐有:"晉府圖書"、"魯王之寶"、"范承謨印"、"徐元夢印"、"王協信印"、"翁方綱印"、"覃溪"諸印。(癸亥)

澄懷録二卷　宋周密輯　　　　　　　　△二一五〇

明寫本,十行二十一字,墨格,版心下方有"古涿州百川高氏家藏書籍之記",卷末有"皇明嘉靖丁未秋七月七夕日百川子校正一行。"

林佶手跋録後:

"考焦氏經籍志内有百川書志二十卷,爲古涿高儒氏所藏,此册亦其家鈔本也,至今將二百餘年矣,可貴也。是日崑山徐氏以傳是樓書目屬校,因並及之。　康熙甲戌秋七月十一日樓鶴樓記。"後鈐"林佶之印"白文及"吉人"朱文二印。

藏印列後:"晉安徐興公家藏書"朱、"晉安何氏珍藏"、"鄭杰之印"白、"珍藏寶玩"朱、"鄭氏注韓居珍藏記"朱、"人杰"朱、"注韓居"白、"鹿原林氏藏書"朱、"昌英珍秘"朱、"圖史富書生"白。(戊辰歲收得。)

忠謨謹按:此書有跋,收入藏園羣書題記續集卷三。

澄懷録二卷　宋周密撰

清李文田家寫本。　有潘祖蔭氏跋,謂李若農氏抄贈者。(繆氏藝風

堂遺書。壬戌）

新刊古杭雜記詩集四卷

明棉紙藍格寫本，十行二十字。目録次行題"一依廬陵正本"，目後題"宋朝遺事，一新繡梓，求到續集，陸續出售，與好事君子共之"。（天一閣藏本，夏閏枝前輩守四明時得之武林丁氏。己巳三月十八日夏閏枝託售，因校一過。）

外戚事鑒上下卷 未題撰人

舊寫本，九行二十字。　上卷善可爲法者，自漢迄宋凡三十人，下卷惡可爲戒者，自漢迄元凡二十六人。首鈐"汪魚亭藏閱書"朱文印，則乾嘉時寫本也。又有孫星華、吳重憙二家藏印。（吳仲懌藏書，甲戌十月見。）

物異考一卷 明方鳳撰

明吳氏叢書堂寫本，朱絲闌，十行二十字。　有嘉靖辛亥跋語。鈐有"玉蘭堂"、"辛夷館"、"古吳王氏"、"季振宜讀書"、"季振宜印"、"滄葦"、"謙牧堂藏書記"、"禮邸珍玩"諸印。

按：鳳字時鳴，崑山人，正德進士。（己未見。）

玄覽八卷 明豫章朱謀㙔撰　　　　　　　　△二五五一

明刊本，前有萬曆甲午彭舉序。　分象緯、輿地、古今、靈異、精微、金玉、草木、禽魚、變怪、夷荒十篇。（壬午元月收。）

玄羽外編四十六卷 明張大齡玄羽撰

明萬曆刊本，十行二十字。　前有辛亥曹學佺序，又眉州張養正序。　卷一至四史論，五至十八説史雋言，二十二至二十八晉五胡指掌，卷二十九至三十四唐藩鎮指掌，卷三十五至四十二隨筆，卷四十三至四十六支離漫語。　據張養正序稱隨筆、漫語、指掌諸書里中先有刻本，義興俞羨長聯各種而貫之，名爲玄羽外編，捐俸重梓云云，是此編乃俞氏在南京所再刻者也。（余藏。）

忠謨謹按：此書有跋，收入藏園羣書題記三集卷三。

歷代小史一百五卷

明萬曆刊本,十一行二十六字。(余藏。)

掌雋 撰人未詳

舊寫本。　雜抄百家之書。　鈐有宋筠藏印。(壬子)

菰中隨筆三卷 顧炎武撰 附詩律蒙告一卷亭林著書目一卷

清黃丕烈家寫本。　前有同學王潢等二十人爲亭林徵書啟。書衣
爲黃丕烈手題,後有跋六行,錄後:

> "右菰中隨筆三卷、詩律蒙告一卷、亭林著書目一卷,俱未梓行者,
> 余於學餘書肆中見之,擬買而未許也。爰假歸倩鈔胥錄此副本,
> 略取舊鈔本校對一過,至舊鈔本之訛謬尚多承襲而未及改正,俟
> 暇日讀之,稍加參訂焉。
>
> 乾隆甲寅三月下澣郡後學黃丕烈識。"

又有孔憲庚、憲彝跋,葉名澧、何慶涵錄副題識。

按:菰中隨筆有玉虹樓及亭林遺書一刻本,祇一卷,核之文字亦不
同,當別爲一書。考四庫存目爲三卷本,與此本合,蓋先生讀書所
得,隨手摘記,所以備遺忘供采擇,初無義例也。余別有校記,此不
贅。(余藏。)

忠謨謹按:此書有跋,收入藏園羣書題記初集卷四。

世寶錄十卷 清新安戴大受與可輯

原刊本。前有康熙壬申大受自序。目次如下:

卷一聖賢集上、下　　持世之寶起唐堯,迄于王陽明

卷二豪傑集上、中、下　□世之寶

卷三文焕集　　訓世之寶記著述

卷四武揚集　　衛世之寶姜太公至常遇春

卷五碩老集　　砥世之寶

卷六英少集　　售世之寶

卷七隱逸集　　　　遯世之寶附仙釋

卷八精藝集　　　　濟世之寶分星文、風鑑、地理、醫道、絕藝五種

卷九淑女集　　　　輔世之寶

卷十靈物集　　　　警世之寶

按：此書采輯史傳，記述歷代名人嘉言懿行可爲世法者，亦言行録之
變例也。然精藝、靈物二集又殊不類，大約仿說類等書耳。因館員
持示，聊記其概，其善否皆無關宏旨，不足録存也。（日本內閣文庫藏，己
巳十一月見。）

續錦機十五卷補遺三卷 清襄城劉青芝輯

原稿本。前有自序，言元遺山著錦機一書，未得覩，因仿其意，集前
人議論，釐爲十門，曰源流、曰體裁、曰義例、曰法式、曰自得、曰評
隲、曰竄改、曰譏賞、曰辨證、曰話言云云。有門人會稽章文然跋。
其采經史百家之論文章者，上自周秦，下及清初，如漁洋、望溪等皆
采入之而不加論定。爲文者閱之可以省鈔輯之勞也。（己巳正月。）

以上雜纂

小 說 家 類

山海經傳十八卷 晉郭璞撰　　　　　　　　△一一三五四

明成化四年北京國子監刊本，九行十八字，注雙行同，大黑口，四周
雙闌。　　目録首行題“山海經目總十八卷”，下雙行題“本三萬九百
十九字，注二萬三百五十字，總五萬一千二百六十九字”。次行題
“南山經第一”，下注“本若干字”，“注若干字”。以下至第十八皆同。
後列劉秀校上奏。（戊午夏得于蟫隱廬。）

山海經傳十八卷 晉郭璞撰

明嘉靖十三甲午刊本，十二行二十字。　　鈐有“太史陳濂收藏書印”
朱長、“春田氏”朱方等印。初印精美。（壬子）

山海經傳十八卷 晉郭璞撰　　　　　　　　△二一五

明嘉靖十五年潘侃前山書屋刊本，十一行二十字，版心上方有"前山
書屋"四字。　前江夏馮世雍重刻山海經序，次郭璞序，次總目，劉
秀校書記。後有嘉靖十五年新安潘侃序。

此書余得于海王村，友人吳慈培假觀，因請其代余臨黃丕烈校本。
慈培有跋語，錄如下：

> "今春予購得黃省曾刊本，傅丈旋得此刻，兩刻皆出嘉靖間，篇次
> 版式亦相似，蓋所據同原耳。頃書估携來古今逸史本，經黃蕘圃
> 用宋刻、黃刻及吳匏庵手鈔三本校過。傅丈屬錄宋、吳二本于此
> 刻，黃本與此刻多同，且予有其書，不難取勘，故茲不錄也。此刻
> 卷帙標題與毛斧季校宋本所載尤文簡跋語悉符，而文字又與蕘圃
> 所校宋十有八九合，必自宋本出可知矣。甲寅臘八日校畢，時以
> 久病來京師就醫，今日吐血三口，然猶能伏案校書踰十卷，作楷數
> 百字，或者疾尚未至沉篤也。慈培。"

山海經傳十八卷 晉郭璞撰　　　　　　　　△七八七八

清康熙五十四年項絪羣玉書堂刊本。　王念孫朱筆手校。　鈐有
"高郵王氏藏書印"白、"淮海世家"朱二印。　有費西蠡念慈跋。（盛昱
遺書，索十六元。壬子）

穆天子傳注六卷 晉郭璞撰

明萬曆十年李宗城青蓮閣刊本，八行十八字，半葉各爲雙線，版心下
方有"青蓮閣"三字。各卷第三行題"明臨淮侯李言恭惟寅訂"。每
卷後有木記三行，如下：

> "萬曆壬午春旰
> 　盻李宗城汝藩
> 　於青蓮閣校梓"（壬戌）

穆天子傳注六卷 晉郭璞撰　　　　　　　　△七五八一

明寫本，十二行二十二字。　　鈐有"吳寬"、"叢書堂印"、"張丑之印"。（涵芬樓藏書。己未）

穆天子傳註六卷 晉郭璞撰

明寫本，十行二十字。　　有至正十年歲在庚寅春二月二十七日壬子北岳王漸玄翰序。　　有人以朱筆校過，并考注於上方。（余藏。己未）

漢武帝内傳一卷外傳一卷

舊寫本，九行十九字。

鈐有陳仲魚收藏各印，又秘册印。（涵芬樓藏書。己未）

漢武内傳一卷

舊寫本，九行二十字。金谿王洽校。後有汝上王謨跋。（癸丑）

博物志十卷 題晉張華撰

明刊本，十一行二十三字，白口，左右雙闌。　　首行題"博物志卷之一"，次行題"晉司空張華茂先撰"，三行題"汝南周日用等注"。　　鈐有"玉蘭堂"、及季振宜、揆敍各印。又"乾隆御覽之寶"、"太上皇帝之寶"、"八徵耄念之寶"、"五福五代堂寶"、"天禄琳琅"、"天禄繼鑑"各璽。

按：卽弘治十八年賀泰刊本。（丁巳十二月廿七日寶瑞臣見示。）

續博物志十卷 題宋李石撰

明弘治十八年乙丑賀泰刊本，十一行二十三字，白口，左右雙闌。後有門人迪功郎眉山簿黃公泰跋，又弘治乙丑都穆記。卷尾有"開元庠生方衡謹録"一行。

據都南濠穆記，此爲賀泰刊本而失去博物志者。（余藏。）

西京雜記六卷 題晉葛洪撰

明嘉靖沈與文野竹齋刊本，十一行二十字。第六卷尾有"吳郡沈與文野竹齋校勘翻雕"二行。（丁巳歲文德堂見。）

西京雜記六卷 題晉葛洪撰

明嘉靖三十一年關中官署刊本，十一行二十字。前有嘉靖三十一年
壬子孔天胤刊書序。據序乃天胤以舊本付左使百川張公刻于關中
官署者。此本爲天一閣佚出之書，余甲寅秋獲之南中。

西京雜記六卷　題晉葛洪撰

舊寫本，十行二十字。　失名人以朱筆校過，謂據汲古閣鈔本。吳
志忠復以稗海校一遍。（涵芬樓藏書。己未）

王子年拾遺記十卷　題後秦王嘉撰

明嘉靖十三年吳縣顧春世德堂刊本，十行十八字，白口，左右雙闌。
　首卷先蕭倚敍錄，敍錄後爲本卷目錄，目錄直接本書。卷中遇宋
諱皆缺末筆，其款式是從舊本出者。後序附卷十末。　鈐有"蒼巖
山人書屋記"朱文長方印。梁清標舊藏。
卷末有牌子，爲人剜去，僞作嘉定年號，以充宋刻。（余藏。）

王子年拾遺記十卷　題後秦王嘉撰

明嘉靖顧氏世德堂刊本，十行十八字。
毛斧季㲪據舊錄本手校。所據凡二本，一爲十二行二十三字，一爲九
行十八字，末有斧季手記兩行：
　　"癸亥中秋前四日從舊錄本校勘。
　　丙辰仲春春杪閱畢。"
鈐有"汲古閣"朱、"西河季子之印"朱、"虞山毛㲪手校"朱、"清河仲
子"朱、"斧季"朱、"張成之印"白。（文友堂送閱。戊辰）

述異記二卷　梁任昉撰

影寫宋臨安府尹家經籍鋪刊本，十一行二十字。視世行本多一葉。
（繆氏藝風堂遺書，壬戌歲收得。）
忠謨謹按：此書有跋，收入藏園羣書題記三集卷四。

幽怪錄四卷　唐牛僧孺撰　續錄一卷　唐李復言撰　　△一一三五六

明書林陳應翔刊本，九行二十一字。首卷第三行有"書林松溪陳應

翔刊"一行。繆荃孫以太平廣記校過。　收藏鈐有"揚州汪喜孫孟
慈印","周玉齊金漢石之館"朱、"寶繪堂圖書記"白諸印。（余藏。）

續玄怪錄四卷　唐李復言編　　　　　　　△一一三五七

明姚咨茶夢齋手寫本，藍格棉紙，十行二十四字，板心下方有"茶夢
齋鈔"四字。目後有"臨安府太廟前尹家書籍鋪刊行"一行。卷尾姚
氏手跋錄後：

　　"隆慶己巳夏六月閏朔，皇山七十五老姚咨冒暑手抄。宋本原有
　　缺文，不敢謬補，仍之以竢。"後鈐"姚伯子手校書"朱、"真賞"朱葫蘆
　　印"冬函保□"朱三印。

又有圓印，下繪海水，上繪梅花，不審爲何人印章。首葉鈐翰林院印
滿漢文大官印，是亦四庫館進呈本也。（戊辰十月十四日寶瑞臣前輩熙送
閱，已收得。）

忠謨謹按：此書有跋，收入藏園羣書題記續集卷三。

酉陽雜俎前集二十卷續集十卷

明萬曆三十五年李雲鵠刊本，十行二十三字，白口，四周雙闌。（余
藏。）

按：是書蔣鳳藻秦漢十印齋藏有宋刊本，葉鞠裳前輩尚及見之，親向
余道及，今不知在何許。

續酉陽雜俎十卷　唐段成式撰

明寫本，九行二十一字。　鈐有"毛鳳苞印"、"謙牧堂藏書記"、"謙
牧堂書畫記"各印。（庚午）

劇談錄二卷　唐康駢撰　　　　　　　　△七五八一

明寫本，十行二十四至七字不等。序後有"陳道人書籍鋪刊行"一
行。　前有乾寧二年二月池州黃老山白社序。有黃丕烈跋二則，已
刻，不備錄。鈐有汪啟淑印、開萬樓藏書印。（涵芬樓藏書，己未見。）

玄中記一卷　正德辛巳秋八月望茶夢道人姚咨

碧云騢一卷
趨朝事實一卷

三書合一冊，明姚咨手寫本。有周星詒記。（涵芬樓藏書。己未）

闕史二卷 唐高彦休撰

清康熙中顧嗣立刊闇邱辯囿叢書本。

吳志忠録葉奕、葉樹廉校本。

"崇禎丙子裝訖，因讀一過。　屠守居士識于炳燭齋，十月初二日
燈下。"

"闕史二卷所記皆殘唐佚事，纖碎褻雜，小說家流爾。唐人習爲短
記偏部，此其一焉。敍事頗自矜飾，其爲原書無疑。藍本假自友
人馮大已蒼，傳寫之訛不成句讀，馮屬舊鈔，昔人已失於校對。旋
命童子修搴印成帙，目睹手披，訂正十之一二，餘俟闕疑可也。
崇禎丁丑七月二十八日夕記於南壇書館。葉林宗。"

"闕史林宗所惠，時在家山搶攘之中，賴此遺悶。適有一友見余讀
此書，曰孔子之史闕文，此書應爲所棄，余不覺粲然。是日兩姪遂
以此言下酒，酒遂爲之微醉云。　酉年未月初午日洞庭山葉石君
偶記於清遠堂之東廂。"

"葉鈔惟闕一葉，又脱行一，遜於此刻，餘並勝也。暇日當取知不
足本再勘之。　道光十七年十月十八日妙道人識。"（余藏。）

忠謨謹按：此書有跋，收入藏園羣書題記續集卷三。

闕史二卷 唐高彦休撰

舊寫本，十行十八字。　有明吳岫跋，爲鮑以文刻本所無。録後：

"凡史載必朝廟、典故、職貢、政績，雖濫及閭閻，亦關風化。參寥
子名曰缺史，而事涉瑣細，非筆載之急，史云乎哉！然敷敍條暢，
詞句温雅，唐家小説自别有一種風趣。參寥子唐高彦休，乾符中
人。明姑蘇吳岫。"

闕史二卷 唐高彥休撰　殘存下卷　　　　　　　△七五八三

明寫本,十行二十字。　有崇禎丁丑葉奕校並跋。(涵芬樓書。)

重雕足本鑑誡錄十卷 後蜀何光遠撰

宋刊本,半葉十五行,行二十四字。項氏天籟閣舊藏,有印記。又王士禎、朱彝尊手跋。(常熟翁敬之藏書。)

重雕足本鑑誡錄十卷 後蜀何光遠撰

精鈔本,九行二十字。後附錄朱彝尊、曹寅、徐嘉炎、查嗣瑮、汪士鋐諸人跋語。(庚午)

燈下閑談二卷

清寫本,周錫瓚家藏。有舊人朱筆校并錄馮舒、葉樹廉識語:

"崇禎甲戌借葉林宗本録,仲昭所書。七月初二日屏守居士。"

"崇禎戊寅得於書賈吳姓者,價用六分。十二月初十日,葉石君。"

"書中硃筆有校正處,亦有臆改轉遜原文者,閲者當區別觀之。是書傳本頗尠,辛酉春暮,滬城旅次胡君得此以見貽,云出吾郡周香嚴家,香嚴在乾隆中以藏書著,校勘多善本,至今人重之,朱筆似出其手也。　十如居士記於浦西寓館。" 老苔

"館閣書目載燈下閑談二卷,不知作者,載唐及五代異聞,陳道人書籍鋪刊行"兩行在目後。(余藏。)

友會談叢不分卷 宋上官融撰

舊寫本,九行二十字,字甚舊,似清初人手筆。　後有至正二十四年跋,不知何人。(涵芬樓藏書。己未)

夷堅甲志二十卷乙志二十卷丙志二十卷丁志二十卷 宋洪邁撰

宋刊元印本,半葉九行,每行十八字,白口,左右雙闌,版心記刊工姓名。卷末有明陸師道楷書墨蹟數行。據儀顧堂跋,謂此八十卷本刊于建寧學,至元而缺四十二版,提學張紹先命沈天禄尋訪舊本,從周宏羽借得浙本補刊完全云。

按：此本字大行疏，爲建本之佳者。阮元進呈本卽據此本傳錄。原
爲嚴久能元照所藏，故有姬人張秋月香修各印。（日本岩崎氏静嘉堂文庫
藏，皕宋樓故物，己巳十一月十三日閱。）

新編分類夷堅志甲集五卷乙集五卷丙集五卷丁集五卷戊集五卷己集六卷庚集五卷辛集五卷壬集五卷癸集五卷 宋洪邁撰

葉祖榮輯　　　　　　　　　　　　　　△二一四二

明嘉靖二十五年洪楩清平山堂刊本，十行二十字，版心上方題"清平
山堂"四字。　前嘉靖二十五年田汝成序。目錄書名下標"甲集"二
字，次行"鄱陽洪邁景盧紀述"，次行"建安葉氏祖榮類編"。以下各
集同。

鈐有"會稽章氏藏書"、"繹經室"諸印。（余藏。）

新編分類夷堅志甲至癸集五十一卷 宋洪邁撰 甲至癸每集五卷，惟己

集六卷

明寫本，十一行二十一字。　分類卷數與明刻清平山堂本同，疑明
本卽出于此也。　有人以朱墨校過，并以墨筆添補各條於卷中。
卷首田汝成序後人補鈔加入者。鈐有"絳雲樓藏書印"朱文長印。

按：此濰縣高翰聲家藏書，余得之保古齋老殷手。（己未）

湖海新聞夷堅續志前集十二卷 結題與前同，惟多綱目二字 卷一至六、九

至十二抄補　　　　　　　　　　　　△七五八四

元刊本，存七八兩卷，十二行二十二字，黑口雙闌。　分人倫、靈異、
符讖、拾遺、人事、治道、藝術、警戒、報應各門。（癸丑）

重刊湖海新聞夷堅續志後集不分卷 補抄七十五、六兩葉

元刊本，十五行二十三字，黑口雙闌。分神仙、道教、佛教、文華、神
明、精怪各門。（癸丑）

湖海新聞夷堅續志前集十二卷後集七卷

前集元刊本，十五行二十三字。　首題"新編湖海新聞夷堅續志綱

目”，旁注“前集”二字。以下不題“新編”二字，分人倫、靈異、符讖、拾遺、人事、治道、藝術、警戒、報應九門，凡一百八十三條。無撰人及刊刻名氏。

後集明薛翱刊本，十五行二十三字。　題“重刊湖海新聞夷堅續志”，次行題“江薛翱汝節證刊”，分神仙、道教、佛教、文華、神明、怪異、精怪七門，凡二百五十八條。（余藏。）

湖海新聞夷堅續志後集六卷

明寫本，九行十八字。　所存只後集，爲神仙、道教、佛教、文華四門，每門各分細目，共一百三十六條。以適園新刻本勘之，其次序咸合，惟遇仙類女食茯苓條下新刻尚有錢治病等十條，又得仙類七條，鈔本無之。至其下尚有神明門、怪異門、精怪門、靈異門、物異門凡一百三十餘條，此鈔本亦缺，疑此鈔後集當更有一冊乃完，而佚去也。第有不解者，此本卷一末有巨蛇吐珠一條，新刻本列在前集卷二珍寶門異寶類，或鈔者誤入耳！（己卯四月）

續夷堅志前集一卷後集一卷

舊寫本，十行二十字。　前集目後有窳窳叟題三行。後集目後有至順三年朱方石巖民瞻識五行。後有金史本傳，傳後有至正戊子吳下王東起善識四行，又□□輔景文記，又至正二十三年孫道明記四行。王東記云手抄北地棗木、續夷堅志二冊云云。（癸酉）

續夷堅志四卷

清嘉慶戊辰余集手寫刊於大梁。十行二十字，細黑口，左右雙闌。（蘇估柳咏春送閱，索八元。）

分類夷堅志戊集五卷

明活字印本，十一行二十二字。目錄次行題“鄱陽洪邁景盧紀述”，三行題“建安葉氏榮祖類編”。

嘉定徐星署世兄收藏，惜僅得此戊集五卷耳。（壬戌）

虞初志□卷

明刊本,八行十五字。字體似濟美堂柳文,有跋稱外舅都公云云,疑亦吳中所刊也。存目列後:

續齊諧記　集異記　虬髯客傳　柳毅傳　長恨傳　韋安道傳　周秦行記　離魂記　枕中記　南柯記　嵩岳嫁女記　廣陵妖亂志　崔少玄傳　南岳魏夫人傳

鈐有"上黨大馮收藏圖籍"、"上黨"、"默菴",又黃丕烈印甚多。(涵芬樓藏書,丁巳見。)

搜神祕覽三卷　宋章炳文撰

宋刊本,半葉十行,每行二十字。　前有京兆章炳文叔虎自序。目錄後有"臨安府太廟前尹家書籍鋪刊行"一行。

按:此書吾國久未登著錄。余昔年曾得錄副,今幸獲覩祖本。開版工整而具疏爽之氣,是棚本之佳者。(日本狩野直喜博士藏書,己巳十月二十日覩于西京。)

石田翁客座新聞十一卷　明沈周撰

墨格寫本,九行十七字。卷一首條爲徐子虛爲仙寄書,卷十一末條爲陳主事。(辛巳十一月十六日見于翰文齋,潘伯寅滂憙齋遺書。)

西樵野記十卷　明侯甸撰　失去首冊,存卷六至十

明藍格寫本。　後有侯甸自跋:

"幽怪之事固孔子所不語,然而使人可驚、可異、可懲、可勸、粗顯箴規而有補風教者,此博洽君子不可不知也。余少嘗從侍枝山、南濠二先生門下,其清談怪語聽之靡靡忘倦,故余凡得于見聞者輒隨筆識之,自國朝迄今一百七十七事,名曰野記。噫!余性屏劣而獨好爲是,亦不自知其僭癖也。嘉靖庚子春既望,吳郡西樵山人侯甸敍。"

鈐有"詩龕書畫印"朱。(丁卯)

新編連相搜神廣記前後集不分卷　明淮海秦子晉編　計六十餘葉

明刊本,十四行廿四字,黑口,四周雙闌。題目及神名均大字占雙行,每神佛均有像,先像後説。(甲寅)

雜事秘辛一卷

舊寫本,九行二十字。　後有汝上王謨跋。(癸丑)

新刻徐比部燕山叢録二十二卷　明海虞徐昌祚撰　雲間李叔春校

△一一三一五

清寫本,十行二十字。　前有萬曆壬寅李叔春序,言伯昌爲冏丞,覽其誌,凡所聽覩,係冏寺屬内者悉録之,以居燕京所録,故題此名。後爲比部,梓有律例釋註云云。其書雜記聞見,分敦行、奇節、吏道、兵革、技術、仙釋、神鬼、妖邪、怪異、奇聞、果報、科試、天文、地理、古跡、器物、禽獸、草木、古墓、駁疑、山谷,凡二十一類,而以長安里語附焉。此本只二十一卷,其附録則佚之矣。審其格式,似依刻本傳録者。(甲戌歲文友堂送閲,已收。)

忠謨謹按:此書有跋,收入藏園羣書題記續集卷二。

白醉瑣言二卷　麻城王兆雲元禎撰

明刊本。(己巳二月見,山東徐季孺藏書)

灤陽銷夏録三卷　清紀昀撰　　　　　　△一〇一四九

紀氏原稿本,棉紙朱闌,半葉八行。　後有手識四行,題詩二首,又劉石菴塽及賈臻、吳式芬跋語,彙録于後:

　　"右灤陽銷夏録三卷,前二卷成于熱河,後一卷則在熱河成其半,還京後乃足成之,故間有今歲事。仍併爲一書因其原名者,如陸放翁吟詠萬篇,非作于一時一地,統名劍南詩稿云爾。庚戌六月廿九日繕淨本竟,因題。"

　　"檢點燕公紀事珠,拈毫一字幾躊躇;平生曾是輕干寶,浪被人稱鬼董狐。　前因後果驗無差,瑣記蒐羅鬼一車;傳語洛閩門弟子,稗家原不入儒家。　己酉五月廿六日繕竟附題。”

“正容莊語，聽者恐臥，導以儁永，使人意消，不以文爲制而以文爲戲，晉公亦何規乎！瓌瑋連犿，吾愛其筆。　石菴居士題。”

“道光庚戌十一月文達元孫穀原上舍自盟津來，以是本見貽，余受而藏之，自詫眼福。第一卷劉文清跋尾人人知其真跡，此卷後公自識四行實公親書，人或未之知也，特爲拈出，以告後之獲覩是本者。又公自題兩絶句，前一首與今刻本異，此當是初稿。故城後學賈臻讀完附記，時在河南郡署躬自厚齋。”

“曩在京師曾見公手批施注蘇詩元本，此冊後四行的爲公親筆無疑。咸豐壬子正月吳式芬謹識。”

按：此帙棉紙朱闌，寬行正楷，與四庫全書繕本無異，當是公修書時飭館中小史所寫。又公親筆評點羣書近年頻有所見，昨冬廠市有手批李滄溟集，曾以告贊亭收之，今以此帙審視，其爲真跡固無庸疑慮也。　甲戌春分之夕，藏園記。

扶風傳信錄

清吳騫稿本。（丁巳）

秋燭叢話十八卷　福山王械著

筆記小說之屬，舊寫本。（癸丑）

藏園羣書經眼錄卷十

子 部 四

類 書 類

題**修文御覽三百六十卷** 北齊祖珽等撰 一百六十二本

明寫本。每卷後葉有胡(柯)彭叔夏校正一行。疑是僞書,竢再考之。(四明盧氏抱經樓藏書。癸丑)

藝文類聚一百卷 唐歐陽詢撰 殘本

明蘭雪堂活字印本,七行十三字。本書十四行,標題大字占雙行,版心上方有"蘭雪堂"三字,卷末有"正德乙亥冬長至日蘭雪堂華堅活字銅版校正印行"三行。又"錫山"圓印及篆文墨記,文曰:

"蘭雪堂華堅

活字版印行"

藝文類聚一百卷 唐歐陽詢撰

明鄭氏宗文堂刊本,十四行二十八字。

按:此書字體及彫工與明刊宋文鑑、文獻通考相類,極似慎獨齋所刊諸書。陸心源氏以有宗文堂跋語,定爲元本。不知閩中書坊傳世最長,如翠巖精舍、勤有堂等自宋元迄明皆世其業,今所刻之書猶可考見,宗文堂明代何獨不存乎? 觀書以字體雕工風氣定其時代,可百不失一，若拘拘於紙墨之古舊、牌記之年月及避諱與否，皆其末焉者也。（日本靜嘉堂文庫藏書，己巳十一月十三日閱。）

北堂書鈔一百六十卷 唐虞世南輯　存卷一至一百二十二

明寫本，棉紙藍格，十二行十八字，版心下方有"東吳徐氏藏書"六字，蓋文敏公家寫本也。

鈐有"秉忠"朱、"伯雅"朱、"毛晉"、"毛晉私印"、"汲古閣"、"毛晉之印"、"毛子晉氏"、"子晉書印"、"東吳毛氏圖書"、"子晉"、"繡海"、"汝南世家"白。（盱眙吳氏藏書，富晉書莊送閱。壬戌）

北堂書鈔一百六十卷 唐虞世南輯

明棉紙墨格寫本，十一行十八字，版心下方有"臥雲山房"四字。卷十至三十以別一明寫本配，十行二十字。

鈐有"李氏任興藏書之印"、"任興"朱文印。卷尾有寶康跋，録後：

"此本與平津館鑒藏記所引同，而尤與經義述聞内所云鈔本北堂書抄諸條合，洵善本也。擬以影宋御覽、元本初學記、事類賦等書并各書今時有善本者合校之，録成定本，誠盛舉矣。佗日有暇當爲之。孝劫記於淮署之佞漢齋，時乙未冬月二十五日也。"

按：此書余壬子夏得之廠市，祇存數冊耳，既而無意中又獲其半，所缺僅十之三耳。昨歲文禄堂送閱一冊，际之正是原書所佚，因以十金收之。合三次所收猶有缺遺，適篋中儲有明寫別本，因取以增入，而是書幸得復完。

忠謨謹按：此書有跋，收入藏園羣書題記初集卷四。

北堂書鈔一百六十卷 唐虞世南輯

明藍格寫本，十行二十字。（癸丑）

北堂書鈔一百六十卷 唐虞世南輯

舊寫本。勞格校，有跋，並録朱彝尊跋：

"庚子夏，屬陳碩甫先生借汪氏振綺堂藏竹垞舊抄大唐類要校勘，

二人分校，矻矻從事，匝月始畢。舊抄多訛，悉照本增删，對勘草
草，又卷帙繁重，不能復勘，恐不無遺漏。末三卷令小史影抄裝
入。竹垞有手迹跋語，首册有名字印。與刻入集本不同，今附書序
後。其書每卷俱係挖補版心字迹，因抄用藍格，亦以藍色塗之。
　　丹鉛精舍主人識。"

"聞烏程嚴鐵橋先生曾刻過五十餘卷，迄今未畢事。曾見其底本
一册於高宰平處。又記：此本前數卷有舊人校過，今以墨筆別
之。"

"此卽北堂書抄也。自常熟陳禹謨錫元氏取而删補之，至以貞觀
後事及五代十國之書雜入其中，盡失其舊，鏤板盛行，而原書流傳
日罕矣。是編傳寫訛字極多，幾不能成句讀，然猶是永興舊本，未
易得也。　　康熙己卯七月晦，竹垞老人書，時年七十有一。"（癸丑）

古唐類範一百六十卷

明寫本，十二行二十二字。　　前有陶九成序五行。　　鈐有季振宜、
汪士鐘藏印，又有"秀水朱氏潛采堂圖記"、"南書房舊講官"兩印。
卷首錄讀書敏求記一則、曝書亭集一則，皆黃丕烈所手錄。卷尾有
黃丕烈跋語十五行，見於繆荃孫氏輯蕘圃藏書續跋中，不具錄。（鏡
古堂送閱。戊午）

大唐類要一百六十卷　　　　　　△一〇一四〇

清顧氏藝海樓藍格寫本。　　有莫友芝跋。

按：此卽北堂書鈔。（癸丑）

龍筋鳳髓判二卷　唐張鷟撰

明弘治刊本，十行十六字，白口，左右雙闌。　　前有弘治十七年甲子
祝允明序，言得元人錄本於徐武功家，而邑令歐陽東之刻之。後有
都穆跋。　　前人以朱筆據鈔本校過，訂訛字補缺文甚多。其各判自
始至末標識次第凡六十八首，與刻本記某某几條者不同。余生平所

見鈔刻多本,其佳勝無過此者矣。(北京圖書館新收之書,辛未歲借校。)

忠謨謹按:此書有跋,收入藏園羣書題記初集卷四。

龍筋鳳髓判二卷 唐張鷟撰

明弘治刊本,十行十六字,白口,左右雙闌。 前有祝允明序,言得
元人録本於先外大父武功徐府君家,邑令沈津潤卿刻之。後有都穆
跋。(海虞瞿氏藏書。癸酉)

龍筋鳳髓判二卷 唐張鷟撰 △六〇九五

明刊本,十行十六字,白口,左右單闌,紙印皆精。 有錢天樹跋,云
是南宋本,翁弢夫謂是元本,余則謂明刊耳。
後於滬上見瞿氏藏一本,有序跋,知爲弘治十七年沈津刊本。 沅
叔

龍筋鳳髓判二卷 唐張鷟撰 △九八三三

清寫本,十行十六字。有查慎行、彭元瑞跋,録後:

"新唐書藝文志張文成龍筋鳳髓判十卷,宋晁氏讀書志所載判凡
百首。今上卷止四十三條,下卷止三十五條,尚少二十二條,卷數
首數與兩志皆不合,疑非足本。宋板書真者不易得,亦可寶也。
洪文敏謂其堆垛故事,不逮樂天甲乙判云。後辛丑中秋後一日,
初白老人慎行識。"此題爲傳抄者。

"乾隆己亥,從鮑氏知不足齋借鈔,譌字甚夥,雖宋版不足貴也。
書存京邸,不能一一是正,它年尚當重校。七夕後一日武林使署
識,芸楣。"此題朱筆,爲彭氏手翰。

鈐有"南昌彭氏"、"知聖道齋藏書"、"遇者善讀"各印。(翰文齋見。
丙寅)

新雕初學記三十卷 唐徐堅撰 本書標題無新雕二字

宋刊本。密行細字,半葉十二行,每行二十二至二十五字不等,注雙
行三十字,白口,左右雙闌。版匡高六寸二分,寬四寸五分。 前有

紹興四年福唐劉本序，半葉九行，行十四字。序後刊牌子四行，録如
左式：

　　"東陽崇川余四十三郎宅今

　　　將監本寫作大字校正雕開

　　　並無訛謬收書　賢士幸詳

　　　鑒焉紹興丁卯季冬日謹題"

卷三鈔補後五葉，卷五鈔補後十葉，卷六鈔補六至十三葉，卷十三鈔
補二、三葉，卷二十一鈔補五、六葉。

鈐有"金澤文庫"楷書墨印。

按：此書刊工精湛，筆迹瘦勁、與余藏百衲本通鑑中十四五行本相
類，蓋南宋初建本也。初學記一書，余昔年見嚴鐵橋校宋本，曾傳録
於安國桂坡館本，始知明本脱失閡多。如卷二十五"火類"一葉，卷
二十六"冠類"、"弁類"一葉，卷二十八李、梣、桃、櫻、棗、甘、梅各類
八葉，卷二十九"狗類"一葉有半，卷三十"雞類"後半葉，"鷹類"前半
葉，宋本與明本文字大相逕庭，至改不勝改，余咸手寫以補正之。嚴
氏跋稱依青浦王述菴所藏宋刊大字本校於孫氏冶城山館，而不言宋
本之行款若何。然考平津館記，言元本新刊初學記十行二十字，疑
孫氏所見卽嚴氏所校也。余又疑嚴氏所校不獨非宋本，亦非元本，
當卽明嘉靖時所刻之宗文堂本也。近時見臨清徐司業家遺書，有題
宋板元修本者，索觀之，則正爲十行二十字，序後有"謹依古本榮陽
鄭氏重刊印行"一行，當爲出於宋本之一證。以嚴校比勘之，目後題
"重刊大字初學記"、卷首題"新刊初學記"正同。取卷中考訂之處參
之，亦無不同。然後知徐氏所藏正宗文堂本，嚴氏所校卽此本也。
特以其鎸槧尚精，文字佳勝，遠出他明本上，真宋本既不可得見，故
皆誤認此爲宋本耳。今獲觀此帙，宋刊初印，行款既密，標題復異，
益信余説之不謬。獨惜島田翰所稱元至正庚子初夏翠巖精舍新刊

本余目所未覯，不審其異同奚若也。（日本帝室圖書寮藏書，己巳十一月十一日觀。）

初學記三十卷 <small>唐徐堅撰</small>　　　　　　　　　△二二七

明嘉靖十年安國桂坡館刊本，九行十八字。（余藏。）

新刊初學記三十卷 <small>唐徐堅等輯</small>

明刊本，十行二十字，白口，四周單闌，版心上魚尾上記“初學記”三字，中記“第幾卷”，下記葉數。　前有紹興四年歲次甲寅正月上元日福唐劉本序，題作“重刊大字初學記”。八行十八字，低一格。次目録，標題與序同，十三行二十三字，後有“謹依古本滎陽鄭氏重刊印行”一行。　鈐有“兔床”<small>朱</small>、“吳騫”<small>白</small>二印。

按：此書前有舊人題籤云：“元補宋槧大字本初學記”，然實明刊也。余所見日本圖書寮藏本題“新雕初學記”，十二行二十二至二十五字，劉本序後有東陽崇川余四十三郎牌子四行，與此絶不類。第據余昔年所傳録嚴鐵橋校宋本證之，明本誤字此皆不誤，則此本亦從宋本出，與明代安氏諸刻迥異，斯亦足貴矣。臨清徐坊遺書。

又，頃檢嚴氏所校宋本細比核之，知其所據卽此本，蓋前輩賞其佳勝，亦久認爲宋本矣。沅叔記。（己巳九月。）

白氏六帖事類集三十卷 <small>唐白居易輯</small>

宋刊本，半葉十三行，每行大字二十四五字，注三十二至三十五字，白口，左右雙闌。版心記帖册一、二、三、四、五、六等字，蓋分三十卷爲六册也。下方記刊工姓名，有方師顔、方成、丁珪、毛諫、王珫、王時、余正、余坦、朱因、李成、李德、洪茂、洪先、洪新、陳忠、陳高、劉仲、劉舉、劉正、陳珍、徐顔、徐侃、蔣暉、梁濟、施蘊、胡正，又施俊重刊四字。每類標題作陰文，目後連接正文，兩卷同册者上下卷相接處不别爲卷。宋諱構字注御名，<small>卷十四嗣立類</small>，纂我祖考堂構，構字注御名。蓋紹興初刊本。用嘉定年間浙路酒務册子印，紙背列逐日收錢若干：見錢若干，官會若干，息錢若干，見錢若干，官會若干。末書"右謹具申聞。謹狀"。有"江東庫"、"東渡鄞江庫"、"倉北門庫"、"南庫"、"倉北庫"、"東鄞庫"諸名。收藏鈐有"趙氏家塾藏書"、"古吳王氏"、"中南山人"、"竹塢"、"玉蘭堂"、"季振宜藏書"、"季振宜字詵兮號滄葦"、"季振宜印""滄葦"、"乾學"、"徐健菴"、"翼菴珍藏"諸印。

按：六帖自與孔帖合併後，明以後無刊本，欲見白帖面目，舍此莫屬。此本南渡初刊於浙杭，取校明刊，是正良多。癸亥歲，潘君馨航以重金收得，持以易余藏紹興本通鑑目鑑，蓋潘君藏紹興兩浙東路茶鹽司刊通鑑全帙，欲得目録以爲合璧也。　　偶檢卷一冰類魚躍注云："王祥爲母思魚，朝朝冒寒伺魚。一朝冰開，有雙鯉躍出。"明刻本作"王祥母欲生魚，祥解衣將剖冰求之，冰忽自解，雙鯉躍出。"其文字乃不同。以此測之，則卷中經宋人竄改者必多矣。擬別爲跋詳志之。（癸亥）

忠謨謹按：此跋收入藏園羣書題記初集卷四。

白氏六帖事類集三十卷　唐白居易輯

宋紹興間刊本，版匡高七寸六分，寬五寸二分，半葉十三行，每行二十四至七字不等，注雙行三十二至三十五字，白口，左右雙闌，版心記帖一至帖十二等字。

按：此本與余藏本行款悉同，惟版心記分册數作十二册爲小異。避宋諱實至構字，陸心源定爲北宋本，誤矣。（日本靜嘉堂文庫藏書，己巳十一月十三日閲。）

新雕白氏六帖事類添注出經三十卷　唐白居易輯

宋刊本，半葉十二行，行二十一二字不等，注雙行三十一至三字不等，白口，左右雙闌，版心下方間記字數。每卷目後接連本文，每類標題以陰文別之。前有詳定所慶曆二年准轉運司牒文，後有詳定官潘說、重詳定馬元康官銜三行。　　鈐有汪士鐘藏印。（癸丑）

唐宋白孔六帖一百卷 唐白居易、宋孔傳輯　存三十八卷，内有鈔配

宋刊本，版匡高六寸八分，寬四寸四分，半葉十行，每行十七字，小字雙行二十三字，細黑口，左右雙闌，左闌外有耳記篇名。　鈐有傳是樓及汪士鐘印記。

按：此本刀法勁峭，是建本之精者，與余所見楊惺吾守敬藏本同。（日本静嘉堂文庫藏書，己巳十一月十三日閲。）

白孔六帖一百卷 唐白居易、宋孔傳輯　存八十卷

明寫本，棉紙藍格，十行二十一字。　田農以下缺，蓋未完之帙，而別鈔目以充全本也。（癸亥）

小名錄上下卷 唐平原陸龜蒙撰

明寫本，十行二十字。　前有龜蒙自序，唐書陸龜蒙傳。説郛本皆不載。

鈐有"崑山徐氏藏書"、"徐乾學印"、"健菴"、"黄金滿籯不如一經"、"平江黄氏圖書"、"竹泉珍玩圖籍"、"謏聞齋"、"愛讀奇書手自抄"各印。（文友堂送閲。乙丑）

標題徐狀元補注蒙求二卷 晉李瀚撰　宋徐子光注

宋刊本，半葉十行，小字雙行二十六字。書名、時代及注中事實皆陰文。　鈐有"述古堂藏書記"、"稽瑞樓"、"小長蘆"、"馮知十讀書記"各印。（壬子）

事類賦注三十卷 宋吳淑撰　　　　　　　　△一一三五一

宋紹興十六年兩浙東路茶鹽司刊本，半葉八行，每行十六至十九字不等，注雙行同，白口，左右雙闌。版心下記刊工姓名，有丁珪、王琮、毛諒、包正、朱琰、阮于、余竑、徐高、徐杲、許明、洪茂、施蒀、陳明仲、陳錫、梁濟、孫勉、樓謹、顧忠、徐政、徐昇等。卷末有紹興十六年邊惇德刻書序。卷三十末標題後有銜名四行：

"右迪功郎特差監潭州南嶽廟　　　　邊惇德　校勘

左儒林郎紹興府觀察推官兼本司主管文字 陳 綬 校勘
左從政郎充浙東提舉茶鹽司幹辦公事　　　沈 山 校勘
右從政郎充浙東提舉茶鹽司幹辦公事　　　李端民 校勘"

鈐有"成之之章"朱、"蔣氏珍藏"朱、"趙"朱、"趙禮用觀"朱、"造玄道人"白、"檇李"朱圓、"項元汴印"朱回文、"子京父印"朱、"桃華村裏人家"朱、"項篤壽印"白回文、"項氏子長"白、"項氏萬卷堂圖籍印"朱隸。又有"天禄琳琅"朱、"乾隆御覽之寶"朱及乾隆諸璽。

忠謨謹按：此爲溥儀携出之書，於東北散失，余丁酉歲收得，附錄於此。

事類賦注三十卷 宋吳淑撰

明嘉靖十三年開封刊本，十一行二十字，注雙行同。　有嘉靖十三年甲午冬十二月朔嵩渚李濂序，稱開封太守南宮石巌白公刻諸郡齋云云。前紹興丙寅仲夏廿三日右迪功郎特差監潭州南嶽廟邊惇德序，次吳淑進書狀，卷末銜名三行。（整理者謹按：文見前條，但缺沈山一行，不錄。）有嘉靖甲午祥符縣儒學署教諭事麻城陳同後序，稱紹興中鄭提舉鏤梓於東浙，而中州四方傳布未廣，甲午歲，余領教在汴，太守石巌白公命校閱，將捐俸鋟行，但錄本間或脫略，請於大宗師頤庵吳公，得其善本質定，然後脫簡完輯云云。

孫氏跋語附後：

"宋吳淑事類賦盛行於時，爲後人所亂，單行善本絕少，此本卽天禄琳琅所列明版第三部，稱吳淑銜名後空一行者。按前後序爲嘉靖十三年刊本，賈人每去之以充宋刻，故內府所得本亦無序也。五松居士。"後鈐"星衍私印"一印。

鈐印列下："陽城張氏省訓堂經籍記"朱、"張敦仁讀過"朱、"陽城張氏與古樓收藏經籍記"白、"葆采"白、"藝學軒"朱、"得源"朱、"臣星衍印"白、"五松書屋"朱。（沈同叔所藏。己未）

事類賦注三十卷 宋吳淑撰

明影寫宋紹興十六年兩浙東路茶鹽司刊本，八行十七八字不等，小
字雙行二十五至二十八字不等。宋諱玄、鏡、樹、恒、弘、殷、軒、轅皆
爲字不成。　　首進注事類賦狀，狀後接連目錄。本書首行題"事類
賦卷第一"，次行低七格題"渤海吳淑奉勅注"，三行低二格題"天部
一"，四行低四格題"天"、"日"、"月"子目等字。五行低三格題"天
賦"二字，六行頂格賦本文。每卷末距本文一行題"事類賦卷第一"。
卷三十後題"右迪功郎特差監潭州南嶽廟邊惇德校勘"一行。此行
後有序，題"紹興丙寅仲夏廿三日右迪功郎特差監潭州南嶽廟邊惇
德謹序"，據序，乃滎陽鄭公刻於東浙者。序後校勘官銜名三行，文
見前，不錄。

鈐有"唐子言印"白方，又孫毓汶、黃國瑾印。有黃國瑾跋語，不錄。
（己未）

太平御覽一千卷 宋李昉等輯　存卷一至一百三十三、一百七十二至二百、二百
十二至三百六十八、四百二十四至四百五十五、五百三十一至五百三十五、五百四十
一至五百四十五、七百二十六至七百三十，合三百六十六卷，七十六冊

宋刊本，版匡高六寸一分，寬四寸四分，半葉十三行，每行二十二字，
白口，左右雙闌，間有四周雙闌者。避宋諱至慎字止。

鈐有"南州高士東⬚海豪家"白文方印及"文淵閣印"朱文大方印，明中
山王邸及文淵閣故物。清黃丕烈、汪士鐘、吳雲遞藏。

按：此書避宋諱至慎字止，字體極精整可翫，而古厚之意已失，陸心
源氏乃謂爲北宋刊本，景星慶雲，爲此書之祖本，何其疏耶！余所見
日本帝室圖書寮及西京東福寺藏二部爲慶元刊本，字體疏勁，爲蜀
中所刊。此本刊刻或在蜀本之先，而雕工特爲精整，或是浙杭間所
鋟耳。（日本靜嘉堂文庫藏書，己巳十一月十三日閱。）

太平御覽一千卷 宋李昉等輯　鈔配二百四十九卷，計目十五卷、卷一至一百九
十七、卷三百二十一至三百二十八、卷五百四十五至五百六十六、卷八百二十八至八
百三十四

宋刊本,半葉十三行,每行二十二至二十四字,白口,左右雙闌。版
心記書名"太幾",或"平幾",或"覽幾",下記刊工姓名。版匡高六寸
九分、寬五寸。避諱至慎字止。與西京東福寺藏本同,而紙幅寬展,
細薄勻潔則遠勝之。

按:此本刊工極爲古雅。後有慶元五年七月成都府路轉運判官蒲叔
獻序,又前閬中縣尉雙流李廷允跋,是知爲慶元五年成都路轉運司
刊於蜀中者。惟鈔補之卷森立之經籍訪古志記爲四百六十至四百
六十八,五百四十五至五百五十五,又五百六十六,凡二十七卷,與
余所記者相差殊鉅。島田翰古文舊書考載鈔補者凡二百二十七卷,
而別言自五百四十五至五百六十六凡二十二卷爲元代鈔補,其卷
數與余所記正同,知訪古志所載未盡審也。(日本帝室圖書寮藏書,己巳十一
月十一日觀。)

太平御覽一千卷 宋李昉等輯

宋刊本,半葉十三行,每行二十二字,白口,左右雙闌,版心中縫記書
名,下方記刊工姓名,字疏古勁健。後有慶元五年成都路轉運判官
蒲叔獻序及雙流李廷允跋,知爲蜀中所刊也。　　鈔補各卷如下:上半
部未及檢查。四百九十七至五百、五百三十二至四十二、八百七十一至七十六、九百
二十一至二十八,共鈔二十八卷。(日本西京東福寺藏書,己巳十月二十九日閱。)

太平御覽一千卷 宋李昉等輯

明萬曆元年倪炳刊本,十一行二十二字。　　前有黃正色序,略言宋
世編集四大類書以御覽爲先,次冊府元龜,次太平廣記,次合璧事
類。御覽宋世刻本俱已堙滅,近雲間朱氏僅存,殘缺過半。海内鈔
本雖多,傳寫展轉,訛舛益甚。吾錫士大夫有好文者,因閩省梓人用
活字校刊,始事于隆慶二年,至五年才印其十之一二,浩瀚苦難,閩
人散去。於是浙人倪炳伯文居業於錫,謀於郡邑士大夫,協力鳩工,
鋟諸棃棗。孫國子虞允一元力任讐校,忽於隆慶六年捐館,弗克終
事。同年薛憲副應登甲校得善本,藏諸家塾,仲子名逢者善繼先志,

出所藏本俾倪氏繕寫付刻云云,萬曆改元常郡黃正色著。(癸酉)

太平御覽一千卷 宋李昉等輯

明萬曆二年周堂活字排印本,十一行二十二字。　前有萬曆甲戌蘇熟後學周堂序,次目錄總類,次目錄十五卷。本書卷一首勅纂人,後有"皇明順天解元海虞周光宙重校"一行。每卷首板心下方有小字雙行,文曰:

"宋版校正閩游氏仝

　板活字印一百餘部"

周堂序後有文二行,文曰:

"閩中饒世仁游廷桂整擺

　錫山趙秉義劉冠印行"

亦作:

"宋板校正饒氏仝板

　活字印行壹百餘部"

目錄卷五後有二行,文曰:

"宋板校正福建游氏梓

　製活板排印一百餘部"

後有慶元五年蒲叔獻跋,又雙流李廷允跋。

周堂跋錄後:

"太平御覽一書爲先朝鉅集彙典匯藪也。世祖勉思公爲天官大夫時,得故本函諸篋,冀欲續我皇朝御覽,以效先哲李公之日進三卷,啓沃聖心。無何外補,逡巡未就。伯兄鄉進士白江先生病而弗傳,儲籍散逸。我先君文川公深悼之,時初發解,攻鉛槧,未暇討論。中歲抉去時業,博極羣書,迺究心是集,從閩賈饒世仁購得其半,半在錫邑郡伯顧肖巖、太學秦虹川家。二公博雅君子也,請於先君,欲合而梓之。先君曰:余志也!遂躬校閱,未幾而先君作

矣。不肖堂懼先志之未酬,丐諸名碩攷訂釐緝,遂成完書。且辱相
國養翁嚴公俾史館善本訂正之,并許序以弁諸首。第簡帙浩瀚,
文辭訛謬,雖經煉石化鉛之功,難免魯魚亥豕之弊。然俾海内獲
窺學海,備覽詞林,是舉不無小補云。今所得活板僅百餘部,與顧
秦二氏分有之。倘好事藉稿於兹,更加精校,鋟爲不刊之典,是所
願也。時萬曆甲戌小春吉旦,蘇熟後學周堂謹識。"(癸酉)

太平御覽一千卷　宋李昉等輯

明寫本,十行二十字。

鈐有"墨農書屋"、"闔齋鑑定書畫之印"、"單杏六家珍藏"、"淵貽堂
圖書記"諸印。(余藏。)

太平御覽一千卷　宋李昉等輯　存七百九十卷

天一閣舊藏明寫本,棉紙藍格,十行二十二字。

缺卷列後:一至一百、三百〇一至十、三百三十一至四十、五百十一
至五百六十、七百〇一至七百十、八百八十一至八百九十、九百三十
一至九百四十、九百七十一至九百八十,共缺二百一十卷。揚州王丹
明處有殘本,可配入一百零五卷。(庚申二月得于吳門來青閣,共八十三册。)

太平御覽一千卷　宋李昉等輯　存九百三十卷

明寫本,墨格,十二行二十一字。　缺卷列後:卷十二至十九、七十
七至九十、四百五十一至四百六十四、四百七十三至四百八十一、五
百八十六至五百九十三、六百十九至六百二十七、七百四十七至七
百五十四、七百六十一至七百六十八,共計缺七十卷。(維古山房送閲。
癸亥)

太平廣記五百卷目錄十卷　宋李昉輯

明嘉靖四十五年談愷刊本,十二行二十二字,白口,四周單闌。　前
有李昉等進書表,後列官銜人名十二行並送史館雕版年月,附談愷
刻書識語十六行。次引用書目五葉,次目錄,題"明資善大夫都察院

右都御史談愷校刊”，“姚安府知府秦汴、德州知州強仕、石東山人唐詩同校”二行。

卷二百六十一至四四卷原缺，後人據許自昌本抄補。

按此書宋刻不存，余閱肆三十年，僅見陳仲魚鱣手校宋本，然所據宋本行格及所自亦不明。此談愷刊本據自序亦出於傳鈔，爲是書現存最早刊本。其後隆慶活字本及萬曆許自昌本均自此出。鈐有“明善堂覽書畫印記”、“安樂堂藏書記”二印。（乙丑歲得之文友堂，以其爲有用之書，爰付影印。）

忠謨謹按：此書有跋，收入藏園羣書題記續集卷三。

太平廣記五百卷目錄十卷 宋李昉等撰

明隆慶、萬曆間活字印本，十一行二十二字。　首李昉進書表，後列銜名十二行，次嘉靖丙寅十山談愷跋，次引用書目，次目錄。目錄署“明資善大夫都察院右都御史談愷校刊”，“姚安府知府秦汴、德州知州強仕、石東山人唐詩同校”二行。　此本字體與活字本太平御覽同，蓋卽用御覽字模同時所印也。其源出於談愷刊本，故仍列談跋及銜名於卷首。

鈐有“漢唐齋”、“馬笏齋藏書”等印。（丙子八月得于申江。原缺二十卷，以篋藏活字本殘卷補，遂爲完書。）

太平廣記五百卷目錄十卷 宋李昉等輯

明許自昌刊本，十二行二十二字。陳鱣仲魚據宋本手校，吳騫兔床跋。

吳跋錄後：

“此明刻本太平廣記爲譚愷開雕，較世行坊刻猶有古意。卷首有郁逢慶遇叔圖記。按遇叔嘉興人，性喜收藏書畫，崇正中嘗手輯古今名人法書名畫曰書畫題跋記，正續各十二卷，可與汪氏珊瑚網、孫氏庚子消夏記相頡頏，惜未有爲刊行者。此書間有缺番，皆郁氏原補，而陳仲魚孝廉復依宋板爲手校一過，尤可爲插架之良本矣。嘉慶癸酉立春日，八十一叟吳騫志於西礸。”後鈐“兔床漫叟"朱文方印。（杭郡吳氏書，癸丑歲爲王培生新收去。）

按：此書仲魚校後未著一語，兔床題記亦未詳言宋刊行欵若何，卷帙完闕，出自誰氏。詳檢全書，往往有歷十數卷未校一字者，似宋刊亦非完帙也。惟進書表曾鈎勒行格，知爲二十六行，行二十字。目錄各卷偶有參差，子目標題次第略與今本違異，尚藉以窺宋刊面目。許本自談刻本出，亦附談氏銜名，故誤認爲談刻，又誤談爲譚，蓋屬筆偶誤耳。

忠謨謹按：此書有跋，收入藏園羣書題記初集卷四。

册府元龜一千卷　宋王欽若等輯　存一百四十四卷

宋刊本，半葉十四行二十四字，白口，左右雙闌。

現存各卷及余已校卷數記如後：

卷六至十北京圖書館　四十一至四十五北京圖書館藏，戊午十一月校　四十六庚午十二月校　五十六至六十北京圖書館藏，十一月校　一百十二殘葉一百二十九至三十庚午十二月校　一百三十一庚午十二月校　一百三十二殘葉　二百二十一存八、九、十一葉，庚午十月校　二百二十二殘葉二二百七十一至七十五北京圖書館藏，庚午十一月校　二百八十六至九十補缺葉二番，潘明訓藏，戊午十月校　二百九十一至九十五潘明訓藏，戊午十月校　三百零七北京圖書館藏　三百零六至十六卷缺首數葉，十卷缺末，甲子六月校　三百四十一至四十五北京圖書館藏，戊午十一月校　三百五十六至七十五北京圖書館藏，戊午十一月校　三百八十六至九十北京圖書館藏，戊午十一月校　三百九十六至四百北京圖書館藏，戊午十一月校　四百十一至十五北京圖書館藏，戊午十一月校　又四百十一至四十五甲子六月校　四百五十六至六十北京圖書館藏，庚午十二月校　四百七十一至七十五北京圖書館藏，庚午十二月校　四百八十一至八十五八十一缺首七葉，甲子六月校，八十四缺尾數葉　四百九十一至九十五北京圖書館藏，庚午十二月校　五百二十六校錯簡　五百八十六至九十北京圖書館藏，戊午臘月校　六百十一至十五趙聲申伯藏,甲子十一月校　七百八十至八十九甲子六月校　共校得一百七卷。殘葉不計。此書宋本北京圖書館藏九十八卷,各家藏三十三卷,殘葉四卷不計。又瞿氏藏十三卷,見後,未計入。共一百卅一卷。

瞿氏藏宋本卷數,共十三卷。

二百四十九　二百五十一至五十四　二百六十一至六十二　二百七十六　九百一至九百五

皕宋樓藏宋本册府元龜卷數:

一百二十六至一百六十六　一百七十一至八十　一百八十二至二百四　五百五至五百三十八　五百四十五至六十五　五百六十七至七十七　五百八十三至九十九　六百四至五　六百八至六百六十　六百六十六至七十五　六百七十九至七百一　七百六至八　七百十七至二十　七百二十六至三十二　七百三十七至三十九　七百四十二至五十六　七百六十一至九十一　七百九十六至八百　八百三至六　八百十一至十二　八百十五至六十五　八百七十六至九百　九百八至三十三　九百三十六至三十八　九百四十四至四十七　九百五十至五十六　九百六十七至一千。共四百七十一卷。

以上北京圖書館藏九十八卷,瞿氏藏十三卷,南北各家藏三十三卷,内藏園藏六卷。共一百四十四卷。内廿一卷與皕宋本重複,實有一百二十三卷。合之皕宋樓舊藏之四百七十一卷,則宇内所存宋本共五百九十四卷。(癸未)

忠謨謹按:此書有跋,收入藏園羣書題記初集卷四、又三集卷四。

册府元龜一千卷 宋王欽若等輯　存四百七十一卷,計一百六十册。卷目見前條,不錄

宋刊本,版匡高六寸二分,寬四寸一分,半葉十四行,每行二十四字,注雙行,版心記册府幾、或册幾、府幾,不記字數及人名,白口,左右雙闌。字體古樸,爲蜀中所刊,避宋諱搆、慎等字。

按：此書明季李如京刊本奪訛百出。余藏宋本五卷，曾取李本對勘，
改定宏多，至爲愉快。然十餘年來就吾國官私所藏宋本多方訪求，
寓目而斠校者祇一百八卷。余別藏有明鈔本二部，亦從宋本録出
者，以卷帙浩穰未及披檢也。因閲儀顧堂題跋，據所藏殘宋本舉出
補訂脱文者凡六十四條，脱文至一萬三千餘字，心焉嚮往。頃渡海
東游，因預檢陸氏所舉各條，或得見宋刊，已經校定者，或爲明鈔本
所有，其佳處與陸氏所舉相同者，共得三十七條，而無從校補者尚有
二十餘條。遂取李刻各卷携之行篋，高輪華邸再度游觀，荷諸橋轍
六、長澤規矩也二君之慨允，盡出此四百七十一卷，按陸氏所摘者逐
條鈔録。隨行者有田中子隆君與長男忠謨，於是三人者竭半日之力
合寫六千餘字，盡補其脱文錯簡以歸，十餘年來隔海相望，神游目
想，懸此閎願而不能得者，一旦幸而見償，東行快心之事當以此爲第
一矣。

補鈔各卷脱文列目如下：

卷一百七十六魏明帝太和二年公孫恭條脱一葉，凡六百餘字。

卷一百八十後魏宣武帝時條脱一葉，凡六百餘字。

卷一百九十二閏位部好文門帝用周興嗣條下脱二十四字。

卷五百五武帝建元三年條後脱元狩五年一條十八字。平帝元始元
年條太子厥長中盾下脱四十四字。

卷五百二十第二、三、四、五葉錯簡零亂。

卷五百六十記注門李彦條前脱張軌一條二十字。

卷五百九十三卷末或有丁憂下脱一葉，凡六百餘字。

卷六百十九卷末殺戮數千人下脱一葉，凡六百餘字。

卷六百二十三公正門，又袁術僭下脱二十一字。

卷六百三十一條制門二，五月禮部條爲弊滋深下脱二十四字。八月
條其中實有事故下脱二十二字。

卷六百四十四晉高祖天福七年條前脫唐莊宗同光三年一條，凡六百餘字。

卷七百三十幕府部邪謀門鄭侃條有一人識是下脫三十三字。又脫唐魏璪等四條，凡四百餘字。又譴斥門殷嶠條前脫譴斥小序及孫楚等九條，凡八百餘字。

卷八百八十五以德報怨門劉仁軌條前脫後魏李冲等七條，凡七百餘字。

卷九百三十二誣搆門嵇康條有竄改。其上又脫梁冀等五條，凡一千一百餘字。

卷九百六十八朝貢門普通三年八月條前脫一行，凡二十四字。

卷九百七十四外臣部褒異門三月戊午條前脫三十餘字。

卷九百七十五二十一年正月條脫二十餘字。（日本靜嘉堂文庫藏書，己巳十一月十五日閱。）

册府元龜一千卷 宋王欽若等輯 殘存四册十八卷

宋刊本，十四行、二十四字，白口，左右雙闌。

存卷列後：

新刊監本册府元龜一千卷 宋王欽若等輯 存二百四十九、二百五十一至二

百五十四、二百六十一至二百六十二、二百七十六,計八卷五册　△三五一四

宋蜀中刊本,半葉十三行,每行二十四字,注雙行同,白口,左右雙
闌。字體勁健疏朗,視前工刊刻爲精。白麻紙印,無補版。

鈐有"御府圖書"、"緝熙殿寶","文淵閣印",歷經宋、明内府遞藏。
又有汲古閣毛氏諸印。（海虞瞿氏藏書,乙卯見于邵里瞿宅。）

新刊監本册府元龜一千卷目録十卷 宋王欽若等輯

明棉紙藍格寫本,十二行二十四字。卷首有敕纂官銜名三行:

"推忠協謀同德守正佐理功臣樞密使特進行吏部尚書檢校太尉中
書門下平章事

修國史上柱國太原郡開國公食邑七千户食實封二千八百户臣王
欽若等奉

勅纂"

鈐有"楊重林氏耕心山房藏書"白文印。

此本鈔楷工整,楮墨明净,完整不缺,難得之書。（邃雅齋送閱。乙卯九
月）

新刊監本册府元龜一千卷目録十卷 宋王欽若等輯

明棉紙烏絲闌寫本,十三行二十四字,其行格與宋刊本合。裝褙及
簽題均存明代舊式,視前一部尤可貴也。　己卯九月十五日記。（東
方圖書館假來。）

新刊監本册府元龜一千卷目録十卷 存七百九十四卷,欠二百六卷

明棉紙藍格寫本,十三行二十四字。紙幅視余舊藏本爲小,有明時
藏印如下:

"横經閣收藏圖籍印"朱、"朱文石史"朱、"華亭朱氏"白。

存卷如下:

第九十七至二百五十卷欠卷一至九十六

第二百五十四至三百八十五卷欠卷二百五十一至五十三

第四百四十二至八百十二卷欠三百八十六至四百四十一

第八百二十至八百四十九卷欠八百十三至八百十九

第八百九十四至一千卷欠八百五十至八百九十三

共存七百九十四卷，欠二百六卷。（丁丑五月十二日從文友堂取回一閲。）

新刊監本册府元龜一千卷 宋王欽若等輯　存二十九册

明棉紙藍格寫本，十一行二十四字，間有二十六七字者。　有人以
朱筆點過，略有校正。五卷末有錢謙益跋，未確。鈐有錢謙益印。

　　"壬午三月十日，假子晉不全宋本始校於絳雲樓。　東澗老人謙
　　益。"（文友堂送閲。丁巳）

重廣會史一百卷目錄一卷 不著撰人

北宋刊巾箱本，版匡高四寸九分，寬三寸九分，半葉十五行，每行二
十至二十六字不等，白口左右雙闌，版心記史幾，下記葉數，無字數
及刊工姓名。標題占雙行，注雙行，小字五當大字四。本書每卷有
目，連正文，每類先引荀、老、莊諸子，次引史記、前後漢、國志、晉書、
南北史以迄新唐書，雖名爲史，實類書也。　各卷鈐有楷書朱印，文
如下式：

> 高麗國十四葉辛巳歲
> 藏書、大宋建中靖國
> 元年大遼乾統元年

別有"經筵"朱文印，封面印籤均朝鮮舊式。（日本前田氏尊經閣藏書，己
巳十一月十四日閲。）

晏元獻公類要□□卷 宋晏殊撰　存三十七卷

舊寫本。前有曾鞏序。卷目列後：

第一卷江南路至江陰軍　第二卷福建路至荆州軍　第三卷地理之學至南京
第四卷京西路至淮陽軍　第五卷天真宮觀至女道士　第六卷陝西路至濠
第七卷頓丘縣至高陽縣　第八卷梓州路至巴　第九卷帝謙辭至帝怒　第十
卷母后至主幼　第十一卷儲總敍至諸皇親　第十二卷車駕至罷畋獵　第十

三卷古今宮殿名至池苑游宴　第十四卷三司至左右司郎中員外　第十五卷總
敍尚書至水部　第十六卷門下省至正字　第十七卷總裁史至館閣圖書　第
十八卷諫官至戀闕　第十九卷總敍九卿至公隸　第二十卷京尹至邊郡之守
　　第二十一卷總敍文至滛巧之文　第二十二卷總敍初生至日夕動止　第二
十三卷總敍字學至算術　第二十四卷福祿語至候謁　第二十五卷致仕至連
累　第二十六卷退士至旌表門閭　第二十七卷總敍隱士至神異方士　第二
十八卷酒至茶　第二十九卷雜博戲至雜音伎　第三十卷微痾至帝憂恤其病
　　第三十一卷歌至處士著書　第三十二卷優劣語至自戒　第三十三卷干
時求仕至得志　第三十四卷士未遇至辭官　第三十五卷陰陽拘忌至怪異人
　　第三十六卷北狄至邊塞風俗　第三十七卷歷代雜錄至喪亂。

卷中引各書于其精要文句則以大字書之，一條之中大字數見，餘則
雙行而下，若小注然，亦類書之創例也。其體例略如初學記之類，亦
有摘句而加注者。　　卷中有題"四世孫袤補闕"者數卷。徐虹亭舊
藏，有胡氏篔江藏印。

按：曾子固序言上中下秩七十四篇，凡若干門，此本只三十七卷，前
無天文、時令等門，後無物類各門，當是流傳之殘帙，然今世已無傳
本，可謂孤本秘册矣。（辛酉二月朔見于蔣孟蘋家。）

文選雙字類要三卷　題宋蘇易簡撰　　　　　　　　△四〇四三

明嘉靖十九年刊本，十行二十字。　　有莆田姚虞序，言其書爲卷三，
爲門四十，爲類五百，得於黃州理皇甫汸，刻于長沙季守。

紙背皆明時攸縣公牘文字。（獨山莫棠藏書。辛酉）

重修事物紀原二十六卷目錄二卷

宋慶元三年建安余氏刊本，半葉十一行，每行二十一字。目錄後有
慶元丁巳建安余氏刊書小啟。

按：此書余藏有舊人校宋本，改誤字脫文頗衆，正出此本也。（日本靜
嘉堂文庫藏書，己巳十一月十三日閱。）

事物紀原集類十卷 _{宋高承輯}　　　　　　　△二三一

明正統十二年戊辰南昌閻敬刊本，十二行二十四字，黑口，四周雙闌。　前閻敬自序，稱得此書於國子祭酒頤庵胡先生家，遂鋟梓以傳，書凡十卷，紀事一千八百四十有一，作者逸其姓氏不可考云。

上下五卷各爲總目，每卷分幾部，每部下標若干事，本書標題爲事物紀原集類，下注若干部若干事。（此書李紫東自申寄來，索直甚昂，姑記於此。）

事物紀原集類十卷 _{宋高承輯}

明成化八年李果重刊正統十二年閻敬刊本，十二行二十四字，行款與閻本同，第增入評點耳。　失名人據宋建安余氏本校，無題識，僅卷一前有"毛褒"、"華伯"小印二方。

卷首鈐"致爽閣"隸書朱記，及"一元"、"茶邨"、"信古樓收藏記"、"叔鄭後人"諸朱文印。（蟫隱廬寄來，因移録一過。）

新刻事物紀原十卷 _{宋高承輯}　　　　　　　△二一九○

明胡文煥格致叢書本，十行二十字。　清失名人據宋建安余氏本校。　鈐"越府圖書之寶"印。

忠謨謹按：此書有跋，收入藏園羣書題記續集卷三。

兩漢蒙求不分卷 _{宋劉班撰}

舊寫本。　有紹聖元年六月善繼南窗序。（古書流通處送閱。壬戌）

海録碎事二十二卷 _{宋葉廷珪撰}

明寫本，棉紙，十二行二十字。　前葉廷珪自序，後紹興十九年河陽傅自得安道序。　後有明陳繼儒二跋，清宋思玉跋。録如下：

　"乙未四月二十一日讀竟，時竹粉半墮，栢爐初温，支枕少時，起而題此。　眉公陳繼儒書於竿硯齋。"

　"是書爲内翰桐江所藏，秀州包學憲瑞溪借至，因得披讀一過。博逐類説、説郛，雅逐清異、雲仙雜記，若入詩注是貧者之糧也。

仲醇又書。"

"宋鄭夾漈通志：葉翠巖海録蒐求典雅，爲南渡藝林之冠。夾漈隱君子也，翠巖預參中秘，與秦檜議不合，出知泉州府，拂衣而歸。禮記儒行篇曰'近文章，砥礪廉隅'，其此之謂與！海録一書鋟刻闕如，向得一鈔本，閲陳徵君眉公先生題跋，興到筆隨，白雲怡悦，重加校訂，日置几席間，流連不忍釋手云。　康熙庚辰六月朔日諫亭宋思玉識。"

鈐有："朱子儋印"白、"宋思玉楚鴻氏淡雅堂書籍印"白文大方印。（癸丑）

帝王經世圖譜十卷 宋唐仲友撰　存卷一至八　　　　△七五六三

宋刊本，大板心，十五行二十八字，黑口，左右雙闌，目十行。

鈐有："朱象玄印"白、"經術堂印"、"中秘國學圖籍之章"朱大長方等印，又有季滄葦、徐健菴各印。（丙寅）

職官分紀五十卷 宋富春孫逢吉撰　　　　　　　　△八九七九

天一閣藏明鈔本，九行二十四字，注雙行同。卷一至三、四十三至五十新鈔補足。　有元祐七年六月秘書省校對黄本舊籍高郵秦觀序。

（夏孫桐得于寧波。甲子）

職官分紀五十卷 宋孫逢吉撰

明寫本，紅格棉紙，十行二十四字。　前有元祐七年六月望日祕書省校對黄本舊籍高郵秦觀序，次歷代總序列爲第一卷。

收藏鈐有："武林高瑞南家藏書畫印"朱、"黄虞稷印"白、"千頃堂圖書"白、"楮園圖書"白、"宋牧仲圖書印"白各印。（己卯）

東萊先生分門詩律武庫二十卷 題宋呂祖謙輯

宋刊宋印本，半葉十一行，行十九字，黑口，四周雙闌，版心間記字數。目録前第三至六行有牌子四行，録如下：

"今得呂氏家塾手鈔武庫一帙用

　　　是爲詩戰之具固可以掃千軍而

　　　降勍敵不欲秘藏刻梓以淑諸天

　　　下收書　君子伏幸　詳鑒謹咨”(劉氏嘉業堂藏書。癸丑)

東萊先生分門詩律武庫前集十五卷後集十五卷

宋刊本,半葉十一行,每行十九字,細黑口,左右雙闌。　汲古閣、藝
芸精舍遞藏。

按:此宋末閩中刊本,目前有書坊小啟。文見前,不錄。(日本靜嘉堂文
庫藏書,己巳十一月十三日閱。)

東萊先生詩律武庫前集十三卷後集十七卷 題宋呂祖謙撰

明寫本,棉紙墨格,十行十八字。　黃丕烈以宋刻本手校,有跋三
則。楹書隅錄已載,不更錄。寫本目錄上慶誕至贈送凡十三類,下飲酒
至賢豪凡十七類,與宋本不同。蓋宋本每卷或有兩類,或一類分爲
兩卷也。鈐有“蕘圃手校”、“廿止醒人”二印,又楊氏印七方。(海源閣
遺籍。庚午)

觀史類編 宋呂祖謙撰　存治體一卷

宋刊本,半葉九行,行十八字,白口,左右雙闌。版心上記字數,中記
“治體”二字上魚尾下。次記葉數,下魚尾下。下記刊工姓名,有吳彥、吳
珙、卜進、王信、李珍,又宗、宣、王、遇各一字。末葉有墨書“至正四
年五月初九日”一行,下鈐蒙古文印一方。　本書采輯史籍中關於
治道事蹟言論可爲法戒者,首左氏傳,以次至史記、漢書、下有續補左氏
傳三條。國語、下有補漢書一則。後漢書、三國志、晉書、南史、北史、舊唐
書。每書下均記明卷數。

此書爲寶應劉翰臣啟瑞所藏,翰臣手跋錄後:

　　“書缺首葉,不知何名,據直齋書錄解題十四載觀史類編六卷,呂
　　祖謙撰,初輯此編爲六門,曰擇善、曰儆戒、曰闈範、曰治體、曰論
　　議、曰處事,而闈範最先成,既別行,今惟五門,而論議分上、下卷。

此書所引止舊唐書，當爲宋人書。卅七引張說語，下注此段又見
議論，據此頗類呂書。"

余按：翰臣説是也。余藏有明寫本閨範上卷，行款亦九行十八字，宋
諱皆缺筆，與此書正同式，知從宋本影寫者，即直齋所云先成別行者
也。余偶獲其書於文友書肆，徧檢各書目皆不見，正苦無從考索，今
得翰臣此跋，乃審爲觀史類編之一。嗟乎！數百年來斷種之書一旦
並出於世，兩家各寶其一，合之可稱雙璧，斯亦奇矣。（丙子二月）

姬侍類偶不分卷 <small>題窠齋周守忠撰</small>

明寫本，棉紙藍格，十行二十字。　前有序，"題嘉定庚寅孟夏之望
朝奉大夫幹辦行在諸軍糧料院事松窗鄭域中卿序"。蓋裒集閨閣故
事，標以四言，凡一百七十六句，所記者一百八十二人，所引多傳記
小説之屬，頗足資參攷。卷後有嘉靖癸未仲冬次渠滕霄跋。前人以
朱筆校過。

鈐印有："陸沆"、"靖伯"、"陸儇"、"字樹蘭"四印。餘則近人繆藝風、
許博明、蔣祖詒耳。（壬午）

姬侍類偶不分卷 <small>宋周守忠撰</small>　　　　　　　李□四八〇〇

清陶智寫本。　後有吳翌鳳朱筆跋。（德化李木齋氏遺書。癸未）

錦繡萬花谷四十卷

宋刊本，半葉十二行，行十九字，白口，左右雙闌，版心上記字數，下
記刊工人名。皮紙宋印，有補配。（顧鶴逸麏士藏書。壬子二月十一日觀於
吳門。）

錦繡萬花谷四十卷 <small>存一卷</small>

宋刊本，半葉十二行，每行十九字，白口，左右雙闌，版心上記字數，
下記刊工姓名。

按：此書楊惺吾<small>守敬</small>及顧鶴逸麏士均藏有宋本，余皆得見之，正與此
同。（日本靜嘉堂文庫藏書，己巳十一月十三日閲。）

錦繡萬花谷四十卷後集四十卷續集四十卷

明弘治七年甲寅華燧會通館銅活字印本，九行十七字，標題及門類
大字，餘均小字雙行，白口，單闌，板心上方題"弘治歲在閼逢攝提
格"，下題"會通館活字銅版印"，中題萬花谷若干卷。

會通館活字本有通一百卷者，鄧邦述羣碧樓藏一部，廠肆亦見一部。
（余藏。）

錦繡萬花谷四十卷後集四十卷續集四十卷

明嘉靖十四年徽藩崇古書院刊本。半葉九行，事實雙行，行十七字，
標類皆作大字。　版心有"敕賜崇古書院刻"七字。　前有嘉靖十
四年賈詠序，言徽藩親王檢先莊遺笥得此書，蓋弘治無錫華燧之所
翻印，於是重校鋟梓云云。

按：此書余藏有華氏原刻，卽會通館本也。（滬市見。癸丑）

類編祕府圖書畫一元龜殘本　存乙部卷十六至二十，七十六至八十。丙部卷
三至六，十一至二十，三十一至四十，四十六至五十，六十一至六十五，八十一至八十五。
丁部卷七至十，二十一至三十五，四十一至四十五，五十一至六十五。計八十八卷，十八
冊

宋刊本，乙部與丙、丁部行欵不同，分記如下：

乙部：半葉十五行，每行二十四五字，細黑口或白口，左右雙闌。闌
上有小字提要。卷首題"類編秘府圖書畫一元龜乙部卷之十六"。

丙部：半葉十三行，每行二十五字，細黑口，左右雙闌。卷首題"太學
新編畫一元龜丙部卷之幾"，卷末題後空一行低十一字題"國學進士
余仁仲校正"。

丁部：行欵同丙部，惟標題作"類編羣書畫一元龜"。丙丁部闌上均
無小字提要。

按：此爲市橋獻書之一。刀法險峭，是建本。丙、丁部則建安余仁仲
萬卷堂本。（日本帝室圖書寮藏書，己巳十一月十一日觀。）

類編祕府圖書畫一元龜　存甲部七至十三卷，乙部二十一至三十一卷，凡十八

卷

宋刊本，半葉十五行，行二十五字，黑口，左右雙闌。

按：此書乙部與帝室圖書寮殘本同，甲部寫刻工緻，左闌外有耳，是
別一刻也。（東洋文庫石田幹之助藏，己巳十一月十九日見。）

類編祕府圖書畫一元龜正部 存卷八十六至九十

宋刊本，十五行二十五字，黑口單闌。標類及書名均陰文。刻有頂
批。（癸丑）

新編古今事文類聚前集六十卷後集五十卷續集二十八卷別集三十二卷 宋祝穆撰 新集三十六卷外集十五卷 元富大用輯

元刊本，十三行二十四字。（正文齋見。壬子）

新編古今事文類聚續集二十八卷 宋祝穆輯 殘存一冊

元刊本，十三行二十四字，白口，四周單闌。首行標題下空四格陰文
書"續集"二字，次行題"建安祝穆和父編"，三行低一格題"某某部"，
類目低四格，雙行大字。引文大字，小字注出處。（文德堂送閱，大庫佚
出殘帙也。）

新編古今事文類聚外集十五卷 元富大用輯

元刊本，十三行二十三字，黑口，左右雙闌。目録及本書各門標題均
大字占雙行。　　鈐有"陸氏水鏡堂印"白文，似明人印、"丹陽鍾氏"朱、
"青山仙吏"朱。（徐梧生藏書。乙丑）

新編古今事文類聚前集六十卷後集五十卷續集二十八卷別集三十二卷 宋祝穆輯 新集三十六卷外集十五卷 元富大用輯

明刊本、初印，半葉十四行，行二十八字，黑口，四周雙闌。　標題後
目録前有題記三行，文曰：

"是書告成惟　本朝諸賢所著之文不敢僭書其諱，謹依文選，各以
字書。又有不以字顯者，未免直以諱書之，併誌篇端，庶知凡例
云。"（癸丑）

紀纂淵海一百九十五卷 宋潘自牧撰輯　殘存一册

元刊本，十三行二十二字，注雙行同，白口，四周雙闌。　卷首首行
頂格標題，次行低一格標部名，三四行低三格大字標類目，佔雙行。
正史以陰文"經"、"子"、"史"、"傳記"等冠首，其下引文。（廠肆所見大
庫殘帙。）

紀纂淵海一百九十五卷 宋潘自牧輯

明寫本，棉紙藍格，十行二十三字。　全書分論議、性行、識見、人
倫、人道、人情、人事、人己、物理、敍述、接物、問學、言語、政事、名
譽、著述、生理、喪紀、兵戎、釋部、仙道、闔議，凡二十二門。各類標
目大字占雙行，每類所收分標經、史、子、傳記、集、本朝六門，而注書
名於下。

按此書較四庫本多九十五卷，分部亦不同，此本第一論議部，四庫本
第一混元部，蓋四庫本爲王嘉賓所移改也。（余藏。）

紀纂淵海後集九十四卷 宋潘自牧輯

明藍格寫本，十二行二十三字，板心有"鳳巖山房文草"六字。每類
標目皆作大字占雙行。從元本出。

按：明萬曆刊本只一百卷，無後集。季氏書目有宋本，天一閣有抄
本，均一百九十五卷，則合前後言之耳。（修綆堂送閱，己未歲。）

古賢小字錄二卷 題宋成忠郎緝熙殿國史實錄院秘書省搜訪官陳思纂次

舊寫本，十行二十字。（癸丑）

天台陳先生類編花果卉木全芳備祖前集二十七卷後集三十一

卷 宋陳景沂輯　存前集卷十三至二十七，後集卷一至十三，十八至三十一，共存四
十二卷

元刊本，版匡高五寸九分，寬三寸九分，十三行二十四字，黑口，左右
雙闌。題"江淮肥遯愚一子陳景沂編輯"，"建安祝穆訂正"。

按：此書中國藏書家向無著錄元本者，此雖殘帙，勝于習見宋刊多

矣。（日本帝室圖書寮藏書。己巳十一月十一日觀）

全芳備祖前集二十七卷後集三十一卷　宋陳景沂輯

舊寫本，十行十九字。題“天台陳景沂編輯”，“建安祝穆訂正”。
前有寶祐元年癸丑中秋安陽老圃韓境序，又寶祐丙辰孟秋江淮肥遯
愚一子陳景沂序。

藏印如下：“陽城張氏省訓堂經籍記”、“張敦仁讀過”、“約軒”、“李氏
攷藏”、“息軒”、“姚夕之印”、“敏齋”、“讀易畫梅之室”、“葆采”、“姚
近輪印”、“清華堂”、“沆字端凝”、“李沆”、“端凝”。（陳立炎書，索二百五
十元，辛未二月十日見。）

新刊山堂先生章宫講考索目録十卷丁集　宋章如愚撰

宋刊巾箱本，半葉十三行，行二十字，白口，左右雙闌，版心記丁幾二
字，上方記字數，闌外標篇名。每卷首書名下標陰文丁集二字，目後
有碑形牌子，⊡山書院字爲白文。

按：此書與袁抱存克文所藏本同式，惟此猶單篇草訂橫式爲足貴耳。
（述古堂送閲，索五百元。戊午）

山堂先生羣書考索前集六十六卷後集六十五卷續集五十六卷
宋章如愚撰　缺別集二十五卷

元刊本，十五行二十四字，黑口，四周雙闌。　題山堂宫講章如愚俊
卿編。前集目後有牌子，如下式：

　“延祐庚申圓

　　沙書院新刊”

缺卷葉如下：

前集：五十九至六十三，計五卷。卷六十六第七至十二葉，又十四、十五葉。

後集：卷六至八。

續集：卷四十七第六葉至卷末，卷四十八、四十九兩卷，卷五十一全卷，卷五十三第九
　　　至十二葉，卷五十四第四至六葉，又卷五十六第十六至十八各半葉，第十九至

末葉共四葉。

通缺十一卷又二十餘葉。

每冊前後鈐"乾隆御覽之寶"大璽及"天禄琳琅"小璽。

按：此書元本，刊印尚精，惟別集二十五卷全缺，三集中缺十一卷。御覽、天禄二璽俱真，而天禄前後目均不載，或以其殘缺太甚未著錄耶！（癸未）

羣書考索前集六十六卷後集六十五卷續集五十六卷別集二十五卷 宋章如愚輯 三十五本，缺別集二十五卷

明正德十三年劉氏慎獨齋刊本，十四行二十八字，黑口，四周雙闌。卷首題"山堂先生章俊卿編輯"，"建陽知縣區玉刊行"，"縣丞管韶校正"，"羅源知縣徐珪校正"，共四行。目後牌子如下式：

"皇明正德戊寅

慎獨書齋刊行" 後集、續集同。

前集有正德戊辰鄉貢進士莆田守素軒鄭京序，言閩僉憲院公賓出是書屬建陽邑宰區玉，玉以付書林劉洪。於是太守費愚、同知胡瑛、通判程寬、推官馬敬各捐俸助成，復劉徭役一年以償其勞，越二年乃成云云。 序後爲本書綱目，次真像，次本傳。續集目前有木石山人劉弘毅校正一行，意卽劉洪也。（庚午）

古今合璧事類備要前集六十九卷後集八十一卷續集五十六卷別集九十四卷外集六十六卷 宋謝維新輯

宋刊本，七行十六字，注雙行二十三字，細黑口，左右雙闌。標題下"前集"等字作陰文。每門中詩集等字加黑圓匡。 各卷均鈐有墨記，文如下：

"予性頗愛書，一書未有，必罄囊市之，窘於厥志未伸，羣書無由悉備，凡所有者不過薄於自奉以致之耳。間有先世所遺，十不一二。凡我子孫宜珍惜寶愛，以承厥志。苟不思得之之難，輕視泛借，以

致狼籍散失,不孝之罪莫大焉。至於借匿陰盜之徒,又不仁不義
之甚者矣。予故著之簡端,使借者守者惕然知警云。　　大冢宰從
孫句容曹淇文漢謹識。"(乙卯)

璧水羣英待問會元九十卷 宋劉達可撰　殘存序目,又卷十九二十

明活字印本,十一行二十三字。　前有淳祐乙巳建安陳子和中甫
序,言友人劉君達可爲是書,凡九十卷,十六門,分二百三十八數,每
類先名流舉業,次故事源流,次策頭策段事料,皆爲士子揣摩之用
也。

此書常熟瞿氏目、武林丁氏目均著爲宋刊本,應正。(余藏。)

摽題註王先生十七史蒙求十卷

宋刊本,版匡高五寸二分,寬三寸六分,半葉九行,每行小字雙行二
十五字,大字三當小字四,白口,四周單闌。闌上有小字標目。前有
引用各書總目一葉。佐伯氏舊藏。(日本帝室圖書寮藏書,己巳十一月十一
日觀。)

新箋決科古今源流至論前集十卷後集十卷續集十卷 宋林駉撰

存後集卷九至十,續集卷一

元刊本,十五行二十五字,黑口,四周單闌。目錄十行。上方有批
語。

藏印錄後:"菉斐軒藏書記"白長、"毛古愚藏"白、"何洛私印"白、"少
裳"朱。

按:此書號爲宋刊,實爲元刊本。(癸丑)

新箋決科古今源流至論前集十卷後集十卷續集十卷 宋林駉撰

別集十卷 宋黃履翁撰　二十冊

元刊本,十五行二十五字,注雙行同,白口,四周雙闌。前總目,次目
錄,半葉十行。總目後有牌子,文曰:

```
延祐丁巳孟冬
圓沙書院刊行
```

前集目後有鐘式木記，上書"延祐丁巳"，又鼎式木記，文曰"圓沙書院"。　卷首標題下有陰文"前集"、"續集"、"後集"字樣。(壬子見。)

新箋決科古今源流至論前集十卷後集十卷續集十卷　宋林駉撰　別集十卷　宋黃履翁撰

明宣德二年丁未書林劉克常刊本，十五行二十五字，注雙行同，黑口，四周雙闌。目錄半葉十行。前集目後有牌子，文曰：

"源流至論一書議論精確毫分縷析場屋之士得而讀之如射之中乎正鵠甚有賴焉然此書板行於世久矣先因回祿之餘遂爲缺典本堂今求到□教官孟聲董先生鏞抄本欲便刊行惟恐中間魯魚亥豕者多更於好事處訪購到原本端請名儒重□標點參考無誤仍分四集敬壽諸梓嘉與四方君子共之幸　鑒

宣德疆圉協洽之歲仲夏建陽書林劉　克常敬識"

按：此明翻元刊本，行欵與延祐圓沙書院同，然其次序乃大異。元本之前集於明本爲續集，元本之續集於明本爲前集，殊不明其緣何變異至此也。刊工亦草草，去元本遠甚。(廠肆見。丁巳)

新箋決科古今源流至論前集十卷　宋林駉撰

明初刊本，十二行二十一字，大黑口，四周雙闌。頂上刻批語，以墨闌界之。(胡安甫送閱。丁巳)

玉海二百卷　宋王應麟撰　附詞學指南四卷

元後至元六年慶元路儒學刊本，十行二十字。全書無補板，至爲難得。海昌古韵閣許氏舊藏。(南潯劉氏嘉業堂藏書。癸丑)

六帖補二十卷　宋楊伯喦撰

影寫宋刊本，十行十八字，卷一至八、十五至二十爲明人寫本，卷九至十三爲百年内補抄者。　有竹坡吕午序，大字七行。目同。本書題"代郡楊伯嵒彥瞻集"。　末有校正人銜名七行，錄後：

"校正鄉貢進士州學教諭張　應采

校正免解進士州學學諭徐　應采

校正貢補進士州學直學陸　詥

校正免解進士州學直學孔　選

校正免解進士州學學録鄭　章

校正迪功郎新吉州太和縣主簿孔　應得

校正迪功郎新瑞州新昌縣尉州學正鄭　逗"

後有淳祐甲辰門生文林郎充衢州州學正俞任禮跋。　鈐有"三樂堂"
朱、"翰林學士國子祭酒圖籍印"朱各印。（海源閣遺書）

六帖補二十卷　宋楊伯嵒撰

明藍格寫本，十一行二十四字，注雙行同。　題"代郡楊伯嵒彥瞻
集"。有楊氏六帖補序，錄後：

"類書之便於格闘惟□□氏六帖最備，大抵皆□□以前事。　皇
朝紹興初有孔傳，先聖四十七代孫也，□□孔氏六帖繼之，故於
□□獨詳。今百餘年莫有□□。泳齋楊君伯嵒乃稡白□□氏之遺
而爲之補。泳□□和王曾孫，而刻志好□□見異書，下筆皆驚人。
□□嘗爲寮寓郊闗外，復□□時一相覓，高談哀□□□長編短章，
更唱迭和，□□事輒就質之。嘗叩雲璈□字所出，即答以太平廣
記，考之果然。一日出稡六帖補相示，凡二十卷，搜奇抉異，事富
語新，如入建章宮，千門萬户，使人洞心駭目，應接不暇，是可不與
二氏六帖並行乎？泳齋曰幸爲我敘冠篇首！昔束皙補亡詩乃其
自作，於亡詩何補？今所補六帖，字字皆有依據，其補於二氏爲。
泳齋又嘗作九經補韻，尤精詳，非博聞強記不能也。竊意西墅君
子堂前草必生書帶，魚必生墨頭，午將問諸園丁。壬寅二月十五
日竹坡呂午序。"

"唐世類書傳於今者有徐常侍初學記、白少傅六帖，記所遺者，帖採掇甚富。然自六經諸子逮於秦漢魏晉而止耳。本朝名儒纂輯如晏元獻公類要等書，可謂浩博，特未聞有繼六帖而作者。炎紹中興，乃有孔侯六帖新書，隋唐五代咸著於篇，而白傅所未取者不敢過而問焉。今泳齋楊先生復成六帖補二十卷，然後向之軼於二公者粲然在目。先生博覽古今，見聞賅洽，雖治郡叢劇，亦手不釋卷。石渠玉府，盈溢胸襟，隨取而充，其用畢具，非假是以誇涉獵、備遺忘者，其志固在於續古也。白傅之後，歷三百年而後有新書，孔侯絕筆又逾百年，而後有是補，可不謂之有志於續古歟！此任禮之所敬歟也。因刻梓於學宮，以廣其傳。淳祐甲辰冬孟朔日，門生文林郎充衢州州學教□俞任禮謹書。"

卷二十後有校官銜名七行，錄後：

"校正鄉貢進士州學諭張　應采

校正免解進士州學教諭徐　應采

校正貢補進士州學直學陸　誼

校正免解進士州學直學孔　應選

校正免解進士州學學錄鄭　章

校正迪功郎新吉州太和縣主簿孔　應得

校正迪功郎新瑞州新昌縣尉州學學正鄭　逗"（辛酉）

六帖補二十四卷　宋楊伯嵒撰

舊寫本十行二十四字。題"代郡楊伯嵒彥瞻集"有壬寅二月十五日竹坡呂午序，序言楊字泳齋，和王曾孫也，又嘗作九經補韵云云。

鈐有"吳興抱經樓藏"，"授經樓珍藏秘笈之印"、"沈氏家藏"各印。

（聶姓書賈送閱。丙寅）

新編簪纓必用翰苑新書前集七十卷後集上二十六卷後集下六卷別集十二卷續集四十二卷

明寫本，棉紙藍格，半葉九行，行大字十五六，小字二十二至二十五
不等。其前集目錄前有分類式：新編條目、　表啟矜式、　官制源
流、　歷代事實、　皇朝事實、　羣書精語、　前賢詩詞、　四六警
語。前集爲職官類，故分門如此。（辛巳八月廿三日友仁堂取閱。）

新編簪纓必用翰苑新書　缺三册

明藍格寫本，十行二十二字。題"前進士劉子實茂父編"。凡事類標
題均大字占雙行。（文奎堂送閱。丁巳）

大學分門增廣漢唐事實□卷　存卷第十，計一卷

宋刊巾箱本，版匡高二寸七分強、寬一寸七分，半葉十行，每行十六
字，白口，四周雙闌。版心上記字數，魚尾下記"漢唐"二字，下記刊
工人名一字。左闌外標"元宗"、"憲宗"等字。

按：是書取漢唐數帝時事分門輯錄，多取之正史、紀傳及通鑑，每條
注明出典，蓋備當時士子揣摩而作。書不足觀，而版式特小，爲巾箱
本之最，且刊刻亦精好可翫。原出内閣麻袋，爲袁寒雲所得，此卷則
寒雲所分贈者也。

大學新編聲律資用萬卷菁華前集八十卷

明寫本，十二行二十七八字，棉紙藍格。　其體例如太平御覽之類，
爲類凡一百七十三門，引書至唐人止。疑宋人所輯，但不知爲何人
所撰耳。

鈐有項氏萬卷堂印，明項篤壽舊藏。（壬戌）

大學增修聲律資用萬卷菁華前集八十卷後集八十卷

明藍格寫本，十六行二十五字，前集分一百七十三門，一千四百十九
類，後集一百七十二門，一千五十九類。每類引經史及羣書，後益以
事括體字等門，大約采精語及對句，備文場之用也。

鈐有"項氏萬卷堂圖籍印"隸書朱文"少谿私印"朱文小印。

按：此書見四庫存目，爲天一閣藏本。尚有續集三十四卷。首名君

事要、名臣事要、或聖賢事要，次事括，次譬喻，次反説，次賦偶，次賦隔。續編冠以歷代世系譜，前二十二卷爲帝王，次九卷爲名臣，後三卷爲聖賢，亦各以事實議論隸於諸人之下。（文友堂見。戊辰）

聖宋千家名賢表啓□□卷　存卷一至八　　　△六九二一

宋刊本，半葉十四行，行二十三字，白口，左右雙闌，版心上方記字數，左闌外上方記門類。每類先事偶，次句聯，次要段，次全篇。標類用大字，事偶用大字，均占雙行。亦記室備掃撦之書也。（鐵琴銅劍樓瞿氏藏書。辛未二月見）

新編通用啓劄截江網七十四卷

宋刊本，半葉十四行，每行二十三字，小字雙行。分甲至癸十集。

按：此爲巾箱本，亦坊賈陋書，如中州啟劄之類，第收羅較爲閎富耳。據陳元善序，稱熊晦仲衷集是書，凡古今前輩之事實，近日名公之啟劄，皆網羅而得之。甲集專舉諸式之大綱，乙至癸則旁分品類之衆目云云。所采表奏啟劄序記諸體咸備載全文，其中宋末諸人文集不傳者皆賴是以存焉，固不徒供幕掾掃撦之用也。此書四庫未收，故記於此。（日本靜嘉堂文庫藏書，己巳十一月十三日閱。）

纂圖增新羣書類要事林廣記前集二卷後集二卷續集二卷別集二卷外集二卷

明永樂刊本，十八行或十九行三十二字，黑口，四周雙闌。目録、每卷上及卷中每類標題上均有黑蓋子。

鈐有"吳興閔氏珍藏經史圖書"、"徐行理印"、"養晦主人"各藏印。

新編排韻增廣事類氏族大全十集十卷　存己至癸五集五卷

元明間刊本，十七行二十八字。首行標題下陰文記"己集"等字樣。（劉翰怡嘉業堂藏書。）

新編事文類聚翰墨全書甲至癸十集　元劉應李輯

明初刊本，十四行二十四字。（壬子）

新編古今姓氏遙華韻十集九十八卷 元洪景修輯　存八十一卷

△一一八〇四

清劉氏嘉蔭簃寫本，十行二十五字。　有至大庚戌程鉅夫序，至大元年晏性仁題，至大元年戊申景修自誌。　劉喜海手跋録後：

> "道光戊申夏日屬徐信軒太守從四明天一閣范氏藏舊鈔本録出者，元臨川布衣洪景修進可編，分十集：甲十一，乙十，丙十，丁十，戊十一，己八，庚十，辛十，壬八，癸十，通九十九卷，共一千一百八十九姓，四庫缺書也。阮氏所進亦未有之。嘉定錢竹汀宮詹補元藝文志蒐括靡遺，有楊譓姓氏通辨，排韻增廣事類姓氏大全，皆不傳之本，而獨未見是書，洵絶無僅有之秘笈也。　燕庭。"

原缺乙集卷五至十，丙集一至十一，計十七卷。（滂喜齋遺書，辛巳十一月六日見于翰文齋。）

漢唐事箋對策機要前集十二卷後集八卷 元朱禮撰

題"進士盱黎朱禮德嘉著"。元至正六年日新堂刊本，十一行二十字，注雙行同，黑口，四周雙闌，版心題策幾。卷六尾卷七首題"新箋事要策場足用"。前集爲漢，分九十九類，後集爲唐，分二十五類。前後集字以白文別之。前有至正元年盱江南窗謝叔孫序，草書五行。次目録，目後有牌子二行，文曰：

> "至正丙戌
>
> 　日新堂梓"

鈐有"晉府書畫之印"、"敬德堂書畫印"、"子子孫孫永寶用"、"存心堂書畫記"、"臨川開國公侯世家"、"昌國君後"、"樂氏思文"諸印。（劉翰臣藏書，甲戌五月四日送閲。）

按：頃見一刻本，題南城胡氏借琅嬛館影鈔元至正刊本，道光二年山陰李鋹橋覆版。然以此元刻攷之，其行格相同，而字數微有參差。其大差異者卷四第八題在"馬政"之後爲"禦戎"，文凡三十五行，影刊本乃不載，蓋以文中有虜情等句而刪去之。或緣當日進呈之故，恐觸嫌忌，故于進呈底本卽予刊落，覆版者不知，又從而循之不改也。

忠謨謹按：此書有跋，收入藏園羣書題記續集卷三。

漢唐事箋對策機要後集八卷　元旴黎朱禮德嘉撰

清道光廣東按察李澐刊本。　　有南湖胡森跋。

新編詩學集成押韻淵海二十卷　元嚴毅輯

元後至元六年梅軒蔡氏刊本，半葉十二行，字大小不等，黑口，四周雙闌。題“建安後學嚴毅子仁編輯”。每字分“活套”、“體字”、“事類”、“詩科”四門，蓋合詩韻合璧、聲律啟蒙而一之者也。　　有後至元庚辰四月望日前進士張復序。

卷末有牌子，文曰：

```
至元庚辰菊節
梅軒蔡氏新刊
```

鈐有“雪苑宋氏蘭揮藏書記”朱文印。（董廉之送閱。）

新編增廣事聯詩學大成三十卷

元至正二年日新書院刊本，半葉十四行，黑口，四周雙闌。目錄有牌子，文曰：

“至正壬午仲春

　日新書院重刊”

前有皇慶第一中秋建安毛直方序。（丁巳歲德友堂閱。）

新刊京本校正增廣聯新事備詩學大成三十卷

明刊本，十三行二十五字。

題：“後學三山林楨編集”，“後學莆田朱國楨校正”，“建邑書林劉氏重新刊”。（壬子春杭州書肆所見。）

新編增廣事聯詩苑叢珠三十卷

元刊本，十二行，注雙行三十二字，黑口，左右雙闌。目錄標題爲“類

增吟料詩苑叢珠"。　　前大德己亥顧軒曹輗序。每類首叙事，次故
事，次散對，次起，即詩之起二句也。次聯。即律詩之對偶句也。此亦陋儒
所爲，如詩法大成、圓機活法之屬。（日本內閣文庫藏書，己巳十一月十九日
觀。）

新編詔誥表章事文擬題五卷 元郭明如編　劉瑾增

元刊本，十三行二十四字，黑口，左右雙闌。　　前有至正甲申江西老
圃周尚瑞序，次編輯大意。本書題"郭明如編"、"劉瑾增"。擬題五
卷，起漢高祖至宋度宗，撮其要政可以命題者，標一目而舉其大要於
下。如卷一"除肉刑"一題，低二格云："齊太倉令淳于意有罪當刑，
少女緹縈上書，願没入爲官婢，以贖父刑，上憐其意，詔曰……"云
云，至"有以易之，具爲令"。按：此書與後書版式相同，當爲一人所
撰輯，但後書未列姓氏耳。二書雖屬坊刻，然各家目錄皆無之，亦中
土佚書也。（日本內閣文庫藏書，己巳十一月十九日觀。）

新編詔誥表章事實四卷

元刊本，十四行二十三字，黑口，左右雙闌。書名門類標題皆大字占
雙行。　　卷一二記兩漢及唐官職制度職掌，卷三則兩漢名臣傳，卷
四則唐名臣傳也。（日本內閣文庫藏書，己巳十一月十九日觀。）

羣書鈎玄十二卷 元臨邛高恥傳撰

元刊本，十一行二十字至二十五字，注小字三當大字二，白口，雙闌。
版心上方題"吳郡王景誠助"、"錢唐潘仲實助"、"武林姚唐卿助"，或
標某人助而不加地名，下方間記某某刊。　　是書刺取羣書成語雋
詞，自一字以至七字，其下長短不等者更分"膾炙句"二卷以納之，卷
十、卷十一爲建置沿革，則節取諸通鑑，卷十二爲陳騤文則，大抵備
場屋揣摩之用也。　　前有至正七年恥傳序，書於虎林連龍書院，言
輯爲政龜鑑一書，歸之趙侯伯常知彰，此則片言隻字之不忍棄者也。
又有隸書序，其末行已泐損，僅辨"承務郎平江路總管府□□□獨步

似二字,不可解。丁序"而已。

鈐有"明善堂覽書畫印記"、"安樂堂藏書記"、"伯寅藏書"諸印。

此書文友堂昔年得之盛意園者,擬收之。(己巳二月)

羣書鈎玄十二卷 元高恥傳撰

元刊本,十一行二十至二十五字。一至七字各一卷,又"膾炙句"二卷,十一卷建置沿革,十二卷陳騤文則。坊刻類典之屬。(壬子)

余自宏遠堂收得元刊本,十一行二十字,黑口雙闌,棉紙明印,印本頗清朗。

羣書鈎玄十二卷 宋高恥傳撰

元刊明修本,十一行二十字。　宋邛州高斯得撰,斯得南宋德祐初參知政事,予祠,宋亡隱居苕雪以卒。

鈐有"天都陳氏承雅堂圖籍"、"陳書崖讀書記"二印。　清唐翰題藏書,有跋。(癸亥)

永樂大典卷六百六十一至二　一東　雍 一册

永樂大典卷二萬一千二十五至六　三術　律 四分律删補隨機羯磨
一　一册

永樂大典卷二萬二千六十一　十合　劄 啓劄錦語七　一册

以上三册徐梧生遺書。(戊辰)

永樂大典卷八百二十一至三　二支　詩 詩話六十三至六十五

△二○八七

敬齋古今黈二十九條。孟郊失志夜坐、東坡聚星堂詩、納紙投名三條見聚珍本。

甕牖閒評四十條。聚珍本只有黃太史西江月一條,餘皆失收。

芥隱筆記二十五條,刻本皆有之。

謝上蔡語録一條

詩文發源一條

鶴林玉露十一條,下缺一頁。

失名四條。

古今事通十六條。

耆舊續聞八條，刻本有。

維揚志三十四條。

新安志四條，刻本皆有。

愛日齋叢鈔四十六條

考古質疑三條，聚珍本皆不載。

編類十四條。

唐書新語七條。卽劉肅之大唐新語，所引七條均在卷八，以校刻本，改定二十字。

姑蘇筆記七條。元羅志仁撰，字壽可，新喻人，見錢氏元史藝文志。説郛有之，亦存
　　七條，其中惟薛萬回一條相同，餘六條正可補説郛之缺佚也。

朝野遺事十八條。

宰相復令癡聾四條。

諸儒鳴道集十條。

廣川書跋三條。

按：以上三卷共一册，引書凡二十種，有傳本者十三種。其詩文發
源、古今事通、維揚志、編類、朝野遺事、宰相復令癡聾皆原書久佚。
其宰相復令癡聾名尤奇詭，意必宋元間人所作。
大典輯刊本有古今鮏、甕牖閒評、愛日齋叢鈔、考古質疑四種，今以
各書核之，惟愛日齋叢鈔四十六條全行收入，爲其書之第四卷。其
敬齋古今鮏聚珍本祇收孟郊失志夜坐、東坡聚星堂雪詩、納紙投名
媿已深三條，且末條尚脱二十九字，餘二十六條不載，近時拾遺内始
收之。甕牖閒評凡四十條，惟黃太史西江月一條見聚珍本，餘皆不
載。考古質疑凡引三條，通四千餘字，今聚珍本全失收，殊不可解。
若當日館臣未見此册耶？則其中固有已收者數條；若已見此册耶？
何以收者少而失收者轉多！意者編輯非出一手，又急於成書，展轉
鈔輯，遂多所遺落也。（徐坊梧生遺書，其壻史寶安求售，乙亥十月收。）

忠謨謹按：此書有跋，收入藏園羣書題記三集卷四。附永樂大典序例，及流傳經過。

永樂大典卷八百四十九至五十一　二支　詩 _{詩帖十八} 一册

王狀元八詩六帖。　分校官以下銜名不同。（癸丑）

永樂大典卷九百八十一　二支　兒 _{小兒證治十四} 一册

小兒慢脾風　銜名録後：

"重校總録官侍郎臣高拱　學士臣瞿景淳　分校官編修臣王希烈　　書寫儒士臣宣　鶴　圈點監生臣敖　河　臣李繼文。"（癸丑）

永典大典卷二千二百八十二、三　六模 _{湖州府八、九} 一册。

寺院宫觀八，祭壇官制九。

有湖州府及烏程、歸安、長興、武康、德清、安吉各縣。引書有吳興志、吳興續志、國朝續志各書。卷後官銜録後：

"重録總校官侍郎臣高拱　學士臣瞿景淳　分校官編修臣陶大臨　　書寫儒生臣許永禄　圈點儒生臣叢仲枏　臣徐浩"

永樂大典卷二千六百十至十一　七皆　臺 _{御史臺五、御史臺六} 一册

此二卷所采爲元南台備要，前有奉直大夫江南諸道行御史台都事索元岱序，其下制勑條畫、官吏品秩、遷徙沿革、職掌權限等完然列載。後附烏臺筆補凡九葉，有至元改元序。卷末銜名六行，文曰：

"重録總校官侍郎臣高拱　學士臣瞿景淳　分校官編修臣張四維　　書寫儒士臣齊祝壽　圈點監生臣畢三留　臣傅道立"

按：此書僅見於元王惲秋澗先生大全文集，無單行本，武英殿聚珍版叢書未收，采輯各書目亦不載，頗罕見。（丙寅歲收得。）

永樂大典卷三千五百七十九至八十一　九真　村 一册

分校官以下人名不同。（癸丑）

永樂大典卷六千七百至七百一　十八陽　江 一册

九江府十一、十二。

庵巖、神廟、祠堂、古蹟、人物、名宦、耆舊。所引書列後：

江州志、九江志、輿地紀勝、元一統志、太平寰宇記。(乙丑)

永樂大典卷七千二百三十七至三十八　十八陽　堂 一册

堂名二十三、二十四。

前有纂修官黃簽，不具録。卷七千二百三十八内有王灼頤堂集娛親堂詩九首爲今本所無。(丙寅)

永樂大典卷七千五百六　十八陽　倉 一册　　△四〇八一

首引各書釋倉字，次篆隸行草各體，次總叙，次神倉、藉田倉、太倉、醴原倉，次常平倉。詳引歷代制度，而引宋會要自太宗淳化三年至乾道九年止，最爲完整。(乙丑)

永樂大典卷七千五百十　十八陽　倉 一册

社倉。自隋至元，引宋人文集甚多。(乙丑)

永樂大典卷七千五百十一　十八陽　倉 一册

諸京倉。自隋至明止，引宋會要、經世大典爲多。(乙丑)

永樂大典卷七千五百十二　十八陽　倉 一册

諸州倉。自唐至宋，引宋會要爲多。(乙丑)

永樂大典卷七千六百二至三　十八陽　杭 一册

杭州府五十一、五十二

湖山勝槩：引各書録下：武林舊事、西湖老人繁勝録、都城紀勝。

祥異：引各書録下：咸淳臨安志、淳祐臨安志。

考證：引各書録下：杭州府志、淳祐臨安志、咸淳臨安志。

人物：引各書：咸淳臨安志。

卷七千六百二共十七葉，七千六百三共二十八葉。(甲寅)

永樂大典卷一萬五百三十九至四十　四濟　啟 一册

謝啟四、五

“纂修官吳簽出第一萬五百四十卷，内：

宋景文集　夏文莊集　胡文恭集　李復濟水集　强幾聖集
劉才邵杉溪集　李新跨鰲集　畢西台集　吕淨德集　趙鼎臣
竹隱集　慕容彦逢集　王之道桐山集　王東牟集　沈繼祖樞
林集　縉紳淵源

共書計十四條。

乾隆三十八年九月廿五日發寫。"

卷一萬五百卅八謝啟內所引各集録後：

宋徐衡仲西窗集謝王守闕陞啟。

字溪陽先生集謝交割啟。

李恕齋扣缶初稿謝秋壑辟郡教啟，除知岳州謝秋壑啟，岳州到任謝秋
壑啟，謝秋壑舉闕陞啟。

孫燭湖先生集謝廟堂啟。

王初寮先生集謝除館職啟，服闋謝河間帥張顯謨啟。

楊冠卿客亭類稿代軍器丞謝除太府寺丞啟，謝臨安趙安撫斷劉忠等人啟，謝中謝
先生授館舍啟，代楚州司户謝守臣辟差啟，代謝除軍器所受給官啟，代王教授謝上舍
及第并差遣啟，謝人袖箋見訪啟。

曾協雲莊集代謝宮祠啟，代謝再任宮祠啟，代謝宮祠任滿啟。

王與鈞藍縷稿除監簿謝紹勳啟，除秘郎謝紹勳啟，除湘倉謝紹勳啟，堂除謝節齋
啟。

李洪芸菴類稿除左帑謝廟堂啟。

劉行簡苕溪集皇太后慶壽八十詔長吏致禮加賜羊酒粟帛謝啟。

吳則禮北湖居士集謝李邦直辟置啟。

王灼頤堂集謝交割啟。

許景迂野雪行卷謝婺守丁大仰職狀破白啟，謝使長辟差龍頭場啟。

林希逸竹溪集謝再任武夷啟。

周紫芝太倉稊米集到任謝秦太師啟，謝秦觀文啟，謝勅局政官啟，謝勅局删定官
啟，謝禮兵部駕閣官啟，謝何秀才惠書啟，謝生日詩啟，謝權實録院檢討官啟。

華鎮雲溪居士集_{謝交割湖南帳勾職事啟}，代謝河北運使王大夫啟，代謝侍其大夫
啟。

韓元吉南澗集_{謝周倉舉隆陟啟}，謝人賀七十詩詞啟。

李大隱先生集_{謝建康張寶文啟}。

崔敦詩舍人集_{謝改秩啟}。

員九華先生集_{謝差遣啟}。

啟劄淵海_{潛敷代謝權總幕啟}，秦榛謝除太博啟，曾豐代但運使到任謝楊檢詳啟，熊
克移謝浙漕與楊郡王啟，傅自得謝鄉官及士人獻拆番樓詩啟。

李流謙澹齋集_{謝張雅州啟}。

王東牟先生集_{謝大資啟}。

梅亭四六標準_{謝永州鄭學諭啟}，謝張學諭元之啟。

彭止堂集_{謝張書啟}。

播芳大全集_{陳阜卿謝張相撰墓銘啟}。

元牟巘陵陽集_{代謝得闕啟}，謝福王啟。

元陸子方集_{除講堂謝徐教啟}，立坊請王麟概並謝保舉啟，又謝夏君範惠鵝油面啟，
謝友人惠詩墨啟，謝人惠雞酒書達而不至啟。

國朝朱伯賢白雲集_{代謝玄教真人啟}。（丙寅）

永樂大典卷一萬八百十三至十四　六姆　母 一册

附簽錄後：

"纂修官秦簽出第一萬八百十四卷內：

孝友同風二、三、四、五、六、七、十五，　續後漢書二、九，　古今事通
二，　言行龜鑑五，　儒學警悟七，唐鱠七，　萍洲可談八，　江湖
紀聞八，　尚書譬喻論策十二，　坦齋通編十三，　事類蒙求十七。

共書十一種，計二十三條　乾隆三十八年　月　日發寫。"（丙
寅）

永樂大典卷一萬三千一百三十九至四十　一　送　夢 一册

首附兩單，乃采輯各書者：

"纂修官王浙簽出第萬三千百卅九卷内：

類林雜説一， 金樓子一、十一、廿二， 摭遺新説二， 五代薛史
三、十九， 東齋紀事五， 聶田十一，唐鱠十三， 牧豎閑談十四，
玉融新對十六、廿二， 續後漢書十八、廿二， 晉史揮麈十八，
沈括清夜録廿一， 古今事通廿六。

共書十三種，計十八條。 乾隆三十八年十一月十二日發
寫。"

"纂修官王浙簽出第萬三千百四十卷内：

古今事通三， 玉融新對三、十三、十五， 續後漢書三、四、七、十二、
十三、廿四， 三境圖論六， 聶田徂異志， 江敦教十一、影響録，
異苑十二， 盧子逸史， 萍洲可談十七， 五代薛史十八， 玉泉
子廿， 江南餘載。

共書十二種計二十一條。 乾隆三十八年十一月十二日發
寫。"(丙寅)

永樂大典卷一萬五千一百四十二至四十三　八隊　兊 二册

缺第一葉及二葉前半。兊卦全文，歷引自古以來解説注於每句下，
所引各書有：

卜子夏傳、朱子本義、孔穎達正義、李鼎祚集解、張橫渠易説、張紫巖
易傳、郭雍解、李光讀易詳説、朱漢上傳、李衡義海撮要、鄭剛中窺
餘、楊萬里傳、林栗集解、楊慈湖傳、李謙齋詳解、蔡節齋訓解、馮椅
輯注、馮椅輯傳、田疇學易畦逕、魏了翁集義、趙以夫易通、易祓總
義、趙汝楳輯聞、徐相直説、張應珍解、陳深讀易篇、蘇起翁讀易記、
丁易東象義、鄧錡圖説、俞琰集説、李簡學易記、李恕易訓、保八原
旨、胡震衍義、張清子集注、胡一桂纂注、趙珪解、陳應潤爻變易蘊、
解蒙精蘊大義、吳説之易疑問、許魯齋讀易私言、吳澄纂言、胡炳文
易通、董真卿會通、齊履謙易本説、梁寅參易、王弼注、蘇軾傳、陳了

齋易説、項安世玩解、要義、姑汾遁叟證類指歸、鄭汝諧易傳、趙與迵
遺説、都絜易變體義、趙復齋易説、陳普易解、郭㒶易解、蔡節齋卦爻
辭指、張舜民允卦論、史徵口訣義、徐總幹易傳燈、趙善譽易説、陳宏
童子問、鮑恂易會要、熊先生文、曾貫易學變通、易纂、朱祖義句解、
焦氏易林、鬼谷卦影、京房易、郭璞洞林影、海底眼、康節卦影、雙林
影、火珠林、卜筮元龜、諸家斷易奇書、舒岳祥麗澤亭記、張彭老麗澤
亭記。

卷末有"駞"、"𩥄"、"憨"各字。"鐻"字有漢鳩杖首鐻、漢鉞鐻、漢金
銀錯鐻三圖。末葉校官銜名失去。（乙丑）

御製校永樂大典詩并紀事一冊

清紅格寫本。前乾隆癸巳御製詩八韻,次永樂御製大典序,次進永
樂大典表,次凡例二十則。

許乃濟題識録如下:

"永樂大典只有一部,現存翰林衙門敬一亭。原書共二萬二千九
百卅七卷,内有目録六十卷。除原缺二千四百四卷,實存二萬四百七
十三卷,共九千八百八十一冊。嘉慶乙亥夏偕同清秘堂諸友重加
編查,因取首冊倩供事録出,藉見此書大概,并恭録　純廟御題冠
於前,其分題諸書具詳見聖製詩四集中。是年六月十七日仁和許
乃濟謹識。"（辛巳十一月六日見于翰文齋,潘伯寅遺書。）

尺牘筌蹄三卷　存中下二卷

明刊本,十四行二十四字,黑口,左右雙闌。每類標題以白文別之,
卷末有牌子如下式:

曽歲丙午孟春
會文書堂章氏
天澤重新刊行

按:此乃坊間通俗酬酢備用冊子,凡一切書啟格式、禮節稱謂及通候
頌揚套語,咸彙集以待選用,視近世尺牘初桄、稟啟零紈之屬固已雅

馴矣。（余藏。）

史鉞二十卷 明廬陵晏璧撰 存卷十六至二十

明景泰七年京兆劉氏翠巖精舍刊本，十二行二十四字，黑口，四周雙闌。存臣道十四至三十一，子道、弟道、友道、后道、母道、外道各門。卷末有牌子，文曰：

> 景泰丙子良月京兆
> 劉氏翠巖精舍新刊 雙闌

又一部，行款同而無排子，刊刻似更在前。（余藏。）

羣書集事淵海四十七卷

明成化刊本，十二行二十四字，黑口雙闌。書名及門類均占雙行。

鈐有天禄繼鑑及乾隆御覽之寶各印。（癸丑）

經濟類編□□卷 撰人未詳 存卷四、五、十四至十七、二十至二十三、二十七至

三十一、三十三至三十六、三十九至五十、五十八至六十一，計三十五卷

明叢書堂寫本。 此別一書，非馮琦所撰。（余藏。）

童子習□卷

明刊本，似嘉靖以前刊大字六行，行十三字，白口，四周雙闌。（癸丑）

纂集古今百家事實韻府對偶四卷 明周子言纂輯

明嘉靖三十二年書林詹國正刊本。 題“楚羅近溪周子言纂”二行，“楚蒙胡承語校正”三行，“閩建書林詹國正刊行”。 有嘉靖癸丑湖廣羅田周子言序、臚述人物各類之異者略如論衡之類。每類爲七言排律詩一首，運用故典自爲之注，坊間學究書也。（文林閣送閱。癸亥）

劉子威雜俎十卷 明長洲劉鳳撰

明刊本，九行十八字。冢孫儁儒重校。分玄覽、稽度、地員、兵謀、藻覽、原化、問水、詞令各篇，附燕語、吳郡考。（辛巳十一月六日見于翰文齋，潘伯寅遺書。）

劉子威雜俎十卷 明長洲劉鳳撰

影寫明刊本，九行十八字。孫傭儒鴻英校刻，前有江盈科序，又自序。全書分：

　一玄覽　二稽度　三地員　四兵謀　五藻覽　六原化　七問水
　八修詞　附燕語　雜采羣書異聞僻事而成。（斐英閣送閱。辛巳）

典類□卷 明王毅祥手寫本

此書僅持一册來，不知卷數及撰人時代，亦分類抄撮典料之書。
鈐有"南海葉氏雲谷家藏"、"宋氏寶墨齋審定書畫印"、"吳榮光印"各印。（徐梧生藏書。乙丑）

皇明聖製策要一卷 明真定梁橋撰

明刊本。梁橋字公濟，學者稱爲冰川先生。隆慶庚午，其姪梁夢龍刊於汴梁，有鎮國中尉朱睦㮮序。其書歷叙太祖、成祖、宣宗、英宗、憲宗、孝宗、武宗至嘉靖爲止，凡書二十四種，撮其大要，敷叙成篇，以備對策之用也。（文友堂閱。己巳五月）

博物策會十七卷 明戴璟撰

明萬曆元年刊本，十二行二十一字。有嘉靖十七年戊戌洪洞李復初序，又康海序，又河濱逸史段炅序。萬曆元年西蜀劉翾重刻序，又戴泂序。凡例六則，復題一行如下："正德十六年正月吉旦寧郡末學屏石戴璟書。"
卷一、二北直隸，三、四南直隸，五山西，六山東，七、八河南，九陝西，十、十一浙江，十二江西，十三湖廣，十四四川，十五福建，十六廣東，十七廣西、雲南、貴州。
此書爲場屋試策之用，每省分府或州，紋論山川形勝及古今人物，每府州撰爲對偶文字，略如事類賦之屬，以備摀搉耳。舊爲王漁洋藏書，有"大司成"、"池北書庫"、"阮亭"三印，皆朱文。　藏園。（己卯）

騈志二十卷 明陳禹謨輯

明萬曆刊本。類集古事相比類者標爲對題而引原書注之。（古書流通

處送闕。壬戌）

彊識略三十六卷　<small>崇陽吳楚材國賢編</small>

明萬曆刊本，十行二十字，白口，四周雙闌，版心下方有"陽春園"三字，並注刊工姓名。　題"崇陽吳楚材國賢編"，校者有蒲圻任文定兆磨、龔衍材國銓、王作紀道陳、劉日孚應占、臨湘沈榜子登諸人，或人校二三卷。

此書只見二册，大率為分類雜記考訂之書。（甲戌）

事文玉屑十三卷　<small>明楊淙撰　存十三卷</small>

卷首標題曰"羣書考索古今事文玉屑"，"蕭灘八景山人楊淙編正"，"廣德琹山逸叟濮陽傅校閱"，"南閩建溪近山葉貴繡梓"。前有萬曆新安汪廷訥序。分天文、時令、地理、人道、人品、仕宦、人事、性行各類，采擷經史百家中之藻采二、三、四字，以供詩賦之用者。闌上一格更綴各門聯語對句，大抵備士子場屋之書也。鈐有"彝尊書畫小記"朱文印。

按：此書凡二十四卷，此僅十三卷，非全帙，必估人挖改目錄也。（己巳）

嘉隆識小類編十二卷　<small>明徐樞輯</small>

明寫本。題"山東萊州府膠州即墨縣儒學教諭臣徐樞輯"。　分登極、尊號至大計、中官等，共四十八類，每類有四言叙述，紀事較簡略，然亦明人野史中之稍有條貫者也。（聚珍堂購自南皮張氏。癸亥）

古今萬壽全書六卷

明萬曆刊本。略如人壽金鑑之類，紀人一歲至百歲事實，標題及人名列式如後，以見明人之習氣也。

"新刻大千生鑑聖賢年譜萬壽全書

　南司馬職方司郎中蘇門　　聶文麟考正

　　　青藜閣　　　　　劉維詔蒐輯

<table>
<tr><td>丹筆齋</td><td>賓野</td><td>徐　選</td><td rowspan="2">參閱</td></tr>
<tr><td>青雲齋</td><td>鶴洲</td><td>徐　標</td></tr>
</table>

<table>
<tr><td>筆花館</td><td>雪舸</td><td>黃之芳</td><td rowspan="2">編次”</td></tr>
<tr><td>車書樓</td><td>養恬</td><td>王世茂</td></tr>
</table>

鈐有“潞國家藏”上圓下方大長印、“敬一主人”白文印。（文友堂見。辛酉）

兔園雜鈔十卷　明歸有光撰

明萬曆間顧天坼刊本。　　卷一至五爲上，卷六至十爲下，分頌聖、慶賀、進書、除拜、賜賚各門，卷十則續增也。　　前有有光自序。蓋雜取諸史及文集四六之文，摘其麗句以供獺祭者。

> “昔人謂狐裘非一皮能温，雞蹠必數十而飽，故事類之書，其來益久。今兹所纂不能迨古者，因官寺無考證之文，吏書乏繕寫之役，是以少會通之觀而未盡玄要之語。然譬之碎金在握，趨市亦能善賈，非必朱提之滿籯；斗米貯罌，投羹亦可療饑，不待紅腐之盈囷。聊以便於初學，而未能不貽笑於通方。因取虞永興舊名，題曰兔園雜鈔，凡十卷。時隆慶三年七月望日京兆歸有光書於邢州公署。”

後有萬曆己卯孟夏朔，門生顧允燾跋，言是書爲其兄子天坼所刻。（甲子）

義墨堂宋朝別號録上下卷又續二卷　明郁逢慶撰

明郁逢慶手稿本。卷末題：“天啟丙寅夏編，臘月十九日止。南屏山人郁逢慶叔過甫識。”　其書皆録宋代名人別號及齋堂諸名，或偶記略歷，第不記出自何書，爲可惜耳。

鈐有“逢慶私印”白、“水西道人郁逢慶真賞”、“頓丘世家珍藏”朱各印。（余藏。）

史說萱蘇一卷　明黃以陞輯

舊寫本，九行十八字。閩漳黃以陞孝翼輯。　　前有虞山魏浣初序，次自序，題萬曆己未。後有校刻姓氏五行。

鈐有翰林院官印。（邃雅齋取閱，丙子九月七日。）

續二三場羣書備考三卷 題考槃澗袁儼若思撰

明末刊本。（辛未）

榕陰新檢十六卷 明徐𤊹輯

古天開圖畫樓寫本，九行二十字。

題“閩中　徐　𤊹　興公　編輯

　　　　　王　起　永宇
　　友人　高　景　景倩　刪定

　　侯官　郭柏蒼　兼秋　校。”

前有徐興公自序。每類一卷，錄如下：

孝順一，　忠烈二，　方正三，　仁厚四，　高隱五，　神仙六，　名僧七，　勝蹟八，　靈異九，　妖怪十，數兆十一，　報應十二，　幽期十三，　方術十四，　物產十五，　詩詞十六。

按：此書每條皆注原書出處，勝於他明人之作。（壬子）

奇姓通十四卷 明江陰夏懋卿撰

清初寫本，有朱之蕃、李本寧、文震孟、周延儒等序。鈐有宋蘭揮篛藏印。（壬子）

三才廣記三百五十四卷

明寫本，不署撰人姓名。天部一百十卷，地部一百三十四卷，人部一百十卷。棉紙藍格，半葉十一行。每類分要語、事類二門，大約鈔集經史百家之言而成，如天類要語先引說文釋名，次引胡氏、程氏、朱氏論天諸說及天文志、淮南、尸子之文。事類則撮舉盤古開闢、女媧補天、杞憂天墜諸事，而其下分注小字以釋證之，視三才圖會爲博，以其萃集古書有不經見者也。大抵明人類書務爲多聞以誇奇博，而蕪雜自所不免矣。屬忠兒抄詳目別存之。其中頗有缺卷，而市估改填卷數以充之，益爲舛雜難稽，可歎也。　藏園。（己巳）

緝柳編五卷　沈聾元撰

日本舊寫本，九行二十字。題"吳興沈聾元善長集"，"新都黃正位黃叔校"。上卷天歲時地宫室，中人事樂器文武器用，下卷服食寶器禽獸鱗蟲拾遺雜事，亦雜纂類書之屬。

鈐有"淺草文庫"、"蒹葭堂藏書"、"昌平版學問所"各印。（日本内閣文庫藏書，己巳十一月十九日觀。）

歷代不知姓名錄十四卷　明昭陽李清映碧撰

清寫本。　取廿一史及方志雜書中軼事而失去姓名者爲之。

孝子三十九條、忠臣七十條、烈士二十三條、義士八十一條、義激八條、直臣四十八條、智士一百廿九條、能吏十條、學人十二條、文人二十九條、策士四十五條、説客二十五條、睦舊九條、好生八條、執者五條、達者十七條、端人二十八條、長者十一條、俠客二十條、力者二十二條、神人四十八條、異人七十二條、術士一百九條、快人二十三條、規諷十八條、友民十條、滑稽二十三條、報恩十四條、啣冤十一條、韻人十四條、巧人十八條、伎藝三十條、耆壽九條、隱者三十九條、女丈夫六條、奇僕十八條、方外五十一條、奇僻五十二條、間諜六條、倖獲五條、自新十五條、戀人二十條、庸流二十一條、憸人四十一條、讒人十九條、媚子十一條、貪夫九條、滛人八條、忍人十二條、妖妄十九條、夷人十六條、鬼物十二條、叛賊五條、逆賊二十二條、補遺十四條。

有如皋冒起宗序，鹿城丘鍾仁序。

鈐有"曾在王鹿鳴處"朱文印。（文德堂送閱。戊午）

詞林閒筆六卷　題高士奇撰

清寫本。卷一至三文、詩，卷四姓譜典，卷五年齒考，卷六倫類典。

皆抄撮類對備用之書。（宏遠堂見。壬子）

江村語類二册　清高士奇撰

清寫本。類對之書。（壬子）

查聲山手稿二册　清查昇輯

摘録事類二、三、四字，分諸王、宗室、公主、外戚、世臣、勳臣、舊臣、大臣、宰輔及院部卿寺行誼事物各類，以備錫賚臣工所書。 茲摘其籤記賜錫諸人各條如下：

濟美范承勳 世英堂張雲翼 恪勤趙良棟 勤鐘鼎公費揚古 篤念前勞宋德宜 維國楨公費揚古 光輔張玉書 作霖雨錢珏 光贊堂伊桑阿 容德堂阿蘭泰 曲江風度王熙 恭儉爲德張玉書 清班噶禮 掌絲綸常書 邃清之秩顧祖榮 鳳池良彥胡會恩 業廣惟勤三阿哥 冰鑑堂庫勒訥 九式經邦馬奇 詳慎圖納 霜臺傅臘塔 柏臺清肅于成龍 玉堂張廷瓚 尊經服教孫岳頒 視草王九齡 蓬觀邵遠平 清華蔡升元 木天木泰 華省沈涵 文學侍從宋大業 紫垣卓琳 蘭臺龔翔麟 蹇諤老成宋駿業 蕭紀程文翼 綏懷孫思克 政尚清簡桑格 仁惠誠民宋犖 寧靜致遠吳黑 岳牧之任郭世隆 激濁揚清倭倫 宣布德澤張敏 賦政于外李炳 澄清方岳于成龍 干城陳士凱 重鎮馬三奇 持重張望 嫺訓練白斌 知方略李振鼎 深沉節制王化行 推誠施惠金世榮 智義合宜王萬祥 惠訓不倦李振鼎 仁愛士伍岳昇龍 廉鎮卞三畏 承流宣化趙良璧 澄清郡邑巴拾 廉察之寄于準 藩維重寄劉殿衡 清明仁恕趙世顯 親民范時崇 揚仁風劉德芳 勸農桑王光謨 忠信之長張四教 慈惠之師徐廷璽 清簡爲最王然 百里宣風施朝輔 一州之表劉殿邦 惠愛在人佟毓秀 治民如家鮑復昌 寬簡便民王輔 端方郭世隆 篤素堂張英 崇志堂索訥和 惠迪吉李華 器志方雅金世榮 清惠不羣趙弘燮 激引清風桑格 懷冰雪張鵬翮 所向無前藍理 盡銳爭先潘育龍 清吟高士奇 篤志經學韓菼 多識畜德李柟 落紙雲烟沈荃 煙嵐高曠沈宗敬 松喬堂勵杜訥 春秋高聶志笙 年登大耋盛符昇 海鶴風姿褚篆 香山洛社李宗孔 凌雪喬松顧履吉 萱瑞堂曹寅母 攬秀翁叔元 雲峯金山寺刻 松雲間湖心亭 山色溪光秦松齡 芸窗失籤 樂善不倦失籤 冰壺朗映任克溥 水木清華深意和尚 雲窗高士奇 浮翠樓張

玉書　雲光臺_{徐昇}　雲舫_{誠郡王}　善覺_{超瀾和尚}　慧業_{恃藻和尚}　覺路_明

融_{和尚}　超岸_{源恒和尚}　雁堂_{廣元和尚}　禪栖_{妙覺和尚}　精舍_{恃藻和尚}

蘭若_{小金山和尚}　香阜_{元啟和尚}　慈雲_{西藏掛}　香臺_{明真和尚}　香城_{膺敏}

_{和尚}　清規_{印詮和尚}　法律禪_{廣證和尚}　甘露門_{源恒和尚}　般若堂_{恃藻和}

_尚　西來法_{廣徹和尚}　雲門雪竇_{普怡和尚}　青蓮喻法_{荅克隆胡圖克圖}　法

雲慧目_{焦山和尚}　修持淨業_{性統和尚}　皓月禪心_{廣元和尚}　禪門法紀_天

_{竺諦輝}　莊嚴法相_{雲岡}　品泉_{惠泉掛}　仙人鏡_{翁叔元}　松風石_{金山寺刻}

　雅遠_{阿蘭泰}　清逈_{關保}　遠秀_{孔毓珽}　餘清_{吳實}　綺窗_{直郡王}　披煙

霞_{徐乾學}　青雲境_{顧沂}　鸞鶴情_{敖福賀}　雲林幽_{張文煥父張應賦}　素心

真趣_{邁圖}　清風蘭雪_{沈宗敬}　雲窗清靄_{曹寅}　靜觀萬類_{失簽}　歌詠昔

賢_{程兆麟}　修竹清風_{李煦}　竹風蘭露_{郎啟}　寄懷蘭竹_{廣元和尚}　懷抱清

朗_{宋犖}　欣然有得_{道士嚴宏業}　游詠清風_{李宗孔}

癸亥十月十七日沅叔觀于古書流通處。

妝史二卷 _{題香城居士田霢編}

原稿本。　　前有自序一篇,凡例六則。

"香城居士年七十有三,溽暑時淫雨經旬,除搖扇飲水別無適情
事。忽憶十年前欲著妝史,僅得百餘條,檢破簏中,其稿尚存,因
廣收博采以充之。筆架珊瑚,細寫香奩錦字;目凝珠翠,恍入南部
妝樓。閱半載而成書,分兩卷以名史。雖鴉黃蟬綠,非老人所宜
言;然名姝麗姬,藉爲適情之具,正不當見於小年時也。　雍正三
年旃蒙大荒落律中夷則,德州田霢自序。"

按:本書自鏡臺爲始,以次衣服、髮髻、奩飾、脂粉、眉唇,大率以類相
從,而不標門目。其引書自周禮及諸史百家雜說,咸注原書名,近至
宋荔裳、朱竹垞詩詞皆引之,可云浩博無涯矣。　鈐有"香城居士"、
"田霢"、"香城居士書畫記"、"學海文河"、"子益"、"天許作僧"諸印,
皆田氏印也。(壬申)

是菴日記十四卷 清楊攤輯

稿本。　前有自序一篇,凡例三則。又引用書目,凡二百三十二種,以明代説部爲多,分類摘鈔,下注原書名。各卷分類如下:

一儀象節序附、二疆域、三君箴、四臣範人物附、五方外、六經傳、七書籍、八子集、九史鑑、十文翰、十一字學、十二氏族、十三生化、十四物類。

封面後葉有朱文木記,文曰:"兩江總督採購備選書籍。"前鈐翰林院大官印,蓋卽四庫子部類書類存目著録之底本也。(庚午二月)

蒙史

嚴天池手寫本,撰爲四言韻語以教子弟者。分幼則、德行、言語三類。注文有抹去者,當爲未成之稿也。　有孫男焯跋,又魚元傅乾隆乙酉跋。

鈐有"魚元傅印"、"開封十世孫"、"小魚"、"有明嚴文靖世家藏書"、"嚴文靖公四代孫焯"各印。(海虞瞿氏藏書。癸酉)

姓氏尋源 清張澍撰　存三十二卷

張澍原稿本。(宏遠堂見。壬子)

三古人苑十卷 清武威張澍撰

張澍稿本,自太昊至夏世止。(宏遠堂見。壬子)

梵雅一卷 清馮登府撰　題楊柳官著

馮登府稿本。題楊柳官著。　分釋詁、釋訓、釋天、釋地、釋佛、釋人、釋神鬼、釋禽獸、釋草木、釋珍寶、釋飲食、釋衣服雜物各篇。

鈐有"木天仙吏"、"東越修書"、"柳東"、"小長蘆舊史"、"馮氏手校"各印。(翰文齋送閲。庚午)

蒙雅一卷 清魏源撰

紅格寫本,分天、地、人、物、事五門,凡十五篇,又詁天一、詁地一、詁人一、詁物三、詁事三,凡九篇。龔孝拱橙跋如下:

“此默深丈著。憶在高郵州署書招橙佐撰諸書，以此藥見示，屬爲
　成之，橙以可不必。後出此藥仍屬改定。丈以咸豐九年卒于杭州
　蕭寺，彌留時，其孤剛己不至，遺書亦無稿，余鈔其文兩厚册。其
　古微堂詩刻本則爲妄人竄改，惜其定稿金眉叚去失之。　橙記。”
簽題附夾書中，亦孝拱筆。

憶昔年游吳門，恒主莫楚生世丈家，得覿龔孝拱題跋書帖數種。頃
　游日本，道出滬濱，于中國書店重覯之，緣楚丈新下世，其藏籍遂流
　出坊肆也。重其爲故人之物，遂以善價收之，而誌其概略。（己巳九月
　十四日收于申江。）

壽昌乘一卷　清文廷式輯

清末寫本。（繆氏藝風堂遺書。壬戌）

釋　家　類

佛説四十二章經一卷　後漢摩騰竺法蘭譯　附佛遺教經一卷永嘉真覺大師證道歌一卷　宋釋彥琪撰　禪宗決疑集一卷　四書共一册

明正統刊本，十行十七字。　有正統五年庚申仲冬初吉敕賜馬鞍山
萬壽禪寺開山沙門釋江右道李序，又正統五年十一月望日承旨講經
兼賜寶藏住山沙門播陽道深後序。（戊午見，周叔弢收去。）

佛祖三經　佛説四十二章經　佛遺教經　溈山警策宋守遂注

元刊本，九行十六字，黑口，四周雙闌。　前刻佛像，至元丙戌燈節
絕牧叟德異叙，後鈐“蒙山”、“絕牧叟”。木記二方。（葉定侯藏書，甲戌
四月觀。）

妙法蓮華經七卷　後秦鳩摩羅什譯

宋刊本，密行細字，十三行二十七字。後有識語二行，文曰：
　“此經再將諸本校勘重開
　　並無訛謬錢塘丁忠開字”

此經出吳江縣垂虹橋畔某寺圮塔中，凡出數本，其最完好者爲蔣氏
汝藻收去，已影印行世。余獲之吳門積寶齋孫伯淵手，缺損之字即
用蔣氏影本補入。

忠謨謹按：此書有跋，收入藏園羣書題記三集卷四。

妙法蓮華經七卷 後秦鳩摩羅什譯

宋刊經摺本，小板心，十二行二十五字，字撫蘇體，刻工精雅絶倫，凡
一百十七葉，篆額跋尾十二葉。前有釋道宣序，爲他本所無，後有紹
興己卯二月二十八日比丘德求跋，秀州惠雲院刊本。又乾道九年跋，又
淳熙六年九月跋。有雙鉤數葉。（辛酉二月朔見于蔣孟蘋家。）

妙法蓮華經七卷 後秦鳩摩羅什撰

宋刊梵夾本，五行十八字，經文加句讀。高五寸八分，寬二寸八分。
末有“杭州睦親坊内沈八郎印行”一行。有碑式牌子載仁宗皇帝御
讚蓮經文如下：

“六萬餘言七軸裝，無邊妙義廣含藏；
　白玉齒邊流舍利，紅蓮舌上放毫光。
　喉中甘露涓涓潤，口内醍醐滴滴涼，
　假饒造罪過山嶽，不須妙法兩三行。”

全經後有大牌子，文曰：

“杭州大街睦親坊内沈八郎校正重刊印行”（辛未三月見。）

金剛般若波羅蜜經一卷 後秦鳩摩羅什譯

宋王念三郎家刊本，五行十三字，每版共二十行。前有圖十幅，末幅
有木記二行，文曰：

“行在棚南前街西經坊
　王念三郎家志心刊印”（余藏。）

忠謨謹按：此書有跋，收入藏園羣書題記初集卷四。

維摩詰所説經註六卷 後秦釋僧肇註

明戚繼光刊本，九行十八字。題"明特進光禄大夫少保兼太子太保
中軍都督府左都督總理薊昌保定三鎮兼鎮守薊州永平山海等處前
鎮守福浙惠潮郴桂南贛伸威營總兵官定遠東牟戚繼光校刊"。（古書
流通處送閱。壬戌）

大方廣佛華嚴經 附普賢行願品 八十一卷 唐釋實叉難陀譯

宋刊本。卷一後有刻經記及人名二十一行。半葉五行，行十五字，
顏體。　刻經記錄後：

"今此印版依華嚴大疏所釋經本校勘已定，其間經文或有欠失文
字，並是翻譯時誤。觀疏主一一檢會新舊二經梵夾，將所欠文編
在疏中，不敢擅添經內，請後賢悉之耳。

大宋杭州龍興寺結華嚴社沙門可玫　智海廣化四衆率淨財選良工彫
造。

大方廣佛華嚴經大字印版一部，并普賢十大願王品，共八十一卷。
起淳化庚寅，終咸平庚子，凡十一載功畢。復召施主印經千本，實於
天下名山聖跡之間，募十萬人爲社，常讀此經，同修淨業。所願一乘
頓教，徧布人寰，三有羣生，俱明性海者耳。

　　　東京天壽寺沙門懷湛發心書
　　　當州講華嚴大疏沙門從朗校勘
　　　當州菩薩戒弟子周承展　徐承潤　黃文質　盛從晏　徐延福
　　　徐延德　丁紹昌勸募雕版
　　　湖州菩薩戒弟子沈文通捨錢助緣
　　　東京菩薩戒弟子錢氏二娘捨錢圓就"

後有題名：

"至正甲辰六月八日顧阿瑛再閱於布涇別業"。鈐"顧瑛"、"玉山
人"、"在家僧"三印。　"大德二年戊戌九月三日當寺老宿比丘子
知敬閱"。"紹定庚寅歲佛菩薩弟子陳拱敬閱"。"信士唐叔達看
過"。"淳祐庚戌唐叔達敬再閱"。"紹熙癸丑信士王元佐敬讀"。

大方廣佛華嚴經八十卷　唐釋實叉難陀譯　存卷第三十七,一卷

宋潘四娘刊本,五行十五字。卷末有女弟子潘四娘跋記。

按:是書大字初印,或是北宋刊本。封面漆版及版上題經名卷數均
爲宋物。(余藏。)

大方廣佛華嚴經八十卷　唐釋實叉難陀譯

宋寶祐三年江陵府先鋒隘李安檜刊本,半葉五行,行十七字,每卷後
附釋音。卷七十一卷首有昭武鄒洙刊小字一行。各卷有題跋,皆捐
貲開經人。

"襄陽府寄居湖北路江陵府先鋒隘募緣重開大方廣佛華嚴正經一
部,恭爲今上皇帝祝延聖壽,文武官僚同資祿位,國康民泰,時和
歲豐,永息干戈,邊疆寧靜,捨財知識福慧增榮,頓悟菩提心,同游
華藏海。　寶祐三年乙卯十月二十二日乙酉良日李安檜謹題。"

"左武大夫、吉州刺史、帶行各領軍大將軍、除鄂州駐劄御前諸軍
副都統制、措置松滋江面、兼京湖制置大使司計議孝男張禧謹施
俸資金壹拾,開此華嚴經,端爲追薦忘母親蔡氏宜人,承此功勛,
願生佛界,見存眷屬福祿榮昌。"(西安大興善寺藏,壬申四月閱。)

忠謨謹按:此經有跋,收入藏園羣書題記初集卷四。

大方廣佛華嚴經八十卷　唐釋實叉難陀譯　存卷十一至七十五,計六十五卷

元刊本,五行十五字。字仿趙松雪體,初印精美。缺卷鄉人張君伯
翔朝墉爲精寫補完,至可感也。(余藏。)

忠謨謹按:此書有跋,收入藏園羣書題記三集卷四。

大般若波羅蜜多經六百卷　唐釋玄奘譯　存卷三百四十六,一卷

元至元十八年二月杭州路普寧寺刊大藏經本,梵夾裝,每半面六行,
行十七字。卷末音釋後有刻經題識六行,錄後:

"大藏經局伏承　平江路吳江縣澄源鄉新興里章奧村居奉

佛弟子徐氏十一娘謹施淨財,刊開

　　大藏經板壹卷,所集功德伏願

　　法輪轉處,女身成男子之身,

　　佛地見前,今世獲來世之福。

至元十八年二月　日杭州路南山普寧寺住山　釋　道安　題"(余藏。)

金剛頂瑜伽中略出念誦經 　存卷第一　讚

　北宋福州東禪寺等覺院刊萬壽大藏本,每葉十二行,行十七字。經
前有題記三行:

　　"福州東禪寺等覺院住持傳法賜紫智華興僧契璋等謹募衆緣,恭
　　爲

　　今上皇帝、太皇太后祝延聖壽,國泰民安,開鏤

　　大藏經印板一副,計五百餘函。元祐六年正月　日謹題。"

　　鈐有"三聖院"朱文圓印。(壬戌)

佛說海意菩薩所問淨印法門經卷第一 之二

　宋刊本,六行十七字。　前有大宋新譯三藏聖教序,又真宗繼作聖
教序。　後有刻經記,文曰:

　　"敷文閣學士、左朝議大夫、潼川路都鈐轄安撫使、知瀘

　　州軍、提舉學事、兼管內勸農使、賜紫金魚袋馮檝恭爲

　　今上皇帝祝延聖壽,捨俸添鏤經板三十函,補足毗盧

　　大藏,永冀流通。勸緣福州開元禪寺住持慧通大師了一題。"(乙
　　卯)

千眼千臂觀世音菩薩陁羅尼神咒經二卷

　宋淳祐四年刊本,六行十七字。　有淳祐四年甲辰四月周康年捐刊
題記十二行,文繁不録。(余藏。)

大樂金剛不空真實三昧邪經般若波羅蜜多理趣釋二卷

　元大德五年磧沙藏本,六行十七字。後有識語:

　　"奉佛弟子資德大夫、大司農、河南江北等處行中書省左丞朱文清

與家眷等命工刊造大藏經板一千卷捨入平江路磧沙延聖寺永遠
流通。　大德五年辛丑九月　日　謹題。"(甲寅)

造像量度經一卷續補一卷　清工布查布譯

清乾隆十三年刊本,題"大清内閣掌譯番蒙諸文西番學總管儀賓工
布查布譯解述"。　首乾隆十三年和碩莊親王序,次乾隆七年國師
章佳胡圖克突序,次乾隆六年比丘定光界珠序,次乾隆七年沙門明
鼎序,次乾隆七年比丘本誠序。　又乾隆七年佛從忉利天下還日依
番九月廿二番學總管漠北工布查布序。

此書所記乃造佛像之法,譯自西藏文者。(聚珍堂送閱。甲寅)

真覺禪宗一卷　唐永嘉沙門玄覺撰

明刊本,九行十八字,白口,四周雙闌。(丁巳歲見。)

北山錄注十卷　□釋慧寶注　存卷一至三、七至十,凡七卷　△八六九九

宋刊本,題"梓州慧義寺沙門　神清撰","西蜀草玄亭沙門　慧寶
注",半葉十二行,行二十四字,注小字雙行二十九至三十字不等,白
口,左右雙闌。版心題"北山錄幾",下記刊工姓名,有徐志、姜、趙、
葉、包、姚諸人。版匡高七寸三分,闊五寸。宋諱玄朗敬殷弘匡恒禎
曙樹等均缺末筆。前有熙寧元年五月十二日沈遼序,言惟賢大師得
蜀本,將傳諸好事者云云。後有殿中丞致仕丘濬後序。　末葉有項
元汴題二行,墨書。

　"明萬曆丙子仲秋望日重裝

　　墨林項元汴持誦"

　"原值一金"此行在闌外下方。

鈐有:"天籟閣"朱長、"項元汴印"、"項墨林鑑賞章"、"墨林山人"、"項
子京家珍藏"諸印。(袁寒雲藏。乙卯)

北山錄注十卷　□釋慧寶撰　存卷一至六,六卷　附北山錄注解隨函二
卷　□釋德珪撰　　　　　　　　　　　△八七〇〇

元刊本,半葉十二行,行二十四字,注雙行三十字,白口,左右雙闌。

有熙寧元年沈遼序,半葉十行,行十七字。　本書首行題"北山錄卷第一",次行題"梓州慧義寺沙門神清撰",三行題"西蜀草玄亭沙門慧寶注",四行以下篇目,下接連本文。

注解隨函行欵同前,版心下方記刊工姓一字。次行題:

"儀封縣平城村淨住子比丘　德珪　撰"

鈐有"華亭朱氏文石山房藏書"印。(戊午)

古清涼傳二卷 唐釋慧祥撰 廣清涼傳三卷 宋釋延一撰 續清涼傳二卷 宋張商英撰

明洪武刊本,十一行二十字。

按:此書余癸丑春曾於燕京見之,前有大定四年姚孝錫序,後有大明洪武丙子山西崇善禪寺了菴性徹勸緣率衆重刊題記。(日本静嘉堂藏,己巳十一月十五日閲。)

廣清涼傳三卷 宋釋延一撰

洪武本,十一行二十字。題"清涼山大華嚴寺壇長妙濟大師賜紫沙門延一重編"。　前有郊濟川序,與上卷接,署銜爲:"朝奉郎尚書織局員外郎守太原府右通監兼兵馬都上騎都尉賜緋魚袋前勾當五臺山寺公事郊濟川撰。"

續清涼傳上下卷 宋張商英撰

洪武本,十一行二十字。題"朝奉郎權發遣河東路提點刑獄公事張商英述"。　前有大定四年九月十七日古豐姚孝錫序。後有大明洪武歲次丙子正月十有五日山西崇善禪寺住山雁門野衲了菴性徹 洞然 白文木記勸緣率衆重刊。(癸丑見。)

釋迦佛成道記 唐王勃撰

附續清涼傳後,行欵同。　後有跋云:

"洪武十有七載十月四日東閣大學士金華吳沈識。"一行。

補陁洛迦山傳一卷　<small>元盛熙明撰</small>

附續清涼傳後。　　前有題辭，署大元丘玆盛熙明述。（癸丑）

明州阿育王山如來舍利寶塔傳一卷附護塔靈鰻菩薩傳一卷

<small>題左街僧統贊寧述</small>

北宋刊本，半葉八行，每行十二字，字大於錢，書法堅渾，鐫刊精湛，墨光如漆，使人賞翫不置。宋諱玄敬徵皆爲字不成。　　前有崇寧二年癸未佛國禪師惟白序。靈鰻傳後附記四行如下：

> “炎宋開寶五年歲在寶沈周朔旦　此板一十三片係　堂頭交割貴得久　無淪墜矣。”

鈐有“高山寺”朱文印。（日本内野五郎家藏，已巳十一月十日閲。）

上乘藏經節要宗鏡録一百卷　<small>殘帙</small>

題：“大宋吳越國慧日永明寺主智覺禪師延壽集

　　　大明代藩分封蒲坂山陰王元峯道人俊柵校

　　　賜進士知蒲州事分寧鳳隅山人陳以朝訂

　　　蒲坂藏海寺禪僧本郡寂安子志志常刻

　　　　　　禮部儒士少峰秦光融膽”

每卷前均列此五行。

“優婆塞<small>吕汝源
李尚愚</small>　沙彌嚴<small>達
紀</small>同校

　優婆塞　趙應禮同膽

　管工内史李美

　近侍　李志堅

　校尉<small>李大才　許亨
荆天仁　趙良才</small>

　鐵筆匠胥大<small>紹
聰</small>等二十七名。”

此六行在第十三卷後，各卷人名不同，間有無此六行者。（丁巳歲文友堂見。）

佛果圜悟禪師碧巖録十卷

日本翻元本，十一行二十一字，黑口，四周雙闌。

有牌子在各卷後，文曰：

> 嵋中張氏
> 書隱刻梓

卷一、二、四、十後楷書，卷三、七後篆書，卷九後白文篆書。卷五、六別有牌子，文曰：

> 此集自大慧之後而又重罹兵燹
> 世鮮善刻今得蜀本板正頗完猶恐中
> 間亥豕魯魚不無一二
> 四方具眼高人爲是正之抄録
> 見教當復改竄俾成全美禪宗幸甚
> 　　　隅中書隱白

在卷五後

> 隅中書隱鼎刊圜悟碧巖録幸已訖事
> 四方禪友或收得祖庭事苑萬善同歸
> 録及禪宗文字世罕刊本者幸乞
> 見示當爲繡梓以廣禪學此亦
> 方便接引之一端也告毋
> 金玉幸甚　　稟白

在卷六後

有建炎戊申普照序，大德庚子方回萬里序，言嵋中張煒明遠板行云云。大德乙巳聊城周馳序，大德甲辰三教老人序。序後有"古杭朱子成刊"六小字。

後有宣和乙巳關友無黨後序，大德壬寅比丘淨日後序。又延祐丁巳希陵後序，延祐丁巳海粟老人馮子振後序。（癸丑）

佛果圜悟真覺禪師心要二卷

宋刊本，十一行二十字，版心四周雙闌。　鈐有季滄葦氏藏印。

祖庭事苑八卷

日本翻宋刊本，八行，小字二十八字，大字一當小字二，白口，左右雙闌。每卷次行題睦庵善卿編正。前有四明苾芻法英序。後有紹興甲戌中秋盡庵比丘師鑒跋。眉山王似刻。又有紹興甲戌夏六月玉

津比丘紫雲跋。（劉翰怡藏書。庚申）

宗門統要錄十卷 題建谿沙門釋宗永集

宋刊本，半葉十行，每行二十字，白口雙闌。　前有紹興五年鄭諶序。

此書寫刻工整，印本亦精。（日本東洋文庫石田幹之助藏，己巳十一月十九日閱。）

歷代編年釋氏通鑑十二卷

宋末麻沙刊本，半葉十一行，每行二十二字，黑口，左右雙闌。卷一首行標題爲"歷代編年釋氏通鑑採摭經傳錄"，次標"佛書"二字，大字占雙行。舊爲朱氏橫經閣、季氏延令書室、汪氏藝芸精舍藏書。

按：此書僅見於文淵閣書目及延令書目，其餘宋元志皆不載，四庫亦未收。陸氏跋敍頗詳，不更贅。（日本靜嘉堂文庫藏書，己巳十一月十三日閱。）

禪林類聚二十卷 元釋道泰、智境輯

元大德刊本，十二行二十二字，黑口，左右雙闌。題比丘道泰、比丘智境輯。　前有大德十年比丘妙坦序，大德十一年比丘善儀序。（日本帝室圖書寮藏書，己巳十一月十一日觀。）

廬山蓮宗復教錄二卷 元釋果滿撰

朝鮮古刻本，十行十七字，黑口，左右雙闌。

題"修淨業比丘果滿編錄"。　上卷正大三年江州路廬山東林寺善法堂白蓮宗勸修淨業臣僧普度上皇帝書，次抄白全文宣政院榜。下卷高麗王開宗念佛發願文，高麗國王勸國人念佛疏，大都建蓮池會疏，朝賢宿衲讚頌。　卷末西蜀四川成都金堂縣三學山萬佛庵釋子洪福誘化十方四衆命梓重刊廬山寶鑑、復教錄、白蓮清規等文。後附諸山耆舊銜名五行，皇慶壬子僧普果刊書跋語并各寺僧名四行。

有沈曾植、楊守敬跋：

"普度爲淨土大師，蓮宗寶鑑明藏有之，此復教錄世間乃罕傳本，當收入藏，以備廬山掌故。元刻孤本，可貴也。　植。"

"余在日本收羅古經爲佛藏所未載者，自僧一行以下凡百餘種，此
廬山復教錄亦未見。壬子仲冬記於上海　楊守敬。"（余藏。）

佛祖歷代通載二十二卷　元釋念常撰

日本活字本，十行十九字。（劉喜海、潘祖蔭遞藏，徐坊遺書。癸亥）

釋氏稽古略四卷　元釋覺岸撰

元刊本，九行二十八字，白口，四周雙闌，版心上記字數。題"烏程職
里寶相比丘釋覺岸寶舟編集再治"。　鈐有"深翠堂藏"、"寄傲軒"、
"蓉城"三印。（余藏。）

釋氏稽古略四卷　元釋覺岸撰　存卷三、四，凡二卷

題"烏程職里寶相比丘釋覺岸寶洲編集再治"。　元刊本，九行，年
號甲子作大字，事實皆雙行小字，每行二十六字。事實出典又以小
字夾注於雙行下，四周雙闌，版心記字數。字體方整，刊刻精雅。卷
末刊劉庸題詩四行，錄後：

"寶洲以舊輯手鑑再治而廣之爲稽古略，予讀而美之，題以贊其萬
一云耳。　並門劉庸和南。釋氏新書得靜觀，其中妙理足盤桓。
因知研諸皆餘緒，萬象冥冥總內安。"（壬子）

舒州梵天琪和尚註證道歌

元明間刊本，六行十一字，或十字，注雙行二十字，黑口，四周雙闌。
（甲子）

諸佛菩薩妙相名號經呪

明宣德刊本，四體文。（聚珍堂見。壬子）

道院集要三卷　宋晁迥撰

舊寫本。題"光祿大夫太子少傅致仕澶淵晁迥著"。　有萬曆孫慎
序。卷尾有"白鳳翔刊"四字。（蔣夢蘋書，甲寅六月見。）

明宗集四卷　明劉世延輯

明刊本,九行十九字。題"青田石匵居士劉世延輯"。卷一佛祖禪
派,卷二南嶽應化聖賢青原,卷三南嶽,卷四青原南嶽。

有嘉靖壬戌十二月誠意伯劉世延序,略言五燈會元一書乃列祖直指
宗鏡,余病其太繁,乃采其詞語精粹宗教合尖處輯成二卷,幾四萬
言,俾後學披卷有得,遂刻而傳之云云。(壬午)

四家錄二卷 宋釋惠南編

元刊本,十一行十九字,黑口,左右雙闌。　卷首次行題:"洪州黃龍
山住持傳法沙門惠南編。"

四家爲江西馬祖大寂禪師、洪州百丈大智禪師、筠州黃蘗斷際禪師、
鎮州臨濟惠照禪師。撮鈔其語錄也。

臨濟慧照玄公大宗師語錄 唐釋惠然輯 **附一卷**

元刊本,九行二十字,白口,左右雙闌。(劉承幹君嘉業堂藏書。)

北磵語錄一卷 宋釋居簡撰

元明間刊本,十行二十字。版匡視詩文集爲狹小。首語錄、次偈頌,
次贊,次小佛事,次跋。內鈔配十餘葉。(日本內閣文庫藏書,己巳十一月
十九日觀。)

雪堂行和尚拾遺錄一卷 　　　　　　　　△八三〇九

宋刊本,十行十八字,白口,左右雙闌。　鈐有"士禮居藏"、"楊氏醇
父"、"靈虛寶藏"各印。

此書板式刊工均似書棚本,行格亦同,疑是陳、尹諸家所刊行也。全
書只二十一葉,印迹清朗。(丁卯)

密庵和尚住衢州西烏巨山乾明禪院語錄一卷 宋釋崇岳、了悟等編

日本五山翻宋刊本,十一行二十字,白口,左右雙闌。版心上魚尾下
記"密庵錄"三字,下記葉數,最下記刊工姓名,有天台周浩等。(劉君
承幹嘉業堂藏書。)

題"參學小師　崇岳、了悟等編"。

虛堂和尚語錄上中下三卷後錄一卷 宋釋妙源編

日本活字印本，八行十七字。

"嘉興府興聖禪寺虛堂和尚語錄妙源編　嘉興府報恩光孝禪寺語

錄可宣編　慶元府顯孝禪寺開山語錄無隱編　慶元府瑞巖開善禪寺

語錄梵閟編　慶元府萬松山延福禪寺語錄德溢編　婺州雲黃山寶林

禪寺語錄惟俊、法雲編　慶元府阿育王山廣利禪寺語錄德惟、似涇、如

皋編　栢巖慧照禪寺語錄似藻編　臨安府徑山興聖萬壽禪寺語錄惟

份、文愷編　法語　序跋　雙林夏前告香普說法雲編　頌古無隱編

代別一百則　佛祖讚　禮祖塔　佛事　倡頌　虛堂和尚續輯以

文、无補、法光編　臨安府淨慈報恩光孝禪寺後錄道準、禧會、紹賢編

臨安府徑山興聖萬壽禪寺後錄正一、淨喜、尚賢編　倡頌　佛事惠明編

秉炬　法語　真讚後錄終　虛堂和尚新添　行狀

正和癸丑拙孫宗卓跋六行　沙彌宗哲等施財開板。"（癸丑）

佛鑑禪師語錄十四卷 題侍者普明了南紹曇等編

宋刊本，半葉十一行，每行二十字，白口，左右雙闌。前有淳祐辛亥
程公許序。刊工極爲精整。末葉有捐貲刊書人銜名，錄如下：

"右武大夫閤內宣贊舍人沿邊溪洞都巡檢使節制忠勝軍馬田興

隆、　右武翼郎宣差知思州軍州事管內勸農事兼四川制置司參議

田應寅各施俸資刊行，以祈祿算增崇者。　小師比丘德潛助板。

淳祐辛亥六月初五日謹記。"

本書次第如下：

一清涼語錄　二焦山語錄　三雪竇語錄　四育王語錄　五徑山語

錄　六五會錄後題小參　七法語　八普說　九拈古　十頌古　十一

偈頌　十二讚佛祖　十三小佛事　十四序跋。

後附徑山無準和尚入內引對陞座語錄，鈔補。游丞相祭文。次爲無

準禪師行狀，粲無文撰。行狀稱師諱師範，號無準，蜀之梓橦人。行

狀亦鈔補。行狀後有應安庚戌天龍東堂比丘妙葩跋，言此録已漫滅，茲命工重刊，置之龜山金剛禪院云云。然妙葩此跋乃後人據翻刊本鈔附卷末者，非原本所宜有也。據東福寺僧言，寺爲普門院，其開山祖師卽佛鑑禪師之門人。今庫中所存古書皆祖師自中國携回者也。其中書籍經卷至多，惜外人無從知之。余所見者衹此數種，然彼邦人士尚多未之見也。（日本西京東福寺藏書，己巳十月二十九日閲。）

横川和尚語録一卷　宋釋本光等集

日本五山翻宋刊，十二行二十字，白口，左右雙闌，版心上魚尾下題"横川"二字。　卷首次行題："門人住持雁蕩山羅漢禪寺　本光等集。"（嘉業堂劉氏藏。）

湖州雙髻禪菴語録一卷　參學門人編

杭州西天目山師子禪院語録一卷　參學門人編

示禪人語一卷　以上三種爲一册

元刊本，十行二十字，黑口，四周雙闌。　有性存居士家之異序，元貞二年丙申三月下浣前住育王屬末比丘淨日序，至元丁亥前住雪峰絶岸老衲可湘序，皆行書大字。

鈐有："松陵史明古收藏書畫印"朱、"宣文閣監書畫博士印"朱、"姚氏舜咨圖書"朱、"毛晉私印"朱、"子晉"朱、"小安樂窩"白各印。（王懿榮舊藏。壬戌）

石屋和尚住嘉興福源禪寺語録倡頌二卷　元釋清珙撰

元刊本，十行二十字，黑口，左右雙闌，版心上魚尾下題"石屋語録"四字。　前有沙門來昌序，後有元旭撰塔銘。字撫松雪，刊刻頗精。

師子林天如和尚剩語集二卷　元釋善遇輯

元刊本，十一行二十一字，黑口單闌。　第一卷宗乘要義，第二卷淨土或問。後附師子林菩提正宗寺記。　卷二或問後有刻書跋六行：

"是集發明禪淨土之旨亦頗詳矣。今

> 吳郡菩薩戒弟子張善照施財入梓，
>
> 用廣流通，願與法界一切衆生以及
>
> 當來諸有情等，會宗乘之直指，語言
>
> 文字悉顯禪機；修淨業之正因，迷悟
>
> 聖凡同歸樂土。至正壬辰夏善遇題。"

前有鄭元祐序，行書甚精。全書字仿松雪，刊刻工雅。

鈐有："高士奇圖書記"朱長方、"曼陀羅室"白方、"晦堂"朱長方、"舜裔
鹿玉"白方各印。（癸丑見。）

師子林天如和尚別錄五卷 元釋善遇輯

元至正八年刊本，十一行二十一字，線黑口，左右雙闌。　卷五後有
刻書跋七行，錄後：

> "語錄別錄共十卷，昔編草初成之日，錢唐沙
>
> 門炬菩薩見之，卽持去，命張克明重寫仍率
>
> 同志先刊兩卷，於是吳郡寓居菩薩戒弟子
>
> 普達實立副使諸道友欣然出俸貲，甯文壽
>
> 復助梨板以速其成，遂不容其自己也。然或
>
> 校對之未詳，編集之未善，作者幸賜教焉！時
>
> 至正八年戊子歲十一月長至日善遇謹識。"

此書字撫松雪，雕工秀麗，鐵畫銀鈎，元刊中之上駟。

弘明集十四卷 梁釋僧祐輯

日本古活字印本，十二行十七字，版式無左右闌，無中縫綫，猶沿梵
夾舊式。版心卷一標"集"字，卷十四標"填"字，亦仍藏本之舊。字
體古雅，卷末題識今載下方：

奉再興	佛説一切經藏
今上皇帝	玉體安穩
東照權現	倍增威光"威"疑"威"之誤

征夷大將軍左大臣源家光公武運長久，

四海泰平　　　國家豐饒

佛法紹隆　　　利益無窮

日本武州江户東叡山

　山門三院執行探題前毘沙門堂門迹

　　　　　　　　大僧正天海願主

寬永十四丁丑曆十二月十七日

　　　　林氏幸宿花溪居士桒行"

按：寬永十四年當明崇禎十年丁丑。（徐梧生遺書。丁卯）

西湖高僧事略一卷

舊寫本，十行二十字。　前有寶祐丙辰吳郡莫子文序，言瑪瑙講師元敬節菴會萃名宿駐錫錢塘者，得二十四人，命東嘉僧元復摭其事而系以贊，又訪得六人，節菴并述之云云。

鈐有翰林院印，又兩淮鹽政李質穎送書木記。（邃雅齋書，丙子九月七日取閱，已傳錄。）

景德傳燈錄三十卷 宋釋道原撰　存卷五至九、十三至十九、二十三、二十四，凡

十四卷　　　　　　　　　　　　　　△八三〇六

宋刊本，十五行二十八九字不等，注雙行同，白口，雙闌。版心下方記人名，每卷目錄後接連正文，宋諱朗、弘、貞、署皆爲字不成。刻工名列後：王進、洪悅、施端、陳亢、陳辛、蔡政、陳文、陳才、方祥、楊昌、洪昌、蔡忠、李顯、方端、方祐、王臻、張學、蔣春、毛昌、丁拱、孫彦、朱芾、陳高。

鈐有"越溪草堂"、"八千卷樓藏書印"、"錢唐丁氏正脩堂藏書"各印。（甲子）

景德傳燈錄三十卷 宋釋道原撰　存卷廿五至三十

元延祐三年湖州道場山禪幽菴刊本，十三行二十三字，細黑口，左右

雙闌，版心上記字數。卷二十五後有篆書木記，卷二十七後有楷書木記，文曰：

　　延祐丙辰重刊於湖

　　州道場山禪幽之庵。原有邊闌。

按：此與李木齋先生藏本同。（庚申四月游寶應，見于劉啟瑞家。）

嘉泰普燈録三十卷　宋釋正受撰

宋刊本，版匡高六寸三分，寬四寸八分。半葉十行，每行二十字，白口，左右雙闌。版心記"普燈録幾"，下記刊工姓名，有李信、李億、李倞、李倚、李思忠、阮裕、張樞、宋瑜、方至、吳志、何昇、劉昭、金滋、高異諸人。總目一葉記"錢唐李師正刊"。　　前有雷菴受禪師行業一篇，嘉定辛未敬菴黃汝霖誌。次進聖宋嘉泰普燈録上皇帝書，蓋僧正受繼景德傳燈録及廣燈録、續燈録而作也。次總目。每卷首行標書名卷第幾，次行低五格題"平江府報恩光孝禪寺臣僧正受編"。以下目録接連正文。每卷終正文畢空一行標書名，下空一行，頂格標"音釋"二字，以下爲本卷音釋，注雙行在下。卷三十音釋後有白文正書木記二行，文曰：

　　"此板見在淨慈

　　　寺長生庫印行"

後有嘉泰四年三月乙酉太中大夫充寶謨閣待制致仕山陰縣開國子食邑五百户賜紫金魚袋陸游謹書二葉。宋諱弘、玄、恒、廓皆缺末筆。　　卷一至二十一示衆機語，卷二十二至二十三聖君賢臣，卷二十四應化聖賢，卷二十五廣語，卷二十六拈古，卷二十八頌古，卷二十九偈贊，卷三十雜著。

按：是書結體仿歐陽，刊工亦清挺，似書棚本之佳者。余家藏一殘帙，存卷一至三，卷二十八至三十，白麻紙闊幅，初印精湛，視此本爲勝。其卷末陸放翁跋以真迹入木，波磔惟肖，韻味雅秀。此本陸跋粗具規範，而殊有滯相，余斷爲以朝鮮翻刻本補入也。（日本帝室圖書寮藏書，己巳十一月十一日觀。）

嘉泰普燈録三十卷 宋釋正受撰 存卷一至三、二十八至三十，計六卷

△五六三五

宋嘉定四年淨慈寺刊本，半葉十行，行二十字，白口，左右雙闌。版心有錢塘李師正刊六字，爲他書所罕見，餘有李信、李倚、李億、李倞、李思忠、阮祐、張樞、宋瑜、方至、吳志、何昇等人。避宋諱至廓字止。　前有進上皇帝書，後有嘉泰四年陸游跋，又卷端嘉定辛未授法弟子武德郎敬菴黃汝霖所撰雷庵受禪師行業，則在正受示寂之後，書當卽刊於是時。陸跋以手書上版，書法秀逸，黃書法米襄陽，亦極流暢遒美。

有日本天文十四年守仁題字，朱墨點註殆遍，當明嘉靖間。又"嘉慶元年十月七日重修褙之"題識一行。

鈐有"善慧軒印"、"普門院印"、"守仙印"、"善慧軒"墨印各印。蓋宋時流往日本之書，爲吾國所久佚者也。（余藏。）

忠謨謹按：此書有跋，收入藏園群書題記初集卷四。

五燈會元二十卷 宋釋普濟撰

宋刊本，十三行二十四字，白口雙闌，版心記字數及刊工姓名。　前有淳祐壬子任山普濟序，又寶祐改元王橚序。　鈐有楊惺吾守敬及日本人印記。（辛未二月）

佛祖統紀五十五卷 宋釋志磐撰

宋咸淳五年刊本，半葉十一行，每行二十二字，細黑口，左右雙闌。版心中縫極闊，上魚尾下記"某紀"、"列傳"、"世家"、"某志"、"某表"等，中記葉數，下魚尾下記"統紀"二字，皆行書大字，每葉字數記版心陰葉上方，刊工姓名或在每卷首葉版心下，或在每卷後書名下，或在各葉版心下，皆每人一卷。有奉川王閎、王聞、徐聞、徐泳、馬圭、

奉川章臨、章震、章信、姚邑茅夢龍、胡昶等。

每卷小題在下,大題在上,先書某紀或某志卷幾,下書"佛祖統紀卷
之幾",猶仿宋刻史、漢之式。宋諱匡、恒、敬、慎、貞、勖皆缺末筆。
惟啓作召,不知何諱也。每卷後書某人施"芝券"如干,或稱"芝會"
如干道,或黎板如干塊,飯穀如干石。

題"大宋咸淳四明東湖沙門　志磐　撰"　前有咸淳五年歲在己巳
八月上日四明福泉沙門志磐寓東湖月波山謹序。序後一行列掌局
齋真要,又次校正人五行。

　"同校正吉祥安樂山教忠報國教寺首座沙門　必昇

　校正前住持華亭先福教寺傳天台宗教沙門　慧舟

　校正住持吉祥安樂山教忠報國教寺傳天台宗教沙門　善良

　校正住持東湖月波山慈悲善濟教寺傳天台宗教沙門　宗淨

　校正特賜佛光法師左右街都僧錄主管教門公事住持上天竺教寺

　賜金襴衣　法照

　勸緣邑士　胡慶宗　季奎　吳邦達

　同校正贊緣居士　泰宇曹說　九蓮應"

次通例,次目錄:

釋迦牟尼佛本紀四卷缺第三卷　西土二十四祖紀一卷　東土九土紀
二卷　興道下八祖紀一卷　諸祖旁出世家二卷　諸師列傳十一卷
　諸師雜傳一卷　未詳承嗣傳一卷　歷代傳教表一卷　佛祖世系
表一卷　山家教典志一卷　淨土立教志三卷　諸宗立教志一卷
三世出興志一卷　三界名體志二卷　法門光顯志一卷　法運通塞
志十五卷缺　名文光教志二卷　曆代會要志四卷　共存四十卷。

鈐有"季振宜讀書"朱、"滄葦"朱、"僧寶月印"、"伯明"朱各印。

按:此書癸丑夏得之隆福寺聚珍堂劉估,云一寺僧携來者。沈乙盦
見之,爲攷訂卷次,定爲明時南藏所刻之祖本,且爲書跋語。惜友人

携之日本,又留廠市者一年,遺失本紀一卷,爲可惜耳。

沈跋録後:

"宋刻佛祖統記五十五卷,闕法運通塞志十五卷,沈叔學使得之都門,持以示余。留置齋頭十餘日,以藏本校之,目録微有不同。如藏本諸師雜傳爲二十一卷,而此本爲第二十二卷,藏本本紀一之一、一之二、列傳六之一、六之二等此本止作一、二、三、四,標卷目而不標類目。諸師列傳第二十卷目録藏本有識語云:'諸師列傳統記原止十卷,而目録通例均編爲十一,此述者之誤,故卷一排去目録有五十五,而統記止五十四,今改正'云云。今此本通例正作諸師列傳十一卷,目録正作第二十一卷諸師列傳十一,與識語所稱合。又,名文光教志目下藏本有識語云:'自天台襌林寺碑至與喻貢元書十七篇南藏目録以第五十一卷收之,今改依本紀,以四十九卷收前十七篇,以五十卷收後七篇。'今此本卷第雖經剜改,而前卷十七篇、後卷七篇亦與識語所稱同,而卷中篇類乃仍與目録相應。以是推之,此刻當爲明刻南藏祖本,南藏本殆又經竄亂者也。明世別有單刻本,余家有之,與此不同。 乙盦識。"

一切經音義二十五卷 唐釋玄應撰

清刊本,失名人據宋刊本校。 鈐有"漢陽葉名澧潤臣甫印"、"寶芸齋"、"鄭齋"、"樹鏞之印"各印。(李木齋師遺書。辛巳)

一切經音義二十五卷 唐釋玄應撰 △二三二

清乾隆五十一年莊炘刊本。自卷七至二十五長水戴光曾據盧文弨校本過録。

此書費景韓携入都,售於文德堂,余自韓左泉手收得。暇日當訪宋刊本補校前六卷,以成完璧。(癸亥)

一切經音義二十五卷 唐釋玄應撰

清乾隆五十一年莊炘刻本。 顧廣圻臨盧文弨校筆:

"此藏在東用盧抱經鈔本所校。始段君戀堂模寫浙江嘉興府梵本二部,卽盧本所從出,乃盧鈔時往往以意改補,兼之多作盧習用字體,遂變其真。在東不知其故,槩指爲浙本,是其誤也。今欲是正兹書,刻校均未可據,當借段君本影抄乃得之爾。 顧廣圻記。"

"武進臧庸堂字在東,又字拜經,借東里盧抱經師所抄浙本細校。藏本實善於浙本,然藏本之誤者浙本往往不誤,得據以正之。"此跋未署名。

按:細審顧校亦爲後人所臨。 沅叔記。(辛巳二月廿六日謝君國楨送閱。)

翻譯名義集七卷 宋僧普潤大師法雲編

宋刊本,半葉六行,注雙行二十字,大字一約占小字四。(壬戌)

道 家 類

大明道藏經目□卷

舊寫本。 前有道教真源一篇,凡例三條。

鈐有"知讓"白、"妙吉祥盦"朱印。(癸丑)

道藏闕經目録二卷附道藏尊經歷代綱目

藍格寫本,十行。卷末有"袁氏貞節堂鈔本"七字。

"昔惠松崖徵君嘗爲予言道藏多儒書古本,予心識之。晚歲歸田,於金陵借閱朝天宮本,於吳門借抄元妙觀本,粗能記其名目,未得鈔而入諸笥也。袁君又愷與予同好,而聚書益勤。頃歲購得不全藏本六百餘卷,又於元妙觀借鈔約二百卷,皆吾儒所當讀之書,而科儀符籙不預焉,可謂搴其精華而遺其糟粕者矣。宋藏經目録失傳,此册乃元人所記,合之今所傳者,可以得宋藏之梗槩。乙卯初秋錢大昕書。"

後有同治三年姜渭跋。鈐印録後:"袁又愷藏書"朱長方、"介青文字因緣"白方、"靜學齋藏書"朱方、"袁又愷讀過"。（癸丑見，已收。）

道藏彙鈔十二種

舊寫本，十二行十字。列目如後：

十洲記一卷 傳鈔道藏本　錄異記十卷傳鈔道藏本　江淮異人錄二卷
神仙感遇傳五卷　仙苑編珠二卷歷代崇道記一卷　體玄真人顯異
錄一卷　南岳總勝集一卷　四明丹山圖詠集一卷唐木玄虛撰、賀知章注
　道跡靈山記一卷　天台山志一卷　龍瑞觀禹穴陽明洞天圖經一
卷宋翰林學士李宗諤修訂。

鈐有"聚星堂藏書"、"菫齋圖書"二印。（丙辰）

道書全集 存三十七種 二十冊

舊寫本。　前有萬曆辛卯古皖天柱山人全陽子丁應麟序，略言金陵
閣子鶴洲聚道教典籍，自金丹正理及黃庭寶籙文始等書共五十餘
種，鐫爲一篇，名道書全集云云。　目列後：

老子道德經注二卷張洪陽　道德經略解二卷郇陽邵嗣堯注解，淄川高珩序
　太上黃庭經注附五臟六腑圖說，梁丘子注　文始真經言外經旨抱一先生
門弟子希微子王夷受　宋寶祐二年王夷自序，又陳顯微序　金碧古文龍虎經注
疏三卷保義郎恩平郡王府指揮使王道注疏，太乙宮養素齋道士臣周真一印證。前
有周真一進書奏劄　周易參同契解三卷抱一子陳顯微宗道注解，紫霞山人海蟾
子編輯。端平改元鄭伯謙序　參同契集注南昌劉吳龍紹聞集註。雍正時人　陰
符經集注劉吳龍紹聞集註　陰符經註張洪陽註　太上老君說清淨經註李
道純註　太上赤文洞古經注龜山長荃子註　太上大通經注李道純註　太
上昇玄消灾護命妙經注修江混然子註　洞玄靈寶定觀經注　玉皇胎息
經注幻真先生注　無上玉皇心印經注宜春李簡易注　老子說五廚經注唐
京肅明觀尹愔注　崔公入藥鏡注修江混然子註　丘長春青天歌注修江混然
子註　入藥鏡注至一真人崔希範著，彭好古注　靈寶畢法三卷鍾離權著，呂嵒
傳　金穀歌註解　金丹四百字內外註解張平叔撰　金丹四百字解張平

叔撰,黃自如註　　金丹四百字注　　悟真篇附悟真篇真指詳説金丹法象
天台張伯端撰,翁葆光注　　還源篇石得之述,涵蟾子解　　還丹復命篇薛道光撰,
涵蟾子輯　　翠虛篇陳楠撰,涵蟾子輯　　指玄篇白玉蟾述,涵蟾子輯　　金丹大
成集蕭廷之述,涵蟾子輯　　玄學正宗二卷俞琰玉吾叟著　　譚子化書六卷譚
景昇撰　　規中指南陳虛白撰　　羣仙珠玉集四卷乾道二年谷神子陳得一序
羣仙要語二卷董漢醇編輯,弘治十七年馮夔序　　中和集七卷李道純撰,蔡志頤
編集　　（己未）

三子鬳齋口義十四卷 宋林希逸撰　明張四維補　老子二卷、列子二卷、莊子

十卷

明嘉靖信州守張士鎬刊本,十行二十二字,版心下方有"敬義堂刊"
四字。每卷首題"宋寶謨閣直學士主管玉局觀鬳齋林希逸注"二行、
"明吏部左侍郎兼翰林院學士鳳磐張四維校"二行,"鳳隅陳以朝次"
四行。　　後有正德戊寅南京國子監司業弋陽汪偉跋,言臨潁祭酒賈
公藏善偶諸生胡旻有活字印,因命摹之,以代抄寫云云。又嘉靖乙
酉貴溪江汝璧跋,言吾郡侯西潭張公以所藏活字本謀復梓之,公名
士鎬,字景周,西潭其號也云云。

按:據此,知三子口義正德時有胡旻活字本,印行者爲賈祭酒。顧活
字本生平不特未見,亦所未聞,目録記載均不之及,故著於此,以待
訪求。沅叔。（辛未）

黃帝陰符經解註三卷

明寫本。題南昌修江混然子王道淵註,有自序。（鑑古堂閱。戊午）

黃帝陰符經註二卷 金陵道人唐淳註

明寫本。　　有至大己丑濩澤孟綽然序。（鑑古堂閱。戊午）

黃帝陰符經集解三卷

明寫本,題"朝散郎行潭州長沙縣主簿袁淑真集解"。

右三種明藍格寫本,無直格。九行二十二字,版心刻有"道藏"二字。

封面均題"餘字號"。（鑑古堂閱。戊午）

陰符經解一卷 明石頭菴和尚如愚解

明刊本，九行十八字，海門伯闇周令聞梓。　前有自序，時萬曆庚
子，書於高淳講肆。（文友堂送閱。辛巳十二月）

老子道德經章句二卷 題漢河上公注　　　　　　△九六一六

宋建安虞氏家塾刊本，半葉十行，行十七字，細黑口，四周雙闌，版心
雙魚尾，上魚尾上記字數，下魚尾下記葉數，左闌外記篇名。版匡高
五寸六分，闊三寸七分。初印，尚見木紋。　目後隔二行有

"建安虞氏
刊於家塾"楷書二行。　南宋建本正宗。

鈐有王元美"貞元"、"季雅"諸印。（常熟瞿氏鐵琴銅劍樓藏，乙卯見于罟里。）

纂圖互注老子道德經二卷 題漢河上公注

元刊本，十一行二十一字，注雙行二十五字，黑口，左右雙闌，闌外有
耳。　前有龔士卨序草書。（癸丑）

纂圖互註老子道德經二卷 題漢河上公註

明刊本，十一行二十一字，注雙行二十五字，黑口，四周雙闌。互註
附每章注後，以陰文互注二字別之。　前景定改元龔士卨序，次道
德經序，次道德經篇目，次老氏聖紀圖及各圖。（丙辰）

音注老子道德經□卷 題漢河上公注

宋刊本，十行十八字，注雙行二十三字。細黑口，左右雙闌，右闌外
有耳記篇名。第二行題河上公章句第幾。　首葛玄序。有牌子，文
曰：

麻沙劉通判宅
刻梓於仰高堂

無收藏印記。

按：此書筆畫鋒稜峭厲，是建本正宗。又，凡書耳皆在左闌外，此獨
在右闌外爲異。（甲戌）

道德真經注一卷 <small>題眉山蘇轍注</small>

　　明棉紙藍格寫本，十行二十一字，注低一格二十字。鈐有"楊汝諧"、
"退谷"、"金望喬瘦仙父攷藏金石書籍書畫鈐記"。

　　中國書店寄來，余用萬曆二年刻本校過，改訂不多，惟注文補數行。
　　沅叔。（壬申十月）

老子注二卷 <small>宋蘇轍撰</small>　　　　　　　　△八三四八

　　明錢穀手寫本，十六行二十字，注大字低一格。鈐有"叔寶"白文印。
又有"文彥可"、"謝林邨氏珍藏書畫"各印。

　　按：余取校寶顏堂本，增改至八百餘字，可謂奇秘矣。（上海蟫隱廬書，
已收得。戊午）

道德真經註四卷 <small>宋蘇轍撰</small>　　　　　　　△五五五七

　　明存誠書館寫本，九行十六字，墨格，版心有"存誠書館"四字。注低
一格。　鈐有"橫秋館"、"徐康"、"集祥里人"、"山人讀書堂"各印。

　　按：此書羅君叔言所藏，余從之假校，遂以相貽。余以焦氏兩蘇經解
本校之，補脫文甚多，其分卷及卷中經注分合亦不同，當出二源。疑
此本源出舊刻，視焦本爲古，故勝異遠過於俗本也。沅叔。（羅叔言藏
書。己未）

道德經講義十二卷 <small>宋呂知常撰</small>

　　明宣德七年周思得刊本，十行十九字，注大字低一格，每句有圈，黑
口，四周雙闌。　前有宣德七年誥授履和養素崇教高士錢唐周思得
序，又淳熙十五年呂知常進書表。　題"宋左街鑒義主管教門公事
佑聖觀虛白齋高士呂知常撰進"。（戊午）

老子道德經古本集註直解二卷 <small>宋范應元撰</small>　　△一一三六一

　　宋刊本，題"前玉隆萬壽宮掌教南岳壽寧觀長講果山范應元集註直
解"。半葉十行，每行十七字，注大字低一格，白口，左右雙闌。版心
上記字數，下記葉數，作上幾下幾，再下記刊工姓名，有任、李、和、

唐、正、受、和等。宋諱貞、讓等字缺末筆。卷中采各家注,凡人姓名
皆陰文。　　有范應元後序。

鈐有"李氏藏書"、"冬涵閱過"朱、"錦帆涇上人家"朱、"陳汝言印"白回
文、"湯念舒氏"白、"劻義"朱、"沈彦忠氏"朱、"沈氏本藏書印"朱、"虛
白室道人"朱各印。後有繆荃孫、沈曾植、楊守敬、章鈺跋,錄後:

　　"書中引晦庵序參同契,是范應元在朱之後。今道藏不載是書,宋
　　諱亦不全避,然字畫紙墨爲宋刊宋印無疑。　　藝風。"

　　"此書道藏不收,焦氏老子翼採摭亦不及,真道家佚典矣。范應元
　　無可攷,褚伯秀南華義海所錄諸家有范無隱者,或卽此人,沈叔更
　　詳考之。乙盦。"

　　"此范應元道德經集註,不見著錄家,徵引韓非、司馬談、嚴遵、河
　　上公、郭雲、王弼、傅奕、唐玄宗諸本異同,可謂詳博,而獨未及景
　　龍石刻。其說解則只引司馬溫公、蘇子由兩家,則較焦氏老子翼
　　爲略。而焦氏亦未引其書,不第道藏本不收也,可謂秘笈矣。壬
　　子仲冬,宜都楊守敬記於上海寓廬,時年七十有四。"

　　"案范氏所據古本音辨外凡三十家,河上公、王弼、李若愚、張君
　　桐、楊孚、傅奕、孫登、嚴遵、蘇子由、應吉父、司馬溫公、淮南子、揚
　　雄、張玄靜、梁帝簡文、阮籍、馬誕、韓非、王誗、郭雲、陳碧、阮咸、
　　董遇、司馬談、陳韶、李奇、司馬遷、開元御注、梁王尚、張嗣是也。
　　又有稱爲西晉本下篇天下皆爲吾天下者,或有舊注,或稱引所及,皆所
　　取也。說解則爲傅奕、王弼、韓康伯、蘇子由、河上公、司馬溫公、
　　成玄英、陸德明、程伊川、司馬遷、韓非、王雱、張冲應十餘家,或闡
　　名理,或采訓釋,亦不盡拘此經本注,是道家言之實事求是者。從
　　沈叔傅君許叚讀,以鄰蘇所述未全,撮記於後。　　元默困頓除夕,
　　長洲章鈺同寓析津。"

按:此書徵引古本及音辨訓釋凡四十餘家,道藏失收,洵道家之逸典

也。沈乙盦曾植初見此本,告予曰:"卷中治大國如烹小鮮,此本作小鱗,注、小鱗者小魚也,其義新而確。又城中四大作人大道亦大,不作王字,於義亦長,盍詳校,宜有勝處。"後余以世德堂本校之,訂正數百字,茲舉其著者耳。傳世道德經宋槧善本蓋無踰於此矣。余得此書,迭經諸家考訂品題,然范氏踪迹均所未詳。後余偶閱莊子翼,則范氏適在焉。范字善甫,蜀之順慶人,蓋其人於老莊皆有著述,而此書久佚,故老子翼失采也。全書白麻紙濃墨印,無一補板。卷中有"陳汝言"、"陳惟允"二印,攷陳為元末吳中人,名汝言,字惟允,又字秋水,能文善畫,倜儻知兵,張士誠辟為太尉參謀,貴寵用事。據此,則為元以前印本無疑矣。　　此亦盛意園藏書,而最先散出,壬子三月余見於景樸孫許,託為購致,久而不諧,會國事紛紜,總理出走,都中驚動,樸孫乃召余急成原議。時余適以資用不給,僅獲此種,餘則多為友朋分携而去。

道德經注解二卷 元李道純注

明藍格寫本,十一行二十五字。首卷題:

"道經上篇　河上公分章注解　都梁清庵李道純分句注解"。

每章有信士某人奉等字一行,蓋助刊板之名也。(丁巳)

道德會元二卷 元李道純撰

明藍格寫本,十一行二十二字。題都梁清菴瑩蟾子李道純元素述。

前李道純序并序例。題下標"談三"二字,從道藏出。(天一閣佚書,丁巳歲見。)

老解二卷 明郭子章撰

明寫本,豫章郭子章集解,東粵謝正蒙校正,藍格十行二十二字。

明天一閣舊藏。(柳蓉春送閱。辛酉)

莊子南華真經十卷

明如禪室刊本,九行十八字,版心有"如禪室藏"四字。無注,有音。

題“王懋明校”一行。

南華真經注十卷 晉郭象注　　　△八三五○

宋刊本，半葉十行，行十五字，注雙行三十字，白口，左右雙闌，版心記刊工姓名，與鄂本建康實録有同者。書眉有南宋人批。（海源閣書，見于津門。）

南華真經注十卷 晉郭象撰

宋蜀中安仁趙諫議宅刊本，半葉九行，行十五字，注雙行三十字，白口，左右雙闌，版心魚尾下記“莊一”、“莊二”等字。每卷標題後次行頂格標篇名，三行低七格題“郭象注”，注後附音釋，極簡，似取陸氏釋文而節略之，別音之字別以白文。宋諱玄、殷、弘、讓、敬、匡、貞、完、構、慎皆爲字不成，是孝宗時刊本。版心下刊工姓名可辨者有毋成、張八、張小四、程小六、李珍、李上、趙順、小兹、又開、楊、鄧、彦、亮等一字。末卷有牌子二行，文曰：

```
安仁趙諫議宅
刊行一樣□子
```

“子”上一字刓去，當爲數目字，如四子、六子之類。

按：安仁爲臨邛郡屬縣名，即今之大邑也，惟趙諫議爲何人苦無明證。余嘗取與世德堂本對勘，改訂至夥，其異處多與涵芬樓之北宋本合。又世行本於天運篇中混入成玄英疏三十五字“夫至樂者……”至“太和萬物”，自宋末坊刻已然，而此本無之，是蜀刻源於古本審矣。（文禄堂送閲，辛巳歲暮收得。）

忠謨謹按：此書有長跋，收入藏園羣書題記三集卷四。

分章標題南華真經註十卷 晉郭象撰　唐陸德明音義　△八三五一

宋刊本，十三行二十三字，注雙行二十八字，白口，左右雙闌。版心上魚尾上記字數，左闌外上方標篇名，闌上標精要語數字或一二句，注後附音義，音義解釋之字別以白文。玄、慎、殷、弘、匡、恒字缺末筆,他諱亦間不避,是南宋末坊刻本。

藏印有:"甲"朱方、"宋本"朱橢圓、"毛晉印"白文甚粗　此印少見、"憙持"朱文水印　極古、"荷屋所得古刻善本"朱長方、"吳氏筠清館所藏書畫"朱、"粵人吳榮光印"白、"鄧于玉監藏經籍"朱長方。(乙丑歲暮翰文齋郭姓持來,似粵中黎氏書,收自孔氏嶽雪樓,索二千元,還以七百元,不售。後歸周叔弢。)

南華真經注十卷　晉郭象注

清袁廷檮校宋本。

> "顧二抱冲家藏宋刻莊子十卷,曾經勘閱,是明初人手筆,惜不署名氏,抱冲欲廣其傳,校於世德堂刊本。予向借臨,日校一卷,旬日而卒業。乾隆乙卯四月十日,吳郡袁廷檮識。"

鈐有陳鱣各藏印。(丙寅)

纂圖互注南華真經十卷　晉郭象註　唐陸德明音義

宋刊纂圖互注本,十一行二十一字,黑口,左右雙闌,左闌外記篇名,注雙行二十五字。宋諱慎字缺末筆。

鈐有季滄葦、朱氏潛采堂、遂初堂、顧竹泉各印。(于右任藏,癸亥十月李子東送來閱。)

按:是書就余所見有宋末、元、明初三本,版式悉同。元本江南圖書館及寶應劉啟瑞有之。明初本則流傳頗多,劉承幹氏嘉業堂、沈曾植氏海日樓及余家皆有藏本,坊市亦屢見之,不難致也。

纂圖互註南華真經十卷　晉郭象註　唐陸德明音義　存卷五至七

元刊本,十一行二十一字,黑口,左右雙闌,注雙行二十五字,左闌外記篇名。

鈐有"晉府書畫之印"、"姜氏圖書"朱文印。(寶應劉翰臣藏書。庚申)

纂圖互註南華真經十卷　晉郭象註　唐陸德明音義　缺第二卷

明初刊本,十一行二十一字,註雙行二十五字,黑口,四周雙闌。互註附註後,以陰文互註二字別之。前郭象序,次太極圖,次篇目。(余藏。）

纂圖互註南華真經十卷 晉郭象註　唐陸德明音義

明初刊本，十一行二十一字，註雙行二十五字。

沈子培藏書，號爲宋刻。（壬子見。）

莊子義十卷 宋呂惠卿撰　存卷二至五，均不完，計五十五葉

宋刊本，半葉十行，每行十七字，注雙行二十五字，白口，左右雙闌。

標題爲“呂觀文進莊子內篇義”。或外篇義。存卷二，第二十五、六兩葉，爲德充符篇。卷三，存第一葉，爲大宗師篇。卷四，存第一至二十六葉，爲駢拇馬蹄胠篋在宥各篇。卷五存第三至二十八葉，爲天地、天道、天運各篇。凡五十五葉。宋諱桓慎不避。

按是書題“呂觀文進”四字。考惠卿至紹聖中始加觀文殿大學士，而書實進于元豐七年，可知刻于紹聖以後。以字體雕工論，當是蜀中刊本。呂書傳世僅海源閣有壬辰重改證呂太尉經進莊子全解，楊氏跋謂爲南宋刻本，未獲寓目。其餘僅一二抄本，亦不知流轉何所。是書藏蘇聯亞細亞博物院，新寄影本貽北京圖書館，因得見之。（庚午夏閱。）

忠謨謹按：此書有跋，收入藏園羣書題記續集卷三。

莊子鬳齋口義十卷 宋林希逸撰

元刊本，十行二十一字，注低一格，黑口，左右雙闌。首行題“莊子鬳齋口義卷之一”，次行低七格題“鬳齋林希逸”，版心題“莊口義幾”。

卷首莊子鬳齋口義發題，次景定辛酉十一月己巳三衢徐霖景説跋，次目錄。　鈐有“秦氏家藏”、“瑟闇氏”、“廷珍之印”各印。（見于蟬隱廬。戊午）

莊子鬳齋口義十卷 宋林希逸撰

元刊本，十行二十一字，注大字低一格，黑口，左右雙闌，前有口義發題一篇。

按：此帙初印精湛，筆意勁健，頗似宋刊。（己巳）

文始真經言外經旨三卷　宋陳顯微撰

元刊本，十行十八字。　題關尹子第一希微子王夷受。（抱經樓藏。癸丑）

秘傳文始真經言外經旨一卷　宋陳顯微撰

明藏脩館刊本，九行二十字。　書內仍題關尹子。有寶祐二禩希微子王夷序，又抱一子陳顯微序，又劉向進書上言，又葛稚川後序。又有後序失名。（丙寅）

參同契全書三卷　題東漢會稽真人魏公伯陽撰文，東漢青州從事徐公景修箋註

明刊本，九行十八字。　首黃魯曾校正本書序，次一序不著姓氏，次凡例，次卦圖，次叙編，次註叙，次贊。（鑑古堂閱。戊午）

周易參同契三卷

明趙府味經堂刊本，八行十七字，版心有"趙府味經堂"五字。（戊午）

周易參同契發揮三卷釋疑一卷　元林屋山人全陽子俞琰述

明刊本，十二行二十三字，黑口單闌。首葉版心魚尾下有"嚴陵鄭本助刊"六字。有至大三年歲庚戌臘嗣天師張與材題序此書六行，後有木記，文曰："三十八代天師"
又至元甲申林屋山人全陽子俞琰玉吾自序，朝請郎秘書監兼尚書左右司阮登炳七十七歲序。（癸丑）

周易參同契發揮九卷　元俞琰撰

明寫本，棉紙藍格，十一行二十二字。每卷記"止一"、"止二"等字，亦從道藏本出。　題林屋山人全陽子俞琰述。前有至元甲申俞琰自序，又阮登炳序，天師張與材序。（戊午）

周易參同契釋疑一卷　題林屋山人全陽子俞琰述

明藍格寫本，十一行二十字。前有琰自序。標題下有"止十"二字，是從道藏本出者。（天一閣佚出書。庚午）

古文參同契三種

此明楊慎校刊本，八行十七字，白口，左右雙闌。版心下方記字數。

　前有嘉靖丙午楊愼序。

　據升菴序言,此參同契古文得於洪雅楊邛崍憲副,云南方有掘地得
　石函,中有古文參同契三篇,叙一篇,徐景休箋註三篇,後叙一篇,淳
　于叔通補遺三相類二篇,後叙一篇,合爲十一篇,蓋未經後人妄紊也
　云云。其言信否不可知,惟明代多喜僞撰古書,此或出於託名而升
　菴過信之耶! 第其書罕觀,行當收之,以備一格。(辛巳十一月)

列子□卷

　明羅彝鼎刊本,八行十八字,無注。音釋附每卷後。

冲虛至德真經注八卷 晉張湛注　　　　　　△九六一七

　宋刊本,半葉十四行,行二十六七字,注雙行三十一字,白口,左右雙
　闌,版心魚尾下題“列一”,下記葉數。　　鈐有明文氏玉蘭堂、王履
　吉、毛晉、清季振宜、徐乾學、黃丕烈、汪士鐘藏印。　　有黃丕烈、汪
　駿昌、葉昌熾手跋。(海虞瞿氏藏書,乙卯見于罟里。)

冲虛至德真經注八卷 晉張湛注

　宋刊本,版匡高六寸,寬四寸三分,半葉十行,每行十九字,注雙行二
　十三字,細黑口,左右雙闌,左闌外有耳記篇名末葉耳在右闌外。本書
　首行題書名,次行低二格題“列子”,又空四格題“張湛處度注”,下空
　四字,三行低二格題篇名。避宋諱至慎字止,廓字不避,乃光宗時
　刊,字體方峭,是建本正宗。(日本前田氏尊經閣藏書,己巳十一月十四日閱。)

冲虛至德真經注八卷 晉張湛注

　明初刊本,十一行二十一字,注雙行同,黑口,四周雙闌。　　前張湛
　序,次目錄。(余藏。)

冲虛至德真經注八卷 晉張湛注　存五卷

　明刊本,原題元刊。十一行二十一字,注雙行。(顧鶴逸藏,壬子歲見。)

冲虛至德真經注八卷 晉張湛注

　明顧春世德堂刊本,顧廣圻、袁廷檮校宋本,有跋:

"張湛注列子北宋槧本不坿釋文本在陳景元前也，蕘圃以重價購
之吳興賈人。抱經學士拾補中所區別間有未當者，得此正之。又
宋槧本有舊音，亦前所未聞也。綏階袁君以此本命校一過而藏于
六硯齋。　嘉慶丙辰十二月顧廣圻記。"

"甲子二月又借蕘圃校本覆勘一過，五硯主人記。"

"北宋本每半葉十四行，每行大廿六小卅一字。"（上海王培初送閱。丙
寅）

冲虛至德真經注八卷　晉張湛注

明顧春世德堂刊本。陳乃乾以顧抱冲之迻、盧弓父文弨校本彙錄其
上。（辛未二月見于上海。）

列子八卷　唐盧重元注　　　　　　　　　　李□一一

清秦恩復石研齋初刻軟字本。　有朱筆校字，卷末一行云："嘉慶甲
子春仲汪萊覆校"。所舉抄本即道藏本也。（李木齋先生遺書。辛巳）

冲虛至德真經解十八卷　宋江遹撰

傳鈔道藏本。題"宋杭州州學內舍生臣江遹進"。前摹有正統十年
御製頌牌子六行。　鈐有"菫齋圖書"、"聚星堂藏書"二印，蓋長白
敷槎氏藏書也。（余藏。）

列子鬳齋口義二卷　宋林希逸撰

宋刊本，半葉九行，每行十八字，注雙行同，細黑口，左右雙闌。版心
上記字數，下記刊工人名，有吳文、劉佑、順卿、上官，堅公、施万輝、
子和、王生、元吉、景仁、余明、詹軍諸人。宋諱貞、恒、桓、慎等字均
缺末筆。　前有劉向進書序，序後低一格則鬳齋所考記也。後有景
定壬戌知福清縣王庚序。

收藏鈐有"沙門如正"、"覺菴"、"項元汴印"、"墨林山人"，"子京父
印"、"就李項氏子長"諸印。內"如正"、"覺菴"二印甚古，疑元人也。

按：希逸字肅翁以寶謨直玉局觀，鬳齋其書室也。口義云者，謂其不

爲文,雜俚俗而直述之也。據王庚後序,盧齋撰三子口義,而列子成
書最後,脱藁以授庚。此本字體方整而峭厲,是建本正宗,爲庚所刻
無疑。元時刻本劉向序後卽連本文"天瑞第一",與此本異。明時有
正德、萬曆施觀民兩本,分卷并同,惟正統道藏本分爲八卷,然皆無
王庚後序。丙寅歲得於杭之道古堂書坊。

忠謨謹按:此書有跋,收入藏園羣書題記續集卷三。

文子續義十二卷 宋杜道堅撰釋音一卷　　　　△一〇一五七

清乾隆武英殿活字印聚珍版書本。盧文弨以道藏本、明武林梁杰本
校訂,又以老子淮南參校,行間朱墨密布如蠶,更鈔補續義所缺各卷
附入其中。據盧氏跋,爲乾隆四十八年。(邢贊亭之襄藏,乙亥二月觀。)

列仙傳二卷　題漢劉向撰續仙傳一卷唐沈汾撰

明嘉靖三十二年黃省曾刊本,十二行二十字。嘉靖甲午。

抱朴子内篇二十卷外篇五十卷 晉葛洪撰　　　　△二五一九

明嘉靖四十四年魯藩承訓書院刊本,九行二十字,版式陰陽葉各爲
方框,四周雙闌,版心刻抱朴子内篇卷一,以墨匡界之,下方亦一小
墨匡,刻葉數一二字及刊工名,版心書名上雙行題"承訓書院"四字。

前嘉靖乙丑歲仲秋朔大明六代孫魯藩務本健根序。

卷首有明官印數方:"行人司圖書記"朱、"行人司司正樊閬過書籍"楷
書墨記、"萬曆戊申春行人司查明"楷書朱記、"萬曆辛亥秋行人司查明"
楷書朱記。

抱朴子内篇二十卷 晉葛洪撰

明寫本,棉紙藍格,十行二十四至七字不等。各卷標"疲六"至"疲
八"、"守一"至"守十一"等字,從道藏本出。余以萬曆慎岑樓刊本校
之,慎本亦標"疲"、"守"等字,然改爲四卷,文字奪誤淆亂,乃不可爬
梳。明代又有盧舜治評萬曆二十七年翁天霽刊本,其脱誤與慎本
同。然此本文字亦頗有淆誤,如對俗一篇卽有錯簡四處。(天一閣佚

書,收于申江。)

忠謨謹按:此書有跋,收入藏園羣書題記初集卷四。

新鋟抱朴子內篇四卷外篇四卷　晉葛洪撰　盧舜治評　△二四三

明萬曆二十七年翁天霽刊本。每篇下記千字文文字號,是從道藏本出。(已收。壬子)

抱朴子內篇四卷外篇四卷　晉葛洪撰

明寫本,十一行十七字。從道藏本出。　鈐有"錢興祖印"、"孝脩"、"彭城"、"襄古堂錢孝脩圖書記"各朱文印。(葉定侯藏書,甲戌四月見。)

抱朴子外篇五十卷　晉葛洪撰　存卷一至二十九

明會稽鈕氏世學樓寫本,十行二十五字。　鈐有"會稽鈕氏世學樓圖籍"朱文方印,"虞山錢曾遵王藏書"朱文長方印。

按:此書余得之杭州述古齋李寶泉手,寶泉收于徽州金氏,下冊亦以析產歸於其弟,弟方爲巡警兵,書固未售去,但無暇檢出耳。(己未)

太上黃庭內景王經一卷　梁丘子註　缺外經

明萬曆刊本,八行二十字,魚尾上書"黃庭經註解",五字旁註,下書"秘密閣雕"。篆文旁注。萬曆熊應魁謹書。序末有"豐城熊高刻"五字。(癸丑)

亢倉子一卷　題何粲撰　明黃諫音釋

明成化、弘治間刊本,九行二十字,黑口。(癸丑)

玄真子外篇三卷　唐玄真子張志和撰

明藍格寫本,十行二十六字。題下有"甚八"二字,蓋自道藏本録出。(天一閣佚出之書。丁巳)

天隱子一卷　題上清十三代宗師唐天師貞一先生司馬承禎述

明藍格寫本,十行二十六字。(天一閣佚出之書。丁巳)

石藥爾雅二卷　唐梅彪撰　　　　　　　　△一一三六三

清初毛氏汲古閣精寫本,十行二十字,中縫下書"汲古閣"三字,白口,左右雙闕。　前元和丙戌梅彪序。　鈐有"毛晉"朱、"汲古主人"
朱、"虞山毛晉"朱、"子晉書印"朱、"汲古得脩綆"朱、"毛宬之印"朱、
"斧季"朱各印。

卷中夾有比人南懷仁一跋,洋紙,漢文,書與何義門者,稱何爲密斯
的何,殊爲罕見。知書曾歸何氏,然無印記。　此書爲吳君昌綬所
贈。(丙辰)

仙苑編珠三卷　唐天台山道士王松年撰

藍格寫本,十行二十一字,版心有"袁氏貞節堂鈔本"七字。每卷有
"惟四"、"惟五"、"惟六"等字,蓋從道藏本出也。(癸丑)

金丹詩訣二卷　題唐純陽真人呂巖洞賓撰　宋雲峰散人夏元鼎宗禹編

明刊本,九行十八字。　首黃魯曾序。　後附南嶽遇師本末。有嘉
定甲申夏元鼎識語。(鑑古堂閱。戊午)

金丹辯惑一卷　題柯山塾叟劉太初編　三一居士邵輔刪校

明刊本,九行十八字。　首黃魯曾序,後洪武甲子淡然子陶相後序。
按:此書與金丹詩訣二卷、參同契全書三卷均有黃魯曾序,舊有題簽
曰:"黃選玉樞秘旨。"(戊午歲鑑古堂閱。)

太乙金鑰匙續集　陳希夷撰

明寫本,版心有"說劍山房"四字。　鈐有"王靖廷鈔書之印"、"太原
仲子臣恭"、"壽椿堂王氏家藏"各印。(徐坊遺書。癸亥)

宋真宗御製玉京集六卷

舊寫本,九行二十字。　卷中皆上玉皇、三清、天尊、大帝及歷代帝
后表文,大率緣事陳謝,亦青詞之屬也。疑當時道家所流傳,然查考
道藏中竟未收,亦僅見之秘笈矣。

鈐有"南昌彭氏"、"知聖道齋藏書"、"遇者善讀"三印,又有"朱學勤
印"、"修伯"二印。(徐梧生遺書。庚午)

雲笈七籤一百二十二卷　宋張君房撰　存卷一至十,五十一至六十,一百十四

至一百二十二,計二十九卷　　　　　　　　　△一一三六四

　明初寫本,墨格,十行二十一字。内壩城集仙録、道教靈驗記二種完全。(白堅函送來看,亦内閣大庫散出者也。已收。壬戌)

雲笈七籤一百二十二卷　宋張君房撰

　明會稽鈕氏世學樓寫本,十行二十四字,棉紙,中縫寬展,上有橫闌。每卷鈐有"會稽鈕氏世學樓圖籍"朱文印,與余所藏鈕氏寫本抱朴子正同。(山東徐季孺藏書,己巳二月收得。)

　忠謨謹按:此書有跋,收入藏園羣書題記初集卷四。

悟真篇三註三卷

　明刊本,十行二十字,黑口,四周雙闌。

　題"紫陽真人張伯端撰""紫賢真人薛道光註""子野真人陸墅註""紫霄上陽子陳致虛註"。(吳估柳蓉春處見。乙卯)

廬山太平興國宮採訪真君事實八卷　宋葉義問輯

　明刊本,十行二十字,黑口雙闌。　有紹興二十四年中元左朝奉郎通判江州軍州事兼管内勸農營田事賜緋魚袋葉義問序。(癸丑)

析疑指迷論一卷　神峯逍遥大師著　有大德三年中秋前三日冲漠道人王道亨序
　大德戊戌汝南劉道真跋

脩真精義雜論一卷　天台白雲子述

破迷正道歌一卷　正陽真人鍾離述

進道詩　太玄朗然子　宋端拱戊子自序　下題"芥二"

了明篇　與前書同篇　宋先生述　乾道四年三衢毛日新序

明道篇　王景陰撰　大德甲辰松江景陽子王惟一序

清微丹訣一卷　題"芥八"

真仙秘傳大侯法　題"芥四"

　以上八種,明藍格寫本,九行二十三字,板心有"道藏"二字。　相其字迹當是嘉靖以前寫本也。(丁巳)

席上輔談上下卷 元林屋山人俞琰玉吾撰　　　　△八三五四

明寫本，十行十七字。　　諸家跋録後：

"丁未冬至後五日陸淇青持贈，手校一過，緣爲不識字家人所抄，中多訛誤，不能盡正也。耿菴。""席上腐談二卷校勘無訛，此帙性夫先生藏本，幸俞約齋轉假與余録完也。時弘治十八年新春正月廿一日吳郡竹野山人沈文謹誌。"

"玉吾余友也，讀易彈琹，晚學内外丹訣，自謂得道。余嘗從其借手抄丹經，服其收拾浩瀚，復以所注易會要集説示余，方欲刻梓而告逝焉。有子不能繼其業，則其書皆泯没之。今觀此集，蓋欲發其平生所聞、所讀、所得、所行者也。嘗聞東坡亦留意于方外學，具載于本集中，有所得必報子由，見于尺牘中，所謂紅爐上一點雪者，宜土苴耳。故予嘗曰，此坡老學道鼻孔于此敗闕，今又于玉吾此書見其敗闕，與東坡同一鼻孔。夜半讀至此不覺大笑，婦輩睡皆驚起怪問，于是吹燈就枕。明日欲作一書，曰"枕邊孚語"，與之作對，未暇，姑識之，俟予書成併序焉。商丘老人宋无志。　　後有"常熟周異繕寫"一行。

"石澗先生註易外，別有席上腐談、書齋夜話。其諸易説既自有刻，此編特手筆存于家。黃岩林公守郡時持之而去，其家別無副本，至今吳中失其傳矣。庚戌秋，與海寧董子壬會于吳門，偶談家有是書，又恐其名之偶同，故致詰其所自，云是黃岩人傳録耳，遂爲之信。既與子壬別，欲走一价詣子壬，而相去三百里之遠，奈何！今年五月冒暑訪子壬，值橫潦之際，孤航渺然，水天相接，又復滯雨窮途，坐蓬窗之下，兀然無聊者累日。雨霽得抵子壬所，首以腐談爲懇，而子壬之藏已失去，遂同過祝秋官處，轉爲假之歸。幸此書又復來吳中，斯文不絶僅如一線耳。備書所自，示吾同志，念吾涉歷之艱，好書不易得耳。六月一日艤舟金粟寺午炊後書。

　　野航子朱存理性父識。"

"舊見俞氏家集云腐談四卷，今止二卷，卷後有宋无志跋，蓋全書
也。今本曰輔談者，恐後世易此字，非以音相近而致訛也。尚有
書齋夜話，俟博訪云。葑溪野航子又題。"

"道光癸未秋七月余病暑初愈，復理冷淡生活，故古書亦復喜寓
目。中澣二日，余不在家，有持書三種相示者，未之留，兒輩述其
名，中有席上輔談，係金俊明跋本。此書檢所見古書錄尚無有，越
日往視，卽試飲堂顧氏書也，是昔年見過者。賈人亦含糊答應，總
以名人手迹存，需直昂，較余向爲顧氏直佑數且十倍之。思還之，
而意猶眷戀。賈人亦曉余重視此書，又憐余無錢買書之病，許以
余重出書相易，卒留案頭。繙閱一過，中多論煉金丹事，蓋玉吾曾
究心于參同契，有著述，故于丹事頗詳。又男女陰陽先後感應之
説，取三谷子金丹百問及雲間儲華谷袪疑説，不取儲氏遺書説，似
爲有據，可爲求嗣者法。又查先生一條是姑蘇人，可入府志雜記
門，并曉近時查先生巷名所自來。因略舉有稗于多學而識者表出
之，俾知此書所由重也。　　七月既望秋清逸叟識時年六十有一
歲。"

按：此蕘夫跋也，署名秋清逸叟，在卷前。卷後尚有蕘夫一跋，見繆
刻題跋，不更錄。　　本書六十一番，題跋三番。　　沅叔。（戊辰歲收
得。）

忠謨謹按：此書有跋，收入藏園羣書題記續集卷三。

三經同卷

太上大通經注都梁參學清菴瑩蟾子李道純注

太上赤文洞古經注龜山長鑒子注

無上赤文洞古真經注都梁參學清菴瑩蟾子李道純注

明藍格寫本，十一行二十二字。題下標藏字。（天一閣佚出之書。丁巳）

武當福地總真集三卷 元林下洞陽道人劉道明集

明寫本,棉紙藍格,十一行二十字。每卷記"不一"、"不二"、"不三"
等字,蓋從道藏本鈔出也。　前有至元辛卯劉道明序。　與武當紀
勝集一卷合裝一冊。(戊午)

武當紀勝集一卷 雲興路雲麓樵翁羅霆震譔

明寫本,棉紙藍格,十一行二十字。卷首記"不四"二字,蓋從道藏本
鈔出也。　與武當福地總真集三卷合裝一冊。(戊午)

歷世真仙體道通鑑 存卷三十四、三十六兩卷

元刊本,十二行二十二字,黑口,左右雙闌,版心上間記字數。(涵芬樓
藏書。己未)

歷世真仙體道通鑑前集三十六卷 趙道一編修　缺卷二十四至三十三

明寫本,九行十八字。　題浮雲山聖壽萬年宮道士小兆臣趙道一編
修。前有編例七條,有玉真子跋,錄後:

> "余酷好道書,昨過遵王先生齋中,見此書,乃吾儒之列傳也,據云
> 尚有後集六卷,遺失無存,遂舉以相贈,足見良友之遺愛也。　玉
> 真子跋。"

鈐有"陸簡"、"佑之"、"曾藏汪閬源家"各印。(甲子)

玄品錄五卷 元張雨撰

題"句曲外史吳郡海昌張天雨集"。舊寫本,九行二十字。　前有乙
亥天雨序。記自古道士自周至宋若干人,分道德品、道品、道權、道
化、道儒、道術、道隱、道言、道默、道質、道華各類。其人皆取之諸史
傳記。(丙子)

金丹大成集五卷 題紫虛了真子蕭廷芝元瑞述

明嘉靖四十二年蜀府西清書院刊本,十一行二十字。卷末有大字二
行,文曰:

> "嘉靖癸亥仲夏吉旦

蜀府重刊於西清書院"（癸亥十月見于上海古書流通處。）

景祐太乙福應經十卷　明楊維德撰

明寫本，版心有"説劍山房"四字。　有序，稱奉旨撰集。　鈐有"王靖廷鈔書之印"。（臨清徐梧生坊遺書。癸亥）

至游子二卷　撰人未詳

明刊本，九行十七字，白口，雙闌。有嘉靖丙寅姚汝循序。（故宮藏書，丁卯七月見。）

火經一卷　清李惇裕著

清寫本。前有乾隆甲戌太清閒人李惇裕自序。全書分原本、宗元等八十一篇，亦道家流也。（胡安甫送閲。丁巳）

藏園羣書經眼録卷十一

子　部　五

叢　書　類

儒學警悟七集四十一卷 <small>宋俞鼎孫、俞經輯</small>

明寫本。末有"嘉靖壬辰季春吉菴王良棟録藏"題記。目列後：

石林燕語辨十卷<small>宋汪應辰聖錫辨正</small>

演繁露六卷<small>宋程大昌撰</small>

嬾真子五卷<small>宋馬永卿撰</small>

攷古編十卷<small>宋程大昌撰</small>

捫蝨新話八卷<small>宋陳善撰　上下集各四卷</small>

螢雪叢説二卷<small>宋俞成撰　（盛伯羲遺書。壬子）</small>

百川學海一百七十九卷 <small>宋左圭輯</small>

宋刊本，版匡高五寸六分半，寬四寸三分。半葉十二行，每行二十字，細黑口，左右雙闌。　前有昭陽作噩古郯山人左珪禹錫序，蓋卽咸淳九年癸酉也。　有狩谷望之手跋。　原缺五册，依華本鈔補，約計十餘種，余曾鈔有缺目，回國後失去，容覆查再補録焉。

按：此書余藏有宋刊本，正與此同，原缺九種，曾與陶君蘭泉合貲影摹刊行。原書出東陵行宮，緣失去首册序目，故一依明弘治十四年華珵刊本補之。今獲觀寮本，序目幸完好如故，取以核對，則全書自甲至癸，每集目録次第視通行本既不相符，卽華本亦全然錯誤。如甲集華本首聖門事業圖，終刊誤，凡八種。宋本則首爲鍾輅前定録，終石湖梅譜，凡十種。蓋宋本每集十種，不似華本之多寡不同。每集中如雜記、詩話、小説、譜録等咸具，不似華本之每集以類相從。前因未見宋本，因襲華本而爲之，不知其訛謬以至此也。爰請于寮官，影攝宋本序文目録以歸，重付手民，並將全書次第按目改定，以志余疏漏之過焉。此亦東游快慰事也。

宋本十集目録列下：

"百川學海標目_{頂格}

　甲集_{低一格}

　　　鍾輅前定録_{低二格，下同}　　馬氏古今註

　　　庚溪詩話　　　　　　陳録善誘文

　　　釋常談　　　　　　　思陵翰墨志

　　　楊彦瞻九經韻補　　　吕居仁官箴

　　　趙元素鷄肋　　　　　石湖梅譜

　乙集

　　　李國紀厚德録　　　　河東先生龍城録

　　　竹坡詩話　　　　　　王文正公遺事

　　　胡太初畫簾緒論　　　曹陶齋法帖譜系

　　　李肇翰林志　　　　　陸鴻漸茶經

　　　竇子野酒譜　　　　　戴慶豫竹譜

　丙集

　　　東坡志林　　　　　　晁氏客語

　　　許彦周詩話　　　　　胡國器耕禄稿

　　　李國紀聖門事業圖　　孫過庭書譜

　戴氏鼠璞　　　　　　　歐公試筆
　開天傳信記　　　　　　石湖菊譜
丁集
　燕翼詒謀録　　　　　　子俞子螢雪叢説
　後山詩話　　　　　　　孫君孚談圃
　朱或可談　　　　　　　堯章續書譜
　謝伋四六談塵　　　　　歐公牡丹記
　洪芻香譜　　　　　　　史老圃菊譜
戊集
　濟南師友談記　　　　　劉賓客因論
　温公詩話　　　　　　　李東谷所見
　宋敏求退朝録　　　　　黃伯思法帖刊誤
　儲華谷袪疑説　　　　　李涪刊誤
　東溪試茶録　　　　　　劉蒙菊譜
己集
　周益公玉堂雜記　　　　蔡邕獨斷
　珊瑚鈎詩話　　　　　　王文正公筆録
　王君玉國老談苑　　　　元章書史
　張又新煎茶水記　　　　陳仁玉菌譜
　贊寧笋譜　　　　　　　本心蔬食譜
庚集
　蘇黃門龍川略志　　　　王公四六話
　貢父詩話　　　　　　　梅屋獻醜集
　顏師古隨遺録　　　　　書斷
　洞天福地記　　　　　　元章硯史
　陶隱居刀劍録　　　　　陳思海棠譜

辛集

疎寮子略　　　　　宋景文公筆記

東萊詩話　　　　　康節漁樵對問

疏寮選詩句圖　　　寶章待訪錄

南方草木狀　　　　恠山蟹譜

洪景伯歙硯譜　　　蔡君謨茶錄

壬集

疎寮騷略　　　　　韓忠獻公遺事

石林詩話　　　　　誠齋揮麈錄

文房四友除授集　　法帖釋文

師曠禽經　　　　　韓彥直橘錄

端硯譜　　　　　　牡丹榮辱志

癸集

學齋佔畢　　　　　欒城遺言

六一詩話　　　　　西疇常言

道山清話　　　　　海岳名言

丁晉公錄談　　　　蔡君謨荔支譜

王觀芍藥譜　　　　硯譜"

後隔二行有白文牌子，文曰："後集見刊"。

據木記始知當時尚有後集，爲各家目錄所不載，亦異聞也。（日本帝室
圖書寮藏書，己巳十一月十一日觀。）

百川學海一百種一百七十九卷 宋左圭輯　存十八種

宋刊本，十二行二十字，細黑口，左右雙闌，版心上方記字數，下方記
刊工人名。

鈐有"宋本"橢圓印及"季振宜讀書"小印。存者列後：

高宗皇帝御製翰墨志一卷

第一葉第十行第十九字"密"字，明本爲墨釘。

譜系雜説二卷

　　前有淳祐乙巳仲春日在端午陶齋曹士冕序一葉，又譜系圖一葉，
　　爲明本所無。後有東湖史董跋五行，又景定壬戌五月跋十一行，
　　亦明本所無。

續書譜一卷

　　前有景定戊辰天台謝采伯元若引，明本已失。

法帖刊誤二卷。

　　前有目録一葉，爲明本所無。　　鈐有"玉蘭堂印"。

米元章書史一卷

厚德録四卷

韓忠獻遺事一卷

王文正公筆録一卷

王文正公遺事一卷

國老談苑二卷

宋朝燕翼詒謀録五卷

　　目録四葉，明本已無。

硯史一卷

硯譜一卷

　　有目一葉，明本無。

端溪硯譜一卷

歙州硯譜一卷

歙硯説一卷

辨歙石説一卷

文房四友除授集一卷（庚申）

百川學海一百種一百七十九卷　宋左圭輯　存九種

　　宋刊本，十二行二十字，細黑口，左右雙闌，版心上方記字數，下方記

人名。　　每卷有錢遵王、季滄葦藏印。存卷列後：

中華古今注三卷<small>存宋刊七葉，餘影寫補完</small>

古今刀劍録一卷<small>影寫宋刊本</small>

海棠譜三卷

筍譜一卷

書斷列傳三卷<small>第一卷抄配</small>

六一居士詩話一卷

宋景文筆記三卷

西疇老人常言一卷

道山清話一卷<small>（辛酉二月朔見于蔣孟蘋家。）</small>

百川學海一百七十九卷 <small>宋左圭輯　存四種</small>

宋刊本，半葉十二行，行二十字，細黑口，左右雙闌，版心魚尾上方記字數。存卷列後：

王文正公筆録一卷<small>宋王曾撰十二葉</small>

國老談苑二卷<small>宋王君玉撰卷一計九葉，卷二計八葉</small>

丁晉公談録一卷<small>十六葉</small>

欒城先生遺言一卷<small>宋蘇籀撰　十一葉</small>

鈐有"宋本"、"季振宜讀書"二印。<small>（袁寒雲克文氏藏，乙卯歲見。）</small>

又鄧孝先邦述所藏刊誤、李木齋<small>盛鐸</small>所藏學齋佔畢與此同。

百川學海一百種一百七十九卷 <small>宋左圭編　　　　　△二九四四</small>

明弘治十四年華珵刊本，十二行二十字。　　前左圭序，次標目，以十干分爲十集。子目列後：

甲集

李國紀聖門事業圖一卷<small>宋李元綱</small>　　康節漁樵問對一卷<small>宋邵雍</small>

學齋佔畢四卷<small>宋史繩祖</small>　　　　　蔡邕獨斷二卷<small>漢蔡邕</small>

李涪刊誤二卷<small>唐李涪</small>　　　　　楊彦瞻九經韵補一卷<small>宋楊伯嵒</small>

中華古今注三卷後唐馬縞　　　　釋常談三卷

乙集

顏師古隨遺錄二卷唐顏師古　　　李肇翰林志一卷唐李肇

宋朝燕翼貽謀錄五卷宋王栐　　　宋敏求春明退朝錄三卷宋宋敏求

周益公玉堂雜記三卷宋周必大　　誠齋揮麈錄二卷題宋楊萬里

丁晉公談錄一卷　　　　　　　　王文正公筆錄一卷宋王曾

開天傳信記一卷唐鄭棨

丙集

李國紀厚德錄四卷宋李元綱　　　韓忠獻公遺事一卷宋強至

王文正公遺事一卷宋王素　　　　濟南師友談記一卷宋李廌

朱彧可談一卷宋朱彧　　　　　　河東先生龍城錄二卷唐柳宗元

唐前定錄一卷唐鍾輅　　　　　　王君玉國老談苑二卷宋王君玉

晁氏客語一卷宋晁說之　　　　　道山清話一卷

丁集

胡太初晝簾緒論一卷宋胡太初　　呂居仁官箴一卷宋呂居仁

儲華谷袪疑說一卷宋儲詠　　　　劉賓客因論一卷唐劉禹錫

宋景文公筆記三卷宋宋祁　　　　戴氏鼠璞一卷宋戴埴

陳錄善誘文一卷

戊集

東坡志林一卷宋蘇軾　　　　　　子俞子螢雪叢說二卷宋俞成

蘇黃門龍川略志十卷宋蘇轍　　　西疇常言一卷宋何坦

欒城遺言一卷宋蘇籀　　　　　　李東谷所見一卷宋李之彥

趙元素雞肋一卷宋趙崇絢　　　　孫君孚談圃三卷宋劉延世

己集

王公四六話二卷宋王銍　　　　　謝伋四六談麈一卷宋謝伋

文房四友除授集一卷　　　　　　胡國器畊祿藁一卷宋胡錡

疏寮子略四卷_{宋高似孫}　　疏寮騷略三卷_{宋高似孫}

梅屋獻醜集一卷_{宋許棐}

庚集

疏寮選詩句圖一卷_{宋高似孫}　　石林詩話三卷_{宋葉夢得}

六一詩話一卷_{宋歐陽修}　　東萊詩話一卷_{宋呂本中}

珊瑚鈎詩話三卷_{宋張表臣}　　劉貢父詩話一卷_{宋劉攽}

後山詩話一卷_{宋陳師道}　　許彥周詩話一卷_{宋許顗}

溫公詩話一卷_{宋司馬光}　　庚溪詩話二卷_{宋陳巖肖}

竹坡詩話三卷_{宋周紫芝}

辛集

法帖釋文十卷_{宋劉次莊}　　海嶽名言一卷_{宋米芾}

寶章待訪錄一卷_{宋米芾}　　元章書史一卷_{宋米芾}

書斷四卷_{唐張懷瓘}　　堯章續書譜一卷_{宋姜夔}

歐公試筆一卷_{宋歐陽修}　　孫過庭書譜一卷_{唐孫過庭}

黃伯思法帖刊誤二卷_{宋黃伯思}　　思陵翰墨志一卷_{宋高宗趙構}

曹陶齋譜系雜說二卷_{宋曹士冕}

壬集

端硯譜一卷　　硯譜一卷

洪景伯歙硯譜一卷　　元章硯史一卷_{宋米芾}

陶隱居刀劍錄一卷_{梁陶宏景}　　洪芻香譜二卷_{宋洪芻}

陸鴻漸茶經三卷_{唐陸羽}　　張又新煎茶水記一卷_{唐張又新}

蔡君謨茶錄一卷_{宋蔡襄}　　東溪試茶錄一卷_{宋宋子安}

竇子野酒譜一卷_{宋竇苹}　　本心齋疏食譜一卷_{宋陳達叟}

贊甯筍譜一卷_{宋釋贊寧}　　陳仁玉菌譜一卷_{宋陳仁玉}

怪山蟹譜二卷_{宋傅肱}

癸集

荔枝譜一卷_{宋蔡襄}　　　　橘録三卷_{宋韓彥直}

南方草木狀三卷_{晉嵇含}　　　竹譜一卷_{晉戴凱之}

菊譜一卷_{宋范成大}　　　　菊譜一卷_{宋劉蒙}

菊譜一卷_{宋史正志}　　　　梅譜一卷_{宋范成大}

洛陽牡丹記一卷_{宋歐陽修}　牡丹榮辱志一卷_{宋丘璿}

揚州芍藥譜一卷_{宋王觀}　　海棠譜三卷_{宋陳思}

師曠禽經一卷_{周師曠撰　晉張華註} 名山洞天福地記一卷_{五代杜光庭}

按：據目乃弘治十四年無錫華汝德珵重雕者。今此本失去華序，卷中
已有嘉靖補板，用明官紙印，乃嘉興府糧册，内有崇德縣，今已省併
矣。此本舊爲清怡府明善堂藏書，後歸盛昱，壬子盛氏書散，余獲之
廠市。

百川學海一百種一百七十九卷 _{宋左圭輯　辛壬集缺數種}

明弘治十四年華埕刊本，十二行二十字，白口，雙闌。　前有弘治十
四年辛酉錢福重刊序。有沈氏題記：

"嘉靖二十五年丙午，見心沈陽收藏"。

"萬曆己卯秋日沈漸隆收藏"。

"竊謂古書聚散亦自有數，余于此書三易其主，同出一姓，是亦奇
事也。其初出于長沙憲副沈杰家，既而流于栞川侍御沈陽家，今
入余手已經四十餘年矣。不知自此而後更屬于何人也。聚散無
常，因是書而興慨焉！時萬曆己卯秋日沈漸隆誌。"

"此書三易主同出一姓，事固奇矣，至第四次又歸于澥關沈泰鴻
家，益可異焉！探穴環、延津劍，信哉！　萬曆甲辰春張鳳翰記。"

"嘗考是書刻于宋，湮没于元，復鑄于我　朝明弘治間，復遭回禄
于嘉靖初年，坊間更無翻刻。是以求之者若渴而不獲一覩也。一
日偶謁台峰沈文學于泗州讀書處，得一見焉，大慰平生之望云。
嘉靖三十八年己未冬日，太原王問臣誌。"

鈐有"沈陽"、"沈大鼇印"、"沈氏明□"、"沈漸隆印"、"青遠"、"白雲山人"、此二印爲張氏印。"王正叔"各印記。（癸酉）

百川學海二十卷　宋左圭編

明嘉靖十五年丙申莆田鄭氏刊本，十四行二十八字。

按：此書改易左氏原書，分爲二十卷，友人陶蘭泉湘曾藏一本，目後有牌子。陸氏得此百種，誤認宋刊，題名爲酹宋，然未免已輸了春風一半矣。（日本静嘉堂文庫藏書，己巳十一月十三日閱。）

百川學海三十二册　宋左圭編　存四十一種，六十七卷

明寫本，九行二十字。

卷首有"翰林院印"，又"乾隆三十八年四月兩淮鹽政李質穎送到馬裕家藏百川學海一部，計書叁拾貳本"朱記一方。每册鈐有"詩龕書畫"印。

存目列後：

九經韻補一卷　官箴一卷　雞肋一卷　梅譜一卷　河東先生龍城錄二卷　竹坡老人詩話三卷　文正王公遺事一卷　厚德錄四卷　子略四卷目一卷　宋景文公筆記三卷　東萊吕紫微詩話一卷　國老談苑二卷　欒城先生遺言一卷　六一居士詩話一卷　善誘文一卷　米元章書史一卷　學齋佔畢四卷　螢雪叢説二卷　後山居士詩話一卷　釋常談三卷　高宗皇帝御製翰墨志一卷　中華古今注三卷　前定錄一卷續一卷　西疇老人常言一卷　道山清話一卷　庚溪詩話二卷　漁樵對問一卷　選詩句圖一卷　寶章待訪錄一卷　南方草木狀三卷　蟹譜二卷　歙州硯譜一卷　海岳名言一卷　丁晉公談錄一卷　荔枝譜一卷　揚州芍藥譜一卷　硯譜一卷　煎茶水記一卷　菌譜一卷　笋譜一卷　本心齋疏食譜一卷（己未）

翰苑叢鈔二十卷

明藍格寫本，十一行二十一字。　鈐有法梧門、方功惠藏印。

卷一宋朝燕翼詒謀錄　卷二同　卷三螢雪叢說、後山詩話　卷四王文正公遺事　卷五畫簾緒論卷六譜系雜說　卷七翰林志、茶經　卷八酒譜、竹譜　卷九師友談紀　卷十因論、溫公詩話　卷十一東谷所見　卷十二春明退朝錄　卷十三東坡志林　卷十四晁氏客語　卷十五許彥周詩話　卷十六耕祿稿　卷十七厚德錄　卷十八厚德錄、龍城錄　卷十九龍城錄、竹坡詩話　卷二十竹坡詩話

按：以上各種皆百川學海中所收，疑明人從全部中鈔出而別命此名耳。（聚珍堂取閱，索百元。庚申）

説郛三十五帙　明陶宗儀輯　存二十四帙，六十九卷

明寫本，棉紙闊大，分甲乙，共三十五帙，現存六十九卷二十四帙。

有陸□□跋，謂説郛百卷未卒業，後人必欲湊足百卷，便續貂矣。據此則當年真本無出茲編外耳。（盧氏抱經樓藏。癸丑）

説郛一百卷　明陶宗儀輯

明寫本，四種合成：

叢書堂寫本十行二十字，墨格，版心有"叢書堂"三字。存卷一至二十五，共二十五卷。

弘農楊氏寫本十一行二十三四字，藍格，版心有"弘農楊氏"四字。存卷二十六至三十，九十六至一百，共十卷。

弘治十八年寫本十三行二十五字，墨格，板心刻"説郛"二字。卷六十二蘭亭博議後有"弘治十八年三月錄畢"一行。存卷三十一至六十七，七十一至九十五，共六十二卷。

明寫本十三行二十四字，墨格，上空兩格。　存卷六十八至七十。

通行本一百廿卷乃順治時陶珽所編，此百卷本與提要所稱楊維楨、孫作之言合，雖非宗儀原編，然決為明以來相傳之舊本矣。目列後：

卷一：經子法語

卷二：三墳書　伏生尚書　尚書大傳　尚書璇璣鈐　孝經援神契　孝經緯　禮含文嘉　詩含神霧　易飛候　京房易傳　五經通義

五經要義　春秋漢含孳　春秋考異邦　春秋説題　春秋繁露　春秋運斗樞　春秋元命苞　春秋感精圖符　春秋潛潭巴　春秋緯　春秋符　吳越春秋　晉陽秋　齊春秋　九州春秋　晏子春秋　朝野僉載　江隣幾雜志　隱窟雜志　梁溪漫志　博物志　續博物志　劇談錄　東皐雜錄　澠水燕談錄　北户錄

卷三：談壘五卷，疑下所列皆談壘所采記也。明皇雜錄　樂府雜錄　談錄賈黃中　幽明錄　紀異錄　稽神錄　該聞錄李畋　聞見錄　見聞錄　異聞錄　使遼錄　談賓錄　談錄　雲齋廣錄　松窗雜錄　幙府燕閒錄　北山錄　江南錄　江南別錄　江南野錄　三輔決錄　漢湘錄　會稽典錄　吳錄　靈怪錄　吉凶影響錄　樹萱樹　三朝聖政錄　集古目錄　韓忠獻別錄　四朝聞見錄　吳曾漫錄　實賓錄　吳聞錄　隨隱漫錄　紹陶錄　古杭夢游錄

卷四：墨娥漫錄自風土記以下至洽聞記數十種，疑皆漫錄所收也。東觀奏記　青箱雜記　老學庵筆記　仇池筆記　封氏聞見記

卷五：三夢記　宋景文筆記　朝野雜記　西齋話記　松窗雜錄　老學庵續筆記　古杭雜記　暇日記　洛陽伽藍記

卷六：玉澗雜書　野客叢書　貴耳集

卷七：諸傳摘玄：神仙傳　續仙傳　列仙傳　仙傳拾遺　王氏神仙傳　高士傳　高道傳　高僧傳　孝子傳　名臣傳　烈士傳　益都耆舊傳　長沙耆舊傳　陳留耆舊傳　汝南先賢傳　廣州先賢傳　陳留風俗傳　扶南傳　杜蘭香別傳　漢武内傳　楊妃外傳　鄡侯家傳　韓詩外傳　軒渠錄以上所列皆諸傳摘玄所收。　戎幕閒談　牧豎閑談　雞林類事　豹隱紀談　夢溪筆談　佩楚軒客談　桂苑叢談　葦杭紀談　錢塘遺事

卷八：緯略　捫蝨新話　玉壺清話　乙卯避暑錄話　明道雜志　松漠紀聞　兼明書　虜庭事實　抱朴子　志雅堂雜鈔

卷九：感應經　賈氏談録　中朝故事　步里客談　吹劍録　聞見録　西溪叢語　娛書堂詩話　嬾真子録　冷齋夜話　涑水紀聞　該聞録　緗素雜記　鑑誡録

卷十：事始三卷,計二冊

卷十一：玉泉子真録　金華子雜録　燈下閑談　清尊録　意林六卷

卷十二：悦生堂隨鈔　野雪鍛排雜説　東軒筆録　教坊記　北里志

卷十三：雜論　雜言　洞天清禄集此是全書,讀畫齋刊之

卷十四：就月録　茅亭客話　聞譚録　卻掃編　倦游雜録　稽神録　游宦紀聞　芥隱筆記　楚史檮杌　幕府燕閒録　博異志只一條

卷十五：因話録　幽怪録　續幽怪録　泊宅編　相鶴經　相貝經　土牛經　質龜論　養魚經　禽經　別國洞冥記　廣知

卷十六：三器圖義　雲林石譜二卷　宣和石譜　漁陽公石譜

卷十七：希通録　野人閑話　愛日齋叢鈔

卷十八：坦齋筆衡　負暄雜録

卷十九：打馬圖經　遂昌雜録　忘懷録　因話録　甘澤謠　鐵圍山叢談　中吳紀聞

卷二十：浩然齋意鈔　浩然齋視聽鈔　視聽鈔　儒林公議　行都紀事　西京雜記　南唐近事　述異記　洛中紀異録　讀書愚見　幽閒鼓吹此中有天隱子文　植跋簡談　葆光録　松陰舊話　琵琶録

卷二十一：隋唐嘉話　劉賓客嘉話録　天隱子　楊文公談苑　雲莊四六餘話　韋居聽輿　三柳軒雜識　稗史　船窗夜話　漁樵閑話　昨夢録　臆乘

卷二十二：讀子隨識　石林燕語　杜陽雜編　雞肋編　廣知

卷二十三：畫鑒

卷二十四：碧雞漫志

卷二十五：鶴林玉露　常侍言旨　家世舊聞　藏一話腴　傳載　雜

纂　雲溪友議　談選

卷二十六：洛陽花木記　洛陽名園記　白獺髓　宣政雜録

卷二十七：雲仙雜録　高齋漫録　山房隨筆　三朝野史

卷二十八：遂初堂書目

卷二十九：桃源手聽　東坡手澤　坦齋通編　碧湖雜記　朝野遺記
　　　澹山雜識　昭德新編　巌下放言　玉堂逢辰録　家王故事

卷三十：蜀道征討比事　雋永録　拾遺記

卷三十一：侯鯖録

卷三十二：北邊備對　漢孝武故事　大觀茶論　困學齋雜録

卷三十三：松窗雜録　瑞桂堂暇録

卷三十四：倦游録　野史　栞書類集　摭青雜説

卷三十五：苕溪詩話　蟹略　雲南志略

卷三十六：酉陽雜俎并續　緗古叢編　艇齋詩話

卷三十七：揮塵録并餘話

卷三十八：緑珠傳　梅妃傳　楊太真外傳　重編燕北録　異聞　續
　　骩骳説　傳載

卷三十九：陶朱新録　真臘風土記

卷四十：友會叢談　南窗紀談　三楚新録　慎子　野説　先公談録

卷四十一：宣室志　驂鸞録　吳船録　攬轡録　曲洧舊聞　後耳目
　　志

卷四十二：純全集　春渚紀聞　春夢録　化書

卷四十三：宣靖妖化録　炙轂子録　室中語　發明義理　酬酢事變
　　感知録　緒訓　詩詞餘話　列仙傳　神仙傳　續仙傳　集仙
　　傳

卷四十四：禮範　靖康朝野僉言　澗泉日記　次柳氏舊聞　稿簡贅
　　筆　絶倒録　開河記　括異志與刊本無一條合　酒經

卷四十五：錢氏私志　默記　平陳記　幸蜀記　田間記　蜀檮杌

卷四十六：墨子　子華子　曾子　尹文子　孔叢子

卷四十七：公孫龍子　鶡子　鄧析子　韓非子

卷四十八：聱隅子　攷古編　北夢瑣言　退齋雅聞録　退齋筆録
　　五總龜

卷四十九：唾玉録　過庭録　詩談　金玉詩話　南游記舊　小説舊
　　聞記

卷五十：識遺　桂海虞衡志

卷五十一：豫章古今記　侍講雜記　洛陽搢紳舊聞記　安南行記

卷五十二：文子通玄真經

卷五十三：鈎玄　四朝聞見録

卷五十四：北轅録　蒙韃備録

卷五十五：聖武親征録

卷五十六：安雅堂酒令

卷五十七：鯨背吟集　演繁露

卷五十八：姑蘇筆記　雪舟脞語

卷五十九：史記法語

卷六十：五代新説　藏一話腴　品茶要録　宣和北苑貢茶録　北苑
　　別録

卷六十一：清異録

卷六十二：蘭亭博識卷末有"弘治十八年三月録畢"一行。

卷六十三：金漳蘭譜

卷六十四：積善録并續　景行録　漫堂隨筆　真率紀事　瑣語　灌
　　畦暇語　五國故事　韓魏公遺事　韓魏公事　范文正公遺事
　　九河公語録

卷六十五：羯鼓録　開顏録　香譜　觀時録　臨漢隱居詩話　善語

　　　　錄　采異錄　神異記　續齊諧記

卷六十六:酒譜　竹譜　續竹譜

卷六十七:孫公談圃　平泉山居記　國史異纂　驃國樂頌　詩論

卷六十八:釋常談

卷六十九:善誘文　官箴　翰林志　螢雪叢說　續雞肋　庚溪詩話

卷七十:菊譜　石湖菊譜　老圃菊譜　梅譜　牡丹榮辱志　蔬食譜
　　　　菌譜　笋譜　芍藥譜　海棠譜

卷七十一:亢倉子　關尹子　文中子　揚子　鬼谷子

卷七十二:顔子　老子　龍城錄　法帖譜系

卷七十三:刀劍錄　荆州記　鄴中記　成都古今記　廣異記　暘谷
　　　　漫錄　無名公傳　書訣墨藪　南楚新聞　談賓錄　記文譚　雜
　　　　說　真誥

卷七十四:大中遺事　秦中歲時記　芝田錄　江南錄　辯惑論　大
　　　　事記　褚氏遺書　雞跖集　青瑣後錄　金鑾密記　橘錄　洞微
　　　　志　東觀奏記　洽聞記　初學記

卷七十五:甲申雜記　聞見近錄　隨手雜錄　席上腐談　石林家訓

卷七十六:(續書譜)首卷脫書名,爲姜堯章撰,爲論書之作　六一筆記　袪
　　　　疑說

卷七十七:東谷所見　荔支譜　西域志以下數種均寥寥數條　雞林志
　　　　法顯記　青城山記　北征記　玄圳記　燕北雜記　嵩山記　番
　　　　禺雜記　金坡遺事　景龍文館說

卷七十八:欒城遺言　隋遺錄　硯史　硯譜　端溪硯譜　法書苑

卷七十九:玉堂雜記　王公四六話　西疇常言

卷八十:雲麓漫鈔　韓詩外傳　諸集拾遺　歲時美談　比紅兒詩
　　　　呂氏鄉約　獻醜集

卷八十一:學齋佔畢　試筆　茶錄　煎茶水記

卷八十二：道山清話

卷八十三：後山詩話　茶經

卷八十四：保生要録　錢譜　師友雅言

卷八十五：護法論

卷八十六：江表志

卷八十七：江南別録

卷八十八：資暇集　醉鄉日月

卷八十九：青箱雜記　獨斷

卷九十：世説　物類相感志　程史　武侯心書

卷九十一：三輔黃圖　夢華録

卷九十二：書斷

卷九十三：漁樵問答

卷九十四：國老談苑

卷九十五：晁氏客語

卷九十六：詒謀録

卷九十七：金山志　遼東志略　勸善録　夷堅志　神僧傳　效顰集

卷九十八：古今注　折獄龜鑑　樂善録　皇朝類苑　橫浦語録　丁晉公談録　鼠璞

卷九十九：中華古今注

卷一百：前定録　論衡　容齋隨筆（乙卯歲收得。）

説郛一百卷 明陶宗儀輯　存三卷

明棉紙紅格十一行二十字。存目如下：

澹山雜識　昭德新編　巖下放言　玉堂逢辰録　家王故事　二老堂詩話　北風揚沙録　白獺髓歲寒堂詩話右一卷

蜀道征討比事　雋永録　拾遺記　殷芸小説右一卷

瀟湘録　三水小牘　國史補　真誥　武侯心書右一卷

說郛一百卷　明陶宗儀輯　存□卷，計八種

明寫本，藍格，半葉九行。存八種，目列後：

春明退朝録　趨朝事實　麟臺故事　豪異秘纂　耳目記　辨疑志
談淵　嶺表録異記。(涵芬樓藏書。己未)

藝海彙函十集　明梅純輯

明棉紙藍格寫本，十行二十字。　有正統二年丁卯中都留守司署副
留守夏邑梅純自序。目列後：

卷一　紀事類：洪武聖政記　三朝聖諭録　禮賢録　聖駕臨雍録
平吳録　平蜀記　北平録　天順日録　水東日記　北征録　否
泰録　奉使録　使交録　南征録

卷二　纂言類：性理彝訓　讀易私言　北溪講義　迂書　筆疇　鹿
門隱書　旴江濬書　草廬原理　蒙泉雜言　豫章要語　延平要
語　胡子知言　魯齋心法

卷三　知人類：涉史隨筆　續宋論　南軒漢論　東坡史評　東萊史
說

卷四　格物類：博物志　異域志　海外諸夷志　瀛涯勝覽　冀越集
古今注　爾雅　六書綱領　圖畫要略　洞天清禄　花譜　茶
譜

卷五　說詩類：滄浪詩說　白石詩說　後村詩說　木天禁語　東坡
詩話　對床夜話　南濠詩話　麓堂詩話　冷齋夜話

卷六　論文類：文章精義　文章緒論　文則　古文矜式　文說　文
録唐子西　迂齋文談

卷七　補缺類：管氏弟子職　童蒙須知　曹大姑女誡　鄭氏女孝經
呂氏鄉約　鄭氏家範　釋奠衍義　投壺新格　真氏政訓

卷八　拾遺類：韓公別録　范公拾遺　靜修先生遺事　陶學士事迹
薛文清公遺事　翊運録　傳芳録

説集二十册

明寫本,棉紙,藍格,十一行。以日月光天德,山河壯帝居,太平無以
　報,願上萬言書二十字分爲二十册,今録其目于後:

十九　　登西台慟哭記　　國初事蹟

二十　　皇明平吳録　　春溪暇筆　　嘯旨并序

第三册後有"嘉靖三年五月五日南園老人張書時年六十有七"一行。

（丁卯文禄堂王晉卿送閲，索價千元，朱幼平收。）

陽山顧氏文房小説四十種五十八卷 明顧元慶輯

明正德嘉靖間顧元慶刊本。目及刊刻牌記録後：

古今註三卷晉崔豹撰　題"長洲顧氏家藏宋本校行"　隋唐嘉話三卷唐劉餗撰

周秦行紀一卷唐韋瓘撰　題："長洲顧氏家藏宋本校行"　南岳魏夫人傳

一卷　博異志一卷　楊太真外傳二卷題宋樂史撰　卧游録一卷宋吕祖

謙撰　山家清事一卷宋林洪撰　題"嘉靖壬午長洲顧氏家塾梓行"　張太史明

道雜志一卷宋張耒　宜齋野乘一卷宋吳枋撰　松窗雜録一卷唐李濬撰

次柳氏舊聞一卷唐李德裕撰　芥隱筆記一卷宋龔頤正撰　題"正德庚辰陽山

顧氏宋本翻刻"　東坡居士艾子雜説題"長洲顧氏家塾梓行"　梅妃傳一卷

題"埭川顧氏家塾梓行"　集異記二卷題"陽山顧氏十友齋宋本重雕"　虬髯客

傳一卷題前蜀杜光庭撰　題"長洲顧氏家塾梓行"　資暇集三卷唐李匡乂撰

題"埭川顧氏家塾梓行"　幽閒鼓吹一卷唐張固撰　題"陽山顧氏十友齋宋本重

刊"　小爾雅註一卷宋宋咸撰　葆光録三卷題"埭川顧氏家塾梓行"　洛陽

名園記一卷宋李格非撰題"埭川顧氏家塾梓行"　趙飛燕外傳一卷題漢伶玄

撰　高力士外傳一卷唐郭湜撰　題"埭川顧氏家塾梓行"　開元天寶遺事二

卷五代王仁裕撰　題"埭川顧氏家塾梓行"　續齊諧記一卷題梁吳均撰　海内

十洲記一卷題漢東方朔撰　卓異記題唐李翱撰　松漠紀聞二卷補遺一卷

宋洪皓撰　漢武帝別國洞冥記四卷題漢郭憲撰　白猿傳一卷　碧雲騢

一卷宋梅堯臣撰　劉賓客嘉話録一卷唐韋絢撰　嘯旨一卷有正德庚辰都穆

跋　文録一卷題宋唐庚撰　題"夷白齋舊本重刊"　深雪偶談一卷宋方嶽撰

題"夷白齋宋本重雕"鍾嶸詩品三卷梁鍾嶸撰　題"正德丁丑長洲埭川顧氏雕"

本事詩一卷　德隅齋畫品一卷宋李廌撰　題"夷白齋舊本重雕"　鼎録一

卷題陳虞荔撰

天一閣奇書 明四明范欽刊　存二十八種

　　周易略例一卷　關氏易傳一卷　素履子三卷　兩同書二卷　周易
舉正三卷　正易心法一卷　周易古占法二卷　論語筆解二卷　新
序十卷　説苑二十卷　元包經傳五卷　元包數總義二卷　竹書紀
年二卷　商子五卷　新語二卷　潛虛一卷　三墳一卷　孔子集語
二卷　郭子翼莊一卷　廣成子解一卷　京氏易傳三卷　稽古録二
十卷　穆天子傳六卷　乾坤鑿度二卷　周易乾鑿度二卷鄭康成注
古今諺一卷范欽輯　三史統類臆斷一卷范大冲撰　萬曆商橫執徐
凡二十八種。（己巳九月在上海陳乃乾處見，索四百五十元。）

奚囊廣要十三種十四卷

　　明錢塘洪詹簿子美所輯，一名奚囊雜纂。巾箱本，九行十八字，版匡
高三寸八分，寬二寸八分。前有嘉靖戊午楝川郡長天水秦流序。
　　書凡十三種，目列下方：
　　田家五行二卷田舍子婁元禮鶡天述　卷末有“武進董國賢、無錫陳鑾同校”
　　　　一行，又有篆文排子，文曰：“龍山童氏新雕”
　　物類相感志一卷　末有句吳潛坤居士姚咨校正一行。　　按：此非贊
　　　　寧所著者。
　　種樹書一卷題立菴獨叟編　前有洪武十二年己未八月立菴俞宗本序。
　　　　末有江陰曹駒子龍、曹驂子進同校一行。有“童氏樂志堂雕”隸書
　　　　牌子。
　　洞天清録一卷宋宗室趙希鵠撰　後有“無錫秦楷汝範校”一行。
　　風水問答一卷丹溪朱震亨撰　末有“吳郡顧元慶大有校閱”一行。有
　　　　“龍山童氏新雕”篆書牌子。
　　地理正言一卷宗室涵虛子撰　前有弘治甲子七十三歲江陰王秉忠序。
　　　　末有“彭城益□校閱”一行。牌子如上式。
　　草木幽微經一卷不題撰人姓名　前有自序，卷尾殘損。

語助一卷東嘉盧以緯允武撰　門人進士膠東冷瓚彥中校正　前有泰定改元永
　　康胡長孺序。

獸經一卷吳郡黃省曾撰　卷尾殘損。

名物法言一卷無撰人名　末有"北虞山人邵圭潔校正"一行。

保產育嬰録一卷無撰人名　末有"無錫周敏學校閱"一行。

丹溪治痘要法一卷太醫院永嘉侯弼公輔編校　末有"丹溪施衿三復校"一
　　行。

備急海上仙方一卷唐孫思邈撰　末有"吳人朱大經子常校"一行。

此書聚珍堂老劉送閱,以其罕見,寫目存之。沅叔記。庚午中秋後日。
（已收。）

琅函小品 共四帙

明寫本,大字,八行十八字。目列後:

第一帙　二種六卷:毛詩指說一卷唐成伯瑜述　朝野類要五卷宋趙昇集
　　中隱堂主人校。

第二帙　二種十三卷:蘆浦筆記十卷宋劉昌詩撰,萬曆謝兆申跋　三楚新
　　録三卷宋周羽仲編

第三帙　三種六卷:五國故事二卷宋無名氏輯　江表志三卷宋鄭文寶輯
　　今雨瑤華一卷明岳岱選

第四帙　三種四卷:元故宮遺録一卷明蕭洵記　中麓畫品一卷明李開
　　先彙　吾學編餘二卷明鄭曉撰（甲寅）

兩京遺編十二種七十三卷 胡維新編子目略

明萬曆十年原一魁刊本,九行十七字。　前有萬曆十年壬午胡維新
序。後有知魏縣事原一魁序。觀原序乃知是書爲原一魁捐俸刻於
魏縣,二年餘乃竟。時胡維新方觀察大名,爲序而行之。今人多稱
爲胡維新本,誤矣。　丙辰冬沅叔手記。

三代遺書六種 明趙標輯

明萬曆二十二年甲午河東趙標彙刻本。子目列後：

竹書紀年二卷梁沈約注　汲冢周書十卷晉孔晁注　批點考工記二卷漢
鄭玄注　元吳澄考注　明周夢暘批評

穆天子傳六卷晉郭璞注　檀弓批點二卷宋謝枋得批點　明楊慎附注　六韜
六卷周呂望撰

每半葉八行，行十八字。　有自序一篇，又有河南提刑副使上黨陳
簡序，末有大名知府楚沅塗時相後序。竹書、穆天子傳題范欽校，蓋
出天一閣本，餘題楊慎校。

鈐有"吳琪之印"、"吳氏藏書之印"兩印。（余藏。）

稽古堂日鈔十七種 殘存六種

稽古堂訂正南部新書宋錢後人希白撰　存戊、己、庚三卷

稽古堂訂正平江記事一卷元吳郡高德基編　明檇李高承埏較

灌畦暇語一卷明檇李高承埏寅公較

寶顏堂續偃曝餘談一卷明陳繼儒撰

稽古堂訂正闕遊曆一卷明袁宏道撰

稽古堂訂正墨畦一卷明袁宏道撰

右稽古堂日鈔殘帙，明刊本，八行十八字，均題"明檇李高承埏寅公
較"或"明寅公高承埏較"字樣。全書尚有嘉話錄、隋唐嘉話、玄怪
錄、續玄怪錄、北窗續錄、雲仙散錄、石藥爾雅、劇談錄、梁谿漫志、友
會叢談、嫏嬛記，合上列，全書共十七種。（陳輯山持來，以其少見，遂收之。
己未）

天學初函理編十種二十三卷器編十一種三十二卷 存理編

明萬曆天啓間刊本。此爲明季天主教書，極罕見。此僅存理函，尚
有器函六十册，京師圖書館有之。此書英斂之曾欲以重價收之，竟
不可得。（己未）

璅探十卷 明淮南李蕡輯

明刊本,九行二十字,行間有評語及點識。　有崇禎顧爾邁序,汪逸序,又自序。　分上下冊。

上冊五卷:一雲林遺事顧元慶撰　二聯句詩紀楊循吉撰　三往哲録楊循吉撰　四避戎夜話宋石茂良撰　五琅玡漫抄文林撰

下冊五卷:六二科志閻秀卿撰　七西征記宋盧襄撰　八稗傳元徐顯撰　九存餘堂詩話朱承爵撰　十聽雨紀談都穆撰　(壬午元月二十日文友堂取閱,索百元。)

祇洹館叢刻

□刊本,十行十八字,白口雙闌,版心有"祇洹館"三字。目列後:

黃帝宅經二卷　黃帝授三子玄女經一卷　胎息經一卷幻真先生註　後有羅浮外史行書跋八行　風后握奇經一卷漢公孫弘解　青烏先生葬經一卷大金丞相兀欽仄注　卷末有羅浮外史記五行　耒耜經一卷後有跋二行　五木經唐李翱撰　元革注　末有牌子,文曰:"嘉熙二年夏仲臨安李氏書肆重雕"　丸經二卷勾吳顧起經跋行書十行　佛説四十二章經後漢迦葉摩騰竺法蘭同譯　鄖郊鳳山蘭若嗣祖沙門守遂註　女孝經唐陳邈妻鄭氏　(甲寅)

賴古堂藏書十種 清周亮工、周在都輯

四十吉祥相周坦然撰,亮工之父也　客座贅語顧起元撰　強聒録夏邑彭堯諭君宣撰　陳子旅書章安陳瑄琪園撰　六研齋二筆秀水李日華竹嬾撰　皺水軒詞荃丹陽賀裳黃公撰　釋冰書六合孫沘如阿𣽜撰　三十五忠詩高陽孫承宗稚繩撰　人譜正編蕺山劉念台宗周撰　人譜續編　誦過法　改過説　漁談東海郭欽華、張虛撰

此書周櫟園之子在都刻於康熙庚寅,有凡例四則,言司農公壬子刻七函,都續刻三種,編爲甲集十種。將由甲至癸刊全百種云云。然今所見祇此甲集,則其後亦未能賡續也。(文友堂借來看。甲子)

閭邱辯囿 清顧嗣立輯

清康熙顧嗣立秀野草堂刊本,凡十種。目列後:

魏鄭公諫録五卷_{唐王方慶輯} 膳夫經一卷_{唐楊曄撰} 牛羊日曆一卷_{唐劉}
_{軻撰} 唐闕史二卷_{唐參寥子撰} 歲華紀麗譜一卷_{元費著撰} 蜀錦譜一卷
_{元費著撰} 箋紙譜一卷_{元費著撰} 錢幣譜一卷_{元費著撰} 南海山水人物
古蹟記一卷_{元吳萊撰} 雁山十記一卷_{元李孝光撰} （乙卯收。）

輯逸九種

蔣子萬機論　魏文帝典論　杜氏體論　仲長子昌言　杜氏篤論
桓氏世要論　劉氏政論　陸氏典語　袁氏正論
清嚴可均手輯蕘本。勞格校補。（癸亥）

昭代叢書續編五十卷 _{清松陵楊復吉列歐輯}

舊寫本，紅格，九行二十字，版心下方有"運南堂"三字，蓋即楊氏原
稿也。　前有自序一篇，凡例六則，各卷末有"子實閲過"朱筆小字
一行，不知爲何人也。　據目，尚有新編、續編、廣編、坤編、別編各
五十卷，通爲十函六十册，爲書二百五十種。　鈐有"復吉字列歐"、
"古之傷心人"、"壬辰進士"、"復吉慧樓字立歐"、"藝芸閣"、"花間隱
月上樓"、"曾寄王臨川插架"、"臨川讀過"、"小輞川"諸印。
　"自序
　　叢書之體創始於宋左氏百川學海，而元陶氏説郛、徐氏藝圃搜奇
　　繼之。以後有明程氏漢魏叢書、何氏漢魏叢書、范氏奇書、商氏稗
　　海、吳氏古今逸史、鍾氏張氏唐宋叢書、陸氏古今説海、陳氏寶顔
　　堂秘笈、胡氏百家名書、毛氏津逮秘書、詩詞雜俎、山居小玩、閔氏
　　何氏快書、高氏稽古堂日鈔，本朝納蘭氏通志堂經解、曹氏揚州詩
　　集十二種、盧氏雅雨堂叢書、陸氏奇晉齋叢書、畢氏經訓堂叢書、
　　李氏函海、鮑氏知不足齋叢書、金氏硯雲甲乙編、李氏貸園叢書。
　　至專集本朝人所撰述者則爲吳氏説鈴、王氏檀几叢書、張氏昭代
　　叢書。説鈴前後續集凡六十五種，檀几叢書並餘集幾及百六十
　　種，昭代叢書甲乙丙集共百五十種，亦云夥矣。顧三書之成皆在

康熙乙亥、丁丑、庚辰、乙酉間，洎今又將百載，人材日盛，奇書踵出，而迄未聞搜羅而薈萃之者，殊爲憾事，愚是以有新編之集輯。經始於癸巳之夏，至丙申秋而告竣，囊澀未克付梓，所自怡悦而已。篋衍所藏尚餘多種。數年以來，先達良朋，時有投贈，因於壬寅秋杪續爲是編。嗣因家難，輟置累歲。今夏塵務少間，重加釐定，復益五十種，裒然成集矣。竊惟瑣言脞說亦文人心精所寄，卷帙無多，易於湮佚，叢書之輯譬諸貫散錢以索，綴桐絲爲琴，其有裨於作者良非淺鮮也。敬質諸海内大雅君子，未知以斯言爲然否！　乾隆甲寅秋七月松陵楊復吉讚。”

“例言：

一、遴選義例與新編同，惟新編間有節本，兹則備録原文，一無删竄。

一、說鈴前集後集凡五十三種，後散佚其四，原本寥寥，流傳頗罕。今録其西征記略、絶域記略以見梗概。

一、武陵鮑丈以文好奇嗜古，知不足齋藏書甲於兩浙。丙午歲過訪，慨舉篋中秘本數種見貽，俾得增光竹素，百朋之錫，奚敢或忘。

一、向輯新編時，所有未見之書彙列其目於例言，竊效米元章寶章待訪録之意。恭讀欽定四庫全書簡明目録，本朝人著述專集單行者不下二三百種。石渠天禄之藏，蓬茅下士末由寓目，謹録其卷帙稍簡者於此，以志歆羨。晏斯盛:易學初津二卷　楊名時:周易札記二卷,詩經劄記一卷　諸錦:補饗禮一卷　馮甦:滇考一卷　吳綺:嶺南風物記一卷　萬斯同:廟制圖考一卷　陳宏緒:江城名集二卷　陳芳生:捕蝗考一卷　方式濟:龍沙紀略一卷　南懷仁:坤輿圖志二卷　孫承澤:遼金遺事一卷　王宏撰:正學隅見述一卷　蔣驥:傳神秘要一卷　黃生:義府二卷　姜宸英:湛園札記二卷　何琇:樵香小紀二卷　孫烔:研山齋雜記二卷　蕭雲從:離騷圖一卷以上見簡明書録。邵嗣堯:圖易定本一卷　戴天恩:心易一卷　郜煜:易學理解一卷　饒一辛:經義管見一卷　王澍:禹貢譜二卷　湯奕瑞:禹貢方域考一卷　顧棟高:尚書質疑二卷　閻循溥:尚書讀記一卷、春秋一得一卷　莊埰:詩義固説二卷　諸錦:毛詩説二卷　方苞:周官辨一卷　黄叔琳:夏小正注一卷　李塨:郊社考辨一卷　許三禮:讀禮偶見二卷　華學泉:春秋疑義一卷　朱元英:左傳拾遺二卷　顧宗瑋:春秋左傳事類年表一卷　冉覲祖:經説一卷　郭兆奎:心圃説二卷　何夢瑶:賡和録二卷　徐世溥:韻蕞一卷　馮甦:見聞隨筆二卷　張榕端:海岱日記一卷　李澄中:滇行日記二卷　畢曰澤:滇遊記一卷、蒼洱小記一卷　周宣智:念貽膡記一卷　王士禄:讀史蒙拾一卷　孫承澤:河紀二卷　杜臻:海防述略一卷　王鉞:星餘筆記一卷、讀書蕞殘一卷、暑窗臆説二卷　項惟貞:燕台筆録一卷　倪璠:神州古代考一卷、方輿通俗文一卷　黎定國:綏閩小紀一卷　郎廷極:文廟從祀先賢先儒考一卷、勝飲篇一卷　吳允嘉:浮梁陶政記一卷　胡世安:禊帖綜聞一卷　刁包:潛室劄記二卷　黄宗羲:二程學案二卷　王庭:理學辨一卷　湯斌:常語筆存一卷　陸隴其:學術辨一卷　鄧鍾岳:知非録一卷　薛熙:練閲火器陣記一卷　王樑:月湖讀書録一卷　曹寅:居常飲饌録一卷　高士奇:北墅抱甕録一卷　吳學孔:苕西問答一卷　史白:復堂雜説一卷、竹村雜記二卷　黄生:葉書一卷　魏裔介:佳言玉屑一卷　鄭與僑:客途偶記一卷　金侃:雷譜一卷　王著:豆區八友傳一卷　楊思本:筆史二卷　佟世恩:耳書一卷　陳維崧:四六金針一卷　談遷:棗林藝簣一卷以上見附存目録。

一、前人彙刻之書如百川學海、説郛、稗海之類卷首止標本書篇目,易致散失錯亂之弊,心齋叢書每種各加卷次,又未免過於煩瑣。余兹編則參酌二者之中,仍以各書名冠首,而於首行之下旁列編次卷數,仿宋雕史記漢書體制,頗自謂宜於今而亦不乖於古云。"

"總目　　　　　按：沈刻作戌集

△△説蚍四十九,趙彪詔　　　　　　談虎五十,趙彪詔

按:目中有△△者爲道光十三年刊本所無,而有△一種方拱乾絶域紀略易爲郁永河稗海紀遊。(庚午十月廿四日收。)

昭代叢書廣編五十卷 刊本己集。鈔本有而刊本無者凡三種、前加△△,刊本有而鈔本無者四種,前加[△]。

清寫本。目列後:

易説查慎行　　　　　　　　　　治齋讀詩蒙説顧成志

禮記篇目芮城　　　　　　　　　約喪禮經傳吳卓信

諸史然疑杭世駿　　　　　　　　[△南唐拾遺記毛先舒]

[△南宋六陵遺事萬斯同]　　　　[△庚申君遺事萬斯同]

[△乙丙紀事孫奇逢]　　　　　　蜀難敍略沈荀蔚

代北姓譜周春　　　　　　　　　遼金元姓譜周春

文廟從祀弟子贊盧存心　　　　△△世書吳穎

破邪論吳宗羲　　　　　　　　　山公九原馮景

邇言勞史　　　　　　　　　　　蠟談附裸説盧存心

詹言黃之雋　　　　　　　　　　説叩葉抱崧

談書録汪師韓　　　　　　　　　學海蠡測沈謙

思舊録黃宗羲　　　　　　　　　渌水亭雜識納蘭成德

仁恕堂筆記黎士宏　　　　　　　匡廬遊録黃宗羲

清波小志徐逢吉　　　　　　　　清波小志補陳景鐘

九華日録周天度　　　　　　　　乾州小志吳高增

龍沙紀略方式濟　　　　　　　　異域録圖麗琛

黎岐紀聞張慶長　　　　　　　　説蠻檀萃

江源記查拉吳麟　　　　　　　　婦人集附婦人集補　陳維崧

金石要例附論文管見　　　　　　文頌馬榮祖

偶然欲書方楘如　　　　　　　　比紅兒詩注沈可培

詩學纂聞汪師韓　　　　　　　　遼詩話周春

天啓宮詞蔣之翹　　　　　　花草蒙拾王士禎

墨井畫跋吳歷　　　　　　　續三十五舉桂馥

再續三十五舉桂馥　　　　　△△馬吊説李鄴嗣

△△冷雲齋冰燈詩傅山　　　陽羨名陶録吳騫

昭代叢書坤編五十卷 刊本庚集。刊本有而鈔本無者加[△]、凡二種　鈔本有
而刊本無者凡四種,前加△△。

清寫本。目列後:

古文尚書考陸瀧其　　　　　古文尚書辨朱彝尊

詩説惠周惕　　　　　　　　喪服翼注閻若璩

△△春秋左傳類聯陸桂森　　注疏瑣語沈淑

劉豫事迹曹溶　　　　　　　補遼金元藝文志金門詔

虎口餘生記邊大綬　　　　　庸言魏象樞

志學會約湯斌　　　　　　　宗譜纂要王鋑

婦學章學誠　　　　　　　　瀾堂夕話張次仲

山中問答楊士美　　　　　　蒿庵閒話張爾岐

寒燈絮語汪維憲　　　　　　牘外餘言袁枚

廣連珠陳濟生　　　　　　　説文凝錦録萬光泰

七十二候考曹仁虎　　　　　西臺慟哭記注黃宗羲

聞見偶録朱象賢　　　　　　東齋脞語吳翊鳳

定香亭筆談阮元　　　　　　宸垣識餘吳長元

南漳子孫之騄　　　　　　　寧古塔記略吳振臣

番社采風圖考六十七　　　　維西見聞記余慶遠

△△聞情十二憮蘇士琨　　　七招洪亮吉

七娛沈清瑞　　　　　　　　[△選材録周春]

集世説詩李鄴嗣　　　　　　宮詞徐昂發

皴水軒詞筌賀裳　　　　　　書筏笪重光

畫論張庚　　　　　　　　　印文攷略鞠履厚

新曆曉或湯若望　　　　　　　七頌堂識小録劉體仁

△△清閟供程羽文　　　　　　　藥房心語楊中訥

　端溪硯譜記袁樹　　　　　　△△琉璃志孫廷銓

　竹連珠鈕琇　　　　　　　　　荔譜陳定國

　北墅抱甕録高士奇　　　　　　[△木棉譜褚華]

昭代叢書新編五十卷 刊本丁集。刊本有而鈔本無者二種，以[△]別之，鈔本

有而刊本無者凡十四種，以△△別之。

　清寫本。目列後：

　五經讀法徐與喬　　　　　　　經咫陳祖范

[△書經地理今釋蔣廷錫]　　　　[△建文帝後紀邵遠平]

△△四書釋地閻若璩　　　　　　汰存録黃宗羲

　天啓宮詞陳悰　　　　　　　　客牕偶談陳僖

△△陰隲文頌曹學詩　　　　　　環書方殿元

　漁樵問答成鷲　　　　　　　△△幽夢影張潮

　吳鱭放言吳莊　　　　　　　　五九枝談尤侗

　哀江南賦注徐樹穀　徐炯　　　九諦解疏王煒

　塵餘曹宗璠　　　　　　　　　西河襍箋毛奇齡

　諾皋廣志徐芳　　　　　　　　石里雜識張尚瑗

　香天談藪吳雷發　　　　　　　茶餘客話阮葵生

△△晉人塵沈日霖　　　　　　△△西湖小史李鼎

　吳語戴延年　　　　　　　　　粵西瑣記沈日霖

　苗俗記田雯　　　　　　　　　譯史紀餘陸次雲

　進藏紀程王世睿　　　　　　　重集列女傳例魏于雲

　古艷樂府楊淮　　　　　　　△△十美詞紀鄒樞

△△影梅庵憶語冒襄　　　　　　説詩菅蒯吳雷發

　璇璣碎錦附碎錦補圖，萬樹　　西河詞話毛奇齡

△△三婦評牡丹亭雜記吳人　　△△西域風俗記金人瑞

識小錄劉體仁刊本在庚集　　　　琴況徐祺

滋蕙堂法帖題跋曾恒德　　　　繪事發微唐岱

小山畫譜鄒一桂　　　　△△攬勝圖譜高兆

△△牡丹亭骰譜　　　　△△胭脂紀事伍瑞隆

△△非煙香記董說　　　　煙譜陸燿

野菽贊顧景星　　　　洋菊譜鄒一桂

△△哺記黃百家　　　　識物陳僖　（癸酉）

昭代叢書別編五十卷

清震澤楊復吉手編槀本。自序、例言、總目錄後：

"自序：

張心齋昭代叢書，余於乾隆癸巳始爲踵輯，洎今四十又三年矣。新編成於丙申，續編成於甲寅，廣編成於己未，坤編成於己巳，茲別編則屬稿於壬申之春，至乙亥冬而告竣。凡翼經庀史窮理格物之文無一不備，惟二氏九流之書闕焉！昭代人材蔚起，今聖天子尤加意右文，是以麗製鴻裁日新富有，計余所輯五集已及二百五十種，合之心齋甲乙丙集暨王丹麓檀几叢書初、二、餘集，爲數多至五百五十七種，其他名家著述未經採錄者尚指不勝屈，取盈千卷諒亦無難。惜老矣，桑榆景迫，恐不能再從事於丹黈，海內大雅君子其有嗜奇愛博，廣爲薈萃，以彰皇朝文運之隆者乎？余日望之矣！嘉慶二十年春王正月望日震澤楊復吉撰。"

"昭代叢書別編例言：

一、前四編例言俱有待訪書目，嗣購得饗禮補亡、平台紀略、火戲略、羽扇譜、鳳仙譜業已著錄矣。此外尚有未經寓目者，今彙列其目於下：

朱朝瑛：讀書略記二卷、讀□略記二卷、讀詩略記三卷　　王艮：易贊一卷　　來集之：易圖親見一卷、四傳權衡一卷　　徐善：易論一卷朱襄:易常二卷　　楊南:説易一卷　　申爾宣:易象援古一卷　　王又樸:讀易法一卷、易雜論一卷　　陸奎勛:易圖説一卷、讀詩總論一卷　　張敘:説詩本旨一卷　　許伯岐:詩綱辨義一卷　　諸錦:夏小正詁一卷　　應撝謙:小戴禮編餘一卷、古樂書二卷　　江永:深衣考誤一卷、律呂管見一卷　　嚴毅:春秋論二卷　　馬驌:覽左隨筆一卷　　蘇本潔:左傳杜注補義一卷　　孔貞瑄:大成樂律一卷　　羅登選:八音攷略一卷　　張紫芝:律呂圖説一卷　　錢邦苞:他山字學二卷　　黃生:字詁一卷　　楊錫觀:六書例解一卷　　邵泰衢:史記疑問一卷　　錢棻:史尚二卷　　楊素蘊:曲從録一卷　　胡文學:李贄一卷　　孫廷銓:南征記略二卷　　李之芳:行間記略二卷　　王鉞:粵遊日記一卷　　黃叔璥:南中紀程一卷、赤嵌筆談一卷　　陳聶恒:邊州聞見録一卷　　張能鱗:峨眉志略一卷　　聶鈫:泰山道里記一卷　　孫奇逢:歲寒居答問二卷　　耿介:中州道學編二卷　　熊賜履:古學堂札記二卷　　巢鳴盛:洙泗問津一卷　　施璜:西銘問答一卷　　冉覲祖:天理主敬圖一卷　　王錟:讀書質疑二卷　　蔡方炳:慎助編一卷　　王復禮:三□定論一卷　　馮昌臨:日省編一卷　　王姓:學案一卷　　楊慶:理齋説要一卷、理齋節要一卷、潔齋□語一卷　　嚴衷爝:晚肉編一卷　　喬大凱:頤菴心言一卷　　趙士麟:敬一録二卷　　令狐亦岱:諸儒檢身録一卷　　周宗濂:讀書偶記一卷、日省録一卷　　王孝泳:嶺西褉録二卷、後海堂雜録二卷　　申涵光:遲山堂鬼史一卷　　陳光緯:竹素辨訛一卷　　胡夏客:谷水談林一卷　　吳穎:菜根堂鈔一卷　　周在浚:晉稗一卷　　冒夢齡:矓語一卷　　朱書:鋤經堂筆記一卷　　查慎行:陽樹樓雜鈔一卷　　盧生甫:東湖乘一卷　　高兆:啓禎宮中詞一卷　　劉體仁:七頌堂詞繹一卷　　彭孫遹:金粟詞話一卷　　董以寧:蓉湖詞話一卷　　游□:天經或問二卷　　李文淵:得心録一卷　　張芳:食色觀二卷　　王子丹:子丹秘典一卷　　張明弼:禪粟秋二卷　　萬壽祺:墨表一卷　　黃任:硯史一卷　　王坦:琴旨

一卷　曹庭棟：琴學二卷　沈清瑞：相貓經一卷　景星杓：蠊史二卷

一、僕耽書成癖，五十年來購藏頗不寂寞，卽國朝人雜著儲笥未錄

者尚有：邵嗣堯：易圖定本一卷　全祖望：讀書別錄三卷　毛奇齡：白

鷺洲主客說詩一卷、　國風省篇一卷　唐仲冕：儀禮蒙求一卷　顧

棟高：讀春秋隨筆一卷　李塨：李氏學樂錄二卷　徐乾學：修史條議

一卷　王崇簡：談助一卷　熊賜履：邇語一卷　陳蓋：修慝餘編一卷

　曹宗璠：元仗一卷　黃虞龍：貢辭一卷　張英：聰訓齋語二卷、恒

產瑣言一卷　宋偉鐒：解連珠一卷　陳祖范：掌錄二卷　周高起：砭

俗支言一卷　張潮：說快談筆一卷　洪若皋：東壁園隨筆一卷、台

州舊聞一卷　黃宗羲：今水經一卷　曹鈖：黃山游記一卷　汪汪度：

黃山領要錄一卷　汪淮：黝山紀遊一卷　郁永河：稗海紀遊一卷

張鵬翮：奉使俄羅斯日記一卷 吳騫：妒卦一卷　孫承澤：間者軒帖考

一卷　錢龍惕：玉溪生詩箋一卷　黎士宏：西陲聞見歌一卷　趙執

信：聲調譜一卷　翟暈：聲調譜拾遺一卷　鈕琇：述雪詩一卷　錢位

坤：雨都宮詞一卷　吳省蘭：十國宮詞一卷　顧宗泰：南唐雜事詩一

卷　龐小畹：香奩瑣事詩一卷　鄒祗謨：遠志齋詞衷一卷　俞蛟：讀

畫閒評一卷　梅文鼎：二儀銘補注一卷　衛泳：清供一卷　王應奎：

宣爐說一卷　湯若望：遠鏡說一卷　沈大成：西洋測時儀記一卷

孫之騄：枝語二卷　陸燿：甘薯錄一卷，凡四十七種，擬俟輯壬編時

再爲甄擇焉。丙子春月慧樓主人自識。”

“參閱姓氏：

歙縣鮑廷博以文　吳江葉蕙田樹栢　海寧吳騫槎客　吳江宋景

和金庭　善化唐仲冕六幕　震澤沈汝霖柏山　金山徐祖鑑香沙

　吳江沈璟樹庭　錢塘何元錫夢華　秀水計南壽喬　歷城李廷

芳湘浦　震澤吳鍾儁履新

參校姓氏：

海鹽張開福質民　震澤吳鳴鏘序東　青浦蔡省申時升　青浦黃
彝誦叔　吳江趙魯沂謙甫　吳江費馨蓮沨馥　吳江沈寶禾心畬
　吳江黃時儁子雲"

及門：

震澤王錫瑞元芝　長洲嚴承益惠孚　震澤戴國琛開宗　元和嚴
承咸又臣　震澤徐春霖方源　弟師錫律和　吳江唐春生露香
姪金生震亨　震澤殷世楨彙亨　男雨盈蔚雲"

"昭代叢書別編總目　震澤楊復吉列歐輯

卷第一　讀易緒言　錢棻

卷第二　饗禮補亡　諸錦

卷第三　春秋五禮源流口號　顧棟高

卷第四　經書卮言　范泰恒

卷第五　史略　蕭震

卷第六　擬更季漢書昭烈皇帝本紀　黃中堅

卷第七　平台紀略　藍鼎元

卷第八　征緬紀略　王昶

卷第九　蜀徼紀聞　王昶

卷第十　臨清寇略　俞蛟

卷第十一　強聑錄　彭堯諭

卷第十二　旅書　陳璸

卷第十三　釋冰書　孫沔如

卷第十四　雜言　鈕琇

卷第十五　蕉窗日記　王豫

卷第十六　鍾山書院規約　楊繩武

卷第十七　天問校正　屈復

卷第十八　說文義例　王宗誠

　　卷第四十五　　人葆譜　陸烜

　　卷第四十六　　亳州牡丹述　鈕琇

　　卷第四十七　　牡丹譜　計楠

△△卷第四十八　　鳳仙譜　趙學敏

　　卷第四十九　　菊說　計楠

△△卷第五十　　貓乘　王初桐"

　　附總跋一首。

按：目前有△△者爲道光刊本所無。（庚午十月）

五代外史

嘉慶三年戊午掃葉山房刊本。目列後：

五代史補五卷宋陶岳撰　　五代史闕文一卷宋王禹偁撰　　五代春秋二卷宋尹洙撰　　詩品一卷唐司空圖撰　　詩品三卷梁鍾嶸撰　　五國故事二卷宋無名氏撰　　重刻四庫全書辨正通俗文字一卷王朝梧撰　（癸丑）

礪墨亭叢書　清濟寧李氏輯

原寫稿本。目錄下：

易傳燈　爾雅新義　鄭志　駁五經異義　駁五經異義補遺　箴膏肓　起廢疾　發墨　印正附說　享金簿　武功縣志　歷代山陵考　蘇氏演義　程氏考古編　宋遺民錄　唐才子傳　玉臺書史　墨志　古玉文字記　輿地碑記目　古今石刻帖目　東城雜記　爇香小記　客舍偶聞　清波小志　清波小志補　空際格致　求古錄　耒齋金石刻考略　金石續錄　金石後錄　古林金石表　何學士題跋　砥齋題跋　湛園題跋　隱綠軒題識　醉翁談錄　肯綮錄　勤有堂隨錄　日聞錄　大六壬銀河棹　人海記　亞谷叢書　步里客談　萍洲可談　友會叢談　愛日齋叢鈔　汲古閣珍藏書目　汲古閣刊書細目　千頃堂書目　內閣書目　文淵閣書目　澹生堂書目　月波洞中記　芻言　鬼撮脚　射覆　火珠林　急救仙方　產寶

諸方　旅舍備要　五言律拗體　穆參軍集　夾漈遺稿　山東通省河運沿革攷。（庚午十月廿四日收自韓左泉手。）

藝苑叢鈔　清王耤輯　共書一百五十九種、八十九冊，十函

清王耤石華手寫本。目列後：

干祿字書一卷顏元孫

金壺字攷一卷釋適之

俗書證誤一卷宋顏愍楚

字書誤讀一卷宋王雱

字林一卷宋呂忱

連文釋義一卷西泠王言　愼旃

履齋示兒編字說一卷校補一卷宋孫奕　顧千里校，道光癸巳跋　據鮑本抄

字通一卷宋李從周　題"道光癸巳借卓觀樓藏本鈔於嶂陽官廨"　鈐有"東山舊宅"印

佩觽三卷題唐郭忠恕

均藻二卷明楊愼　題"道光甲午重陽後二日客漊澤鈔畢"

石經考一卷顧炎武

律呂圖說二卷渭埜王建常　題"道光十九年己亥五月龍蓋山樵王耤鈔畢記"

金石史一卷附錄一卷明郭宗昌　有康熙癸卯王弘撰刻書序　王氏小跋在序後，題"道光十四年甲午漊澤官署錄"

金石文字記六卷顧炎武　題"道光十二年初春借嶂陽田莘嚴卓觀樓顧氏遺書本錄竟"

書譜一卷唐孫過庭　陳奕禧、戈守智、朱履貞注釋　鈐有"吟紅館"印

續書譜一卷宋姜夔撰　戈守智注

瘞鶴銘攷一卷汪士鋐　題"道光十八年戊戌鈔"

焦山鼎銘考一卷翁方綱　題"道光十八年酸香居士王耤鈔"

寰宇訪碑記五卷附摘宋元碑錄孫星衍、邢澍　有道光壬辰六月王氏跋六行，跋中稱淵如先生爲父執

南朝史精語十卷_{宋洪邁}　王跋道光十九年己亥正月鈔竟，依刻本抄存，而以刻本贈田莘巖。王跋又言乾隆五十二年南城吳氏照以藏本刊行。

歲華紀麗四卷附歲華節次一卷_{唐韓鄂}　徐應秋　王氏有跋

訂譌雜錄十卷_{胡鳴玉}　題"道光己亥四月在崞陽鈔畢"

謝華啟秀八卷_{明楊慎}　依函海本抄

語苑五卷_{明上海張所敬長興}纂分子苑、史苑、傳苑、文苑、雜苑五類。前所蘊序，後張所望跋。王氏跋道光癸巳依刻本鈔存。按：前有胡文煥校一行，當是從格致叢書本出。

翰墨志一卷_{宋高宗}

寶章待訪錄一卷_{宋米芾}

海岳名言一卷_{宋米芾}

書史一卷_{宋米芾}　題"常熟姚子正藏本、石壇王石華借抄。"　沅叔按：此冊別人所抄。

畫史一卷_{宋米芾}

絳帖平六卷_{宋姜夔}　依聚珍本鈔　題"道光十四年客濩澤重鈔一過"

法帖譜系雜說二卷_{宋曹士冕}

山水純全集一卷_{宋韓拙}

畫鑒一卷_{題宋(元)湯垕}　據汲古閣本抄

畫品一卷_{宋李廌}

名畫獵精一卷_{題宋(唐)張彥遠}

書畫史一卷_{明陳繼儒}

論畫瑣言一卷_{明董其昌}　道光癸巳冬鈔，有短跋

繪妙一卷_{明茅一相}

畫麈一卷_{明沈顥}

筆訣一卷_{明豐道生}

鈍吟書要一卷_{清馮班}

圖畫歌一卷_{宋沈括}

筆法記一卷宋荆浩

畫學秘訣一卷唐王維

林泉高致一卷宋郭熙

畫論一卷宋郭思

畫梅譜一卷元光華道人

書竹譜一卷元李衎

墨竹譜一卷元管道昇

筆法源流一卷附字學心得明高松　有嘉靖甲寅松自序　題"道光十三年九月摹鈔畢"

書眼一卷明李日華

畫賸一卷明李日華　"道光十一年假田莘巖上舍鈔本録出",有跋

古畫品録一卷南齊謝赫

後畫品録一卷陳姚最

畫訣一卷清龔賢　依鮑氏本鈔

苦瓜和尚畫語録一卷依鮑氏本鈔

畫筌一卷清笪重光

墨池瓆録一卷明楊慎

書品一卷明楊慎

畫品一卷明楊慎

書法約言一卷清宋曹

蔣氏游藝秘籙二卷清蔣衡　"道光甲午正月鈔畢"

書法正宗清蔣和,此册鉤摹極精

書學捷要二卷清朱履貞　依鮑氏本鈔　道光辛卯嘉平跋

小山畫譜二卷附一卷洋菊譜一卷清鄒一桂

山靜居畫論二卷清方薰　依鮑氏本鈔

繪事發微一卷清唐岱

板橋題畫一卷清鄭燮

冬心題畫五卷_{清金農}

强恕齋圖畫精意識一卷_{清張庚}　_{題"己亥正月廿一日石華山樵鈔完"}

青在堂畫學淺説一卷_{新亭客樵}　_{"道光十九年正月崞陽署中鈔完"}

墨經一卷_{宋晁季一}

墨記一卷_{宋何薳}

墨池編論墨一卷_{宋朱長文}

墨史一卷_{元陸友仁}　_{鈐有"崞陽尉印"白文章}

墨法集要一卷_{明沈繼孫}　_{據四庫本}

雪堂墨品一卷_{清張仁熙}

漫堂墨品一卷_{清宋犖}

題方氏墨雜言一卷_{有道光十二年十一月跋二首,述其先世藏墨甚詳。　言墨法}
_{集要原有圖,不及繪云}

硯史一卷_{宋米芾}

硯譜一卷_{宋李之彦}

端溪硯譜一卷_{宋葉樾}

墨池編論硯一卷_{宋朱長文}

歙州硯譜一卷_{宋洪景伯}

歙硯説一卷_{曹繼善}

辨歙石説一卷_{曹繼善}

説硯一卷_{朱彝尊}

端溪硯石攷一卷_{清高兆}

水坑石記一卷_{清錢朝鼎}

硯林一卷_{清余懷}

端溪硯志二卷_{清吳繩年}

金索印攷一卷_{清馮雲鵬}_{題"道光十四年乙未借卓觀樓藏本鈔於崞陽借寓"}

錢譜一卷_{宋董逌}

泉志一卷_{宋洪遵}

學古編一卷元吾邱衍

紅朮軒紫泥法定本一卷清汪鎬京

裝潢志一卷清周嘉胄

洞天清録集一卷宋趙希鵠　按：此册似别人鈔

志雅堂雜鈔二卷宋周密　依余秋室手寫刻本鈔

保母磚跋一卷清鮑廷博

骨董十三説一卷明董其昌

韻石齋筆談二卷清姜紹書

七頌堂識小録二卷清劉體仁

負暄野録二卷宋陳槱　依四庫本

洛陽牡丹記一卷宋歐陽修

洛陽牡丹記一卷宋張邦基

天彭牡丹譜一卷宋陸游

揚州芍藥譜一卷宋王觀

梅譜一卷宋范成大

梅品一卷宋張功甫

清品一卷明屠隆

續清言一卷明屠隆　題"道光癸巳冬日鈔"，有小跋二行

玉笑零音一卷附録一卷明田藝蘅

温飛卿集一卷唐温庭筠

段柯古集一卷唐段成式

羅江東集一卷唐羅隱

顧垂象集一卷唐顧雲

薛秘監集一卷唐薛逢

駱丞集一卷唐駱賓王

盧新都集一卷唐盧照鄰

王子安集九卷_{唐王勃}

楊盈川集七卷_{唐楊炯}

玉谿生集十二卷_{唐李商隱}　題"道光二十三年癸卯七月客平陽郡齋鈔畢"

王水部集一卷_{唐王榮}　題"道光二十三年癸卯七月客平陽郡齋鈔畢"

渚宮集選一卷_{明石首王啟茂天庚著　前有王璲序。題陳伯璣評，當是詩慰刻本}

南莊公遺稿一卷附殘句_{明石首王啟茂　南莊爲石華十一世叔祖　道光十九年}
_{跋于崞陽典史署中}

灤京雜詠一卷_{元楊允孚依曹棟亭家藏鈔本　道光十九年己亥春三月鈔竟}

草窻詞二卷補一卷_{宋周密}

蘋洲漁笛譜二卷_{宋周密}

張子野詞二卷補遺二卷_{宋張先　依鮑氏本}

石湖詞一卷補遺一卷_{宋范成大}

和石湖詞一卷_{宋陳三聘}

無住詞一卷_{宋陳與義}

南湖集一卷_{宋張鎡　依鮑氏本　王氏有跋}

陽春集一卷_{宋米友仁}

蘆浦筆記一卷_{宋劉昌詩}

湖山類稿詞一卷_{宋汪元量}

趙待制遺稿一卷_{元趙雍}

逍遙集_{宋潘閬}灊山集_{宋朱翌}畫墁集_{宋張舜民}合一卷

花外集一卷_{宋王沂孫}

貞居詞一卷_{題宋（元）張羽（雨）}　"道光壬辰八月手鈔"

樂府補題一卷附浙西六家和詞一卷附錄一卷_{依鮑氏本鈔　有道光十二月}
_{七日跋}

蛻巖詞二卷_{題宋（元）張翥}

鳴鶴餘音_{元虞集　沅叔按：此二種別人手鈔}

天籟集一卷_{元白樸　道光壬辰正月鈔，有跋二首，言借崞陽田莘巖卓觀樓藏曹棟}

亨家鈔本錄出

浩然齋雅談三卷宋周密　"道光戊戌依聚珍本摹寫,在崞陽官舍鈔畢"

錦帶書一卷梁昭明太子

四六餘話一卷宋相國道

詩詞餘話一卷元俞焯

詞品一卷元涵虛子

詞旨一卷元陸輔之

春雨雜述一卷明解縉

聯莊一卷清張潮

聯騷一卷清張潮

碧雞漫志五卷宋王灼　依知不足齋本　"道光十二年十二月鈔完"

詞源二卷宋張炎　"道光丙申正月在崞陽南關田氏宅中鈔畢"

升菴詞品六卷拾遺二卷明楊慎　"道光十五年乙未客上艾,八月廿五日鈔畢"

雨邨詞話四卷李調元

駢體彙鈔十册

　　甲漢、魏　乙梁、陳　丙陳、北周,又補遺　丁唐文節錄　戊李義山、温飛卿、羅昭諫、顧垂象　己清朝二十五家　庚陳其年、陸拒石　辛章豈績　壬袁簡齋、彭湘涵、孔龔軒邵荀慈、劉圃三　癸吳穀人、曾賓谷、洪稚存　(辛巳二月十日通學齋送閲,三月十七日記。)

　　忠謨謹按:此書有跋,收入藏園羣書題記三集卷四。

傳經堂叢書

易卦候上卷吳興凌堃撰　凌氏易林烏程凌堃撰　餘姚桑梓注　卷一分七卷,卷二分二卷　讀詩拙言明閩中陳第撰　吳興凌鳴喈訂誤　學春秋理辯凌堃撰　存卷三　尚書述凌堃撰　存卷一　論語解義二十卷凌鳴喈撰　凌江增注　孟子補義凌江輯　存卷五至八　史記短道說二卷凌迪知、凌稚隆訂正　鄭氏始末六卷德清沈雲　記英吉利求澳始末清河蕭枚生　疏河心鏡一卷凌鳴喈　孫子注二卷凌堃增注重刊　吳子二卷凌堃校　司馬法二卷凌堃

校注　握奇經解一卷　兩淵一卷包世臣　天文大象賦李播撰　苗爲注

經天該一卷利瑪竇　醫宗寶鑑凌塈撰　告蒙編德興子安璿珠女史注　中

編鍾奎注　外編姚鈞培注　寄生館集清河蕭枚生撰　嶺南集程含章　德興

集　青玉館集凌遂知編高帝紀事　（己巳九月）

來氏全集 明蕭山來集之元成撰

易圖親見一卷　讀易隅通上下卷　春秋志在十二卷　四傳權衡一

卷　奏雅世業有毛大可序,所錄應試之文　南行載筆不分卷二冊　有洪武、

建文、永樂、正德、弘光宮詞　女紅紗一齣　禿碧紗四齣　小青挑燈劇（庚辰）

永昌張氏叢刻 近時刊本　目列後:

雙溪點春園詩集三卷明永昌張含撰　有李夢陽序,又正德庚辰鄭陳沂序。　卷
上爲劉節和詩四首。卷中爲含之父和詩百二十首,正德己卯作。卷下爲含詩七卷,又
半首。

履影詩集一卷張含撰　有嘉靖丁亥自序。

永昌二芳記三卷明張志淳撰　卽張含之父也。　有自序。記山茶、杜鵑。

南園漫錄十卷明張志淳撰　有嘉靖五年自序。

南園續錄五卷明張志淳撰　（文友堂見。癸亥）